국
화
와

칼

The Chrysanthemum and the Sword: Patterns of Japanese Culture
by Ruth Benedict with a Foreword by Ian Buruma

Foreword copyright © 2005 by Ian Buruma,
used by permission of The Wylie Agency (UK) Limited.
Korean Translation Copyright © 2019 Eulyoo Publishing Co., Ltd.
All rights reserved.
The Foreword of the Korean language edition is published by arrangement
with Ian Buruma through Wylie Agency (UK) Limited.

이 책 서문의 한국어판 저작권은 와일리 에이전시를 통한
Ian Buruma와의 계약으로 ㈜을유문화사에 있습니다.
저작권법에 의해 한국 내에서 보호를 받는 저작물이므로
무단전재와 무단복제를 금합니다.

일본 문화의 틀

국화와 칼

루스 베네딕트 지음
김윤식·오인석 옮김

을유문화사

국화와 칼

일본 문화의 틀

발행일
1974년 2월 28일 1판 1쇄
1991년 2월 5일 2판 1쇄
1995년 5월 25일 3판 1쇄
2002년 1월 30일 4판 1쇄
2008년 11월 15일 5판 1쇄
2019년 8월 25일 6판 1쇄
2024년 9월 15일 6판 20쇄

지은이 루스 베네딕트
옮긴이 김윤식·오인석
펴낸이 정무영, 정상준
펴낸곳 (주)을유문화사

창립일 1945년 12월 1일
주소 서울시 마포구 서교동 469-48
전화 02-733-8153
팩스 02-732-9154
홈페이지 www.eulyoo.co.kr

ISBN 978-89-324-7413-7 03300

감
사
의
말

일본에서 태어나 성장하고 전시에 미국에 살았던 일본인들은 미국
인들의 불신을 한 몸에 받는 무척 곤란한 상황에 처했다. 내가 이 책
을 쓰기 위해 자료를 수집하는 과정에서 그들이 베풀어 준 도움과 친
절에 이 자리를 빌려 감사를 표한다. 특히 전시 중의 동료였던 로버
트 하시마Robert Hashima에게 특별한 감사를 전한다. 미국에서 태어나
일본에서 성장한 그는 1941년 다시 미국으로 돌아오기로 결정했다.
그는 당시 전쟁 난민 수용소에서 인턴으로 근무하고 있었다. 내가 그
를 만난 것은 미국의 전쟁 첩보기관에서 일하기 위해 그가 워싱턴으
로 왔을 때였다.

　이 책의 집필을 위촉해 준 전쟁정보국에도 감사를 표한다. 특히 극
동지역 담당 부副이사 조지 테일러George E. Taylor 교수에게 감사를 표
한다. 그리고 외국 사기 분석부Foreign Morale Analysis Division를 이끈 알렉
산더 레이턴Alexander H. Leighton 장군도 빼놓을 수 없다.

　이 책을 읽어 준 사람들에게도 감사를 표하고 싶다. 레이턴 장군,

클라이드 클럭혼Clyde Kluckhohn 교수, 네이선 레이테스Nathan Leites 박사는 전쟁정보국에서 일본에 대한 연구를 수행하던 나에게 물심양면으로 지원을 아끼지 않았다. 콘래드 아렌스버그Conrad Arensberg 교수, 마거릿 미드Margaret Mead 박사, 그레고리 베이트슨Gregory Bateson, 노먼E. H. Norman 박사에게도 감사를 표한다. 그 밖에 여러 조언과 도움을 준 모든 분에게 감사의 마음을 전한다.

루스 베네딕트

다른 나라의 문화를 이해한다는 것은 결코 쉬운 일이 아니다. 루스 베네딕트가 말했듯이 다른 나라의 문화를 이해하기 위해서는 비록 눈에 거슬리더라도 그 차이를 인정할 줄 아는 냉철한 인식이 요구된다. 세계는 모든 사람의 마음이 통하는 감성적 형제애가 지배하는 곳이 아니다. 세계 속 각 개인은 특정한 관심과 역사, 경험에 의해 형성된 각기 다른 관점을 가지고 있다. 이것이 각 개인에 대해 진실이라면 국가에 대해서도 다르지 않을 것이다. 다른 나라의 문화를 이해하고자 하는 사람은 베네딕트가 말한 이른바 '어느 정도의 관대함'을 갖는 것이 가장 중요하다. 즉 다른 나라의 문화가 지닌 관점이 비록 자신의 견해와 충돌하더라도, 그것 나름의 가치를 갖고 있다는 사실을 인정해야 한다는 말이다. 이런 의미에서 쉽게 흥분하는 열광자는 훌륭한 문화인류학자라고 하기 어려울 것이다.

특히 극심하게 충돌하는 적을 이해하기 위해서는 매우 비상한 관대함이 요구된다. 이런 관대함이 더욱 필요한 이유는, 적의 강점과 약점에 대한 객관적인 평가만이 사용할 가치가 있기 때문이다. 만약 루스 베네딕트가 1944년 6월 미국 정부로부터 일본 문화에 대한 분석을 의뢰 받았을 때, 아직 잘 알려지지 않은 일본이라는 먼 나라 사람들에 대해 다른 미국인들처럼 편견을 고수했다면, 매우 수월한 작업이 되었을 것이다. 그러나 만약 그랬다면 한편으로는 완전히 쓸모없는 작업이 되고 말았을 것이다.

일본인에 대한 미국인들의 편견은 당시 전쟁 선동에 이미 적절히 활용되고 있었다. 당시 미국인들은 '잽스Japs'¹들이 선천적으로 배신을 잘하는 미치광이이며 미개한 종족이라고 믿었다. 미국인들에게 일본인은 남의 흉내나 내는 야만스러운 변절자이자 미친 개, 혹은 남을 죽이는 것처럼 자신도 거리낌 없이 죽이는 정신 나간 사무라이에 불과했다. 1945년 시드니의 『데일리 텔레그래프Daily Telegraph』는 이 야만스러운 종족을 길들이기 위해서는 2천 년 전으로 거슬러 올라갈 필요가 있다고 썼다. 이 신문은 서구 문명의 기술적 지식을 피상적으로 이해하는 일본인들에게는, 곤봉을 들고 싸우며 천둥소리를 신의 목소리라고 믿는 야만인의 미개한 정신이 여전히 존재하고 있다고 말했다.

연합군 수장들이 일본이 패전 후 어떻게 행동할 것인지를 정확하게 예측하는 데 도움을 주기 위해, 베네딕트는 이런 불합리한 견해들을 헤쳐 나가야 했다. 일본이 항복할 것인지, 아니면 최후의 한 남자, 한 여자, 그리고 한 아이까지 싸울 것인지, 또, 전쟁을 끝내기 위해 필요한 것은 무엇인지, 일본 천황은 어떻게 처리할 것인지, 연합군 점

---

1. 일본인을 경멸적으로 부르는 말

령하의 일본은 어떻게 될 것인지 등을 예측해야 했다. 1944년에 이런 설명을 내놓는 것은 오랫동안 일본에 거주한 전문가라 할지라도 결코 쉽지 않은 일이다. 그러나 그녀 자신의 말처럼, 일본 전문가도 아니고 일본에 한 번도 가 본 적이 없었던 베네딕트는 오직 문서 자료[2]와 영화, 일본계 미국인들과의 인터뷰에만 의존했다.

그러나 전문가가 반드시 유리한 것만은 아니다. 전문가는 때로 융통성 없는 편협한 견해를 고집하기 쉽다. 또한 새로운 발전이나 아이디어가 자신의 전문 지식을 위협하는 것을 불편하게 생각한다. 예를 들어 태평양전쟁 이전에 주일 대사로 도쿄에 머물렀던 조지프 그루 Joseph Grew는, 일본인들은 본질적으로 불합리한 민족이며 따라서 결코 민주주의에 적응할 수 없을 것이라고 말했다. 반면 베네딕트의 가장 큰 장점 중 하나는 이런 인종적·문화적 편견에 철저히 저항했다는 점이다. 그녀는 무엇보다 열린 마음으로 자신의 연구에 임했다.

특정 민족에 고유한 '민족성'이 존재한다는 고전적 문화인류학의 전제에 동의하지 않는 이도 있다. 이 전제는 오늘날 그다지 인정받는 견해는 아니다. 인종과 국가에 대한 준準과학적 이론들이 제시되면서 민족 집단의 고유한 특성을 추출해 낼 수 있다는 주장은 상당 부분 설득력을 잃었다. 이제 이론가들은 한 국가의 단일 문화적 정체성보다 문화가 갖는 다문화적 특성, 혹은 교접성hybridity을 더 강조하고 있다. 그러나 한편으로 우리는 자신의 정체성에 더 집착하는 경향이 있다. 글로벌 경제에 접속된 다문화 사회에 살고 있다는 불확실성 때

문에 우리는 자신의 진짜 모습을 제대로 알 수 없게 되었다. 따라서 국가적 영웅, 국가적 가치, 그리고 국가의 역사에 대한 책들이 여전히 불티나게 팔리고 있는 실정이다.

그러나 이런 국가적 집착은 베네딕트의 연구 방향과는 정반대의 것이었다. 만약 국가적 나르시시즘에 입각했다면 그녀의 작업은 불가능했을 것이다. 대신 베네딕트는 진정으로 '타자'에 관심을 기울였다. 그녀에게는 그 타자의 윤곽과 특성이 의도했던 것만큼 명확히 드러나는가가 중요한 문제였다.

나는 정치적 사건에 대한 문화적 해석에 항상 의심을 가져왔다. 그리고 베네딕트에 의해 유명해진, 수치의 문화와 죄책감의 문화에 대해서도 한때 의구심을 표명한 적이 있다. 문화 분석의 위험성은, 그것이 세계를 너무나 정적이고 단일한 것으로 가정한다는 점이다. 베네딕트는 이러한 위험성을 잘 알고 있었다. 베네딕트는 장기간에 걸친 한 국가와 문화의 다양한 변화를 인정하면서도, 특정한 문화 패턴이 쉽게 사라지지 않는다는 믿음을 갖고 있었다. 베네딕트가 영국 민족에 대해 말했듯이 "다른 기준과 다른 기분이 서로 다른 세대에 걸쳐 나타났던 것은 역설적이게도 영국인들이 매우 영국인다웠기 때문이다."

그렇다면 일본인들의 '자아'는 어떨까? 베네딕트의 위대한 책을 다시 읽으면서 나는 그녀의 능숙한 접근법에 놀라움을 금치 못했다. 죄책감과 수치심의 차이에 대해 이야기할 때도 그녀는 절대적인 기준을 정하지 않고, 다만 특정 부분에 더 강조점을 둘 뿐이었다. 일본인들도 죄책감과 수치심을 모두 알고 있다. 그러나 일본 사회는 서구

사회보다 절대적인 윤리 기준을 덜 중요하게 생각하는 반면, '좋은 행위에 대한 외부의 인정'에 더 의존한다. 일본인들은 타인의 의견에 매우 민감하다고 베네딕트는 말한다. 수치심이란 사회적인 의무를 충족하지 못했을 때 생긴다. 죄책감은 발각되지 않은 범죄에 대해서 느끼지만, 수치심은 타인의 시선에 의존하여 생긴다.

곤란한 상황에 처한 일본인들의 행동 — 어머니에 대한 복종 때문에 사랑스러운 아내의 요구를 무시하는 아들, 친구가 베풀어 준 친절에 어떻게 보답해야 할지 몰라 난감해하는 일본인 여대생 등 — 에 대한 베네딕트의 묘사는 너무나 생동감이 넘쳐 마치 자신이 직접 관찰한 것 같은 인상을 준다.

베네딕트가 부여받은 임무의 성격 때문에 작업은 더욱 어려웠다. 즉, 그녀가 일본인의 국민성을 관찰하고 분석하는 것만으로는 충분하지 않았던 것이다. 베네딕트는 일본인들의 향후 행동을 미국 정부가 예측할 수 있도록 도움을 주어야 했다. 일본이 전후 보다 자유민주적인 노선에서 재건될 수 있도록 계획했던 미국인들은, 일본인들이 패전과 천황의 변화된 역할, 미 점령군의 신탁통치에 어떻게 반응할지를 알아야 했다. 연합군을 당황하게 만들었던 일 중 하나는, 죽음으로 싸울 것을 맹세했던 일본군들이 언제 그랬느냐는 듯 유순하고 우호적으로 변화한 사실이었다.

베네딕트는 이 사실을 천황에 대한 일본인들의 깊은 의무감으로 설명한다. 천황에 대한 충성은 일본인의 가장 근원적인 감정이다. 일본인들은 천황을 위해서라면 죽을 각오가 되어 있었다. 그러나 천황이 들릴 듯 말 듯한 떨리는 목소리로 "참을 수 없는 것도 참으라, 항복하라, 그리고 평화로운 신新 일본을 건설하라"라고 했을 때 일본인들은 즉시 그 말에 따랐다. 일본 천황의 신성神性은 서구에서 종종 오해를 받고 있다. 일본인들은 대개 천황을 신으로 믿고 있다. 일본인들은 인간과 신 사이에 커다란 간격이 있다고 보지 않는다. 일본인들은 사후의 인간뿐 아니라 심지어 바위, 산, 강 등에도 신성의 아우라 aura를 입힐 수 있다고 생각한다는 베네딕트의 지적은 적절하다. 국가적 서열의 정점에 위치한 천황은 국가의 종교적 이상을 대변하는 인물이다. 여기서 천황이 정말로 신인가 하는 점은 중요하지 않다. 자신이 일본인이라는 이유만으로 일본인들은 천황에게 절대적인 충성을 맹세했던 것이다.

1945년 대부분의 일본인은 이런 상황에 놓여 있었다. 그러나 이제는 더 이상 그렇지 않았다. 베네딕트는 대중의 태도가 얼마나 쉽게 변화할 수 있는지는 예측하지 못했다. 그녀는 천황에 대한 충성을 일본인들의 주요한 특질 중 하나로 보았으며, 그것은 결코 변하지 않을 것처럼 썼다. 그러나 주어진 길에 충실하고자 하는 일본인의 의지를 그녀가 평가절하한 부분도 없지 않다. 예를 들면 평화주의Pacifism가 그것이다.

베네딕트는 일본인들에게는 삶을 바라보는 견해에 조건성 conditionality이 있다고 주장했다. 유일신 종교가 제시하는 윤리적 절대 기준이 없는 일본인들에게, 윤리나 삶의 목적 등 모든 것은 상황의존적일 뿐이다. 따라서 그렇게 호전적이던 민족이 쉽사리 평화주의를 지향하는 국가로 변모할 수 있었던 것이다. 전쟁은 실패로 끝나고 말았다. 일본은 막강한 군사력을 자랑했지만 존경받지 못하고 결국 비참한 패배 속에서 엄청난 수모를 겪고 말았다. 이제 일본은 유별나게 평화 지향적 민족인 것처럼 행동함으로써 잃어버린 국제사회의 신뢰를 회복하려 했다. 미국 법률가들이 제정한, 전쟁을 금지한 일본 헌법이 설득력을 얻었던 것도 그 때문이다.

베넥딕트는 이 역시 당시의 상황에 기인한 것으로 보고, 일본을 둘러싼 세계가 평화를 구가하는 동안 일본인들은 기꺼이 평화주의에 헌신할 것이다, 그러나 세계열강이 전쟁 준비에 돌입하는 순간 일본은 다시 예의 군국주의로 회귀할 것이다, 라고 주장했다. 그러나 아직 그런 일은 일어나지 않았다. 일본이 막대한 이익을 챙겼던 한국전쟁, 베트남전쟁, 그리고 소련·중국과의 긴장에도 불구하고, 군사적 재무장과 군사적 역할을 회복하라는 미국의 끊임없는 압박에도 불구하고, 일본인 대다수는 평화주의적 이상을 여전히 고수하고 있다. 그러나 이것도 언젠가는 변화할 것이다. 물론 베네딕트가 예측했던 것처럼 그렇게 빠른 시일 내에 일어날 일은 아니지만.

베네딕트를 비난하려는 것은 아니다. 인류학자는 미래를 예측하는 점쟁이가 아니다. 베네딕트는 자신이 책을 집필하고 수십 년이 지난 후 어떤 일이 일어날지 알 수 없었을 것이다. 1945년 이후 일본은 많이 변화했다. 오늘날 일본의 젊은 세대들은 베네딕트의 책에 기술된 일본인들의 '민족성'을 이해하는 데 어려움을 겪을지도 모른다. 천황에 대한 주忠, 부모에 대한 기무義務, 온恩을 갚지 못하는 것에 대한 두려움 등은 오늘날의 첨단 기술 시대에 그 빛이 바란 것이 사실이다. 그러나 아직도 『국화와 칼』을 즐겁고 유익하게 읽는 독자가 있다는 사실만 보더라도 우리는 이 책이 영원한 고전임을 확인할 수 있다.

　이 책이 고전인 것은 저자의 지적인 명확함, 그리고 유려한 문체 때문이다. 베네딕트는 난해한 용어를 쓰지 않고 복잡한 사상을 쉽게 풀어내는 능력을 지닌 작가였다. 문체는 그의 사람됨을 반영하는 것이라고 한다. 베네딕트는 훌륭한 인간성과 영혼의 관대함을 지닌 작가였다. 저자의 결론에 동의하지 않는 독자라 하더라도 전쟁 시기에 쓰인, 가공할 만한 적에 대한 묘사인 이 책을 오늘날 읽어도 그다지 기분 나쁘지 않을 것이다. 마지막으로, 이 책에는 지난 반세기 동안 일본과 일본인들에게 불어닥친 엄청난 변화의 소용돌이에도 불구하고 오늘날 여전히 진실인 내용이 많이 포함되어 있다.

이안 부루마

옮
긴
이
의
말

이 책은 루스 베네딕트Ruth Benedict(1887~1948)의 『*The Chrysan-*
themum and the Sword : Patterns of Japanese Culture(Houghton Mifflin
Company, 1946)』를 번역한 것이다.

　루스 베네딕트는 일본 문화의 특성을 '국화'와 '칼'이라는 두 가지
극단적인 상징으로 표현하고 있다. 그 부제에서 알 수 있듯이 이 책
은 일본 문화의 틀型을 탐구하고 있다. 미국에서 크게 발달한 문화
인류학의 방법론에 의거한 저자의 연구는 매우 전문적이다. 여기서
'전문적'이라는 것은 단순한 일본 기행문이나 견문기가 아니라 엄밀
한 학문적 노작勞作이라는 뜻이다. 저자가 목적으로 삼은 것은 평균
적 일본인average Japanese의 행동과 사고思考의 틀Pattern을 탐구하는 것
이다. 그것은 한마디로 '하지恥(수치·부끄러움)'의 인식에 놓인 문화
다. 원래 이런 문화인류학적 방법은 역사주의 방법과는 다르고, 따라
서 흔히 우리가 입문적으로 어떤 나라의 문화나 사물을 이해하는 방
법론과도 다르다. 그런 역사주의 방법은 주관성에서 벗어나지 못한
다는 결정적인 한계가 있다. 이에 비하면 이 책의 방법론은 그런 주

관성을 극복했다는 의미에서 학문적 객관성을 얻고 있다. 특히 이 책의 정수는 계층제도hierarchy의 분석에 있다. 그 계층제도가 근대사회로 넘어올 때 어떠한 질서와 충동을 일으키는가에 대한 고찰은 제4장 '메이지유신明治維新' 속에 선명히 드러나 있다.

루스 베네딕트는 미국 뉴욕에서 태어나 1909년 배서대학에서 영문학을 전공하고 교사와 시인으로 활동하다 생화학자인 스탠리 베네딕트와 결혼했다. 1919년 인류학을 접한 뒤, 2년 후 컬럼비아대학에 입학하여 절대적인 스승 프란츠 보아스를 만나면서 본격적인 인류학 연구에 빠져들었다. 현지를 답사하며 아메리칸 인디언 종족들의 민화와 종교를 연구하여 컬럼비아대학에서 박사 학위를 받은 그녀는 1930년부터 모교에서 인류학 교수로 재직했다.

베네딕트의 대표적 저서로는 『문화의 패턴Patterns of Culture)』(1934), 『종족Race: Science and Politics』(1940) 등이 있다. 만년의 명작인 『국화와 칼』은 제2차 세계대전이 막바지에 접어든 1944년 6월 미 국무부의 위촉으로 연구하기 시작했다. 그러나 저자 자신은 일본을 방문한 적이 단 한 번도 없다. 학문의 연구에서 그 대상을 직접 목격하지 않는 쪽이 오히려 보다 엄밀할 수도 있다는 가능성을 이 책은 입증하고 있다. 부분적 체험은 전체적 방법론을 망쳐 놓을 수도 있다. 이 책이 수많은 개인적 기행문이나 저널리스틱한 일본 인상기와 결정적으로 구분되는 까닭도 여기에 있으리라.

역자들은 대학 동기 동창으로, 서울대 교양과정부에 전임된 직후 일본으로 해외 연수를 와 있었다. 우리는 가끔 여가 시간에 대학 캠퍼스에 있는 '산시로 연못'가에 앉아 일본 문화에 대해 담소를 나누었다. 이후 우리 두 사람은 일본 도쿄대학에서 같은 시기에 연수하며 만난 것을 계기로 이 책을 번역하게 되었다. 1970년대까지만 해도 일본에 대한 연구는 우리나라에서는 거의 황무지에 가까웠다. 가끔 출판된 사사로운 인상기나 체험기는 주관성 때문에 오히려 일본에 대한 이해를 그르칠 수 있었다. 일본 연구의 고전이 된 이 책은 그렇기 때문에 번역할 가치가 있었다.

일본을 흔히 '가깝고도 먼 나라'라고 표현하고 있는데, 국경 없는 글로벌 시대에 들어선 오늘날 일본에 대한 이해와 관심은 더욱 절실해지고 있다. 현재 두 나라는 정치, 경제, 산업뿐만 아니라 사회, 문화 등 모든 면에서 보이지 않는 구석구석까지 서로 깊은 영향을 주고받고 있는 실정이다. 그러나 우리는 애써 일본을 외면해 왔을 뿐 아니라 일본을 잘 아는 것처럼 행동해 왔다. 과연 우리는 일본을 얼마나 알고 있을까? 이제 우리는 일본이 가장 가까운 이웃나라이고 같은 문화권 안에서 공존해야 할 나라라는 현실을 직시할 필요가 있다.

이 책이 일본에 대한 이해와 탐구에 조금이라도 도움이 되었으면 하는 간절한 마음으로 글을 옮겼다.

김윤식·오인석

차례

제1장
연구과제―일본

일본인은 미국이 지금까지 전력을 기울여 싸운 적 가운데 가장 낯선 적이었다. 다른 나라들과의 전쟁에서 이처럼 현격히 이질적 행동과 사상적 특성을 고려해야 했던 적은 일찍이 없었다. 이미 1905년에 일본과 싸운 제정 러시아와 마찬가지로 미국 역시 서양의 문화 전통에 속하지 않는, 완전히 무장되고 훈련된 국민과 싸웠던 것이다. 일본인은 서양 여러 나라가 인간의 본성에 비춰 당연히 받아들인 전시 관례 戰時慣例를 전혀 염두에 두지 않았다. 따라서 태평양에서의 전쟁은 섬 해안의 일련의 상륙작전이나 수송과 보급 등의 어려움보다도 그 이상의 것, 즉 적의 특성을 파악하는 것이 더 중요한 문제로 떠올랐다. 적의 행동에 대처하기 위해 우리는 우선 적의 행동을 이해할 필요가 있었다.

그 어려움은 컸다. 일본이 문호를 개방한 이래 75년간[1], 일본인에

---

1. 일본이 문호를 개방하여 서양 문명을 적극적으로 받아들이기 시작한 것은 1868년 이른바 메이지유신明治維新 때부터였다.

대해 쓴 모든 저작물에는, 일찍이 세계 어느 국민에게도 쓰인 적이 없는 '그러나 또한but also'이라는 기괴한 표현이 자주 나온다. 정직한 관찰자가 일본인 이외의 다른 국민에 관해 기술할 때 만약 그 나라 국민이 유례없이 예의 바르다면, "그러나 또한 그들은 불손하며 건방지다"라고 덧붙이지는 않는다. 어떤 국민이 너무나 고루하다면, "그러나 또한 그들은 새로운 일에도 쉽게 순응한다"라고 덧붙이지는 않는다. 또 어떤 국민이 유순하다면, "그러나 또한 그들은 상부의 통제에 좀처럼 따르지 않는다"라고 설명하지는 않는다. 그들이 충실하고 관대하다면, "그러나 또한 그들은 불충실하며 간악하다"라고 표현하지는 않는다. 그들이 참으로 용감하다면, 겁쟁이임을 부연해서 설명하지는 않는다. 그들이 다른 사람의 평판에 신경을 쓰며 행동한다면, 그 말에 이어 그들은 참으로 흔들리지 않는 양심을 가지고 있다고 말하지는 않는다. 로봇같이 일사불란한 그들의 군대 훈련 모습을 묘사하면서, 이어 병사들이 순순히 명령에 복종하지 않으며 공공연하게 반항하는 일도 있다고 말하지는 않는다. 서양의 학문에 열중하는 국민에 관해 서술하면서, 동시에 그들의 열렬한 보수주의에 관해 자세히 기술하지는 않는다. 아름다움을 사랑하고 배우와 예술가를 존경하며 국화를 가꾸는 데 신비로운 기술을 가진 국민에 관한 책을 쓰면서, 동시에 이 국민이 칼을 숭배하며 무사에게 최고의 영예를 돌린다는 사실을 기술한 또 다른 책으로 그 국민의 성격을 보충하는 일은 일반적으로 없다.

그렇지만 이런 모든 모순이 일본에 관한 책에서는 날줄과 씨줄이 된다. 이런 모순은 모두가 진실이다. 칼도 국화와 함께 그림의 일부분을 구성한다. 일본인은 최고로 싸움을 좋아하면서도 얌전하고, 군국주의적이면서도 탐미적이고, 불손하면서도 예의 바르고, 완고하면서도 적응력이 있고, 유순하면서도 시달림을 받으면 분개하고, 충실하면서도 불충실하고, 용감하면서도 겁쟁이고, 보수적이면서도 새로운 것을 즐겨 받아들인다. 그들은 자기 행동을 다른 사람이 어떻게 생각하는가에 놀랄 만큼 민감하지만, 동시에 다른 사람이 자기의 잘못된 행동을 모를 때는 범죄의 유혹에 빠진다. 그들의 병사는 철저한 훈련을 받지만 또한 반항적이다.

일본을 이해하는 것이 미국에게 매우 중요한 일로 떠오른 상황에서, 수많은 모순을 보고도 모른 척할 수는 없었다. 중대한 고비가 우리 앞에 닥쳐오고 있었다. 일본은 어떤 식으로 나올 것인가? 일본 본토에 진격하지 않고도 항복을 받을 수 있을 것인가? 천황의 궁성을 폭격해야 하는가? 일본군 포로들에게 무엇을 기대할 수 있는가? 일본 군대와 일본 본토에 어떻게 선전宣傳을 해야 미국인의 생명을 구하고 최후의 한 사람까지 싸우려는 일본인의 결의를 약화시킬 수 있는가?

일본인을 잘 알고 있는 사람들 사이에서는 이런 의문에 대한 의견 차가 컸다. 전쟁이 끝난 후 일본인은 질서 유지를 위해 영속적으로 계엄령을 펴야 할 국민인가? 아군은 일본의 산속 요새에서 최후까지 결사적으로 저항하는 일본인과 싸울 각오를 해야 하는가? 국제 평화가 이루어지기 전에 프랑스혁명이나 러시아혁명 같은 혁명이 일본에서 일어날 필요가 있는가? 혁명이 일어난다면 누구를 그 지도자로 삼는 것이 좋은가? 아니면 일본 국민은 멸종시켜야 하는가? 우리의 판단에 따라 큰 차이가 발생할 것이다.

1944년 6월, 나는 일본에 대한 연구를 위촉받았다. 일본인이 어떤 국민인가를 규명하기 위해, 나는 문화인류학자로서 모든 연구 방법을 이용할 수 있도록 배려받았다. 미국이 일본에 대공세를 펼쳐 마침내 미국의 거대한 힘을 보여 주기 시작한 초여름 무렵이었다. 사람들은 이때까지도 대일 전쟁이 3년, 10년, 또는 그 이상이 걸릴지도 모른다고 말했다. 일본에서는 100년이 걸려야 끝난다는 말도 나돌았다. 미군이 국지적인 승리를 거두었으나, 일본인은 뉴기니섬과 솔로몬 군도²가 일본 본토에서 수천 마일이나 떨어져 있다고 주장했다. 일본은 공식적으로 해군의 패배를 좀처럼 인정하려 들지 않았고, 일본 국민은 여전히 일본군이 이기고 있다고 여겼다.

그러나 6월이 되자³ 전황이 변하기 시작했다. 유럽에서는 제2전선⁴이 전개되었고, 최고 사령부가 2년 반에 걸쳐 유럽 전역戰域에 두어 왔던 군사적 우선권은 이미 필요가 없어졌다. 대독對獨 전쟁의 종말이 눈앞에 보이고 있었다. 태평양에서는 미군이 사이판섬에 상륙했다. 이것은 일본의 종국적 패배를 예고하는 대작전이었다. 이로부터 미군은 더욱 가까이에서 일본군과 얼굴을 마주치기 시작했다. 그리고 뉴기니, 과달카날, 미얀마, 애투, 타라와, 비아크의 전투를 통해

---

2. New Guinea and the Solomons. 1942년 8월 솔로몬 군도의 과달카날섬에 미군이 상륙, 일본군 수비대는 전멸했다.
3. 1944년 6월, 미군이 사이판섬에 상륙, 일본군은 전멸했다.
4. 1944년 6월 6일, 연합군이 프랑스 북쪽 해안의 노르망디에서 상륙작전을 개시, 제2전선을 결성했다.

미군은 얼마나 무서운 적과 싸우고 있는지를 알 수 있었다.

따라서 1944년 6월에는 일본에 관한 수많은 의문점에 해답을 찾는 것이 매우 중요해졌다. 문제가 군사상의 것이든, 외교상의 것이든, 최고 정책의 여러 문제에서 일어나는 것이든, 일본군 전선의 후방에 떨어뜨리는 선전 책자에 관한 것이든, 이에 대한 통찰력이 요구되었다. 싸우고 있는 일본의 전력에 관해 반드시 알아야 할 것은, 비단 도쿄에 있는 통치자들의 목적이나 동기, 일본의 긴 역사, 경제나 정치상의 통계만이 아니었다. 일본 정부가 국민에게 기대하는 것이 무엇인지 알아야 했다. 일본인의 사상이나 감정의 특성과 그런 특성에 배어 있는 문화의 틀을 이해하기 위해 노력해야 했다. 또한 이런 행동이나 의견의 배후에 있는 강제력을 알아야 했다. 미국인으로서 행동할 때의 전제를 잠시 제쳐 놓고, 가능한 한 주어진 상황 아래에서 일본인의 행동이 우리의 행동과 크게 다르지 않다고 단정하는 안이한 결론으로 비약하지 않도록 유의해야 했다.

나의 연구 과제는 매우 까다로운 문제였다. 미국과 일본은 교전 중이었다. 전쟁 중에는 적을 나쁘게 깎아내리는 것은 쉽지만, 적이 어떤 방식으로 인생을 보는가를 적의 입장에서 본다는 것은 매우 어려운 작업이다. 그렇지만 그것은 해야만 할 임무였다. 문제는 일본인이 어떻게 행동할 것인가에 있지, 만일 그들과 같은 처지에 놓였을 때 우리가 어떻게 행동할 것인가에 있지 않았다. 나는 전시에 일본인이 보여 준 행동을, 부정적인 요소가 아니라 긍정적인 요소로서 이용하도록 노력했다. 나는 그들의 전쟁 수행 방식을 군사적 문제가 아니라 문화적 문제로 바라보았다. 평시와 마찬가지로 전시에도 일본인은 그들답게 행동했다. 전쟁 수행방식에서 그들만의 특수한 생활방식과 사고방식의 징후를 볼 수 있는가? 지도자가 전의를 선동하며 당황하는 국민을 안심시키고, 전장에서 병사를 다스리는 방식 등은 그들이 무엇을 이용 가능한 장점으로 여기는가를 보여 준다. 일본인이 전쟁에서 어떻게 한 걸음 한 걸음 자기 모습을 드러내는가를 알기 위해 나는 전쟁에 관한 사항을 자세히 조사했다.

　그러나 두 나라가 교전 중이라는 사실은 연구에 매우 불리하게 작용했다. 그것은 문화인류학자의 가장 중요한 연구 방법인 현지 조사를 단념해야 한다는 것을 의미하기 때문이다. 나는 일본에 머물며 그들의 가정에 속해 생활하면서 일상생활의 여러 가지 경향과 활동을 관찰하고, 내 눈으로 어느 것이 중요하고 어느 것이 그렇지 않은가를 살필 수가 없었다. 나는 그들의 복잡한 결정 도달 과정을 관찰할 수가 없었다. 나는 아이들이 양육되는 과정을 볼 수가 없었다. 일본 촌락에 관한 인류학자의 유일한 현지 연구인 존 엠브리John F. Embree의 「스에무라須惠村, Suye Mura」는 매우 귀중한 문헌이지만, 이 연구를 행했던 당시에는 1944년에 우리가 직면한 일본에 관한 많은 과제는 아직 문제화되어 있지 않았다.

　이런 많은 어려움에도 불구하고 문화인류학자로서 나는 이용할 수 있는 특정한 연구 방법과 필요조건을 갖추고 있다는 자신이 있었다. 적어도 나는 인류학자들이 크게 의존하고 있는, 연구 대상인 민족과의 직접 면접을 단념하지 않아도 되었다. 미국에는 일본에서 자란 일본인이 많이 있었다. 그래서 나는 그들이 경험한 구체적인 사실을 묻고 자신을 어떻게 판단하는가를 알아내어, 연구의 많은 결함을 그들의 설명으로 보충했다. 당시 일본을 연구하던 다른 사회과학자들은 도서관에서 과거의 사건이나 통계를 분석하고, 글이나 말로 행해진 일본인의 선전 문구에 나타난 변화를 추적하고 있었다. 나는 사회과학자들이 추구하는 해답의 대부분은 일본 문화의 규범과 가치 속에 깊이 배어 있다고 생각했다. 따라서 실제로 그 문화 속에서 살아온 사람들을 탐구하는 편이 더 만족스러운 해답을 발견할 수 있다는 확신을 가지고 있었다.

그렇다고 해서 내가 전혀 책을 읽지 않았다든가, 일본에서 생활한 적이 있는 서양인에게 의존하지 않았다는 말은 아니다. 일본에 관한 방대한 문헌과 일본에서 생활한 적이 있는 많은 뛰어난 서양인 관찰자들은, 아마존강의 수원水源 지대나 뉴기니 산지로 문자가 없는 부족을 연구하러 가는 인류학자들이 전혀 받을 수 없었던 많은 편익을 나에게 주었다. 그런 부족은 문자가 없기 때문에 자신들의 모습을 문서로 남기지 못했다. 따라서 서양인의 해설도 매우 적고 피상적이다. 누구도 그들 종족의 과거 역사를 알지 못한다. 현지 조사자는 앞선 연구자들의 도움 없이 그들 종족이 경제생활을 영위하는 방법이나 사회의 계층 구조, 종교생활에서 가장 중요한 것이 무엇인가 따위를 연구해야 한다.

일본 연구에서 나는 이와는 달리 많은 학자의 유산을 이어받을 수 있었다. 세부적인 생활 묘사가 호사가의 기록 속에 가득 담겨 있었다. 유럽이나 미국인이 그들의 생생한 체험을 기록해 놓았고, 또 일본인도 실로 놀랄 만큼의 기록으로 자신들을 드러내고 있었다. 많은 다른 동양인과는 달리 일본인은 자기 자신을 기록하는 경향이 강하다. 일본인은 그들의 세계 확장 계획은 물론 일상의 사소한 일에 관해서도 기록했다. 일본인은 놀랄 만큼 솔직했다. 물론 일본인이라고 해서 그들의 전체 모습을 그대로 기록하지는 않는다. 어느 민족도 그렇게 하지는 않는다. 일본에 관해 연구하는 일본인은 — 그가 호흡하는 공기처럼 흔하며 보이지 않기 때문에 — 참으로 중요한 문제를 간과하기 쉽다. 미국인이 미국에 관해 쓸 경우도 마찬가지다. 그럼에도 불구하고 일본인은 일반적으로 자기를 드러내는 것을 좋아하는 종족이다.

나는 이런 문헌들을 다윈Charles Darwin이 종種의 기원에 관한 이론을 세울 때의 방식처럼, 이해할 방법이 없다는 것에 주의하면서 읽었다. 의회 연설의 관념적인 내용을 이해하기 위해 나는 무엇을 알아야 하는가? 일본인은 우리가 볼 때 용납할 수 있는 행위를 맹렬히 비난하면서도, 오히려 위법으로 보이는 행위는 아무렇지도 않게 용인하는 경우가 있다. 그런 태도의 배후에는 무엇이 숨어 있는가? 이 그림은 어디가 이상한가? 그것을 이해하기 위해 나는 무엇을 알아야 하는가? 나는 이런 질문을 되풀이하면서 읽었다.

나는 또한 일본에서 쓰고 제작한 영화들 — 홍보영화, 역사영화, 도쿄나 농촌의 현대 생활을 그린 영화 등 — 을 보러 갔다. 그런 뒤에 일본에서 그런 영화를 몇 편 본 일이 있는 일본인들과 함께 남녀 주인공과 악역을 일본인의 시각에서 세밀히 검토했다. 내가 이해하지 못해 멍하게 있을 때에도 그들은 그렇지 않았다. 줄거리나 동기도 내가 이해한 것과는 달리 영화의 전체적인 구성에서 생각할 때 비로소 의미가 통하는 것이었다. 소설의 경우와 마찬가지로 영화도 내가 파악한 의미와 일본에서 자란 사람들이 파악하는 의미 사이에는 눈에 띌 정도로 큰 차이가 있었다. 이들 가운데 어떤 사람은 일본인의 관습을 즉각 변호했고, 또 어떤 사람은 일본의 것이면 무조건 증오했다. 이 두 그룹 중 어느 쪽에서 내가 더 많이 배웠는가는 단언하기 어렵다. 그러나 그것을 기꺼이 받아들이든 격렬히 거부하든 일본에서는 생활을 어떻게 규율하고 있는가에 관해 그들이 그려 낸 영상은 일치하는 듯했다.

인류학자가 연구 중인 문화에 속한 국민에게 직접 재료와 통찰력을 얻으려고만 한다면, 일본에서 살았던 모든 유능한 서양인 관찰자가 수행한 방법과 다를 바가 없을 것이다. 만일 인류학자가 제공할 수 있는 것이 이 정도라면, 외국인 거류자가 지금까지 쌓아 올린 일본에 관한 귀중한 연구보다 더 나은 성과를 거둘 가망이 없다. 그러나 문화인류학자는 다른 사람에게 없는 몇 가지 특별한 능력을 훈련해 왔으므로, 연구자나 관찰자의 풍부한 성과에 독자적인 공헌을 보탤 수도 있을 것이다.

인류학자는 아시아와 태평양의 여러 문화를 알고 있다. 일본의 사회 제도나 생활 습관 가운데 어떤 것은 태평양 여러 섬의 부족과 밀접한 유사점이 있다. 이런 유사점 가운데 어떤 것은 말레이 군도에서, 어떤 것은 뉴기니에서, 또 어떤 것은 폴리네시아에서 볼 수 있다. 물론 이런 유사점은 오래전에 이주移住 혹은 접촉이 있었음을 나타내는 것으로 여겨져 흥미롭다. 그러나 이런 문화적 유사점을 알고 있다는 것이 나에게 가치 있는 까닭은, 그들 사이에 역사적 관계가 있을지도 모른다는 이유 때문만은 아니다. 오히려 그런 부족들의 단순한 문화의 습속을 잘 알고 있으므로, 내가 발견한 유사점이나 차이점에서 일본인의 생활을 이해하는 단서를 얻을지도 모른다는 데에 있었다.

나는 또한 아시아 대륙의 태국과 미얀마, 중국에 관해서도 약간의 지식을 가지고 있어서, 같은 아시아의 위대한 문화를 상속받은 다른 나라들과 일본을 비교할 수 있었다. 인류학자는 미개 민족의 연구에서 그런 문화 비교가 얼마나 가치 있는 것인가를 거듭 증명해 왔다. 어떤 부족은 관습의 90퍼센트를 인접 부족과 공유하면서, 한편으로 주위의 어느 부족과도 공유하지 않는 그들만의 생활양식이나 도덕적 가치에 맞추기 위해 그 관습을 개조하는 경우도 있다. 그런 과정에서 그 부족의 고유한 정체성을 지켜 나가기 위해 어떤 근본적 제도는 받아들이지 않았을지도 모른다. 전체적으로 보면 많은 특성을 공유하고 있는 여러 민족 간의 차이를 연구하는 것만큼 인류학자에게 유익한 일은 없다.

인류학자는 또한 그들 자신의 문화와 다른 문화 간의 차이에 익숙해져야 한다. 그리고 이 특수한 문제를 위해 그들의 연구 기법을 예리하게 다듬어야 한다. 그들은 다른 문화를 가진 사람들과 부딪쳐야 하는 상황과, 다른 부족이나 국민이 그런 상황의 의미를 규정하는 방식에 현저한 차이가 있음을 경험을 통해 알고 있다. 북극 지방의 어느 부락, 열대 지방의 어느 사막에서, 그들은 도저히 상상할 수 없을 정도로 친족 간 책임이 강조되거나 경제적 교환이 이루어지는 부족 조직에 직면했다. 그들은 친족관계나 교환을 자세히 조사하는 데에 그치지 않고 나아가 이런 조직이 부족의 행동에 어떤 영향을 끼치는

가, 또 각 세대는 어릴 때부터 그들이 해 온 것과 같은 행동을 하도록 어떻게 조정되는가 등을 조사했다.

여러 차이와 그 조정 및 영향에 관한 이런 전문적 관심은 일본 연구에서도 충분히 이용할 수 있었다. 미국과 일본 사이의 뿌리 깊은 문화적 차이를 모르는 사람은 없다. 속설에도 일본인은 무엇이든 미국인과 정반대로 행동한다고 알려져 있다. 이런 인식이 위험한 것은, 연구자가 이는 지극히 추상적인 것이므로 그런 민족을 이해한다는 것은 불가능하다고 쉽게 포기해 버리게 만들기 때문이다. 그러나 인류학자는 경험상 아무리 기괴한 행동이라도 결국은 이해할 수 있다는 믿음을 가지고 있다.

어떤 사회과학자보다도 인류학자는 그 차이를 불리한 요소가 아니라 오히려 하나의 유용한 이점으로 전문적으로 이용해 왔다. 어떤 제도나 민족을 생소하게 여기고 날카로운 관심을 쏟는 것이다. 인류학자가 연구하려는 부족의 생활양식 속에는 처음부터 당연한 것으로 예상한 것은 하나도 없어야 한다. 거기서 인류학자는 소수의 선택된 사실만이 아니라 일체의 모든 것을 관찰해야 한다. 서양 여러 국민의 연구에서 비교문화학적 연구의 소양이 없는 사람은 전체적인 행동 영역을 간과한다. 그 연구자는 이를 당연시하여 일상생활의 여러 평범한 습관이나 일반적으로 용인된 일체의 신념을 탐구하지 않는다. 그러나 이런 편견은 외교관이 조인한 조약보다도 그 국민에게 미치는 영향이 크다.

인류학자는 평범한 사실을 연구하는 특별한 기술을 개발해야 한다. 그 인류학자가 연구하는 부족에게는 평범한 일상생활의 사실이,

본국에서는 전혀 다르게 나타나기 때문이다. 어떤 부족의 극단적인 간악함이나 다른 부족의 극단적인 비겁함을 이해하려 할 때, 또한 그들이 특정한 상황 아래에서 어떻게 행동하고 느끼는가를 찾아내려 할 때, 문명화된 국민에게는 별로 주목하지 않는 관찰이나 세심한 사실에 유의해야 한다. 이런 사실이 중요하다는 것은 이미 잘 알려져 있다. 그래서 이런 사실을 찾아내는 연구 방법을 체득해야 한다.

일본의 경우 이런 방법을 시도해 본다는 것은 뜻있는 일이었다. 어떤 국민의 사소한 인간적 일상생활에 주의를 기울일 필요가 있다. 그래야만 어떤 미개 부족에도 또 어떤 문명국에도, 인간의 행동은 일상생활 속에서 학습되는 것이라는 인류학자의 전제에 중요한 의의를 부여할 수가 있기 때문이다. 그 행위나 의견이 아무리 이상할지라도 어떤 인간의 느낌과 사고방식은 그의 경험과 관계를 가지고 있다. 나는 일본인의 행동에서 무엇인가 당혹감을 느낄수록, 그것은 일본인의 생활 속에 그런 당혹감을 만드는 당연한 조건이 존재한다는 확신이 생겼다. 만일 그런 조건의 연구가 나를 일상적 교섭의 사소한 일에 끌어들인다면, 더없이 좋은 일이었다. 그것이야말로 사람들이 학습하는 장소이기 때문이다.

또한 나는 문화인류학자로서 고립된 어떠한 행동도 서로 체계적 관계를 가지고 있다는 전제에서 출발했다. 나는 수백 개의 개별적 사실들이 어떤 식으로 종합적인 유형으로 분류되어 있는가를 중요시했다. 인간 사회는 스스로를 위해 어떤 생활 유형을 만들어야 한다. 사회는 여러 가지 상황에 대처하는 일정한 방식과 그런 상황을 평가하는 일정한 방식을 승인한다. 그 사회의 사람들은 이런 해결 방법을 전 세계의 본질로서 이해한다. 그들은 아무리 곤란하더라도 그것을 하나의 전체적 체계로 묶는다. 생활의 기준이 되는 일정한 가치 체계를 받아들인 사람들이, 그 가치 체계와는 다른 일련의 가치에 따라 생각하고 행동한다면 머지않아 반드시 무능과 혼란에 빠질 것이다. 그들은 가능한 한 순응하려 한다. 그들은 자기의 행동에 공통 근거와 공통 동기를 마련한다. 어느 정도 일관성을 갖춰야 한다. 그렇지 않으면 전체적인 체계가 산산이 무너진다.

그 때문에 경제적 행동, 가족 조직, 종교적 의식, 정치적 목적 등은 서로 톱니바퀴처럼 맞물린다. 어떤 한 영역이 다른 영역보다 급속한 변화를 일으킴으로써 다른 영역에 큰 압박을 가하는 경우도 있다. 그렇지만 그 압박은 일관성을 실현하기 위해 발생하는 것이다. 문자가 없는 사회에서 집권자가 타인을 지배하는 권력 추구에 전념한다면, 권력에 대한 의지는 그들의 경제적 행위나 다른 부족과의 관계 속에서뿐 아니라 종교적 관습 속에서도 같은 모양으로 표현된다. 문자로 쓰인 오래된 성전聖典을 가지고 있는 문명화된 여러 나라의 교회는, 문자 언어가 없는 부족과는 달리 옛날의 문장 구절을 그대로 보유하고 있다. 그러나 교회는 경제적·정치적 영역에서 점점 권위를 잃어 가고 있다. 어구語句는 남아 있어도 의미는 달라진 것이다. 종교적 교리와 경제적 관습과 정치는 결코 명료하게 격리된 작은 연못 속에 갇혀 있는 것이 아니라, 서로의 경계를 넘어 흘러간다. 그래서 그 물은 서로 섞여 어느 것이 어느 것인지 모르게 합쳐진다. 이 사실은 항상 진리이므로 연구자는 그 연구가 경제, 성생활, 종교 또는 어린아이 양육 등 여러 가지 사실 속에 분산된 것처럼 보일수록, 사회에서 실제로 일어나는 일을 더욱 잘 추적할 수 있는 것이다. 그는 생활의 어떠한 영역에서도 가설을 세우고, 자료를 채집하고, 성과를 거둘 수 있다. 그는 어떤 국민의 여러 가지 요구가 정치, 경제 혹은 도덕 등 각각의 표현으로 나타났더라도, 그것을 사회적 경험 속에서 학습되는 습관이나 사고방식의 표현으로 설명할 수가 있게 된다. 따라서 이 책은 일본인의 종교나 경제생활, 정치, 가족 등 특정 일면만을 다루지 않았다. 이 책은 일본인의 보편적 특성을 그들의 생활방식에서 검토한 책이다. 당면한 활동이 어떠한 것이든 그 속에 이런 특성이 어떻게 나타나는가를 기술하고 있다. 이 책은 일본을 일본인의 나라답게 만드는 것이 무엇인가를 다룬 것이다.

20세기의 핸디캡 가운데 하나는, 일본을 일본인의 나라답게 만드는 것뿐만 아니라 미국을 미국인의, 프랑스를 프랑스인의, 러시아를 러시아인의 나라답게 만드는 것에 관해 여전히 가장 막연하고도 편견에 가득 찬 관념을 품고 있다는 것이다. 이런 편견으로 세계 각국은 서로 오해하고 있다. 이 때문에 구별할 수 없을 만큼 서로 닮은 두 나라 사이에서 불화가 일어난 경우라도 도저히 화해할 수 없는 큰 차이가 있는 것처럼 착각하기도 한다. 반면 그와 반대로 어떤 국민이 그 경험과 가치 체계에 대해 도덕 관념상 다른 나라와 아주 다른 행동 방침을 가지고 있을 때에도, 우리는 서로 공통의 목적에 관해 언급한다. 우리는 그들의 습관이나 가치가 어떤지 이해하려 하지 않는다. 만일 그렇게 한다면 어떤 나라의 행동 방침이 우리와 다르다고 해서 반드시 나쁘다고 할 수만은 없다는 사실을 알 수 있을 것이다.

각각의 국민이 자신들의 사상·감정의 습관을 언급한 것에 전적으로 의존할 수는 없다. 모든 나라의 문필가는 자신들의 것을 설명하려고 노력해 왔다. 그러나 그것은 결코 쉬운 일이 아니다. 어떤 국민이 자기의 생활을 들여다보는 렌즈는 다른 국민이 사용하는 렌즈와는 다르다. 우리는 안구를 의식하면서 사물을 보지 않는다. 어떤 나라도 새삼스럽게 그런 것을 문제 삼지 않는다. 그리하여 어떤 국민에게 공통의 인생관 ― 초점을 맞추는 법, 원근을 취하는 요령 ― 은 신에게 부여받은 풍경과도 같이 생각된다. 안경의 경우, 안경을 쓴 당사자가 렌즈의 처방을 알고 있을 것으로 기대하지 않는 것과 마찬가지로, 우리는 어떤 국민이 자신들의 세계관을 분석하는 데 기대를 걸 수가 없다. 만일 안경에 관해 알고 싶은 경우, 안과의사를 양성하여 의뢰하면 그가 어떠한 안경이라도 처방해 줄 것이라고 기대한다. 우리는 사회과학자의 작업이야말로 의심의 여지없이 현대 세계 여러 나라의 국민에게 안과의사와 같은 역할을 한다는 사실을 인정하게 될 것이다.

　이 작업은 민족 간에는 차이가 있다는 강인한 신념과 그 차이를 인정하는 관용성을 함께 필요로 한다. 이 작업은 국제 친선을 제창하는 사람들이 때로는 비난할 것으로 생각되는 이런 강인한 신념을 필요로 한다. '하나의 세계'를 주창하는 사람들은 세계 도처의 사람들에게 동과 서, 흑인과 백인, 기독교도와 이슬람교도 간의 차별은 모두 피상적인 것이며, 전 인류가 실제로는 같은 마음을 가지고 있다는 신념을 심는 데에 희망을 걸어 왔다. 이 견해는 때로는 사해동포주의四海同胞主義라고 불리기도 한다. 나로서는 사해동포를 믿는다고 해서, 왜 생활방식에서 일본인은 일본인 특유의, 미국인은 미국인 특유의 생각을 가지고 있다고 말해서는 안 되는가를 알지 못한다. 때로는 이런 사해동포를 주장하는 자들은 마치 같은 음화陰畵에서 찍어 낸 양화陽畵처럼, 여러 민족이 한결같은 마음으로 성립된 세계가 아니면 국제 친선은 성립되지 않는다고 생각하고 있는 것처럼 보이기도 한다.

그러나 다른 나라의 국민을 존경하는 조건으로서 이런 획일성을 요구한다는 것은, 자신의 처자에게 그것을 요구하는 것과 마찬가지로 매우 민감한 사안이다. 차이가 있다는 신념을 가진 사람들은 차이가 존재한다는 사실에 비로소 안심한다. 그들은 차이를 존중한다. 그들의 목표는 차이가 있더라도 안전이 확보되는 세계, 세계 평화를 위협하지 않고도 미국은 철저히 미국답고, 같은 조건으로 프랑스는 프랑스, 일본은 일본다울 수 있는 세계다.

이와 같은 차이가 반드시 세계의 머리 위에 매달린 다모클레스 Damocles의 칼[5]이라고는 믿지 않는 연구자들은, 외부의 간섭으로 인생에 대한 어떤 태도가 성숙하는 것을 금지하는 것은 옳지 않다고 여긴다. 또한 차이를 존중하는 입장을 갖는다고 해서 자신이 세계를 현 상태대로 고착화하는 데 일조하는 것이 아닌가 하고 두려워할 필요는 없다. 문화적 차이를 조장하는 것은 고정된 세계를 의미하지 않는다. 엘리자베스 여왕 시대 뒤에 앤 여왕 시대, 빅토리아 여왕 시대가

---

5. 신변에 따라다니는 위험이라는 뜻. 다모클레스는 그리스 신화에 나오는 시칠리아의 시라쿠사 참주 디오니시오스의 신하인데, 디오니시오스가 잔치에서 다모클레스의 머리 위에 머리카락 하나로 칼을 매달아 놓고 왕위에 있는 자에게는 언제나 위험이 따른다고 가르친 고사에서 유래했다.

왔다고 해서 영국은 결코 영국다움을 잃지 않았다. 영국인은 다른 시대가 오더라도 자기를 잃지 않고 다른 기준과 다른 국민적 분위기를 만들어 낼 수 있었기 때문이다.

국민적 차이의 체계적 연구를 수행하기 위해서는 강인한 신념과 함께 어느 정도의 관용이 필요하다. 종교의 비교연구는 사람들이 확고부동한 신념을 가지고 다른 사람에게 매우 관대했을 때에만 활기를 띠었다. 그들은 예수회 신도, 아라비아인 학자, 신앙이 없는 자일 수는 있지만, 결코 열광적인 신자는 아니었다. 문화의 비교연구도 사람들이 자신의 생활양식을 세계에서 유일한 해결법으로 믿고 그것을 지키기 위해 급급해하는 한 큰 성과를 거둘 수가 없다. 그런 사람들은 다른 생활양식을 알게 됨으로써 자신의 문화를 더 깊이 사랑할 수 있다는 사실을 전혀 깨닫지 못한다. 그들은 즐겁고도 풍부한 경험으로부터 스스로를 단절시키고 있다. 그들은 너무 수세적이어서 다른 국민에게 자신들의 특수한 해결법을 받아들이라고 요구하는 것 이외에는 다른 방도를 알지 못한다. 만일 그들이 미국인이라면 미국인의 마음에 드는 신조를 세계 국민에게 받아들이도록 강요한다. 그렇지만 다른 여러 국민이 우리의 생활양식을 받아들일 수 없음은 뻔한 일이다. 마치 우리가 십진법 대신 십이진법으로 계산한다든가, 동부 아프리카의 어느 부족처럼 한쪽 다리만으로 서서 휴식할 수 없는 것과 마찬가지 이치다.

그래서 이 책은 일본에서 예기되고 당연한 것으로 보이는 습관에 관해 기술했다. 일본인은 어떤 경우에 예의를 지키고 또 지키지 않는가, 어떤 경우에 수치를 느끼고, 어떤 경우에 당혹감을 느끼며, 자기 자신에 대해 무엇을 요구하는가 등에 관해 기술했다. 이 책에 기술된 사항의 이상적 전형은 이른바 서민이다. 서민은 평범한 사람이다. 그리고 평범한 사람이 각각 특수한 경우에 행한 일이 아니라, 누구나 그런 조건 아래에서는 그런 행위를 한다고 인정할 만한 사항을 기술했다. 이런 연구의 목표는 깊이 뿌리를 내리고 있는 사상과 행동의 태도를 기술하는 데에 있다. 설령 이 책이 거기까지는 미치지 못했다 하더라도 여하튼 그렇게 하는 것을 이상으로 삼고 있다.

이런 연구에서는 아무리 많은 자료를 추가해도 객관성을 더해 주지는 않는다. 가령 누가 누구에게 언제 머리를 숙여 절을 하는가 같은 문제는 일본인 전체의 통계적 연구를 필요로 하지 않는다. 일본인이 머리를 숙여 절을 하는 일반적으로 승인된 관습은 누구나 보고할 수 있는 성질이다. 그것을 다른 두셋의 보고로 확인한다면 백만 명의 일본인에게 같은 보고를 얻을 필요는 없다.

일본이 그들의 생활양식 위에 쌓아 올린 여러 가지 가정을 밝혀내려는 연구자는 통계적으로 확인하는 것보다 훨씬 곤란한 과업을 가지고 있다. 그에게 요구되는 커다란 작업은 이런 공인된 관습이나 판단이 어떻게 일본인이 생활을 보는 렌즈가 되는가를 보고하는 일이다. 그는 그 가정이 일본인이 인생을 바라볼 때의 초점과 원근법에 어떤 영향을 미치는가를 기술해야 한다. 그는 인생을 전혀 다른 초점으로 보는 미국인에게 이것을 이해시켜야 한다. 이 분석 작업은 반드시 다나카田中 씨라는 평범한 일본인에 한정할 필요는 없다. 왜냐하면 다나카 씨는 연구자의 가정을 말로 나타내어 설명하지 않을 것이기 때문이다. 그는 미국인을 위해 쓴 해석은 틀림없이 자신에게는 필요 없는 것까지 지루하게 쓰고 있다고 생각할 것이다.

미국에서의 사회 연구는 지금까지 문명국의 문화가 입각하고 있는 여러 가지 전제의 연구를 시도하지 않았다. 대개의 연구는 이런 전제를 자명한 것으로 가정했다. 사회학자나 심리학자는 세상 여론이나 행동의 '분포'에만 몰두하고 있다. 그래서 흔히 통계적 방법을 연구에 이용한다. 그들은 방대한 조사 자료, 질문서나 면접 조사자의 수많은 회답, 심리학적 측정 등을 통계적 분석에 맡긴다. 그러고는 거기서 어떤 요인의 독립성이나 상호의존 관계를 끌어낸다. 여론조사의 영역에서는, 과학적으로 선택된 표본 인구를 이용하여 전국적인 여론조사를 행하는 유효한 기술이 미국에서는 완전한 경지에까지 이르고 있다. 이 방법으로 어떤 공직의 후보자, 혹은 어떤 정책을 지지하는 사람과 그것을 반대하는 사람이 각각 얼마인가를 알아낼 수 있다. 지지자와 반대자가 도시 사람인가 시골 사람인가, 저소득층인가 고소득층인가, 공화당인가 민주당인가로 분류할 수도 있다. 보통선거를 행하고 국민의 대표자가 법률을 기안하고 시행하는 나라에서 이런 조사 결과는 실제로 중요성을 지닌다.

미국인은 미국인의 여론을 투표로 조사하고 그 결과를 이해할 수 있다. 그러나 그것은 너무나 당연해서 아무도 입 밖에 내지 않는 하나의 선행 단계가 있기에 가능하다. 즉 그들은 미국에서의 생활방식을 알고 있으며, 그것을 당연한 것으로 가정하고 있다. 여론조사 결과는 이미 우리가 알고 있는 사실을 확인해 주는 것에 불과하다. 다른 나라를 이해하려 할 때는, 그 나라 사람의 습관이나 가정에 관한 질적 연구를 조직적으로 행한 뒤에야 비로소 여론조사를 유효하게 이용할 수 있다. 신중하게 표본을 만듦으로써 여론조사는 정부를 지지하는 사람과 그렇지 않은 사람이 얼마나 되는가를 발견할 수가 있다.

그러나 그들이 국가에 관해 어떠한 관념을 품고 있는가를 알지 못한다면, 그런 조사로 대체 무엇을 배울 수 있단 말인가? 그들의 국가관념에 관한 지식을 알고 있을 경우에만, 기관이나 의회에서 여러 당파가 무엇을 따지고 있는가를 이해할 수가 있다. 정부에 관해 품고 있는 어떤 국민의 가정은, 정당의 세력을 표시하는 숫자보다도 훨씬 일반적이며 또한 항구적인 중요성을 가지고 있다. 미국에서는 공화당도 민주당도, 정부라는 것은 필요악이며 개인의 자유를 제한하는 것으로 생각하고 있다. 전시엔 달랐겠지만, 정부의 관료가 되는 것도 민간 기업에서 그에 상당하는 자리에 앉는 것보다 사회적 지위가 더 높아지지는 않는다. 국가에 관한 이런 견해는 일본인의 견해와는 큰 차이가 있고, 여러 서양 국민의 견해와도 큰 차이가 있다. 우리가 무엇보다도 먼저 알아야 할 것은 바로 그들이 어떠한 견해를 가지고 있는가이다. 그들의 견해는 습속, 성공한 사람에 대한 비평, 자국의 역사에 관한 신화, 축제일의 연설 속에 구체적으로 표현되어 있다. 우리는 이런 간접적 표현에 기초를 두고 연구할 수가 있다. 그러나 그것은 조직적 연구를 필요로 한다.

어떤 국민이 생활에 관해 만들어 낸 가정이나 그 국민이 인정하는 해결법은, 선거에서 인구의 몇 퍼센트가 찬성투표를 하고 몇 퍼센트가 반대투표를 하는가를 알아내는 것과 마찬가지로 주의 깊고 상세하게 연구할 수 있다. 일본은 근본적인 가정을 탐구할 만한 가치가 충분히 있는 나라였다. 분명히 전에 나는 서양인의 가정은 일본인의 인생관과는 합치되지 않는 점이 있음을 밝힌 바 있다. 그러나 일본인이 사용하는 범주와 상징을 조금만 이해한다면, 흔히 서양인의 눈에 비친 일본인의 많은 행동적 모순은 이미 모순이 아니라는 점을 발견할 것이다. 어찌하여 일본인 자신은 어떤 급격한 행동 전환을 일관된 체계의 일부분으로 간주하는가를 나는 알게 되었다. 나는 그 이유를 드러낼 수가 있다. 나는 일본인과 함께 작업을 할 때, 처음에는 그들이 사용하는 어구나 관념을 이상하게 여겼다. 그러나 마침내는 그것이 중요한 의미를 함축하고 있으며 오랜 세월에 걸친 감정을 담고 있다는 사실을 깨달았다. 덕과 악덕은 서양인이 생각하는 것과는 전혀 달랐다. 그 체계는 매우 독특했다. 그것은 불교적인 것도 유교적인 것도 아니었다. 그것은 일본적인 것이었다. 일본의 장점도 단점도 모두 포함한 것이었다.

제
2
장

전쟁 중의 일본인

어떤 문화든 전통적인 전쟁의 관행이 있다. 그리고 서양 여러 나라는 비록 약간의 특수한 차이는 있지만 일정한 전시 관례를 공유하고 있다. 국민이 전쟁 수행에 전력을 기울이도록 고무하는 일정한 방법, 국지적 패배를 당했을 때 국민을 안심시키는 일정한 형식, 전사자와 투항자의 어느 정도 일정한 비율, 포로가 지켜야 할 일정한 행동 규칙 등이 그것이다. 이런 것들은 서양 여러 나라의 전쟁에서는 처음부터 예측할 수 있다. 왜냐하면 서양 여러 나라는 전쟁을 포함한 문화적 전통을 공유하고 있기 때문이다.

　서양의 전시 관례를 위반한 일본인의 모든 행위는 그들의 인생관과, 인간의 의무 전반에 관한 신념을 아는 자료가 되었다. 이 연구의 목적은 일본인의 문화와 행동을 체계적으로 연구하는 데 있다. 따라서 우리의 전통적 관행에서 벗어나는 그들의 일탈 행위가 군사적 의미에서 중대한가 중대하지 않은가는 문제가 되지 않았다. 우리는 일본인의 특성에 대한 해답을 얻고자 했으므로, 그들의 모든 행위가 중요한 자료가 되었다.

일본이 이번 전쟁을 정당화하기 위해 사용한 전제부터가 미국과는 정반대였다. 일본은 국제 정세를 다른 방법으로 규정했다. 미국은 추축국樞軸國[1]의 침략 행위가 전쟁의 원인이라고 했다. 일본, 이탈리아, 독일 등 세 나라가 부당한 정복 행위로 국제 평화를 침해했다는 것이다. 추축국이 권력을 쥔 곳이 만주국이든 에티오피아든 폴란드든, 그것은 그들이 약소민족을 억압하는 사악한 길로 나아갔음을 증명한다. 그들은 '공존공영', 또는 적어도 자유 무역을 위한 '문호 개방'이라는 국제 간 규약을 위반한 것이다.

반면 일본은 전쟁의 원인을 이와는 다른 시각에서 보았다. 각국이 절대적 주권을 가지고 있는 동안 세계는 무정부 상태가 계속된다. 일본은 계층제도hierarchy를 수립하기 위해 싸워야 한다. 이 질서의 지도자는 물론 일본인이다. 일본은 위로부터 아래까지 계층적으로 조직된 유일한 나라이며, 따라서 '저마다의 알맞은 위치'를 가져야 할 필요성을 가장 잘 이해하고 있기 때문이다. 일본은 국내의 통일과 평화를 달성했고, 폭도를 진압했으며, 도로·전력·철강 산업 등을 건설했고, 또 공표된 자료에 따르면 공립학교에서 청소년의 99.5퍼센트가 교육을 받았다. 그러므로 계층제도에 대한 일본인의 전제를 바탕으로 뒤처진 동생인 중국을 끌어올려야 한다는 것이다. 일본은 대동아大東亞 여러 나라와 동일한 인종이므로 이 지역에서 먼저 미국을, 다음엔 영국과 소련을 쫓아내 '저마다의 알맞은 위치'를 차지하도록 만들어야 한다. 세계 모든 나라는 국제적 계층 조직 속에 제각기 알맞

---

1. 제2차 세계대전 때 일본, 이탈리아, 독일의 연합 세력을 말한다.

은 위치를 주고 하나의 세계로 통일해야 하는 것이다. 우리는 다음 장에서 계층제도에 높은 가치를 둔 것이 일본 문화에 어떤 의미를 가져왔는지를 검토할 것이다. 그것은 일본이 만들어 내기에 알맞은 하나의 환상이었다. 일본에게 불행한 일은 일본 점령하에 있었던 나라들이 대동아의 이상을 일본과 같은 눈으로 보지 않았다는 사실이다. 그럼에도 불구하고 패전 후까지도 일본은 대동아의 이상이 도덕적으로 거부될 수 있는 것이 아니라고 생각하고 있다. 또 일본인 포로 중에 주전론적主戰論的 색채가 가장 옅은 사람들조차도, 대륙과 서남 태평양에서의 일본의 목적을 전혀 규탄하지 않았다. 아마도 앞으로 오랫동안 일본은 이런 태도를 계속 고수할 것이다. 그리고 이런 태도 중 가장 중요한 것은 계층제도에 대한 신앙과도 같은 신뢰다. 그것은 평등을 사랑하는 미국인으로서는 받아들일 수 없는 것이다. 그럼에도 불구하고 우리는 계층제도가 일본에 무엇을 의미하는가, 또 그 제도에 어떠한 장점이 있다고 여기고 있는가를 이해할 필요가 있다.

또한 일본은 승리의 가능성을 일반적으로 미국에서 생각하는 것과는 다른 바탕 위에 놓고 있었다. 일본은 정신력이 반드시 물질력을 이긴다고 부르짖었다. 물론 미국은 대국이며 군비도 우수하다. 그렇지만 그게 어쨌단 말인가. 그들은 그런 것은 모두 처음부터 예상했기 때문에 문제가 되지 않는다고 말했다. 이 무렵 일본인들은 유력 일간지 「마이니치신문每日新聞」에서 다음과 같은 기사를 읽었다. "만일 우리가 숫자를 두려워했다면 전쟁은 일어나지도 않았을 것이다. 적의 풍부한 자원은 이번 전쟁에서 처음 만들어진 것도 아니다."

심지어 일본이 이기고 있을 때에도 일본의 정치가, 대본영大本營[2],

군인들은 이 전쟁은 군비의 싸움이 아니라 미국인의 물질 신앙과 일본인의 정신 신앙의 싸움이라는 말을 되풀이했다. 또한 미국이 이기고 있을 때에도 그들은 이런 전쟁에서는 반드시 물질력이 지게 마련이라고 거듭 강조했다. 이런 신조는 사이판이나 이오지마硫黃島에서 패배할 무렵[3]에는 확실히 좋은 변명이 되었다. 그러나 그것은 패배의 변명으로 날조된 신념이 결코 아니다. 그것은 일본군이 연전연승을 자랑하던 수개월간 진군나팔의 구실을 했으며, 진주만 기습 훨씬 이전에 이미 공인된 슬로건이었다. 1930년대에 광신적 군국주의자이며 한때 육군장관이었던 아라키荒木[4] 대장은 "전 일본 민족에게 호소함"이라는 팸플릿에서 "일본의 참된 사명은 황도皇道[5]를 사해四海에 널리 홍포弘布하고 선양宣揚하는 데 있다. 힘의 부족은 우리가 개의할 바가 아니다. 물질적인 것에 마음을 쓸 필요가 뭐가 있겠는가?"라고 썼다.

물론 그들도 전쟁 준비를 하는 여느 나라처럼 군비에 크게 힘을 쏟았다. 1930년대를 통해 세입에서 군비의 비율은 천문학적으로 증가했다. 진주만 공격 당시에는 국민총소득의 대부분을 육군과 해군에 지출했고, 군사 이외의 일반 행정 경비는 정부 총 지출액의 17퍼센트

2. 일본에서 전시에 설치되는 천황 직속의 최고 통수부
3. 일본은 1944년 7월 7일 사이판섬의 수비대가 전멸했고, 1945년 3월 25일에는 이오지마의 수비대 2만 3,000명이 전멸했다.
4. 아라키 사다오荒木貞夫(1877~1966). 육군 대장. 황도파皇道派의 수장으로 군국주의화를 추진. 패전 후 A급 전범으로 종신금고형을 받았다.
5. 천황을 중심으로 한 사상을 말한다.

에 불과했다. 일본과 서양 여러 나라의 차이는 일본이 물질적 군비에 무관심했다는 것에 있지 않다. 군함이나 대포는 바로 불멸의 일본 정신에 대한 외면적 표시에 불과했다. 사무라이⁶의 칼이 용기의 상징이었듯이 그것은 하나의 상징이었다.

미국이 시종일관 물량 증대에 전력을 기울인 것처럼 일본은 시종일관 비물질적 수단을 이용했다. 일본도 미국처럼 생산 증강 운동을 일으켰지만, 그 운동은 일본의 독특한 전제에 바탕을 두었다. 그들의 말에 의하면, 정신은 전부이며 영구불멸의 것이다. 물질적 사물도 물론 필요하지만, 그것은 이차적일 것일 뿐 영속하지 않는다는 것이다. 일본의 라디오는 자주 "물적 자원에는 한도가 있다. 물질적 사물이 천 년도 가지 못하는 것은 자명한 일이다"라고 외쳤다. 그리고 이 정신에 대한 신뢰는 전쟁의 과정 속에서 문자 그대로 해석되었다. 그들은 군대용 문답서에 "그들의 수효에는 훈련으로 맞서며, 강철에는 육탄으로 대항한다"는 표어를 사용했다. 이 표어는 이번 전쟁을 위해 특별히 지어낸 것이 아니라 전통적으로 있던 것이다. 그들의 군대용 교과서 첫머리에는 큰 활자로 '필독필승'이라는 문구가 씌어 있다. 소형 비행기로 미군의 군함에 뛰어들어 자폭하는 조종사들은 물질에 대한 정신적 승리의 교훈이 되었다. 이 조종사들을 가미카제神風 특공대라 한다. 가미카제는 13세기에 칭기즈 칸이 일본을 침략했을 때, 그 수송선을 전복시켜 일본을 구한 성스러운 바람을 가리킨다.⁷

일본의 지도자들은 일반인의 생활에서도 물질적 환경보다 정신이

---

6. 무사. 봉건적 제도에서 칼로써 영주를 지키는 일본적인 특수 계층을 말한다.

우월하다는 관념을 주입했다. 예를 들어 국민이 24시간의 공장 노동과 야간 폭격으로 극도로 지쳐 있으면, 그들은 "우리의 몸이 고통스러울수록 우리의 의지와 정신은 더욱 드높아져 육체를 능가한다", "우리가 녹초가 되면 될수록 더욱 좋은 훈련이 된다"라고 말한다. 국민이 겨울에 온기도 없는 방공호 속에서 떨고 있으면, 라디오에서는 대일본체육회가 방한 체조를 하라고 명령했다. 이 체조는 난방 시설이나 이불 대용이 될 뿐만 아니라, 나아가서는 훌륭하게도 이미 국민의 체력을 정상적으로 유지할 수 없게 된 식량을 대신하기도 했다. "지금과 같이 식량이 부족한 때 체조가 다 뭐냐고 말할 사람도 물론 있으리라. 그러나 결코 그렇지 않다. 식량이 부족할수록 우리는 체력을 다른 방법으로 향상시켜야 한다." 즉, 체력을 더욱 소비함으로써 그것을 증대해야 한다는 논리다. 미국인이 체력을 보는 관점은, 그 전날 8시간 잤는가 5시간 잤는가, 평상시와 같이 식사를 했는가 하지 못했는가, 추웠는가 춥지 않았는가, 즉 얼마나 에너지를 사용했는가에 있다. 그러나 일본인은 정반대로 체력을 비축하는 것은 전혀 염두에 두지 않는다. 그것은 물질주의적인 방법이라고 일본인은 생각한다.

전쟁 중, 일본의 방송은 더욱 극단적인 주장을 했다. 전투에서 정신은 죽음이라는 자연적 사실조차 극복할 수 있다고 말한 것이다. 어떤 방송은 한 영웅적인 조종사와 그가 죽음을 정복한 기적을 다음과

---

7. 1274년과 1281년 두 차례 원나라 군대가 일본을 침략했으나, 그때마다 태풍이 불어 원나라 군함이 침몰하여 일본군은 그들을 어렵지 않게 물리쳤다.

같이 말했다.

공중전이 끝난 뒤 일본의 전투기는 세 대 혹은 네 대의 소편대로 나뉘어 기지로 돌아왔다. 맨 처음 돌아온 몇 대 가운데 한 대에 어느 대위가 타고 있었다. 전투기에서 내린 대위는 지상에 서서 쌍안경으로 하늘을 쳐다보고 있었다. 부하가 돌아오는 것을 헤아리고 있었던 것이다. 약간 안색이 창백했지만 늠름했다. 그는 마지막 비행기가 돌아온 것을 확인하고 보고서를 작성한 후 사령부로 가서 사령관에게 보고했다. 그런데 보고를 마치자마자 돌연 그는 무너지듯 땅에 쓰러졌다. 그 자리에 있던 사관들이 급히 달려와 부축하여 일으키려 했지만, 그때 이미 대위는 숨이 끊어져 있었다. 몸을 만져 보니 차디찼다. 가슴에 한 발의 적탄을 맞은 것이 치명상이었던 것이다. 숨이 방금 넘어간 신체가 차디찰 리가 없다. 그럼에도 불구하고 대위의 몸은 얼음처럼 차디찼다. 대위는 이미 한참 전에 죽은 것이 틀림없다. 사령관에게 보고를 한 것은 대위의 혼이었던 것이다. 전사한 대위의 투철한 책임감이 이런 기적을 만들어 냈다.

물론 미국인의 입장에서 보면, 이것은 지어낸 터무니없는 이야기일 따름이다. 그렇지만 교육을 받은 일본인들은 이 방송을 그냥 웃어넘기지 않았다. 그들은 일본의 청취자들이 결코 이 방송을 황당무계한 얘기라고 생각하지는 않으리라는 사실을 알고 있었다. 그들은 우선 아나운서가 말한 그대로 이 대위의 영웅적 행위가 그야말로 '기적적인 사실'이라고 지적했다. 어째서 기적이 일어나지 않을 수 있겠는가? 영혼은 단련할 수 있다. 이 대위는 분명히 수양을 쌓은 대가였다.

만일 일본인이 잘 알고 있듯이 "강인한 정신은 사후 천년이나 지속할 수 있다"고 본다면, '책임'을 생활의 핵심 원칙으로 삼아 온 이 대위의 죽은 육체 속에 영혼이 몇 시간 더 머무는 것은 아주 쉬운 일이 아니겠는가? 일본인은 사람이란 특별한 수행으로 정신을 지고하게 만들 수 있다고 믿고 있다. 이 대위는 그 수행법을 배워서 효과를 거두었던 것이다.

미국인의 입장에서 보면, 이와 같은 일본인의 지나친 행동은 가난한 나라의 핑계 내지는 속고 있는 어리석은 국민의 망상이라고 무시할 수도 있다. 그렇지만 만약 그렇게 한다면, 전시나 평상시에 일본인을 이해할 능력을 그만큼 잃게 된다. 그들의 신조는 단순히 독특하고 기이한 습관이 아니다. 그것은 일정한 금제禁制와 거부, 훈육과 단련법에 의해 일본인의 마음속에 심어지고 키워진 것이다. 미국인이 일본인의 그런 신조를 인정해야만 비로소 일본인이 패전을 맞아 정신력만으로는 충분치 못했다고 자인하는 말, 즉 '죽창만 가지고' 진지를 방어한다는 것이 완전히 망상이었다고 자인하는 말의 참된 의미를 이해할 수 있다. 이보다 더욱 중요한 것은, 일본인이 그들의 정신력 부족 때문에 전장에서도 공장에서도 미국에 졌다고 자인하는 것을 이해하는 일이다. 패전 후 그들이 말한 바와 같이 전쟁 중 그들은 "전적으로 주관적인 태도로 싸워 왔다."

계층제도나 정신력의 우월뿐 아니라, 일본인이 전쟁 중에 언급한 모든 종류의 말은 비교문화 연구자에게 일본을 이해할 수 있는 좋은 재료가 되었다. 그들은 끊임없이 안심이나 사기란 마음속의 각오의 문제에 불과하다고 말했다. 그것이 도시 폭격이든 사이판의 패배든 필리핀 방어의 실패든, 어떤 파멸이 와도 그들은 국민에게 이것은 미리 알고 있었던 일이고 조금도 걱정할 필요가 없다고 말했다. 라디오는 무엇이든 잘 알고 있는 세계 속에 살고 있다고 말하는 것이 국민에게 안심을 줄 수 있으리라 믿고 극단적인 방송을 했다. "키스카 Kiska섬[8]이 미군에게 점령됨으로써 일본은 미군 폭격기의 행동반경 안에 들어갔다. 그러나 이전부터 이렇게 될 것을 예측하고 있었기 때문에 우리는 필요한 대비가 되어 있다." "적은 반드시 육·해·공 군의 연합작전으로 우리를 공격해 올 것이다. 이것은 이미 우리의 계획 속에 예정되어 있었다." 승산이 없는 전쟁에서 일본이 빨리 항복하기를 바라던 포로들조차도, "폭격으로 국내 전선에서 일본인의 사기를 저하시키기란 불가능하다. 왜냐하면 그들은 이미 각오하고 있기 때문이다"라고 확신하고 있었다. 미군이 일본의 도시를 폭격하기 시작할 무렵, 항공기제조업협회 부회장은 방송을 통해 다음과 같이 말했다. "드디어 적기는 우리의 머리 위로 날아오고 말았습니다. 그렇지만 항공기 생산에 종사하는 사람들은 이런 사태가 오리라는 것을 늘 예기하고 있었고, 그에 대처하는 만반의 준비를 이미 완료하고 있습니다. 따라서 아무런 염려도 없습니다."

모든 것이 예기되고 충분히 계획된 일이라는 가정 아래에서 일본인은, 모든 사태는 이쪽에서 적극적으로 바란 것이고 결코 수동적으로 당하고 있지 않다고 주장할 수 있었다. 그들에겐 그런 주장이 필

---

8. 북태평양, 알래스카에서 서쪽으로 뻗은 열도의 최서단에 있는 섬. 1942년 6월 일본군이 이 섬을 점령했으나, 1943년 8월에 미군이 탈환했다.

수적이었다. "우리는 수동적으로 공격당했다고 생각해서는 안 된다. 적극적으로 적을 우리 손안에 끌어들였다고 생각해야 한다." "적이여, 올 테면 오라. 우리는 '드디어 올 것이 왔다'고 말하는 대신, 오히려 '기다리고 기다리던 호기가 왔다. 우리는 이 좋은 기회가 온 것이 기쁘다'라고 말할 것이다."

해군장관은 의회 연설에서 1870년대의 유명한 무사 사이고 다카모리西鄉隆盛[9]의 유훈遺訓을 인용했다. "기회에는 두 가지가 있다. 하나는 우연히 부딪히는 것이고 다른 하나는 우리가 만들어 내는 것이다. 매우 어려운 시기가 찾아오면 반드시 스스로 기회를 만들어 내야 한다." 또 라디오 보도에 의하면, "미군이 마닐라 시에 진격했을 때, 야마시타山下[10] 장군은 '활짝 웃으며, 적은 지금 우리 가슴속에 있다'고 말했다……" "적이 링가엔 만에 상륙한 후 즉시 마닐라가 함락된 것은, 한마디로 말해 야마시타 장군의 전술의 결과이며 장군의 계획대로 된 것이다. 야마시타 장군의 작전은 지금도 계속 진행중이다." 즉, 지면 질수록 일이 잘돼 간다는 식이다.

미국인도 일본인 못지않게 극단으로 치닫긴 했지만 그 방향은 정반대였다. 미국인은 무엇보다 일본이 일방적으로 전쟁을 도발했다는 '이유'로 전쟁에 뛰어들었다. 우리는 공격당했고, 따라서 적에게 본때를 보여 주어야 한다는 것이다. 미국인에게 상황을 설명하는 대

---

9. 사이고 다카모리 西鄉隆盛(1827~1877). 메이지유신의 공신. 바쿠후幕府 토벌 운동에서 활약했고, 육군 대장, 참의參議를 지냈다.
10. 야마시타 도모유키山下奉文(1885~1946). 육군 중장. 1944년 필리핀에 있는 일본군 총사령관으로 미군 상륙에 맞서 싸웠다. 패전 후 현지 군사 재판으로 처형되었다.

변인은 진주만이나 바타안Bataan 반도[11]에서의 패배를, "이것은 이미 우리의 계획 속에 예정되어 있었다"라고 말하지 않았다. 그 대신 미국 정부는, "적은 그곳에 멋대로 쳐들어와 싸움을 걸었다. 우리는 그들에게 우리의 힘을 보여 주어야 한다"고 말했다. 미국인은 생활양식을 끊임없이 도전해 오는 세계에 맞게 조정하고, 그 도전을 받아들일 준비를 한다. 반면 일본인은 미리 계획되고 진로가 정해진 생활양식에서만 안심을 얻을 수 있으며, 예견하지 못한 일에는 심각한 위협을 느낀다.

일본인이 전쟁 중 끊임없이 되풀이한 또 하나의 주제는 그들의 사고방식을 매우 잘 나타내 준다. 그들은 계속 "세계의 눈이 우리의 일거일동을 주시하고 있다"는 문구를 입에 올렸다. 따라서 일본인은 일본 정신을 충분히 발휘해야 한다. 미군이 과달카날Guadalcanal섬[12]에 상륙할 무렵 일본인이 부대에 하달한 명령은, "지금 우리에게 '세계'의 눈이 집중되어 있다. 따라서 유감없이 실력을 발휘해야 한다"라는 것이었다. 일본 해군 장병들은 어뢰 공격을 당해 배에서 탈출하라는 명령이 떨어지더라도 될수록 의연한 태도로 구명정에 옮겨 타라는 훈계를 받아 왔다. 그렇지 않으면 "세계 사람들의 웃음거리가 된다. 미국인이 그대들의 추태를 영화로 찍어 뉴욕에서 상영한다"라는 것이다. 세계 사람들이 그런 행동을 어떻게 받아들일까 하는 것이 그

---

11. 필리핀 루손 섬 남서부 마닐라 만에 있는 반도. 1942년 일본군이 점령, 1945년 미군이 탈환했다.
12. 남서 태평양 솔로몬 군도에 있는 화산섬. 1942년 8월부터 약 6개월간 일본군과 미군 사이에서 치열한 쟁탈전이 벌어져 일본군이 패퇴했다.

들에겐 중대한 문제였다. 이런 점은 일본 문화 속에 깊이 새겨진 관념의 하나였다.

일본인의 태도에 관한 문제 중 가장 유명한 것은 천황에 대한 태도다. 천황은 신하에게 대체 어느 정도의 지배력을 가질까? 미국의 몇몇 권위 있는 학자는, 천황은 일본의 봉건시대 700여 년을 통해 그림자와 같은 존재, 즉 단지 명목상의 국가 원수에 불과하다고 지적했다. 각자가 충절을 바치는 대상은 직접적으로 그의 영주領主, 즉 다이묘大名[13]였고, 그 위로는 군사상의 대원수인 쇼군將軍이 있었다. 따라서 천황에 대한 충성심은 거의 문제가 되지 않았다. 천황은 고립된 궁정에 유폐되어 있었고, 궁정의 의식이나 행사도 쇼군이 정한 규정에 의해 엄중한 제한을 받았다. 때문에 아무리 신분이 높은 영주라 할지라도 천황에게 경의를 표하는 것은 쇼군에 대한 반역으로 간주되었다. 이처럼 일본의 일반 민중에게 천황은 존재하지 않는 것이나 다름없었다.

일본을 분석한 미국 학자들은, 일본은 역사적으로 살펴봐야만 제대로 이해할 수가 있다고 주장했다. 즉 지금까지 살아 있는 사람들의 기억에 남아 있을 정도로 가까운 과거에 가까스로 음지에서 양지로 나온 천황이 어떻게 일본처럼 보수적인 국민의 참된 구심점이 될 수 있는가? 일본의 정치 평론가들은 천황이 신하에 대해 갖는 불후의 지배력을 거듭 설명하고 있지만, 그것은 과장에 불과하다. 그들이

---

13. 각 영주領主를 말한다. 일본은 완전한 봉건제도하에서 영주들이 통치했는데, 영주 중에서 가장 세력이 강한 자가 이른바 쇼군將軍이다. 쇼군이 바쿠후를 만들어 전국을 통치하였다.

그토록 힘주어 주장한다는 사실 자체가 근거의 빈약성을 드러낸다. 따라서 미국의 전시 정책이 천황을 미온적으로 처리할 필요는 전혀 없다. 차라리 일본이 최근에 이르러 조작해 낸 사악한 지도자 관념에 대해, 우리는 가장 맹렬한 공격의 칼날을 겨누어야 할 필요가 있다. 천황이야말로 일본의 근대 국가적인 신토神道[14]의 심장이므로, 천황의 신성성의 근본을 파헤쳐 여기에 도전한다면 적국 일본의 모든 기구는 붕괴할 것이다. 이상이 일부 미국인 학자의 의견이었다.

그러나 일본을 알고 전선이나 일본 측에서 나온 보도를 접한 많은 현명한 미국인은 이와 반대의 의견을 가지고 있다. 일본에서 거주한 경험이 있는 사람들은 천황에 대한 모욕적인 말이나 공공연한 공격만큼 일본인을 노엽게 하고 전의를 선동하는 것이 없다는 사실을 잘 알고 있다. 그들은 우리가 천황을 공격할 때에도, 일본인은 결코 군국주의에 대한 공격이라고 생각하지 않는다는 것을 알고 있었다. 그들은 제1차 세계대전 뒤 '데모크라시(민주주의)'[15]가 위대한 표어였던 시대, 즉 군인이 도쿄 시로 외출할 때는 평복으로 갈아입을 정도로 군국주의가 인기 없던 시대조차도 천황에 대한 숭배는 여전히 열렬했던 것을 보고 알고 있었다. 그들은 일본인의 천황 숭배는, 나치스 당의 성쇠를 점치는 척도이자 파시즘적 계획의 모든 악과 결부된 하일 히틀러Heil-Hitler 숭배와는 함께 논할 수 없다고 주장했다.

일본인 포로의 증언은 이들의 주장을 뒷받침해 주었다. 서양 병사

---

14. 일본의 국가 종교를 말한다.
15. 저자는 데모크러시Democracy를 일부러 일본인의 발음을 흉내 내 'de-mok-rasie'라고 표기하고 있다.

들과는 달리 일본의 포로들은, 잡혔을 때 무엇을 말하고 무엇은 침묵하라는 교육을 받지 않았다. 그래서 여러 문제에 관한 그들의 대답은 거의 통제되지 않은 것이었다. 이와 같이 포로가 되었을 때를 대비한 훈련을 받지 않은 것은 말할 것도 없이 일본의 무항복주의 정책에서 비롯되었다. 그것은 종전 수개월 전까지 고쳐지지 않았고, 고쳐진 것도 특수한 군단이나 국지적 부대에 한정되었다. 포로 증언의 가치는 그들이 일본군 전체 의견의 횡단면을 대표하고 있다는 데 있다. 그들은 결코 전의가 저조해서 항복한 병사 — 따라서 대표적인 전형으로 생각할 수 없는 병사 — 들이 아니었다. 극소수를 제외한 병사 대부분은 포로가 될 때 저항할 수 없을 정도로 부상당했거나 정신을 잃은 상태였다.

끝까지 완강히 저항한 일본군 포로들은 극단적인 군국주의의 원천을 천황에 두고 있었다. 그들은 '천황의 뜻을 받들어 모시고', '천황의 마음을 편안케 하고', '천황의 명령에 목숨을 바치고' 있었다. "천황이 국민을 전쟁으로 이끄셨다. 따라서 그것에 따르는 것이 나의 의무다." 포로들은 한결같이 이렇게 말했다. 그런데 이번 전쟁에 반대했거나 앞으로의 일본의 정복 계획을 부정했던 사람들 역시 평화주의적 신념의 출처가 천황이라고 말했다. 천황은 모든 사람에게 전부였다. 전쟁에 휩싸여 피로한 자들은 천황을 '평화를 애호하시는 폐하'라고 했고, "폐하는 항상 자유주의자셨고, 전쟁에 반대하셨다"고 주장했다. "폐하는 도조東條[16]에게 속으셨다." "만주사변 중 폐하는 군부에 반대 의향을 표명하셨다." "전쟁은 천황이 모르는 사이에, 또 천황의 허가도 없이 시작되었다. 천황은 전쟁을 좋아하지 않으시며,

60

따라서 국민이 전쟁에 휩쓸리는 것을 허락하지 않으셨다. 천황은 병사들이 얼마나 심한 학대를 받고 있는가를 모르신다." 이런 진술은 독일군 포로들과는 전혀 달랐다. 독일군 포로들은 휘하의 장군이나 최고 사령부가 히틀러를 배신한 것에 대해 큰 불만을 표시했지만, 그럼에도 불구하고 전쟁과 전쟁 준비의 책임은 최고 선동자인 히틀러가 져야 한다고 주장했다. 반면 일본군 포로들은 황실 숭배는 군국주의 침략 전쟁 정책과는 분리되어야 한다고 단언했다.

그들에게 천황은 일본과 분리할 수 없는 존재이다. "천황이 없는 일본은 진정한 일본이 아니다." "천황이 없는 일본은 생각할 수 없다." "천황은 일본 국민의 상징이며, 국민 종교생활의 중심이다. 천황은 초종교적 대상이다." 설령 일본이 전쟁에 패했다 하더라도 패전의 책임은 천황에게 있지 않다. "국민은 천황이 전쟁의 책임을 져야 한다고는 생각하지 않는다." "만일 패전하더라도 책임은 내각과 군 지휘관이 져야 하며, 천황에게는 책임이 없다." "설령 일본이 지더라도 일본인은 열 명이면 열 명 다 천황을 계속 숭배할 것이다."

이처럼 모든 사람이 한결같이 천황에 대해 비판을 초월하는 존재로 여기는 것은, 인간이면 누구나 회의적인 조사와 비판의 대상에서 제외될 수 없다고 인식하는 미국인에게는 이해하기 어려운 일이다. 그러나 패전에 이르러 천황을 비판에서 배제한 것이 일본의 목소리였음은 의문의 여지가 없다. 포로 심문을 맡은 사람들은, 진술서에

---

16. 도조 히데키東條英機(1884~1948). 제2차 세계대전을 주도한 일본의 군인이자 총리. 전범으로 처형되었다.

일일이 '천황 비방을 거부함'이라는 말을 기입할 필요가 없다는 견해를 밝혔다. 포로는 한 사람도 예외 없이 천황 비판을 거부했다. 심지어 연합군에 협력하고 미국을 위해 대일본 방송을 맡은 사람들 역시 그러했다.

수많은 포로 진술서 중 온건한 비난을 포함해서 반反천황적인 진술서는 단 세 통뿐이었다. 더구나 그 세 통 가운데 "천황 제도를 그대로 남겨 두는 것은 잘못이다"라고 쓴 것은 단 한 통뿐이었다. 두 번째 진술서는, 천황은 "의지가 약한 분이며, 꼭두각시에 불과할 뿐이다"라고 했다. 세 번째 진술서는 천황은 황태자에게 그 자리를 물려줄지도 모르고, 만일 군주제가 폐지된다면 일본의 젊은 부인들은 그들의 선망의 대상인 미국 부인들과 같은 자유를 얻기를 희망할 것이라고 억측하는 데 머무르고 있었다.

그러므로 일본군의 지휘관들은 일본인 대부분이 지지하는 천황 숭배를 이용하여, 부하 장병에게 '천황이 하사한 담배'를 나누어 주기도 하고, 천장절天長節[17]에는 부하들을 지휘하여 동쪽을 향해 세 번 절하고 '반자이萬歲'를 부르게 하기도 했다. 또 그들은 '부대가 밤낮으로 끊임없이 폭격을 받을 때에도' 천황이 몸소 내려주신 '군인칙유軍人勅諭'[18] 속의 '성스러운 말씀'을 아침저녁으로 전 대원과 함께 큰소리로 외워, '그 봉창 소리가 숲에 메아리쳤던' 것이다. 군국주의자들은 모든 방법으로 천황에 대한 충성심을 호소하고 그것을 이용했다.

---

17. 일본 천황의 탄생일
18. 1882년 1월 4일, 메이지 천황이 육군과 해군에게 준 칙유. 일본 군대의 정신 교육은 이것을 기초로 실행되었다.

그들은 부하 장병에게 '폐하의 뜻에 맞도록, 폐하의 근심을 없애도록', '폐하의 인자하심에 대한 그대들의 존경심을 표시하도록', '천황을 위해 죽자'고 호소했다.

그러나 천황의 뜻에 순종하라는 가르침은 양날의 칼이었다. 많은 포로가 이렇게 말했다. "일본인은 천황의 명령이라면, 죽창 한 자루 외에 아무런 무기가 없더라도 주저 없이 싸울 것이다. 그렇지만 이와 마찬가지로 천황의 명령이라면, 즉각 싸움을 멈출 것이다." "만약 천황이 명령한다면, 일본은 내일이라도 무기를 버릴 것이다." "만주의 관동군[19] ― 가장 호전적이고 강경한 ― 조차도 무기를 버릴 것이다." "천황의 말씀만이 일본 국민에게 패전을 인정하게 하고, 재건을 위해 살아야 한다는 사실을 납득시킬 수가 있다." 이런 말에서 천황에 대한 그들의 태도를 엿볼 수 있었다.

천황에 대한 무조건·무제한적 충성은, 천황 이외의 다른 모든 인물과 집단에는 여러 비판이 가해진다는 사실과 뚜렷한 대조를 이룬다. 일본의 신문이나 잡지, 포로의 증언에서는 정부나 군 지도자에 대한 비판을 볼 수 있다. 포로들은 현지 지휘관, 특히 부하들과 위험이나 고난을 함께 하지 않은 자들을 극렬히 매도했고, 최후까지 싸운 휘하 부대를 버리고 비행기로 도망친 지휘관을 특히 비난했다. 그들은 어떤 하사관은 비난하고 또 어떤 하사관은 칭찬했다. 그들이 일본에 관한 일에 선과 악을 식별하는 능력이 부족하다는 증거란 전혀 없었다.

---

19. 만주에 주둔했던 일본 육군 부대. 일본의 만주 지배에 핵심적 역할을 했으나, 1945년 8월 소련의 참전으로 궤멸했다.

일본 국내에서도 신문이나 잡지는 '정부'를 비난했다. 그들은 더욱 강력한 지도력과 더욱 긴밀한 전쟁 조정 능력을 요구했고, 정부가 그런 일을 제대로 해내지 못한다고 지적했다. 그들은 언론의 자유에 대한 제한을 비난하기조차 했다.

1944년 7월 도쿄의 한 신문에 게재된, 편집자들과 전前국회의원들, 일본의 전체주의적 정당 대정익찬회大政翼贊會[20] 지도자들의 좌담회 기사는 그 좋은 예이다. 어떤 발언자는 이렇게 말했다. "일본 국민의 전의를 북돋기 위해서는 여러 가지 방법이 있지만, 그중 가장 중요한 것은 언론의 자유입니다. 몇 년 전부터 국민은 자신의 생각을 정직하게 말할 수 없었습니다. 그들은 무슨 말을 했다가 불이익을 당하지 않을까 겁을 집어먹고 있습니다. 그들은 주뼛주뼛하며 겉으로만 적당히 얼버무리려 할 따름입니다. 따라서 민심은 참으로 겁쟁이가 되었습니다. 이런 상태에서는 국민이 총력을 발휘할 수 없습니다." 그러자 다른 사람이 이렇게 부연했다. "나는 선거구민들과 거의 매일 밤 좌담회를 열어 의견을 들으려 했지만, 그들은 두려워 입을 열지 않았습니다. 언론의 자유가 없기 때문입니다. 이것은 분명히 전의를 북돋는 바른 방법이 아닙니다. 국민은 이른바 전시특별형법과 치안유지법에 의해 철저한 통제를 받고 있어서, 마치 봉건시대의 국민처럼 겁쟁이가 되었습니다. 따라서 지금까지 당연히 발휘되었어야 할 전력이 지금도 발휘되지 않고 있습니다."

---

20. 1940년 10월 제2차 고노에近衛 내각 아래서 신체제 운동을 추진하기 위해 결성된 국민 통제조직

이런 식으로 일본인은 전쟁 중에도 정부나 대본영, 또는 직속상관에게 비판을 가했다. 그들은 계층제도의 전체적 미덕을 무조건 승인하지는 않았다. 그러나 천황만은 비판을 면했다. 천황의 최고지상의 지위는 비교적 가까운 과거[21]에 형성된 것임에도 불구하고, 어떻게 그럴 수가 있는가? 천황이 신성불가침의 지위를 확보할 수 있었던 것은 일본인의 어떠한 성격 때문일까? 천황의 명령이라면 일본인은 '죽창을 들고' 죽을 때까지 싸우겠지만, 그와 마찬가지로 천왕의 명령이라면 조용히 패전과 점령을 감수할 수 있다는 포로들의 주장은 과연 사실일까? 우리를 속이기 위한 말은 아니었을까? 혹은 어쩌면 진실일까?

반물질주의적 편향에서부터 천황에 대한 태도에 이르기까지 전쟁 중의 일본인의 행동에 관한 모든 중요한 문제는 전선에서뿐만 아니라 본토에 있는 일본인에게도 적용되는 문제였다. 그 밖에 특히 일본군에 관계되는 몇 가지 태도가 있었다. 그 하나는 병력 소모에 대한 일본군의 태도였다. 일본의 라디오는 미 해군이 타이완 앞바다에서 기동 부대를 지휘한 조지 매케인George S. McCain 제독에게 훈장을 수여한 것을 의외로 생각하여 다음과 같은 방송을 했다. 이것은 미국의 태도와는 큰 차이를 보여 준다.

사령부의 존 매케인[22]이 훈장을 받은 공식적인 이유는 이해하기 어

---

21. 일본 천황의 절대적 지위는 1868년 바쿠후가 무너지고 메이지유신이 단행됨으로써 확립되었다.
22. 이름이 앞에 나온 것과 다른 것은 아마 일본의 오보를 그대로 옮겼기 때문일 것이다.

렵게도 일본군을 격퇴했다는 데 있지 않았다······ 니미츠 공보관의
발표에 의하면, 매케인 제독은 두 척의 손상된 미국 군함을 잘 구조
하여 무사히 기지까지 호송해 왔다는 이유로 훈장을 받았다. 이 보
도의 중요성은 그것이 조작된 말이 아니라 사실이라는 점이다······
그러므로 우리는 매케인 제독이 두 척의 군함을 구조한 사실을 의
심하지 않는다. 우리 국민 모두가 알아두어야 할 점은, 미국에서는
파괴된 배를 구조하면 훈장을 준다는 사실이다.

　미국인은 궁지에 몰린 사람들을 구조하는 모든 활동에 감동한다.
만일 '부상당한' 사람을 구한다면 더욱 용감하고 영웅적인 행위가 된
다. 일본인은 그런 구조 활동을 배척한다. 우리의 B-29기나 전투기
에 비치한 구명 도구조차 일본인들은 '비겁'하다고 비판했다. 신문과
라디오는 거듭 이런 사실을 화제에 올렸다. 생사의 위험을 태연히 감
수하는 것이 훌륭한 태도지, 위험 예방책을 취하는 것은 경멸해야 할
일이라는 것이다. 이런 태도는 부상병이나 말라리아 환자의 경우에
도 나타났다. 그런 군인은 말하자면 파손된 폐물이다. 따라서 의료
시설은 적당한 전투력 유지에도 도움이 되지 않을 정도로 매우 부족
했다. 시간이 지나 모든 분야에서 보급난이 심화되자 의료 설비는 더
욱 부족해졌다. 그뿐만이 아니었다. 보급난은 물질주의에 대한 일본
인의 경멸을 더욱 부채질했다. 일본군은 죽음 그 자체가 정신의 승리
이며, 미국인처럼 환자를 잘 간호하는 것은 전투기의 구명 도구처럼
영웅적 행위를 해치는 것이라고 배웠다.
　일상생활에서도 일본인은 미국인처럼 자주 의사의 보살핌을 받는

것에 익숙하지 않다. 미국에서는 다른 복지 수단보다 환자를 돌보는 것에 특히 많은 관심을 쏟는다. 평화시에 유럽 여러 나라에서 온 여행자조차 이런 점을 언급할 정도이다. 반면 이런 일은 일본에서는 찾아볼 수 없다. 어쨌든 일본군에는 전투 중 부상병을 포화 속에서 구출하여 응급처치를 하도록 훈련받은 구조반이 없었다. 또 전선의 임시수용소, 후방의 야전병원, 건강을 완전히 회복할 때까지 치료를 제공하는 전선에서 멀리 떨어진 대형병원 등의 조직적인 의료 체계가 없었다. 의료품의 보급 체계는 개탄할 만한 정도였다. 위급한 환자는 죽는 수밖에 없었다. 특히 뉴기니나 필리핀에서 일본군은 종종 병원이 있는 곳에서 퇴각해야 하는 상황에 몰렸다. 그들에게는 기회가 있을 때 부상자를 미리 후송한다는 관례가 없었다. 부대의 이른바 '계획적 철수'가 행해질 때라든가, 적이 가까이 다가와야만 겨우 어떤 조처를 강구했다. 더욱이 그 조처란 주임 군의관이 퇴각하기 직전에 환자를 사살하든가, 아니면 환자 스스로 수류탄으로 자살하는 것이었다.

일본인이 자국의 부상자에 대해 이런 태도를 취했다면, 그것은 미군 포로를 취급하는 방법에도 중요한 역할을 했을 것이다. 우리의 기준으로 본다면, 일본은 포로뿐 아니라 동포에게도 학대죄를 범한 것이다. 포로로 3년간 타이완에 억류되었던 전 필리핀 군의관 해럴드 글래틀리Harold W. Glattly 대령은 이렇게 말했다. "미군 포로가 일본 병사보다 더 좋은 의료 조처를 받았다. 우리는 포로수용소에 있던 연합국 군의관들의 치료를 받을 수 있었지만, 일본군에는 의사가 한 사람도 없었다. 얼마 동안 일본군의 치료를 담당한 유일한 의무원은 병장

이었는데, 나중에 상사가 되었다." 그가 일본 군의관을 본 것은 1년에 한두 번뿐이었다.[23]

일본인의 병력 소모 이론을 극단적인 수준까지 이르게 한 것은 무항복주의였다. 서양의 군인들은 최선을 다해 싸운 후에 도저히 대적하지 못할 정도가 되면 항복한다. 그들은 항복한 뒤에도 여전히 명예로운 군인이라 생각하며, 그들이 살아 있음을 가족에게 알리기 위해 명단을 본국으로 통보해 주기를 원한다. 그들은 군인으로서도 국민으로서도 또 자신의 가정에서도 모욕을 받지 않는다. 그렇지만 일본인은 이런 상황을 전혀 다른 식으로 규정한다. 일본인에게 명예란 죽을 때까지 싸우는 것이었다. 절망적 상황에 몰렸을 때 일본군은 최후의 수류탄 하나로 자살하거나, 무기 없이 적진으로 돌격하여 집단 자살을 해야 하며 절대로 항복해서는 안 된다. 만일 부상당했거나 기절하여 포로가 된 경우조차도, "일본에 돌아가면 얼굴을 들고 다닐 수 없다"고 여긴다. 그는 명예를 잃었다. 그 이전의 생활에서 본다면 그는 '죽은 자'였다.

물론 항복을 금하는 군율이 있기는 했지만, 전선에서 정식으로 교육할 필요는 없었다. 일본군은 이러한 군율을 충실히 실천했다. 그 결과 북부 미얀마 전투를 예로 들면, 포로와 전사자 비율은 142명 대 1만 7,166명, 즉 1 대 120이었다. 게다가 포로수용소에 수용된 142명 대부분은 포로가 될 당시 부상당했거나 정신을 잃은 자들이었다. 혼자서 또는 두세 명이 함께 '항복'한 경우는 극히 적었다. 서양 여러 나

───────
23. 1945년 10월 15일자 『워싱턴 포스트』의 보도

라의 군대에서는 전사자가 병력의 4분의 1 혹은 3분의 1에 이를 경우 저항을 단념하고 항복하는 것이 보편적이다. 항복자와 전사자의 비율은 보통 4 대 1이다. 그런데 일본군이 가장 많이 항복한 홀란디아Hollandia[24]에서도 그 비율은 1 대 5였다. 이것도 북부 미얀마의 1 대 120에 비하면 현저한 진보였다.

그러므로 일본인에게 포로가 된 미군은 단지 항복했다는 사실만으로도 체면을 떨어뜨린 자가 된다. 그들은 포로가 부상당하거나 말라리아, 이질에 걸려 '완전한 인간'의 부류에서 제외되어 있지 않은 경우에도 '폐물' 취급을 했다. 많은 미국인이 포로수용소에서 웃는다는 것이 얼마나 위험한 일이며, 또 그 웃음이 교도관을 얼마나 자극하는지를 진술하고 있다. 일본인의 관점에서 보면 포로란 치욕을 입은 자인데, 그것을 깨닫지 못한다는 것은 참기 어려운 일이었다.

미군 포로가 따라야 했던 명령의 대부분은, 교도관들 역시 상급 장교로부터 준수하도록 요구받은 명령이었다. 강행군이나 수송선에 콩나물처럼 실리는 것은 흔한 일이었다. 미국인은 또 보초가 얼마나 시끄럽게 포로에게 탈법 행위를 숨기라고 말했는지도 진술하고 있다. 탈법 행위는 공공연히 규칙을 위반하지 않는 이상 큰 죄가 되지 않았다. 포로가 낮에 도로나 작업장 등 밖에 나가서 일하는 수용소에서는, 외부 음식물 반입금지 규칙은 효력을 잃었다. 과일이나 채소를 몰래 가지고 들어가는 것은 사실상 문제시되지 않았다. 그렇지만 그

---

24. 일명 수카르나푸라Sukarnapura. 현재 이름은 자야푸라Djajapura. 인도네시아에 있는 도시. 제2차 세계대전 중 일본군에 점령되어 뉴기니 경영 계획의 기지가 되었다.

것이 밖으로 드러나면 큰 죄가 된다. 그것은 미국인이 보초의 권위를 모욕한 셈이기 때문이다. 단순한 '말대꾸'일지라도 공공연하게 권위에 도전하면 엄하게 처벌받았다. 일본인은 일상생활에서도 말대꾸하는 것을 엄격히 규제한다. 따라서 말대꾸에 엄벌을 가하는 것은 일본 군대의 관습이었다. 그러나 포로수용소에서 갖가지 가혹행위나 학대가 자행되었던 것은 사실이다. 그런 비도덕적 행위를 문화적 습성의 필연적 결과로 규정하는 것은, 결코 그 악행을 간과하자는 것이 아니다.

특히 전쟁 초기에 항복하는 자가 적었던 것은, 포로가 되는 것이 수치라는 신념 외에도 적이 포로를 모조리 고문하고 죽인다고 일본군이 진심으로 믿고 있었기 때문이다. 과달카날에서 포로가 된 일본군을 미군이 탱크로 깔아 죽였다는 헛소문이 대부분의 지역에 퍼져 있었다. 항복하려 한 몇몇 일본군을 미군이 위장투항이라고 의심하여 뒤탈을 없애기 위해 살해한 경우도 있었다. 그리고 그런 의심은 때때로 정당한 것으로 밝혀졌다. 이제 죽음밖에 남아 있지 않은 일본군은, 가끔 미군을 길동무 삼아 함께 죽을 수 있다는 것을 마지막 위안으로 삼았다. 이런 집단 자살은 포로가 된 후에도 일어났다. 한 일본군 포로가 말한 것처럼, "일단 승리의 제단에 몸을 바칠 결심을 한 이상, 아무런 공도 세우지 못하고 죽는 것은 수치였다." 그런 가능성 때문에 미군은 일본군을 경계할 수밖에 없었고, 따라서 항복하는 자의 수가 줄었던 것이다.

항복의 치욕은 일본인의 의식 속에 깊이 박혀 있었다. 그들은 우리의 전시 관례로는 도저히 용납되지 않는 행동을 당연시하고 있었다.

일본인도 우리의 행동을 이해할 수 없기는 마찬가지였다. 그들은 미군 포로가 자기 이름을 본국 정부에 보고하여 생존 사실을 가족들에게 알려 달라고 '의뢰한' 것을 참으로 어처구니없고 경멸할 만한 일이라고 말했다. 바타안 반도에서 미군이 항복한 것도 일반 병사들은 의외의 일로 받아들였다. 그들은 미군이 일본군처럼 최후까지 싸우리라고 믿었기 때문이다. 또 그들은 미군이 포로가 되는 것에 조금도 부끄러움을 느끼지 않는다는 사실을 납득할 수가 없었다.

서양 병사와 일본 병사의 가장 큰 차이점은, 일본 병사들이 포로로서 연합군에게 협력한 점이었다. 그들은 이 새로운 상황에 적응하는 규칙을 알지 못했다. 그들은 명예를 잃었으며, 일본인으로서는 생명이 끝났다. 포로 중 일부가 전쟁의 결과가 어떻든 본국으로 돌아갈 생각을 하게 된 것은 전쟁이 끝나기 몇 개월 전부터였다. 어떤 포로는 죽여 달라고 요청했고, "그러나 당신들의 관습이 그것을 허락하지 않는다면, 모범적인 포로가 되고 싶다"라고 말했다. 이들은 모범적인 포로 이상이었다. 오랫동안 군 생활을 한 극단적인 국가주의자였던 그들은, 탄약고의 위치를 알려 주고, 일본군의 병력 배치 상황을 상세히 설명해 주고, 미군의 선전문을 쓰고, 미군의 폭격기에 동승하여 군사 목표로 유도해 주기까지 했다. 그것은 마치 새로운 페이지를 넘기는 것 같았다. 새로운 페이지에 쓰인 것과 낡은 페이지에 쓰인 것은 정반대였지만, 그들은 새 페이지에 쓰인 구절을 한결같이 충실하게 실천했다.

물론 포로 전부가 그랬던 것은 아니다. 그중에는 어디까지나 만만치 않은 포로도 소수 있었다. 어떤 경우든 포로들이 미군에 협조하려면 좋은 조건이 전제되어야 했다. 미군 지휘관들은 당연히 포로들의 도움을 있는 그대로 받아들이는 것을 주저했다. 또 일본군 포로들의 봉사를 전혀 받아들이지 않은 부대도 있었다. 그러나 그런 부대에서도 처음 가졌던 의심을 철회하고 일본군 포로들의 성의를 차츰 신뢰하게 되었다.

미국인은 포로들의 전향을 기대하지 못했다. 그것은 우리의 규칙에는 일치되지 않는 것이었다. 그런데 일본인은 모든 것을 건 어떤 행동 방침이 실패할 경우, 다른 방침을 취하는 것을 당연시하는 것 같았다. 이것은 전쟁이 끝난 후에도 기대할 수 있는 행동 양식인가? 아니면 포로가 된 병사 각각의 특유한 행동인가? 전쟁 중 우리가 관찰한 일본인의 다른 특성과 마찬가지로, 이것 역시 그들이 따라야 할 생활양식 전체, 여러 제도의 기능 및 사고방식과 행동관습 등에 관한 갖가지 문제를 제기했다.

제 3 장
각자 알맞은 위치 갖기

일본인을 이해하기 위해서는 우선 그들이, "각자가 알맞은 위치를 갖는다take one's proper station"는 말을 어떻게 받아들이는지를 알아야 한다. 질서와 계층제도를 신뢰하는 일본인과, 자유와 평등을 신뢰하는 미국인 사이에는 큰 차이가 있다. 우리가 계층제도를 하나의 가능한 사회기구로서 바르게 이해하기는 어렵다. 계층제도에 대한 일본인의 신뢰는 인간 상호관계뿐 아니라 인간과 국가의 관계에서 일본인이 품고 있는 관념의 기초가 된다. 우리는 가족, 국가, 종교, 경제생활 등 국민적 제도를 살펴봄으로써, 비로소 그들의 인생관을 이해할 수가 있다.

일본인은 국내 문제와 마찬가지로 국제관계도 계층제도의 관점에서 보아 왔다. 최근 10년 동안 일본인은 일본이 국제적 계층제도의 피라미드에서 차츰 정점에 도달하고 있다고 생각해 왔다. 그리고 이미 서양 여러 나라가 정점을 차지한 지금에도, 여전히 현재의 상태를 감수하고 있는 그들의 태도의 밑바탕에는 역시 계층제도에 대한 견해가 깔려 있다. 일본의 외교 문서는 그들이 얼마나 계층제도를 중시하고 있는가를 잘 보여 준다. 1940년에 일본이 독일, 이탈리아와 체결한 3국 동맹의 전문에는 이렇게 씌어 있다. "대일본제국 정부, 독일 정부, 이탈리아 정부는 세계만방이 각자 알맞은 위치를 갖는 것이 항구적 평화의 선결 요건임을 인정하므로……" 또한 이 조약을 조인하고 공표한 조서에서도 같은 내용을 다음과 같이 기술하고 있다.

> 대의大義를 온 세상에 선양하고 세계를 한 집안으로 하는 것은 황조皇祖 황종皇宗의 큰 가르침大訓이므로 짐은 밤낮 이것을 마음에 두고 있다. 그러나 오늘날 세계는 놀라운 위기에 직면하여 전쟁과 혼란이 끊임없이 가중되고, 인류는 무한한 고통에 괴로워하고 있다. 이에 짐은 분란을 그치고 하루빨리 평화를 회복하기를 간절히 원한다…… 이에 짐은 3국 간 조약 성립을 매우 흡족히 여기는 바이다.
> 각국이 알맞은 위치를 갖는 것, 만민이 안전과 평화 속에 살기 위한 과업은 가장 위대한 대업이다. 이것은 역사상 실현된 적이 없었다. 이런 목적의 달성은 아직도 요원하다…….

진주만 공격 당일 일본 사절은 국무장관 코델 헐Cordell Hull에게 이 점을 명확히 기술한 성명서를 전달했다.

> 모든 국가가 세계 속에서 각자 알맞은 위치를 갖게 하려는 일본 정부의 정책은 불변이다…… 일본 정부는 현 사태의 영구화를 참을 수가 없다. 그것은 각국이 세계 속에서 각자 알맞은 위치를 즐기기를 바라는 일본 정부의 근본적인 정책에 위배되기 때문이다.

일본의 이 각서는 며칠 전 발표한 헐 각서에 대한 회답이었다. 헐 각서는 일본에서 계층제도가 중시되는 것과 마찬가지로 미국에서 기본적으로 존중되는 미국인의 원칙을 기술한 것이다. 헐 장관은 각국의 주권과 영토 불가침, 타국의 내정 불간섭, 국제 간 협력과 화해에 대한 신뢰, 평등 등 네 가지 원칙을 들었다. 이 원칙은 평등과 불가침의 권리에 대한 미국인의 신념의 핵심이다. 미국인은 국제관계뿐 아니라 일상생활에서도 이 원칙을 바탕에 두어야 한다고 믿고 있다. 평등은 좀 더 좋은 세계를 위한 가장 숭고하고 도덕적인 기초다. 우리에게 평등은 압제와 간섭과 원치 않는 무거운 짐으로부터의 자유를 의미한다. 그것은 법 앞의 평등과 개인이 스스로의 처지를 개선할 권리를 의미한다. 평등은 오늘날 세계에서 조직적으로 실현되고 있는 기본 인권의 밑바탕이 된다. 우리는 우리가 평등을 침해할 때조차도 그 덕을 지지한다. 따라서 올바른 분노를 가지고 계층제도와 싸운다.

이것은 미국 건국 이래 항상 변하지 않은 미국인의 태도였다. 토머스 제퍼슨Thomas Jefferson은 그것을 독립선언서에 써 넣었다. 또 헌법 속의 권리장전Bill of Rights도 그것에 기초를 두고 있다. 신생국가의 공문서에서는 이런 형식적 구절이 중요했다. 그 이유는 그것이 신대륙 사람들의 일상에 형성되고 있던 생활양식, 즉 유럽인에게는 낯선 생활양식을 반영한 것이기 때문이다. 미국의 상황을 국제적으로 보도한 주요 문헌으로는, 젊은 프랑스인 알렉시스 드 토크빌Alexis de Tocqueville[1]이 1830년대 초기에 미국을 방문한 후 평등 문제에 대해 쓴 책을 들 수 있다. 총명하고 감수성이 풍부한 관찰자였던 토크빌은 별

천지인 미국에서 뛰어난 점을 많이 발견했다. 정말로 그것은 별천지였다. 토크빌은 프랑스혁명과 나폴레옹의 개혁으로 놀라고 동요된 프랑스 귀족사회에서 성장했다. 그것은 당시 활약하던 세력가들이 기억할 정도로 가까운 과거에 일어난 일이었다. 그는 미국의 낯설고 새로운 생활 질서를 관대하게 평가했지만, 프랑스 귀족의 안목을 벗어나지는 못했다. 따라서 그의 저서는 구세계에 앞으로 닥쳐올 일들을 보고하는 형식이었다. 물론 차이는 있겠지만, 그는 미국이 유럽에서도 조만간 일어날 발전의 전초지라고 믿었다.

따라서 토크빌은 신세계를 상세히 보고했다. 신세계 사람들은 서로를 평등한 인간이라고 생각한다. 그들의 사회적 교제는 새롭고 평온한 발판 위에 놓여 있다. 그들은 인간 대 인간으로 말한다. 미국인은 세세한 계층적 예의범절에 구애받지 않는다. 그들은 그런 예절을 다른 사람에게 요구하지도 베풀지도 않는다. 그들은 누구의 은혜도 입지 않았다는 점에 만족한다. 여기에는 낡은 귀족제적인, 또는 로마적인 의미에서의 가정이 없다. 구 세계를 지배해 온 사회계층제는 자취를 감추었다. 이렇듯 미국인은 무엇보다 평등을 굳게 믿는다. 그들은 어쩌다가 자유를 놓치는 일은 있어도, 평등만은 온몸으로 실천한다.

1세기 이전의 과거 미국 생활양식에 대해 쓴 외국인 토크빌의 안목을 통해 조상의 모습을 본다는 것은 미국인의 뜻을 크게 고무시킨다. 그 후 우리나라에는 많은 변화가 있었지만 큰 윤곽은 조금도 변

---

1. Alexis de Tocqueville, De la democratie en Amerique (미국의 민주주의), 1835.

하지 않았다. 이 저서를 읽으면 1830년대의 미국이 이미 오늘날 우리가 알고 있는 그 미국이라는 점을 알 수 있다. 물론 미국에도 제퍼슨 시대의 알렉산더 해밀턴Alexander Hamilton[2]처럼 귀족주의적인 사회질서를 지지한 사람들이 있었고, 현재도 그런 사람들이 있다. 그러나 해밀턴 같은 사람조차도 미국에서 우리의 생활양식이 결코 귀족주의적이지 않다는 사실을 시인하고 있다.

따라서 우리가 진주만 사건 직전에 미국 태평양 정책의 기초가 되는 고귀한 도덕적 근저를 일본에 밝힌 것은, 말할 것도 없이 가장 신뢰하는 원칙을 표명한 것이다. 우리는 신념에 따라 우리가 지시한 방향으로 밀고 나가면, 아직 불완전한 상태에 있는 세계를 점점 개선할 수 있다고 확신했다. 일본인이 '알맞은 위치를 갖는다'는 신념을 표명한 것 역시, 사회적 체험을 통해 그들에게 깊이 뿌리를 내린 생활 원리에 근거한 것이다. 불평등이 몇 세기 동안 일본인에게 널리 인정됨으로써, 조직적인 생활 규칙으로 확정된 것이다. 계층제도를 인정하는 행동은 그들에게는 숨 쉬는 것과 마찬가지로 자연스러운 일이다.

그러나 이것은 단순히 서양식 강권주의authoritarianism는 아니다. 지배권을 행사하는 자도, 타인의 지배를 받는 자도 우리의 전통과는 다른 전통에 따라서 행동한다. 일본인은 현재 미국인의 계층적 지위가 일본인보다 높다고 생각하고 있다. 따라서 우리는 그들의 관습을

---

2. 1757~1804. 미국의 정치가. 미국 독립혁명 중 많은 활약을 했으나, 정치권력은 소수의 현자에게 맡겨야 한다는 귀족주의자이기도 했다.

명확하게 인식할 필요가 있다. 그렇게 해야만 지금과 같은 상황에서 예상되는 그들의 행동 양식을 우리의 머릿속에 분명히 그려 낼 수 있다.

일본은 근래 눈부신 서양화를 이루어 냈지만 여전히 귀족주의적인 사회이기도 하다. 사람들과 인사하고 접촉할 때는 반드시 서로간의 사회적 격차를 암시해야 한다. 일본인은 다른 사람에게 '이트Eat (먹어라)'라든가, '싯다운Sit down(앉아라)'이라고 말할 때, 친한 사람인가 아랫사람인가 윗사람인가에 따라 각기 다른 말을 쓴다. 같은 '유 (You : 너)'라도 경우에 따라 다르게 쓰며, 같은 의미의 동사가 여러 종류의 어미를 가지고 있다. 즉, 일본인에게도 다른 여러 태평양 민족과 같이 '경어'가 있다.

또한 허리를 굽히는 인사와 꿇어앉는 예의를 행한다. 이런 동작은 모두 세밀한 규칙과 관례를 따라야 한다. 허리를 굽혀야 하는 대상뿐 아니라, 어느 정도 굽힐 것인가도 알아야 한다. 어떤 사람에게는 예의바르고 정당한 절이, 절하는 사람과의 관계에 따라 다른 사람에게는 모욕이 될 수도 있다. 따라서 절에는 무릎을 꿇고 앉아서 마룻바닥에 손을 대고 이마를 손까지 숙이는 가장 정중한 절에서부터, 머리와 어깨를 조금 숙이는 간단한 절에 이르기까지 여러 가지 종류가 있다. 사람들은 어떤 절이 각각의 경우에 합당한가를 어려서부터 배우고, 또 배우지 않으면 안 된다.

적당한 행동에 의해 끊임없이 서로를 인식해야만 하는 계급의 차이 — 이런 것의 중요성은 말할 것도 없지만 — 는, 단순한 계급의 차이가 아니다. 성별이나 연령, 서로의 가족관계, 과거의 친분관계 등이 모두 고려 사항이다. 같은 두 사람 사이에서도 처지가 바뀌면 그에 알맞은 존경을 표해야 한다. 가령 민간인이었을 때는 친분이 돈독해 따로 인사를 안 하는 사이였어도, 한 사람이 군복을 입으면 평복을 입은 친구가 경례를 한다. 계층제도를 지켜 가려면 수많은 인자가 균형을 유지해야 한다. 그리하여 어떤 특수한 경우가 생기면, 그 인자 중 어떤 것은 마이너스로 작용해서 힘을 잃기도 하고, 어떤 것은 플러스로 작용해서 힘을 발휘하기도 한다.

물론 서로 간에 그렇게 형식을 필요로 하지 않는 사람들도 있다. 미국에서는 가족의 범주에 있는 사람들이 그런 경우다. 우리는 가족에게는 형식적 예의를 벗어 버린다. 그런데 일본에서는 예의범절을 배우고 세심하게 이행하는 곳이 바로 가정이다. 어머니는 아이를 업고 다닐 때부터 자신의 손으로 아이의 머리를 눌러 고개 숙여 인사하는 법을 가르친다. 그러다가 아이가 아장아장 걸으면, 처음으로 아버지나 형에게 존경을 표하는 행위를 가르친다. 아내는 남편에게, 자식은 아버지에게, 동생은 형에게, 여자아이는 연령에 관계없이 남자 형제 모두에게 머리를 숙인다. 그것은 결코 내용 없는 몸짓이 아니다. 그것은 머리를 숙이는 사람이 자기 뜻대로 하고 싶은 일에도, 상대방의 뜻에 따르겠다는 의사를 표현하는 것이다. 또한 인사를 받는 사람은 자신의 지위에 합당한 책임을 승인한다는 것을 의미한다. 그들에게는 성별과 세대의 구별과 장자 상속권에 입각한 계층제도가 가정생활의 근간이다.

효도는 말할 것도 없이 일본이 중국과 공유하고 있는 숭고한 도덕률이다. 중국인의 효 사상은 일찍이 6세기에서 7세기경의 중국 불교,

유가 사상, 세속적인 중국 문화와 함께 일본에 들어왔다. 그러나 효도의 성격은 중국과는 다른 일본의 가족 구조에 적합하도록 개조되었다. 중국에서는 오늘날에도 누구나 자기가 속하는 광대한 종족에 충성을 바쳐야 한다. 이 종족은 어떤 경우에는 몇만 명에 달한다. 종족은 구성원 전체에 대한 지배력을 가지고, 또 그들로부터 지지를 받는다. 중국은 넓은 나라여서 지방에 따라 사정이 다르긴 하지만, 지역 대부분의 마을 주민은 모두 같은 종족의 구성원이다. 중국의 인구는 총 4억 5천 만 명에 달지만 성姓은 겨우 470개 정도다. 그렇지만 같은 성을 가진 사람들은 모두 자신들은 어느 정도 종족적 동포라고 생각하고 있다. 어떤 지역 일대의 주민이 예외 없이 동일 종족에 속하는 경우도 있고, 또 멀리 떨어진 도시에 살고 있는 가족도 그들과 같은 종족인 경우도 있다.

광둥성廣東省과 같이 인구가 밀집된 지역에서는 종족의 모든 구성원이 결속하여 당당한 종족 회관을 유지하고 경영하며, 일정한 날에 그곳에 모여 공통의 조상에서 유래한 1천 명 이상의 사망한 종족 구성원의 위패를 받든다. 각 종족은 재산과 토지와 사원을 소유하며, 또 종족의 유망 자녀를 위한 장학 기금을 가지고 있다. 분산된 구성원의 소식에 끊임없는 주의를 기울이고, 대략 10년에 한 번씩 갱신하는 정교한 족보를 발행하여, 종족의 특전을 나눌 권리를 가진 사람들의 이름을 밝힌다. 종족에는 선조 때부터 전해 내려오는 가헌家憲이 있다. 가헌에 따라 종족이 당국에 동의하지 않는 경우에는, 범죄를 저지른 구성원을 국가에 인도하기를 거부하는 경우도 있었다. 제정 시대에는 이런 반半자율적 종족의 대공동 사회를 국가의 관리가 통치하는 일은 드물었다. 국가가 임명한 수령은 이방인에 불과하며 교체가 잦았다.

이 점은 일본에서는 사정이 전혀 다르다. 19세기 중반까지 성은 귀족과 사무라이 집안에만 허용되었다. 중국 가족 제도의 근본이 되는 성, 혹은 성에 상당하는 무엇인가가 없으면 씨족 조직은 발달할 수 없다. 어떤 부족에서는 계보를 기록하는 것이 성의 역할을 담당하고 있다. 그러나 일본에서 이 계보를 갖는 것은 상류계급뿐이었다. 게다가 그 계보는 미국애국부인회[3]가 행하는 것처럼, 현재 살아 있는 사람부터 거꾸로 소급하여 기록하는 것이다. 예부터 순서대로 시대를 따라 내려오면서 시조에서 나뉘는 동시대의 모든 사람을 빠짐없이 망라하는 것이 아니었다. 이 두 가지 방법은 매우 다르다. 그 밖에도 일본은 봉건적 국가였다. 충성을 바치는 상대는 씨족이 아니라 봉건 영주였다. 영주는 그 토지의 주권자였다. 영주는 일시적이고 관료적인 중국의 관리와는 현저한 차이가 있었다. 일본에서 중요한 것은 그 사람이 사쓰마薩摩 영지에 속하는가, 히젠肥前 영지에 속하는가에 있었다. 어떤 사람의 고삐는 그의 영지에 매여 있었다.

씨족을 제도화하는 또 다른 방법은 먼 선조나 종족의 신을 신사神社나 성소聖所에서 숭배하는 것이다. 이런 숭배는 계보와 성이 없는 서민들도 행할 수 있다. 그러나 일본에서는 먼 선조를 숭배하는 의식은 행하지 않는다. '서민'들이 제사 지내는 신사에는 마을 사람이 모

---

3. Daughters of American Revolution. 1890년 워싱턴에서 창립되었는데, 회원은 미국 독립전쟁 때 참전한 조상의 후예로만 한정되었다.

두 모이지만, 그들의 선조가 동일하다는 것을 증명할 필요는 없다. 그들은 신사의 제신祭神의 '아이들'이라 불리지만, 그들이 '아이들'인 것은 제신의 영역 내에 살고 있기 때문이다. 이처럼 같은 씨신氏神을 제사 지내는 마을 사람들은, 세계 곳곳의 마을 사람들과 마찬가지로 몇 대 동안 그곳에 살면서 인연을 맺어 왔을 뿐, 선조가 동일한 긴밀한 씨족 집단은 아니다.

조상숭배는 신사와는 별도로 가족의 거실에 마련한 불단에서 행하는데, 근래에 죽은 6, 7명의 위패만을 모신다. 일본의 모든 계급 사람들은 매일 이 불단 안에 안치된 작은 묘비를 모방한 위패 앞에서, 아직도 기억에 남아 있는 부모나 조부모나 가까운 친족을 위해 참배를 행하고 음식을 바친다. 묘지의 증조부모의 묘표墓標는 글씨가 흐려져도 고쳐 쓰지 않고 그대로 두며, 3대 전의 조상에 이르면 누구의 묘인지 모를 정도로 잊게 된다. 일본의 가족적인 유대는 서양과 거의 차이가 없을 정도다. 아마도 프랑스의 가족이 가장 비슷할 것이다.

따라서 일본에서 '효도'는 직접 얼굴을 마주하는 한정된 가족 사이의 문제다. 이것은 아버지와 할아버지, 형제, 직계 비속 정도를 포함하는 집단 속에서, 세대나 성별, 연령에 따라 각자에게 알맞은 위치를 차지하는 것을 뜻한다. 더욱 넓은 범위의 집단을 포괄하는 대가족에서도, 가족은 몇몇 계통으로 나뉘어 차남 이하의 남자는 분가를 한다. 이렇게 직접 얼굴을 대하는 좁은 집단 내부에서 '알맞은 위치'를 규정하는 규칙은 참으로 엄밀하다.

연장자가 정식으로 은퇴하기까지는 그의 명령이 엄중히 지켜진다. 오늘날에도 성장한 아들 몇을 둔 아버지라도, 자신의 아버지가 아직 살아 있으면 무슨 일을 결정할 때 일일이 아버지의 승인을 얻는다. 아들이 삼사십 세가 되어도 부모가 아들의 결혼 문제를 좌우한다. 아버지는 일가—家의 가장으로서, 식사 때 맨 먼저 수저를 들고, 목욕할 때 먼저 들어가며, 가족의 정중한 인사를 가볍게 고개를 끄덕이며 받는다. 일본에서 일반화된 수수께끼가 하나 있는데, 이를 번역하면 대략 다음과 같다. "부모에게 의견을 말하려는 자식은, 머리를 기르려는 승려와 같다. 그 이유는?" 이에 대한 답은 "아무리 하고 싶어도 할 수 없다"라는 것이다.

알맞은 위치라는 것은 단지 세대 차이뿐 아니라 연령의 차이에도 적용된다. 일본인은 극단적인 무질서 상황을 표현할 때, "난형난제難兄難弟"라는 말을 사용한다. 이 말은 미국의 "고기도 아니고 새도 아니다Neither fish nor fowl"라는 표현과 비슷하다. 실제 일본인의 사고로는, 물고기는 물속에 있어야 하는 것과 마찬가지로 장남은 맏형으로서의 성격을 가져야 한다. 장남은 상속자다. 일본을 방문한 여행자들은 '일본의 장남이 일찍이 몸에 익히는 책임감 있는 언행'에 대해 언급하고 있다. 장남은 아버지와 별 차이가 없는 특권을 갖는다. 과거에 동생은 어쩔 수 없이 장남에게 의존했다. 오늘날 특히 시골이나 작은 도시에서 집에 머물러 낡은 관습에 매여 있는 쪽은 장남이다. 대체로 차남은 넓은 세계로 진출하여 많은 교육을 받고 수입도 장남보다 많다. 그렇지만 옛날부터 내려오는 계층제도의 관습은 지금도 여전히 강력하다.

오늘날의 정치 평론에서도, 대동아 정책 논의 속에는 전통적인 형의 특권이 분명히 드러나 있다. 1942년 봄, 한 중령은 육군성의 대변자로서 공영권共榮圈[4]에 관해 다음과 같이 말했다. "일본은 그들의 형이며, 그들은 일본의 아우다. 이 사실을 점령 지역의 주민에게 철저히 인지시켜야 한다. 주민을 지나치게 배려하면, 그들이 일본의 친절에 편승하려는 마음을 가지게 되어 통치에 해로운 영향을 끼친다." 바꾸어 말하면, 형은 아우를 위한 일이 무엇인가를 결정하고, 그것을 강요할 때 '지나치게 배려'해서는 안 된다.

어떤 사람이 계층제도 내에서 차지하는 위치는 나이에 상관없이 성별에 따라 달라진다. 일본의 부인은 남편의 뒤를 따라 걸으며, 사회적 지위도 남편보다 낮다. 양장을 입었을 경우 남편과 나란히 걷기도 하고 대문을 나설 때 남편보다 앞서 나가기도 하는 부인일지라도, 일단 기모노着物로 갈아입으면 남편의 뒤를 따른다. 가정에서 딸은 선물이나 보살핌, 교육비 등이 모두 남자 형제의 차지가 되는 것을 조용히 지켜볼 수밖에 없다. 젊은 여성들을 위한 고등교육 기관이 설립되었을 때에도, 규정된 교육과정에는 예의범절이 중시되었다. 본격적인 지적 교육은 남자들의 발밑에도 미치지 못했다. 현재 이런 학교의 한 교장은 상류계급 출신 여학생들에게 유럽어를 가르치는 것이 좋다고 주장했다. 그 근거는 여학생들이 결혼한 후 남편의 장서에 앉은 먼지를 털고 위아래가 바뀌지 않게 책장 안에 넣을 수 있어야 한다는 것이었다.

일본의 여성들은 그래도 대부분의 아시아 국가에 비하면 많은 자유를 누리고 있다. 이는 단지 일본이 서양화되었기 때문만은 아니다.

---

4. 일본을 주축으로 아시아를 단결시킨다는 이른바 대동아공영권大東亞共榮圈을 말한다.

중국의 상류계급처럼 여자에게 전족을 하는 풍습이 일본에는 일찍이 없었다. 또 오늘날 인도의 여성들은 일본의 여성이 가게를 출입하고 시가지를 왕래하면서 몸을 감추지 않는 것을 보고 놀란 표정을 짓는다. 일본에서는 부인이 살림을 책임지고 쇼핑을 하며 가정의 경제권을 쥐고 있다. 돈이 모자라면 집안의 물건을 선택하여 전당포에 가지고 가는 것도 부인의 임무이다. 부인은 하인들을 지휘하며 자녀의 결혼 문제에 큰 발언권을 가진다. 그리고 며느리를 얻어서 시어머니가 되면, 반평생 굽실대기만 하던 가련한 제비꽃이었다고는 도저히 생각할 수 없을 정도로 단호한 태도로 집안의 모든 일을 관장한다.

일본에는 세대와 성별과 연령에서 오는 특권이 이처럼 크다. 그러나 이런 특권을 행사하는 사람들은 멋대로 독재하는 것이 아니라 중대한 책무를 위탁받은 인간으로서 행동한다. 아버지나 형은 현재 살아 있는 가족, 이미 죽은 가족, 장차 태어날 가족을 포함한 가족 전체에 대해 책임을 진다. 그는 중대한 결정을 하고, 자기가 내린 결정이 반드시 시행되도록 계획한다. 그러나 그는 무제한의 권력을 가지고 있는 것은 아니다. 그는 일가의 명예를 유지할 책임을 지고 행동할 것으로 기대된다. 그는 자식이나 동생에게 집안의 물질적, 정신적 유산을 상기시키고 분수에 맞는 인간이 되기를 요구한다. 가령 농부의 신분일지라도 가문의 조상에 대해 '자중하는 태도'를 요구한다. 또 상류계급일수록 가문에 대한 책임은 가중된다. 가문의 요구는 개인의 요구에 선행한다.

중대한 사건이 일어났을 경우, 가문의 지체가 높고 낮음에 상관없이 가장은 친족 회의를 소집하여 그 문제를 토의한다. 예를 들면, 가족 구성원은 약혼 문제를 논의하러 멀리 떨어진 지방에서 일부러 오기도 한다. 결론에 도달하는 과정에서는 아무리 하찮은 사람의 의견이라도 수렴한다. 동생이나 아내의 의견이 결정적일 수도 있다. 호주戶主가 모두의 의견을 무시하고 행동하면 매우 곤란한 결과를 가져오기도 한다. 물론 그런 결정이 당사자의 마음에 들지 않는 경우도 있다. 그러나 여태까지 친족 회의의 결정에 승복해 온 경험을 가진 연장자들은 아랫사람들에게 자신들의 결정에 따를 것을 완강하게 요구한다. 그들의 요구의 배후에 숨어 있는 강제력은, 가령 프로이센에서 아버지가 처자식에게 관습적·법률적으로 절대적 권리를 갖는 것과는 매우 다르다. 그렇다고 해서 일본이 강제성이 더 적다는 것은 아니다. 다만 효과가 다르다는 뜻이다. 일본인은 가정생활에서 전제적인 권력을 존중하도록 배우지 않는다. 또한 쉽사리 권위에 굴복하는 습성을 기르지도 않는다. 가족의 의사에 복종하는 것은, 그 요구가 부당하더라도 가족 전체에 관계되는 문제라는 명분으로 요구한다. 즉, 공동체에 대한 충성이라는 이름으로 요구한다.

일본인은 누구나 우선 가정 내부에서 계층제도의 관습을 배우고, 그것을 경제생활이나 정치생활 등 넓은 영역에 적용한다. 그가 실제로 집단 안에서 지배력을 가진 인물이든 아니든, 자기보다 높은 '분수에 맞는 위치'를 가진 자에 대해서는, 그에 해당하는 경의를 표하도록 배운다. 아내에게 지배당하는 남편, 동생에게 지배당하는 형일지라도 표면적으로는 존경을 받는다. 특권과 특권 사이의 형식적인 경계선은 누군가가 보이지 않는 데서 조종하고 있다 하더라도 파괴되지는 않는다. 겉으로 드러난 부분이 실제 지배관계에 맞지 않는다

하더라도, 특권관계는 변경되거나 수정되지 않는다. 그것은 여전히 침범할 수 없다. 형식적 신분의 구속을 받지 않고 실권을 행사하는 쪽이 오히려 유리하다. 공격당할 위험성이 그만큼 적기 때문이다.

일본인은 또 가정생활의 체험을 통해 어떤 결정에서 가장 중요한 것은, 그 결정이 가문의 명예를 유지하기 위한 것이라는 가족 전원의 확신이라고 배운다. 그 결정은 가장의 위치에 있는 폭군이 멋대로 휘두르는 강제 명령이 아니다. 일본의 가장은 오히려 물질적·정신적 재산의 관리자에 가깝다. 이 재산은 가족 전원에게 중요하며, 그들에게 개인의 의지를 가족의 결정에 종속시키도록 요구한다. 일본인은 완력 사용을 배척하지만, 그들이 가장의 요구에 따르고, 그에 상응하는 신분의 사람에게 지극한 경의를 표한다는 사실에는 변함이 없다. 가정의 계층제도는 가족 중의 연장자가 독재자가 되지 않아도 훌륭히 유지된다.

지금까지 일본 가정의 계층제도를 있는 그대로 설명했다. 그러나 이런 설명만으로는 대인관계의 행동 기준이 다른 미국인이, 일본의 가정에 강력하고 공인된 유대감이 있다는 사실을 이해하기는 어렵다. 일본의 가정에는 주목할 만한 연대감이 있다. 일본인이 어떻게 연대감을 확립했는가 하는 물음은, 이 책의 중요한 과제 중 하나다. 그러나 정치나 경제생활 같은 넓은 영역의 계층제도를 이해하려면, 우선 계층제도의 관습이 가정에서 어떻게 완전하게 습득되는가를 인식하는 것이 중요하다.

일본 사회의 계층 조직은 가정의 경우와 마찬가지로 계급 간에도 철저하다. 일본은 역사적으로 철저한 계급 카스트 사회였다. 이처럼 몇 세기에 걸친 카스트 제도의 관습을 가진 국민은 매우 중대한 장점과 단점을 가지고 있다. 일본에서는 카스트가 역사 시대를 일관하는 생활 원리였다. 일본은 이미 7세기에 카스트 제도가 없던 중국에서 들여온 생활양식을 일본 고유의 계급 문화에 적용했다. 7세기에서 8세기에 걸쳐 일본의 천황과 궁정은, 일본 사절단의 눈을 놀라게 한 위대한 중국 왕조의 고도문명을 받아들여 일본을 풍요롭게 만드는 사업에 착수했다. 그들은 그 사업을 정력적으로 수행했다.

그때까지 일본에는 문자가 없었다. 7세기에 일본은 중국의 표의문자表意文字를 받아들이고, 그것을 이용하여 한자와는 성격이 전혀 다른 문자[5]를 만들었다. 그때까지 일본의 종교는 산이나 마을에 자리를 잡고 사람들에게 행운을 가져다주는 4만여 신의 이름을 내걸고 있었다. 이 민간 종교는 그 후 많은 변천을 거쳐 지금까지 존속하여 신토神道가 되었다. 7세기에 일본은 '뛰어난 호국'[6] 종교로서 중국에서 불교를 널리 받아들였다. 그때까지도 일본에는 항구적인 건축물이 없었다. 그래서 천황은 중국의 수도를 모방하여 새로이 나라奈良[7]라는 도시를 건설했다. 또한 국내 곳곳에 중국을 모방하여 장대한 불교 사원을 건립했다. 천황은 사절단이 중국에서 배워온 관직 제도와 법령을 채용했다.[8] 세계사에서 어떤 주권국가도 일본만큼 계획적으

---

5. 이 문자가 이른바 가나假名다.

6. *George Sansom, Japan : A Short Cultural History, p. 131.

7. 일본의 고대 수도이자 문화의 중심지였으며, 현재는 나라현의 관광으로 유명한 지역이다.

8. 아마도 이 책의 저자는 일본이 고대에는 문화를 한국, 즉 신라나 백제에서 배워 갔다는 사실을 알지 못한 것 같다.

로 문명을 훌륭하게 수입한 예는 찾아보기 어렵다.

그럼에도 불구하고 일본은 처음부터 카스트 제도가 없는 중국의 사회 조직을 그대로 재현할 수가 없었다. 일본이 받아들인 관직 제도는 중국에서는 과거에 급제한 행정관에게 주어졌으나, 일본에서는 세습적 귀족이나 봉건 영주에게 주어졌다. 이것이 일본 카스트 제도의 구성 요소가 되었다. 일본은 쉴 새 없이 세력을 다투는 영주領主들이 지배하는 반半독립적인 여러 개의 번藩[9]으로 나뉘어 있었다. 중요한 사회적 규정은 영주와 가신家臣과 종자從者의 특권에 의거하고 있었다. 일본은 중국 문명을 적극적으로 수입했다. 그러나 그들의 계층 제도 대신에 중국의 관료적 행정 제도나, 여러 신분과 직업의 사람을 하나의 대종족 아래 통합하는 생활양식을 채용할 수는 없었다.

일본은 또 중국의 세속적 황제 사상을 채용하지 않았다. 황실을 의미하는 일본어 명칭은 '구름 위에 살고 있는 사람들'이며, 이 일족만이 황제에 오를 수 있었다. 중국에서는 빈번히 왕조가 교체되었지만, 일본에서는 한 번도 그런 일이 없었다. 천황은 불가침이며 천황의 몸은 신성하다. 중국 문화를 일본에 도입한 일본의 천황과 궁정은, 중국의 왕조가 어떻게 되었는지 전혀 생각하지 않았고, 또 일본과 어떤 차이점이 있는지도 깨닫지 못했다.

따라서 중국에서 문화를 수입했음에도 불구하고, 이 새로운 일본 문명은 세습 영주와 가신들이 몇 세기 동안 패권 쟁탈전을 벌이도록

---

9. 봉건제도하의 각 영지 및 그 소속을 뜻한다. 각 번의 우두머리, 즉 영주를 다이묘大名라 한다.

만들었다. 8세기 말경까지는 명문 후지와라藤原 가문이 권력을 장악하여 천황을 배후에 눌러두었다. 시간이 흐르자 봉건 영주들이 후지와라의 지배를 거부하여 내란이 일어났다. 봉건 영주의 하나인 유명한 미나모토노 요리토모源賴朝[10]가 경쟁자를 물리치고, 예부터 군사적 칭호로 사용해 온 쇼군將軍이라는 이름 아래 일본의 실질적 지배자가 되었다. 쇼군이라는 관명官名은 약칭으로, 완전한 명칭은 '세이이다이쇼군征夷大將軍'[11]이다. 요리토모는 이 관직을 자손들이 봉건 영주를 제압할 수 있는 세력을 갖고 있는 동안 미나모토 가문이 세습하도록 했다. 일본에서 이런 관습은 통례적이다.

천황은 무력한 존재가 되었다. 천황의 역할은 단지 쇼군을 의례적으로 임명하는 데 국한되었다. 천황은 어떤 정치적 권력도 갖지 못했다. 실제 권력은 위령威令에 복종하지 않는 번을 무력으로 지배하려던 바쿠후幕府 — 이 명칭은 원래 대장의 군영을 의미했는데, 후에 쇼군의 정부를 뜻하게 되었다 — 가 장악했다. 봉건 영주, 즉 다이묘는 사무라이를 거느리고 있었다. 사무라이는 주인의 명령에 따라 칼을 휘둘렀다. 그들은 불안한 동란기에는 항상 경쟁자인 번이나 지배자인 쇼군의 '알맞은 위치'에 이의를 제기하고 항쟁할 준비를 갖추고 있었다.

16세기에는 내란이 풍토병처럼 퍼져 나갔다. 수십 년간의 동란 끝에 위대한 무장 이에야스家康[12]가 경쟁자를 물리치고 1603년 도쿠가

---

10. 1147~1199. 가마쿠라鎌倉 바쿠후의 초대 쇼군(재직 1192~1199). 무인정치의 창시자
11. 미나모토노 요리토모 이후 바쿠후의 주재자로 병권과 정권을 장악한 사람의 직명

와德川 가문의 초대 쇼군이 되었다. 쇼군의 지위는 그 후 2세기 반 동안 이에야스의 혈통 속에 머물렀다. 1868년 천황과 쇼군의 '이중통치'가 폐지되고 근대의 막이 오르자 도쿠가와 바쿠후는 비로소 종말을 고했다. 이렇게 긴 도쿠가와 시대는 여러 가지 점에서 역사상 가장 주목할 만한 시대다. 도쿠가와 시대는 최후에 이르기까지 일본에 무장 평화를 유지하면서 도쿠가와 일족의 목적에 도움이 된 중앙집권제를 실시했다.

이에야스는 매우 난처한 문제에 직면했지만 안이한 해결의 길을 택하지 않았다. 강력한 몇몇 영주가 내란 중에 그에게 반기를 들었으나 최후 결전에서 대패하고 머리를 숙였다. 정복당한 영주들이 이른바 도자마 다이묘外樣大名 Outside Lords[13]다. 이에야스는 도자마 다이묘들이 종래대로 그들의 영지와 부하 사무라이를 지배하는 것을 방임했다. 일본의 모든 봉건 영주 중, 방임 영주는 영지에서 최대의 자치권을 누렸다. 그러나 이에야스는 그들에게는 가신이 되는 영예를 주지 않았고, 또 일체의 중요한 직무도 맡기지 않았다. 중요한 직위는 후다이 다이묘譜代大名 Inside Lords,[14] 즉 내란 때 이에야스 편에 섰던 영주에게 주었다. 이와 같이 곤란한 정치체제를 유지하기 위해 도쿠가

---

12. 도쿠가와 이에야스德川家康(1542~1616). 1600년 세키가하라關ケ原 전투에서 이시다 미쓰나리石田三成 등을 물리치고 1603년 세이이다이쇼군에 임명되어 에도江戶 바쿠후 시대를 열었다.

13. 도쿠가와 가문의 원래 가신이 아니라, 에도 바쿠후 시대에 주로 세키가하라 전투 후에 복종한 다이묘

14. 에도 시대의 다이묘 중 세키가하라 전투 이전부터 도쿠가와의 신하였던 다이묘

와는 정책적으로 봉건 영주, 즉 다이묘가 힘을 축적하지 못하도록 방지하고 쇼군의 지배를 위협할 가능성이 있는 연대 행위를 막았다. 도쿠가와 바쿠후는 봉건제도를 폐지하지 않았을 뿐 아니라, 오히려 일본의 평화와 도쿠가와가의 지배를 유지하기 위해 한층 견고하게 강화했다.

일본의 봉건사회는 복잡한 계층으로 나눠지고, 개개인의 신분은 세습으로 정해졌다. 도쿠가와는 이 제도를 고정시켜 각 카스트별로 일상 행동을 세밀히 규제했다. 각 가정의 가장은 문 앞에 그의 계급적 지위와 세습적 신분을 게시해야 했다. 의복, 음식, 주거의 종류도 세습적 신분에 따라 규정되었다. 일본에는 황실과 궁정 귀족 밑에 신분 순으로 무사(사무라이), 농민, 공인, 상인의 네 가지 카스트가 있었다.

다시 그 아래에 사회 밖으로 추방당한 천민계급이 있었다. 천민계급 가운데 가장 수가 많고 잘 알려진 것은 '에타穢多', 즉 터부시된 직업에 종사하는 사람들이었다. 그들은 청소부, 사형수를 매장하는 인부, 죽은 짐승의 가죽을 벗기는 사람, 가죽 제조 등을 업으로 하는 사람들이었다. 그들은 일본의 불촉천민不觸賤民, untouchables으로, 정확히 말하면 인간 축에도 들지 못하는 자uncountables들이었다. 실제로 그들이 사는 부락을 통과하는 큰길의 이정표에는, 그 지역의 토지나 주민이 전혀 존재하지 않는 것으로 간주하여 마을로 계산하지 않았다. 그들은 형편없이 가난했다. 천한 직업에 종사하도록 허가하긴 했지만, 정상적 사회 조직의 바깥에 방치되었다.

상인계급은 천민계급의 바로 위에 놓였다. 미국인은 이런 사실을 의외라고 느끼겠지만 봉건사회의 실정에는 매우 적합한 일이었다. 상인계급은 늘 봉건제도의 파괴자였다. 실업가가 존경받고 번영하면 봉건제도가 쇠퇴한다. 도쿠가와 바쿠후가 17세기에 어느 나라에서도 볼 수 없었던 가혹한 법률로 일본의 쇄국을 선포한 것은 상인의 설자리를 빼앗기 위해서였다. 이 무렵 일본은 중국과 조선 연안에서 해외 무역이 성행했고, 따라서 상인계급이 성장하고 있었다. 도쿠가와 바쿠후는 정해진 한도 이상의 배를 만들고 운항하면 극형에 처함으로써 이런 추세를 막으려고 시도했다. 허가된 작은 배로는 대륙 사이를 항해하거나 상품을 싣고 다닐 수가 없었다.

국내 교역 역시 각 번의 접경에 관소關所를 설치하여 상품의 출입을 엄격히 통제했다. 또한 상인계급의 사회적 지위를 낮추기 위해 여러 가지 법률을 정했다. 사치를 금지하는 법령을 만들어 상인의 의복, 우산의 종류, 혼례나 장례식에 사용하는 비용 등을 규정했다. 상인은 사무라이와 같은 지역에 살아서는 안 되며, 특권적 무사계급인 사무라이의 칼에 법률상의 보호를 받지 못했다. 상인을 낮은 지위에 묶어 두려는 도쿠가와 바쿠후의 정책은 물론 화폐경제 아래에서는 실현이 어려웠다. 당시 일본은 화폐 경제를 운영하기 시작했으나, 그것은 시험 단계에 불과했다.

도쿠가와 바쿠후는 안정된 봉건제도에 알맞은 무사와 농민의 두 계급을 고정된 형식으로 묶었다. 이에야스의 손으로 막을 내린 내란의 와중에, 이미 위대한 무장 히데요시秀吉[15]가 유명한 '칼사냥sword hunt'[16]을 감행하여 두 계급을 완전히 분리한 바 있다. 히데요시는 농민에게서 무기를 압수하고, 사무라이에게만 칼을 찰 수 있는 권한을 부여했다. 사무라이는 더 이상 농민이나 공인이나 상인을 겸할 수 없게 되었다. 가장 신분이 낮은 사무라이일지라도 생산 활동을 법률로 금지했다. 그는 농민에게 징수하는 연공미年貢米로 봉록을 충당하는 기생적 계급의 일원이 되었다. 다이묘는 쌀을 농민에게 징수하여 가신인 사무라이들에게 분배했다. 사무라이는 이제 먹고사는 문제로 걱정할 필요가 없어졌다. 그는 완전히 영주에게 의존했다. 일본의 역사 초기에 봉건적 수령과 부하 사무라이 간의 견고한 유대는 번과 번 사이의 끊임없는 싸움 속에서 형성되었지만, 태평한 도쿠가와 시대에는 경제적인 유대가 형성되었다. 일본의 사무라이는 중세 유럽의 기사처럼 영지와 농노를 소유한 작은 영주가 아니었고, 주인을 선택하지 않는 유한무인有閑武人도 아니었다. 사무라이는 도쿠가와 시대 초기에 가문에 따라 수령액이 정해진 일정한 봉록을 받는 연금생활자였다. 봉록은 결코 많지 않았다. 일본 학자들은 사무라이 계급 전체의 평균 봉록은 농민의 소득과 비슷하다는 추산을 하고 있는데, 이는 겨우 생계를 유지하는 정도에 불과했다.[17] 사무라이 집안에서 이 봉록을 몇 사람의 상속인에게 분할하기는 어려웠다. 따라서 사무라이는 가족의 수를 제한했다. 또한 그들은 부와 허식에 얽힌 권세를 저주했다. 사무라이는 절약과 검소라는 높은 덕목에 비상한 역점을

---

15. 도요토미 히데요시豊臣秀吉(1536~1598). 전국 시대의 무장, 일본 천하를 통일하고 조선에 출병, 임진왜란을 일으켰다.

16. 가타나가리刀狩. 사무라이 이외의 무기를 압수하는 것. 1588년 도요토미 히데요시가 이 명을 내렸다.

17. *Herbert Norman, Japan's Emergence as a Modern State, p. 7, n. 12.

두었다.

 사무라이와 다른 세 계급 즉, 농·공·상인과의 사이에는 도저히 넘을 수 없는 현격한 차이가 있었다. 이 세 계급은 '서민'이었지만 사무라이는 그렇지 않았다. 사무라이가 그들의 특권으로서, 또 카스트의 표시로서 허리에 찬 칼은 단순한 장식이 아니었다. 사무라이는 도쿠가와 시대 이전부터 전통적으로 서민에게 칼을 사용할 수 있는 권한을 가지고 있었다. 이에야스의 법령이, "사무라이에게 무례하게 굴거나, 그들의 상관에게 경의를 표하지 않는 서민은 즉석에서 참해도 좋다"고 규정한 것은, 이전부터의 관습에 법적 효력을 부여한 것에 지나지 않는다.

 이에야스의 정책에는 서민과 무사계급 간에 상호의존 관계를 형성하려는 의도는 조금도 없었다. 그의 정책은 엄중한 계층적 규제에 입각해 있었다. 서민계급도 사무라이 계급도 모두 다이묘가 통솔하며 각각 다이묘와 직접 교섭을 가졌다. 두 계급은 말하자면 각각 별개의 계단 위에 놓여 있었다. 각 계단에서는 위에서 아래까지 일관하여 법령과 규칙, 지배와 상호의무가 행해졌다. 다만 두 계급에 속한 사람들 사이에 간격이 있을 따름이었다. 두 계급 사이에는 그때그때의 사정에 따라 어쩔 수 없이 다리가 놓이는 경우도 있었으나, 그것은 체제의 한 부분은 아니었다.

 도쿠가와 시대의 사무라이는 단순히 칼을 휘두르는 무인이 아니었다. 그들은 점차로 주인의 재산을 관리하는 집사, 고전극이나 다도 같은 평화로운 예능의 전문가가 되어갔다. 모든 의정서는 그들의 소관이었고 다이묘의 정책은 그들의 계책대로 수행되었다. 태평한

200년은 긴 세월이라 할 수 있다. 그들은 단순히 개인적으로 칼을 쓰는 기회도 제한되었다. 상인들이 엄중한 신분 제약에도 불구하고 도시생활이나 예능과 오락에 높은 가치를 두는 생활양식을 발달시킨 것처럼, 사무라이들도 늘 칼을 뽑을 준비를 하면서도 평화의 기술을 발달시켰다.

농민은 사무라이에 비해 법률상의 보호를 받지 못했다. 그들은 무거운 세금을 내면서 여러 가지 제약을 받았지만, 몇 가지 보증은 받을 수 있었다. 그들은 농지의 소유권을 보장받았다. 일본에서 토지를 소유한다는 것은 그 사람에게 권위가 부여됨을 뜻한다. 도쿠가와 치세에는 토지의 영구 양도가 금지되었다. 그러나 이런 법률은 유럽의 봉건제도처럼 봉건 영주를 위해 보증된 것이 아니라 개개의 경작자를 위한 것이었다. 농민은 무엇보다 소중한 토지의 영구 경작권을 가졌다. 농민은 오늘날 그 후손이 토지를 경작하는 것처럼 근면과 노력을 아끼지 않고 경작했을 것이다.

그럼에도 불구하고 농민은 쇼군의 정치기구, 다이묘의 여러 기관, 사무라이의 봉록 등을 포함해 200만 명을 웃도는 기생적 상류계급 전체를 어깨에 짊어진 아틀라스[18]였다. 농민은 수확량의 일정 비율을 현물세現物稅로 다이묘에게 바쳤다. 다른 쌀 생산국인 태국에서는 전통적인 연공年貢이 수확량의 10퍼센트였는데, 도쿠가와 시대의 일본에서는 40퍼센트였다. 그러나 실제로는 그보다 더 많아 80퍼센트

---

18. 그리스 신화에 나오는 지구를 짊어진 신. 여기서는 무거운 짐을 졌다는 비유로 사용되고 있다.

에 달하는 영지도 있었다. 또한 점차로 농민의 노동과 시간에 중압을 가하는 부역, 즉 강제 노동이 부가되었다. 이에 농민도 사무라이들처럼 가족의 수를 제한할 수밖에 없었다.

그래서 일본 전국의 인구는 도쿠가와 시대 250년을 통해 거의 동일한 수준으로 침체되었다. 태평스러운 시대가 오래 계속된 데다 다산多産으로 유명한 아시아 국가인 일본에서 이런 인구 통계는 통치의 성격이 어떠했는가를 나타내 준다. 조세로 생활하는 사무라이에게도, 생산자 계급에게도 스파르타적 제한이 가해졌다. 그러나 개별 예속자와 그의 상관 사이에는 비교적 신뢰가 있었다. 그들은 자기의 임무나 특권, 지위를 잘 알고 있었고, 그것이 침해당했을 경우에는 아무리 가난한 사람일지라도 항의할 수가 있었다.

비참하고 궁핍한 상황에 처했을 때 농민은 다이묘뿐 아니라 바쿠후 당국에도 직접 항의했다. 도쿠가와 250년을 통해 일어난 농민 폭동은 적어도 1,000여 건에 달했다. 이런 폭동은 전통적인 '4할은 영주에게, 6할은 농민에게四公六民'라는 중과세 때문에 일어난 것이 아니었다. 농민 폭동은 그 이상의 폭정에 대한 항의였다. 도저히 참을 수 없는 상황에 이르면 농민은 대거 다이묘의 성 아래로 몰려들었다. 하지만 소청과 재판의 수속은 합법적으로 행해졌다. 농민은 정식으로 어지러운 정치와 부정에 대한 탄원서를 써서 다이묘의 측근에게 제출했다. 이 탄원서가 중도에서 묵살당하든가 다이묘가 그것에 귀를 기울이지 않을 때에는, 대표자를 에도로 파견하여 탄원서를 직접 바쿠후에 제출했다. 바쿠후의 고관이 에도 시가를 통행하는 길목을 지키고 있다가 고관의 가마 속에 탄원서를 던져 넣어 확실히 전달하려

한 사례는 유명하다. 이렇게 모험을 건 농민의 탄원서도 결국 바쿠후 당국의 조사를 받아야 했는데, 판결의 반 정도는 농민에게 유리하게 내려졌다.[19]

그러나 일본의 법과 질서의 요구는, 농민의 탄원에 바쿠후가 판결을 내리는 것만으로는 충족되지 못했다. 그들의 불평은 정당하며 국가가 그 불평을 존중하는 것은 당연한 조처였다. 그러나 농민 폭동 지도자는 엄격한 계층제도의 법을 어긴 셈이다. 설령 유리한 판결을 받았을지라도, 그들은 상전(다이묘)에게 복종해야 한다는 가장 중요한 법도를 어긴 것이다. 이 점은 도저히 간과할 수 없는 일이었다. 따라서 그들은 사형을 언도받았다. 동기의 정당성은 법을 어긴 것과는 아무런 관계가 없었다. 농민들도 이것은 피할 수 없는 운명이라고 생각하고 체념했다. 사형을 언도받은 사람들은 농민의 영웅이었다. 그리하여 폭동의 지도자가 기름 가마에 들어가거나 교수형을 당하거나 못 박혀 죽는 형장에는 민중이 대거 몰려들었지만, 결코 폭동을 일으키지는 않았다. 그것이 바로 법이자 질서였기 때문이다. 그들은 처형당한 지도자를 위해 사당을 짓고 순교자로서 숭배했으나, 처형 자체는 그들이 살고 있는 계층사회의 본질적 요소로서 인정했던 것이다.

역대 도쿠가와 쇼군은 각 번 안에 카스트 조직을 고정시켜 모든 계급이 다이묘에 의존하도록 했다. 다이묘는 개별 번의 계층제도의 정점에 서 있으면서 그 예속자에게 특권을 행사할 수 있었다. 쇼군의

---

19. *Hugh Borton, Peasant Uprisings in Japan of the Tokugawa period, Transactions of the Asiatic Society of Japan, 2nd Series, 16, 1938.

주된 행정상 업무는 다이묘를 통제하는 데 있었다. 쇼군은 갖가지 수단을 동원하여 다이묘들이 동맹을 맺거나 침략 계획을 수행하는 것을 방해했다. 번과 번의 접경에서는 여행 허가증을 조사하고, 관세를 받는 관리를 두어 다이묘가 처첩妻妾을 다른 곳에 보내 총기를 밀수하는 것을 막기 위해 '나가는 여자와 들어오는 총'[20]을 엄중히 감시했다. 다이묘는 쇼군의 허가 없이는 약혼할 수 없었다. 결혼으로 정치적 동맹이 이루어지는 것을 막기 위해서였다. 번과 번의 교역은 다리를 건널 수 없도록 하면서까지 방해했다. 또 쇼군의 밀정이 항상 다이묘의 재정 정보를 캐냈다. 만약 번의 금고가 가득 차면 쇼군은 다시 본래의 수준으로 되돌리기 위해 막대한 비용이 들어가는 토목 공사를 명령했다. 이런 규칙 중 가장 유명한 것은 다이묘가 일 년에 반년은 수도에서 살아야 한다는 것이다. 번으로 돌아갈 때에도 처를 쇼군의 수중인 에도[21]에 인질로 남겨 두어야 했다. 이런 모든 수단을 다 동원하여 바쿠후는 권력을 유지하고 계층제도 속에서 지배적 지위를 확보하기 위해 노력했다.

물론 쇼군이 계층제도의 최고 정점은 아니었다. 그는 천황으로부터 임명된 자로서 지배권을 장악했다. 천황은 정신廷臣인 세습귀족 구게公卿[22]와 함께 실권을 빼앗긴 채 교토京都에 유폐되어 있었다.[23] 천황의 재정 상태는 규모가 작은 다이묘보다도 열악했다. 게다가 바

---

20. Herbert Norman, op. cit., p.67 참조. "出女入鐵砲"의 근거는 다이묘가 처첩을 에도성 밖으로 몰래 보내거나 총기를 성 안으로 반입하는 것을 금지하는 것이었다.

21. 도쿠가와 바쿠후의 수도는 에도에 있었는데, 메이지 이후 도쿄東京로 개칭되었다.

22. 구교라고도 함. 조정에서 정3품 종3품 이상의 벼슬을 한 귀족

쿠후의 법도는 궁중의식까지 엄중하게 제약했다. 그럼에도 불구하고 가장 권세가 컸던 도쿠가와 바쿠후의 쇼군도, 천황과 실질적 통치자인 쇼군의 이중통치를 감히 폐지하려 하지 않았다.

일본에서 이중통치는 결코 새로운 것이 아니었다. 12세기 이래 대원수(쇼군)가 실권을 박탈당한 천황의 이름을 가지고 이 나라를 통치했던 것이다. 어떤 시대에는 직능이 극단적으로 분할되어, 유명무실한 주권자인 천황이 세습의 세속적 수장에게 위탁한 실권이, 그 수장의 세습적 정치 고문에 의해 행사되는 경우도 있었다. 기본적 권력은 항시 이중 삼중으로 위탁되었다. 도쿠가와 바쿠후의 명맥이 끊어지려는 최후의 시기까지도, 페리Matthew C. Perry[24] 제독은 일본 권력 구조의 배후에 천황이 존재하고 있음을 알아차리지 못했다. 미국의 일본 주재 초대 공사이며 1858년 일본과 최초로 통상조약 교섭을 벌인 타운센드 해리스Townsend Harris는 천황이 있다는 사실을 스스로 발견했다.

일본인이 실상 천황에 대해 품고 있는 관념은 태평양 여러 섬에서 종종 목격되는 것과 같다. 그는 어떤 경우에는 정치에 관여하며 또 어떤 경우에는 관여하지 않는 신성 수장이다. 태평양 어느 섬에서 그는 스스로 권력을 행사하며, 어느 섬에서는 그 권력을 타인에게 위탁하고 있다. 그러나 그는 항시 신성한 존재였다. 뉴질랜드의 여러 부족 사이에서 신성 수장은 신성불가침이다. 그는 스스로 음식을 먹어

---

23. 천황은 대대로 교토에 있었으나 19세기 말 메이지유신 이후 도쿄(에도)로 옮겼어.
24. 19세기 말 쇄국주의 일본에 문호개방을 요구하며 군함을 이끌고 간 미국 함대 사령관

서는 안 되므로 하인이 입에다 떠 넣어 준다. 그때 숟가락이 그의 신성한 이에 닿아서는 안 된다. 또한 외출할 때는 결코 땅을 밟아서는 안 된다. 그가 신성한 발로 땅을 밟으면 그 땅은 자동적으로 성지가 되어 신성 수장의 소유가 되었다. 특히 신성 수장의 신성불가침한 머리에는 아무도 손을 댈 수 없다. 그가 하는 말은 부족 신들의 귀에까지 들린다.

　사모아나 통가 등 몇몇 섬의 신성 수장은 세속 생활에 일체 관여하지 않았다. 세속적 수장이 정무 일체를 집행했다. 18세기 말에 동태평양의 통가섬을 방문한 제임스 윌슨James Wilson[25]은, 그 정치체제는 "신성한 황제가 이른바 대원수Captain-general의 국사범國事犯 같은 입장에 놓여 있는 일본의 정치체제와 아주 흡사하다"[26]고 쓰고 있다. 통가 섬의 신성 수장은 공무에서 멀리 떠나 있으나 종교적 임무는 맡고 있었다. 그는 과수원의 첫 과실을 따며, 과실을 먹기 전에 제사를 집전한다. 제사가 끝나지 않으면 아무도 과실을 입에 댈 수 없었다. 신성 수장이 죽으면 '하늘이 텅 비었다'는 말로 그의 죽음을 발표했다. 그는 장엄한 의식과 함께 거대한 무덤 속에 안치된다. 그럼에도 불구하고 그는 정치에는 일체 관여하지 않았다.

---

25. 1804~1878. 1856년 최초의 주일 총영사로 후에 공사가 됨. 바쿠후와 미일 수호 통상조약을 체결함

26. *James Wilson, A missionary voyage to the Southern Pacific Ocean performed in the years 1796, 1797 and 1798 in the ship Duff., London, 1799, p. 384. Edward Winslow Gifford, Tongan Society, Bernice P. Bishop Museum, Bulletin 61, Hawaii, 1929의 인용에 의함

천황이 정치적으로 무력하고 이른바 '대원수의 국사범 같은' 존재였을 때에도, 일본인의 정의에 따르면 계층제도에 맞춰 훌륭하게 '알맞은 위치'를 채우고 있었던 것이다. 일본인은 천황이 속세의 일에 적극적으로 관여했는가 여부로 천황의 신분을 평가하지는 않는다. 교토에 있는 그의 궁정은, 일본인이 몇 세기에 걸쳐 세이이다이쇼군의 지배를 받는 동안에도 일관하여 중요한 곳으로 여겨졌다. 천황의 직능은 서양의 관점에서 보면 쓸모가 없지만, 모든 면에서 계층적 역할이 엄밀하게 규정되어 있는 일본인은 다른 관점에서 보고 있었다.

아래로는 천민에서 위로는 천황에 이르기까지 명확하게 규정된 형태로 실현된 봉건시대의 일본 계층제도는 근대 일본 속에 깊은 흔적을 남기고 있다. 봉건제도가 법적으로 종말을 고한 것은 겨우 75년 전에 불과하다. 그 뿌리 깊은 국민적 습성이 인간의 일생에 불과한 75년이라는 짧은 기간 내에 소멸할 수는 없는 일이다. 근대 일본의 정치가들도 다음 장에서 보여 주는 바와 같이, 국가 목적의 근본적 변화에도 불구하고 계층제도의 많은 부분을 보존하기 위해 면밀한 계획을 세웠다.

일본인은 다른 어떤 주권국보다도 그 행동이 처음부터 끝까지 마치 지도처럼 정밀하게 규정되어 있다. 개인은 각각 정해진 사회적 지위 속에서 생활하도록 제약되었다. 그런 세계 속에서 법과 질서가 무력으로 유지된 200년간, 일본인은 이 면밀히 기획된 계층제도가 안전을 보증하는 개념이라고 훈련받았다. 그들은 이미 아는 영역에 머무는 한, 이미 아는 의무를 이행하는 한, 그들의 세계를 신뢰할 수가 있었다. 도적들은 소탕되었고, 다이묘 간의 내전도 방지되었다.

백성은 만일 다른 사람이 자신의 권리를 침해했다는 사실을 입증할 수 있다면, 농민들이 착취당했을 때 한 것과 같은 방법으로 호소할 수 있었다. 그것은 개인적으로는 위험을 동반했지만 공인된 수단이었다. 도쿠가와 바쿠후의 쇼군 중에서도 가장 뛰어난 쇼군은 직소함直訴函을 설치할 정도였다. 시민은 누구나 불만을 투서할 수 있었다. 이 상자의 열쇠는 쇼군만이 지니고 있었다. 일본에는 만일 현행의 행동 지도[27]에서 허락받지 못한 일탈 행위는 반드시 교정되어야 한다는 인식이 널리 퍼져 있다. 사람들은 이 지도를 신뢰했다. 그리고 그 지도에 표시된 길을 따를 때에만 안전했다. 사람들은 그것을 바꾸든가 저항하는 대신, 그것을 지키는 데서 자신의 용기와 고결함을 드러냈다. 여기에 명기된 범위는 이미 아는 세계이며, 따라서 일본인의 눈으로 본다면 신뢰할 수 있는 세계였다. 이 규칙은 모세의 십계 같은 추상적 도덕 원리가 아니라 구체적인 것이다. 가령 이런 경우에는 어떻게 하고 저런 경우에는 어떻게 할 것인가, 사무라이라면 어떻게 하고 서민이라면 어떻게 할 것인가, 형이라면 어떤 행위가 알맞으며 아우라면 어떤 행위가 분수에 맞는가 등이 일일이 규정되었다.

　일본인은 이런 제도 아래 있으면서, 무력적인 계층제도의 지배하에 놓였던 몇몇 다른 나라의 국민처럼 온화하고 순종하는 국민이 되지는 않았다. 각각의 계급에 일종의 보증이 주어져 있었다는 사실은 매우 중요하다. 천민계급일지라도 특수한 직업을 독점할 권리를 보

---

27. 여기서 '지도map'란 각기 알맞은 신분을 규정한 정신적 지도를 뜻한다. 즉 도덕적인 규범의 지도다.

증받았고, 그 자치단체도 당국의 승인을 받고 있었다. 각 계급에 가해지는 제한은 컸지만 그 대신 질서와 보증이 있었다.

일본의 카스트적 제한에는 예를 들어 인도에서는 전혀 인정되지 않는 어느 정도의 유연성이 있었다. 일본의 관습은 일반적으로 승인된 관례에 저촉되지 않고도 이 제도를 교묘히 조종하는 몇 가지 명확한 기술을 제공했다. 사람들은 몇 가지 방법에 의해 카스트적 신분을 변경할 수 있었다. 일본과 같이 화폐 제도가 실시되고 있던 나라에서는 필연적 경향이지만, 부유한 돈놀이꾼과 상인들은 여러 가지 전통적 방법을 이용하여 상류계급 속에 합류하려 했다. 그들은 저당권과 지대地代를 이용하여 '지주'가 되었다. 농부의 토지는 양도가 금지되어 있는 반면 소작료는 매우 높았다. 그래서 지주로서는 농민들을 그 토지에 그대로 두는 것이 오히려 유리했다. 돈놀이꾼들은 그 토지에 정착하여 소작료를 받아 냈다. 일본에서 토지 '소유'는 이윤과 함께 권세를 가져다주었다. 그들의 아이들은 사무라이와 결혼하여 상류사회의 일원이 되었다.

카스트 제도를 교묘히 조종하는 또 하나의 전통적 방법은 양자를 삼는 관습이었다. 이 방법으로 사무라이의 신분을 '사들일' 수 있었다. 상인들은 도쿠가와 바쿠후의 여러 제약에도 불구하고, 부를 축적하면 자식을 사무라이 집안에 양자로 보낼 궁리를 했다. 일본에는 아들을 양자로 주는 일은 드물다. 대개 사위를 양자로 삼는다. 이것을 '데릴사위壻養子'라고 부른다. 데릴사위는 장인의 상속자가 되는 대신 많은 희생을 치러야 한다. 그의 이름은 본가의 호적에서 말소되어 처가의 호적에 기입된다. 처의 성을 따르며 처가에 가서 장모와 생활해야 한다. 그렇지만 희생이 큰 만큼 이익도 크다. 부유한 상인의 자손은 사무라이가 되며 빈궁한 사무라이의 가족은 부호와 연분을 맺는다. 카스트 제도는 조금도 흔들리지 않고 그대로다. 그러나 그 제도를 교묘히 조종함으로써 부자는 상류계급 신분을 획득할 수가 있었다.

따라서 일본에서는 각각의 카스트가 절대로 동일한 카스트 안에서만 혼인을 해야 하는 것은 아니었다. 다른 카스트와의 통혼을 가능하게 하는 공인된 절차가 있었다. 그 결과 마침내 부유한 상인이 하층 사무라이 계급에 합류했다. 이 사실은 서양과 일본의 현저한 차이점의 하나로, 매우 중요한 역할을 하게 되었다. 서양에서 봉건제도가 붕괴한 것은 점점 발달하고 우세해진 중산계급의 압력이 그 원인이었다. 중산계급이 근대 산업 시대를 지배한 것이다. 일본에는 그런 강대한 중산계급은 발생하지 않았다. 상인이나 돈놀이꾼은 공인된 방법으로 상류계급의 신분을 샀다. 상인과 하층 사무라이는 동맹자가 되었다. 서양과 일본 모두에서 봉건제도가 단말마의 고통을 겪고 있던 시기에, 일본이 유럽 대륙의 여러 나라보다도 더 많은 계급 간 이동을 승인한 것은 기묘하고도 의외의 일이다. 그러나 이 주장을 뒷받침하는 무엇보다도 유력한 증거는 귀족과 서민 사이에 계급투쟁이 행해진 흔적이 전혀 없었다는 사실이다.

이 두 계급이 제휴한 것은 일본에서는 그렇게 하는 편이 두 계급 모두에게 이로웠기 때문이었다. 서양에도 그런 제휴가 이루어진 몇몇 특수한 사례가 있기는 하다. 그러나 서양에서는 대체로 계급이 철저하게 고정되어 있었고, 프랑스 같은 곳에서는 계급투쟁이 귀족의 재산을 몰수하는 결과를 초래했다. 일본에서는 계급 간의 사이가 밀접했다. 쇠약해진 바쿠후를 전복시킨 것은 상인과 돈놀이꾼, 사무라이 계급의 동맹이었다. 일본에서는 근대에 들어서도 여전히 귀족계급이 보존되었다. 만일 일본에 계급 간 이동을 가능하게 한 공인된 수단이 없었다면 이런 현상은 도저히 일어날 수 없었을 것이다.

일본인이 상세한 행동 지도를 좋아하고 신뢰한 것에는 그럴 만한 이유가 있었다. 그 지도의 규칙에 따르는 한 반드시 보증을 받았던 것이다. 그것은 부당한 침략에 대한 항의를 인정했다. 또 그것을 교묘히 조종하여 자기의 이익을 도모할 수도 있었다. 그것은 상호의무 이행을 요구했다. 19세기 후반에 도쿠가와 바쿠후가 붕괴되었을 때에도, 국민 중에 이 지도를 없애 버리자는 의견을 제시한 그룹은 하나도 없었다. 프랑스혁명 같은 것은 일본에서는 일어나지 않았다. 1848년 프랑스에서 일어난 2월혁명 정도의 혁명조차도 일어나지 않았다.

그러나 이 무렵, 사태는 절망적이었다. 서민에서부터 바쿠후에 이르기까지 모든 계급이 상인이나 돈놀이꾼에게 빚을 지고 있었다. 이미 바쿠후는 다수의 비생산계급과 거액의 경상재정 지출을 지탱할 수 없었다. 재정 압박에 시달리는 다이묘들은 가신들에게 규정대로 봉급을 줄 수가 없었다. 따라서 봉건적 유대 조직 전체가 유명무실한 상태에 놓였다. 다이묘들은 어떻게 하든 돈을 거두어야 했고, 결국 농민들에게 중과세를 부과했다. 몇 년 후의 세금까지 미리 낼 것을 강요하자 농민들은 극도로 궁핍해졌다. 바쿠후도 역시 파산 상태에 놓여 현상 유지 능력이 전혀 없었다. 페리 제독이 함대를 이끌고 나타난 1853년 무렵의 일본 국내는 극도로 비참한 상태였다. 페리의 강제 입국에 이어 1858년, 미국과 통상조약을 체결할 무렵에는 일본은 이미 그 강요를 거부할 만한 힘이 없었다.

그러나 일본 방방곡곡에서 터져 나온 절규는 '잇신一新', 즉 과거로 복귀하자는 이른바 유신維新이었다. 그것은 혁명과는 반대적 성격을 띠며, 진보적인 것이 아니었다. '왕정복고尊王'와 함께 민심을 사로잡은 외침은 '오랑캐 추방攘夷'이었다. 국민은 쇄국의 황금시대로 복귀하는 정책 강령을 지지했다. 이런 방침을 도저히 행할 수 없다는 사실을 간파한 소수의 지도자들은 그런 노력 때문에 암살되었다. 혁명을 싫어하던 일본이 갑자기 방침을 바꾸어 서양의 모범에 따르기로 하고, 그로부터 겨우 50년 후 서양을 본령本領으로 하는 분야에서 서양과 경쟁하게 되리라고는 생각지도 못한 일이었다.

그럼에도 불구하고 실제로 그런 일이 일어났다. 일본은 자신의 고유한 장점을 이용하여 ─ 그것은 서양의 장점과는 전혀 다른 것이었지만 ─ 높은 지위에 있는 일군의 유력 인사도 일반 민중의 여론도 결코 요구하지 않은 목표를 이루어 냈다. 1860년대의 서양인은, 만약 수정 구슬 속에서 미래를 예견했다면 도저히 그것을 믿지 않았을 것이다. 그 후 수십 년간 일본 전국에 불어닥친 폭풍 같은 격렬한 활동을 예언하는 손바닥만 한 먹구름조차도 지평선에 모습을 드러내고 있지 않았다. 그럼에도 불구하고 이처럼 불가능한 일이 일어났다. 뒤떨어지고 계층제도에 얽매였던 일본의 민중은 급선회하여 새로운 진로로 행진해 나아갔다.

제4장
메이지유신

일본 근대화 초기의 구호는 손노조이尊王攘夷, 즉 '왕정을 복고하고 오랑캐를 추방하라'는 것이었다. 그것은 일본을 외세에 짓밟히지 않도록 함과 동시에, 천황과 쇼군이 '이중통치'를 하기 전이었던 10세기의 황금시대로 복귀하려는 슬로건이었다. 교토에 있는 천황의 궁정은 극단적으로 반동적이었다. 천황 지지자에게 존왕파의 승리는 외국인을 굴복시켜 추방하는 것이었다. 그것은 전통적인 생활양식을 회복하고, '개혁파'의 정치적 발언권을 봉쇄하는 것이었다. 유력한 도자마 다이묘들, 즉 바쿠후를 무너뜨리는 데 선두에 선 번의 다이묘들은 왕정복고야말로 도쿠가와 대신에 자신들이 일본을 지배하는 길이라고 생각했다. 그들이 하고자 한 것은 단지 사람을 바꾸는 일이었다. 농부들은 농사지은 쌀을 좀 더 많이 자신들의 몫으로 소유하기를 원했지만, '개혁'은 매우 싫어했다. 사무라이 계급은 예전처럼 봉록을 받고 칼로써 공명을 세울 기회가 오기를 바랐다. 존왕파에게 군사 자금을 빌려준 상인들은 중상주의가 신장되길 원했지만, 결코 봉건제도를 규탄하지는 않았다.

반反도쿠가와 세력이 승리를 거두고 1868년 왕정복고가 이루어지자 '이중통치'는 종말을 고했다.[1] 서양인의 기준으로는, 승리자들이 이제부터 놀라울 정도로 보수적인 고립주의 정책을 실시할 것이라고 예상했다. 그러나 신정부가 취한 방침은 처음부터 그 반대였다. 신정부는 수립 후 1년도 되지 않아 모든 번에서 다이묘의 과세권을 철폐했다. 정부는 토지대장을 회수하여, 이른바 '사공육민四公六民'[2] 중 사공의 몫을 정부에 납부하도록 했다. 재산몰수는 무상이 아니었다. 정부는 각 다이묘에게 정규 봉록의 반에 상당하는 액수를 나눠 주었다. 동시에 정부는 다이묘에게서 사무라이를 부양하고 토목사업비를 부담하는 책임을 면제했다. 사무라이도 다이묘와 마찬가지로 정부에서 봉록을 지급했다.

그 후 5년 동안 계급 사이의 모든 법률상 불평등이 철폐되었다. 카스트나 계급을 나타내는 징표나 차별적 복장이 폐지되고 — 상투丁髷도 잘라야 했다 — 천민계급은 해방되었다. 토지 양도를 금지하는 법률이 철폐되었고, 번과 번 사이를 격리하는 장벽이 제거되었으며, 불교는 국교의 지위에서 추방되었다. 1876년에는 다이묘와 사무라이의 봉록을 5년 또는 15년을 상환 기간으로 하는 질록공채秩祿公債[3] 로 일시불로 지급했다. 물론 이 일시불은 도쿠가와 시대에 정해진 다이묘들의 봉급에 따라 차이가 있었다. 그리하여 다이묘와 사무라

---

1. 이것이 이른바 메이지유신이다.
2. 다이묘가 세금으로 4할을, 농민은 나머지 6할을 갖는 분배 방식
3. 1873년부터 1875년 사이에 질록秩祿(지위에 따라 지급되는 봉급)을 반환한 사무라이 계급에 교부된 공채

이들은 이 자금으로 새로운 비봉건적 경제하에서 사업을 시작할 수 있었다. "이것은 도쿠가와 시대에 이미 분명해진 상업·금융 귀족과 봉건·토지 귀족의 특수한 연합을 마침내 정식으로 체결하는 최종 단계였다."[4]

갓 태어난 메이지 정부의 이 같은 괄목할 만한 개혁은 대중의 뜻이 아니었다. 일반적으로 대중에게 가장 열광적인 지지를 받은 것은, 1871년에서 1873년에 걸친 조선침략론[5]이었다. 그러나 메이지 정부는 철저한 개혁을 단행하는 방침을 결코 굽히지 않았을 뿐만 아니라, 조선 침략 계획을 묵살했다. 정부의 시정 방침은 메이지 정부 수립을 위해 싸운 대다수의 소망과는 상반되는 것이었다. 이리하여 1877년, 불평분자들의 최고 지도자인 사이고西鄕[6]는 반정부를 기치로 내세운 대규모 반군을 조직하기에 이르렀다. 그의 군대는 왕정복고 첫해부터 메이지 정부가 배반한 봉건제도의 존속을 그리워하는 존왕파의 모든 소망을 대표했다. 정부는 사무라이 이외의 사람들로 구성된 의용군을 모집하여 사이고의 사무라이군을 격파했다. 이 반란은 당시 정부가 국내에 얼마나 큰 불만을 불러일으켰는지를 보여 주는 증거였다.

---

4. *Herbert Norman, Japan's Emergence as a Modern State, p. 96.
5. 사이고 다카모리西鄕隆盛를 우두머리로 한 재개혁파들이 조선을 침략하려는 정책을 세운 것. 그들이 말하는 이른바 정한론征韓論
6. 사이고 다카모리西鄕隆盛(1827~1877). 메이지유신의 공신. 바쿠후 타도 운동에 활약했다. 육군 대장 겸 참의에 임명되었으나, 1873년 그의 정한론이 받아들여지지 않자 퇴직했다. 반정부군을 조직하여 거병했으나 패하자 자살했다.

농민의 불만도 두드러졌다. 1868년에서 1878년까지, 다시 말해 메이지 초기 10년 동안 적어도 190건의 농민 봉기가 일어났다. 신정부는 1877년에서야 겨우 농민의 과중한 세금을 경감하는 조치를 취했을 뿐이었다. 따라서 농민이 신정부가 자기들에게 아무런 이익이 되지 않는다고 생각한 것도 결코 무리는 아니었다. 농민은 학교의 설립, 징병제도, 토지 측량, 단발령, 천민 차별대우 철폐, 지나친 불교 억압, 역법 개혁, 기타 그들의 고정된 생활양식을 바꾸는 많은 시책에 반대했다.

그러면 이토록 철저하고 평판 나쁜 개혁을 단행한 '정부'는 대체 누구인가? 그것은 특수한 일본의 여러 제도가 이미 봉건시대부터 육성한 하층 사무라이 계급과 상인계급의 '특수한 연합' 세력이었다. 즉 그들은 다이묘의 어용인御用人이자 가로家老로서 정치적 수완을 익혀 공산업, 직물업, 판지板紙 제조 등 번의 독점 사업을 경영해 온 사무라이들과, 사무라이의 신분을 사서 사무라이 계급 속에 생산 기술의 지식을 보급한 상인들이었다. 사무라이와 상인의 동맹은 메이지 정부의 정책을 작성하고 실행을 계획한, 유능하고도 자신에 가득 찬 위정자들을 급속히 무대 앞으로 내세웠다. 그러나 중요한 문제는 이 정치가들이 어느 계급 출신인가에 있지 않고, 어떻게 그들이 그토록 유능하면서도 현실주의적일 수 있었는가에 있다. 19세기 전반에 겨우 중세에서 벗어난 일본은, 오늘날로 따지면 태국 정도의 약소국이었다. 그런 일본이 어느 나라도 감히 시도하지 못한 비범한 정치적 수완을 필요로 하는, 더군다나 놀라운 성공을 거둔 메이지유신이라는 대사업을 계획하고 수행할 능력을 가진 많은 지도자를 배출했다. 그 지도

자들의 장점은 물론 단점까지도 전통적 일본인의 성격에 깊이 뿌리박힌 것이었다. 그 성격이 무엇인가를 논하는 것이 이 책의 주된 목적이다. 그러나 여기서는 단지 메이지유신의 정치가들이 어떻게 이 사업을 수행했는가를 이해하는 데 그칠 수밖에 없다.

메이지유신의 정치가들은 자신들의 임무를 결코 이데올로기적인 혁명으로 생각하지 않았다. 그들은 그것을 하나의 사업으로 취급했다. 그들이 머릿속에 그리고 있던 목표는 일본을 세계열강의 대열에 서게 하는 것이었다. 그들은 우상 파괴자가 아니었다. 그들은 봉건계급을 욕하지 않았고 무일푼의 상태로 몰아넣지도 않았다. 오히려 이들에게 많은 질록을 주어 메이지 정부를 지지하도록 만들었다. 그리고 그들은 마지막으로 농민의 처우를 개선했다. 이 조처가 10년이나 늦어진 것은 정부가 농민의 요구를 계급적 입장에서 묵살했기 때문이 아니라, 메이지 초기의 빈약한 국고 때문이었을 것이다.

메이지 정부를 운영한 정력적이고 기략機略이 풍부한 정치가들은 일본의 계층제를 없애려는 모든 사상을 배척했다. 왕정복고는 천황을 계층제의 정점에 두고 쇼군을 제거함으로써 계층 질서를 단순화했다. 왕정복고 이후의 정치가들은 번을 폐지함으로써 영주에 대한 충성과 국가에 대한 충성 사이의 모순을 없앴다. 이런 변화는 계층적 관습의 발판을 없애지 않고, 단지 거기에 새로운 위치를 부여했을 뿐이다. 새로이 일본의 지도자가 된 '각하閣下'들은 계층제를 약화시키기는커녕, 오히려 자신들이 치밀하게 조직한 정강을 국민에게 강제하기 위해 중앙집권적 지배를 한층 강화했다. 그들은 위로부터의 요구와 은혜를 번갈아 이용함으로써 잘 조종해 나갔다. 그러나 그들은 역법개혁이나 공립학교 설립, 천민 차별대우 철폐 등을 지지하지 않는 국민 여론에 따를 필요는 전혀 없다고 생각했다.

이와 같은 위로부터의 은혜 중 하나가 1889년에 천황이 백성에게 내려 준 일본의 헌법이었다. 이 헌법에 의해 백성이 국정에 참여할 수 있는 길이 열렸고 제국의회가 설치되었다. 이 헌법은 서양 여러 나라의 각종 헌법을 비판적으로 연구한 후, 각하들의 손으로 세심한 심사숙고 끝에 작성되었다. 그러나 기초자들은 '백성의 간섭과 여론의 침입을 방지하기 위한 모든 예방 수단'[7]을 강구했다. 헌법 기초의 임무를 맡은 관청은 궁내성宮內省의 한 부서로, 그곳은 신성불가침의 장소였다.

메이지의 정치가들은 그들의 목적을 분명히 의식했다. 1880년대에 헌법의 입안자 이토伊藤 공작[8]은 기도木戶 후작[9]을 영국에 파견하여, 일본의 앞길에 놓인 여러 문제에 대해 허버트 스펜서Herbert Spencer[10]의 의견을 청했다. 여러 의견이 오간 뒤 스펜서는 그의 결론을 이토에게 써 보냈다.[11] 스펜서는 계층제에 대해 일본의 전통 조직

---

7. *어떤 일본인 학자의 저서로부터 인용. 그는 이 설을 기초자의 하나였던 가네코金子 남작의 말에 근거하여 진술하고 있다. Herbert Norman, op. cit., p.188 참조.
8. 이토 히로부미伊藤博文(1841~1909). 서양에 유학했다가 돌아와 제국 헌법을 만들었고 초대 총리, 초대 한국 통감이 되었다. 만주의 하얼빈에서 안중근 의사에게 암살당했다.
9. 이토 히로부미 일행이 유럽에 간 것은 1882년이며, 기도 다카요시木戶孝允(1833~1877)는 그보다 5년 전인 1877년에 사망했으므로, 기도가 그 임무를 맡았을 리가 없다. 이것은 가네코 겐타로金子堅太郎(1853~1942)의 착오다. 가네코는 이토의 명을 받고 1889년에 유럽에 가 스펜서를 만났다.
10. 1820~1903. 영국의 철학자, 사회학자. 영국 경험론의 전통에 입각하여 생물학적 진화 사상을 원리로 하는 A System of Synthetic Philosophy를 편찬했다.

이야말로 국민 복지의 기초이므로, 이것을 존속시켜 소중히 지켜 나가야 한다고 말했다. 윗사람에 대한 전통적 의무, 특히 천황에 대한 전통적 의무는 일본의 큰 장점이다. 일본은 이 '웃어른'의 지도하에 견실히 나아갈 수 있다. 또 이것은 개인주의적 국가에서 발생하는 여러 문제점을 방지할 수 있다고 스펜서는 말했다. 메이지의 정치가들은 자신들의 신념에 확신을 얻고 크게 만족했다. 그들은 근대적 세계에서 '알맞은 위치'를 지킴으로써 얻은 이익을 보존하려고 했다. 그들은 계층제도의 관습을 무너뜨릴 생각이 없었다.

정치, 종교, 경제 등 모든 활동 분야에서, 메이지의 정치가들은 국가와 국민 간의 '알맞은 위치'의 의무를 세밀히 규정했다. 모든 기구는 미국이나 영국의 조직과는 현저히 달라서, 우리는 보통 그 기구의 기본적인 측면을 인지하지 못하고 지나치기 쉽다. 여론에 따르지 않고 위로부터의 강력한 지배가 행해진 것은 말할 필요도 없다. 이런 지배는 계층제의 수뇌부를 차지하고 있는 사람들이 관리했다. 그리고 이 수뇌부에는 국민이 뽑은 사람은 전혀 포함되지 않았다. 이런 상황에서 국민은 전혀 발언권을 가질 수가 없었다.

1940년에 정치적 계층제의 수뇌부를 구성한 사람들은 언제든지 천황을 배알할 수 있는 중신들, 천황의 직접적인 조언자 지위에 있는 사람들, 천황의 옥새가 찍힌 사령辭令에 의해 임명된 사람들이었다. 이 마지막 부류에는 각료, 도지사, 판사, 각 부처 장관, 기타 고관이 포함되었다. 선거로 선출된 관리는 계층제도 속에서 높은 지위를 갖

---

11. 이 편지는 Lafcadio Hearn, Japan : An Attempt at Interpretation, 1904에 인용되어 있다.

지 못했다. 예를 들면 선거로 뽑힌 의회 의원은, 각료나 대장성大藏省, 운수성運輸省 장관을 선임하거나 인준할 때 발언권을 갖지 못했다. 선거에 의해 구성되어 국민의 의견을 대변하는 중의원은 정부의 고관에게 질의하거나 비판하는 점에서는 약간의 특권을 갖지만, 임명 결정이나 예산에 관한 일에서는 참된 발언권이 없었다. 또 스스로 발의하여 법률을 제정할 수도 없었다. 또한 중의원은 선거로 선출되지 않는 귀족원貴族院의 견제를 받았다. 귀족원 의원의 반수는 귀족이며 4분의 1은 천황이 임명했다. 귀족원이 법률에 영향을 미치는 권한은 중의원과 비슷했다. 여기에도 또 하나의 계층제의 관문이 놓여 있었던 것이다.

일본은 이렇게 하여 중요한 정부의 지위를 '각하'들의 수중에 두었다. 그러나 이 사실은 결코 '알맞은 위치'에 자치제도가 없었다는 것을 의미하지는 않는다. 아시아의 여러 국가에서는 국가나 정치체제에 관계없이, 위로부터의 권력이 아래로 미치는 과정에서 반드시 밑에서 올라오는 지방자치제의 힘과 마주친다. 국가에 따라 차이가 나는 것은 단지 민주적 책임이 위로 어디까지 미치는가, 지방자치 제도의 책임은 어느 정도인가, 지방의 지도력이 지방공동체 전체의 요망에 얼마나 부응하고 있는가, 지방 세력가에게 농락당한 주민의 불이익은 어느 정도인가 등에 불과하다.

도쿠가와 시대의 일본에는 중국과 같이 '도나리구미隣組'라는 5호戶에서 10호씩 묶은 소단위 조직이 있었다. 그것이 주민의 최소 책임 단위가 되었다. 이 소단위 조직의 수장이 소단위 자체의 모든 일을 지휘한다. 그는 소속 주민이 나쁜 짓을 하지 못하도록 책임을 지며,

의심스러운 행동이 있으면 보고하고, 낯선 자가 나타나면 관헌에게 고발했다. 메이지의 정치가들은 처음에 이 조직을 폐지했다가 후에 다시 부활시켜 '도나리구미'라 이름 붙였다. 도나리구미는 도시에서는 정부가 적극적으로 권장하여 만들었는데, 지금의 농촌에서는 거의 기능을 상실하고 있다.

이보다 더 중요한 것은 작은 마을인 '부라쿠部落'[12] 단위다. 부라쿠는 폐지되지 않았고 하나의 단위로 행정기구 속에 포함되지도 않았다. 그곳은 국가의 기능이 미치지 않는 지역이었다. 15호 정도로 구성된 이 작은 마을은 오늘날도 있을 뿐만 아니라, 매년 교체되는 부라쿠 수장의 지도하에 조직적으로 그 기능을 발휘하고 있다. 부라쿠의 수장은 "부라쿠의 재산을 관리하고, 사람이 죽거나 불이 났을 때 부여하는 부라쿠의 원조를 감독하고, 농사짓기, 집짓기, 도로 수리 등에서 적당한 공동 작업 날짜를 정하고, 일정한 간격으로 화재경보종을 울리거나 딱따기를 쳐 지방 축제일이나 휴식일을 알린다."[13] 부라쿠의 수장은 몇몇 아시아 국가의 경우처럼, 부라쿠에서 국세를 징수하는 책임은 없다. 따라서 그는 무거운 짐을 지지 않는다. 그들의 지위는 조금도 이중적인 면이 없다. 그들은 민주적 책임의 범위 안에서 직무를 수행할 따름이다.

일본의 근대 정치 조직에는 시市, 정町, 촌村의 지방자치 제도가 공인되어 있다. 선출된 '원로'들이 책임 있는 지방의 수장을 뽑는다. 그

---

12. 여기서 '부라쿠'는 '部落'이라 쓰지만 실제로는 천민계급의 마을을 뜻한다.

13. *John F. Embree, The Japanese Nation, p. 88.

리하여 이 수장이 부府, 현縣,[14] 중앙정부로 대표되는 국가와 절충할 때 각기 시·정·촌의 대표자로서 책임을 수행한다. 농촌에서 수장은 예부터 그 땅에 살고 있는 지주 농민 집안 출신이다. 촌장의 직무를 맡으면 경제적으로는 손실이 있는 대신 위신이 선다. 이 촌장과 원로들이 마을 재정, 공중위생, 학교 유지, 특히 재산 등기와 개인 신상 서류에 대한 책임을 진다.

시·정·촌 사무소는 매우 바쁜 곳이다. 초등학교에 대한 국고 보조금 지출, 그보다 훨씬 액수가 큰 마을 자체에서 부담하는 교육비 지출, 마을 재산의 관리와 임대, 토지 개량, 식목, 모든 재산 거래 등기 등의 사무를 취급한다. 부동산 거래는 이 사무소에 정식으로 등록해야 비로소 법률적인 효력이 발생한다. 시·정·촌 사무소는 또한 그 마을에 본적을 두고 있는 주민의 주거, 혼인 상태, 출산, 양자 결연, 법률 위반, 기타 그 밖의 사실을 기입한 최신 기록과 가족 기록을 보관하고 있다. 이상의 여러 사항에 약간이라도 변화가 있으면, 일본의 어느 지역에서나 본적지에 보고되고 그 사람의 장부에 기입된다. 취직할 때나 재판을 받을 때, 기타 신원 증명이 필요할 때에는 본적지의 시·정·촌 사무소에 편지를 내든가, 본인이 직접 가서 등본을 떼어 상대방에게 제시한다. 따라서 사람들은 자기 자신이나 가족의 장부에 나쁜 기록이 남지 않도록 여러 가지로 몸조심을 한다.

이와 같이 시나 마을의 사무소는 커다란 책임을 가지고 있다. 그것은 공동체에 대한 책임이다. 1920년대에는 일본에 전국적인 정당

---

14. 일본에서 부는 우리나라의 직할시, 현은 도에 해당한다.

이 생겼다. 그것은 어느 나라에서나 '여당'과 '야당'의 정권교체를 의미한다. 그러나 일본의 지방 행정은 정당 정치라는 새로운 사실에 전혀 영향을 받지 않았고, 여전히 공동체 전체를 위해 일하는 원로들이 지휘했다. 지방 행정기관은 세 가지 점에 관해서는 자치권이 없었다. 즉 판사는 모두 국가에서 임명되고, 경찰관과 학교 교원도 전부 국가 공무원이다. 일본에서는 지금도 대개의 민사사건은 조정 재판이나 중재인이 처리한다. 따라서 재판소가 지방 행정에서 행하는 역할은 거의 없다. 오히려 경찰이 더욱 중요한 역할을 한다. 경찰은 집회에 참석하기도 한다. 그러나 경찰의 본연의 임무는 항상 있는 것이 아니다. 경찰은 시간의 대부분을 주민의 신원과 재산을 기록하는 사무에 사용한다. 경찰은 해당 지역과는 인연이 없는 국외자局外者가 임명되기 때문에 전임되는 경우가 많다. 학교 교원도 역시 전임된다. 학교는 구석구석까지 국가의 통제를 받으며, 프랑스처럼 어느 학교나 같은 교과서로 같은 과목을 같은 날에 공부한다. 어느 학교든 아침에는 같은 시간에 같은 라디오 반주로 같은 체조를 한다. 이처럼 시·정·촌은 학교와 경찰과 재판소에 대해서는 지방자치권을 갖지 못한다.

이와 같이 일본의 정치기구는 모든 점에서 미국과는 현저히 다르다. 미국의 정치기구에서는 선출된 사람들이 최고의 행정적·입법적 책임을 지며, 지방의 치안은 지방자치체의 지휘하에 있는 경찰과 경찰재판소가 담당한다. 요컨대, 일본의 정치기구는 네덜란드나 벨기에 같은 완전히 서구적인 나라의 정치체제와 형식상으로는 조금도 다르지 않다. 예를 들면, 네덜란드에서는 일본과 마찬가지로 여왕의 내각이 모든 법률안을 기초한다. 사실상 의회는 법률을 발의한 적이 없다. 촌장이나 시장도 법률상으로는 여왕이 임명하는 것으로 되어 있다. 따라서 여왕의 형식적 권리는 1940년 이전의 일본보다도 훨씬 폭넓게, 지방자치단체가 처리해야 할 일의 범위까지 미치고 있다. 실제로는 여왕이 지방자치단체의 지명을 승인하는 관습이 있다 할지라도 이것은 엄연한 진실이다. 경찰이나 재판소가 직접 군주에 대해 책임을 지고 있다는 점도 네덜란드와 같다. 다만 네덜란드에서는 학교만은 어떠한 종파의 단체도 자유롭게 설립할 수가 있다. 일본의 학교 제도와 흡사한 것은 프랑스이다. 네덜란드에서는 운하나 간척지, 지방 개발 사업 등은 지방의 책임이다. 이것은 공동체 전체의 일로, 정당에서 선출된 시장이나 관리의 일이 아니다.

일본의 정치 형태와 이와 유사한 서양의 사례의 차이는, 형식에 있지 않고 기능적인 점에 있다. 일본인은 과거의 체험을 통해 정치 형태를 만들어 냈고, 그들의 윤리체계와 예절 속에 격식화되어 있는 낡은 복종의 관습에 의존하고 있다. 국가는 '각하'들이 '알맞은 위치'에서 직분을 다하면 반드시 그의 특권을 존중해 준다. 그것은 해당 정책이 인정을 받는다는 것이 아니라, 일본에서는 특권의 경계선을 넘는 것 자체가 괘씸한 일로 간주되기 때문이다. 국정의 최상층에서는 '국민의 여론'은 고려하지 않는다. 정부는 단지 '국민의 지지'만을 요구할 따름이다. 국가가 지방 행정의 범위까지 그 권한을 남용할 때에도, 그 지배권은 황송하게 받아들여진다. 갖가지 국내적 기능을 수행하는 국가는, 미국에서 일반적으로 느끼는 것처럼 필요악이 아니다. 일본인의 안목으로 보면 국가는 더없이 존귀한 존재다.

또한 국가는 국민이 소망하는 '알맞은 위치'를 인식하려고 세심한 주의를 기울인다. 당연히 국민 여론이 지지하는 영역에서는, 설령 그것이 국민에게 이익이 되는 일일지라도 정부는 국민의 비위를 맞추려 노력한다. 농업 진흥의 임무를 띠고 있는 정부 관리가 낡은 농경법을 개량하고자 할 때는, 미국 아이다호 주의 농업 관리 공무원처럼 권위를 내세우지 않고 공손하게 행동한다. 정부 보증의 농민 신용조합이나 농민 구매·판매조합을 장려하는 관리는 지방 유지들과 오래도록 원탁회의를 거듭한 끝에 결국 그들의 결정에 따른다. 지방에 관한 일은 지방이 처리한다. 일본인의 생활양식은 알맞은 권위를 할당하고, 각각의 권위에 알맞은 영역을 규정하는 것이다. 따라서 '웃어른'에게는 서양 문화보다도 더 큰 존경 ─ 따라서 더욱 큰 행동의 자유 ─ 을 주지만, 웃어른도 체통을 지켜야 한다. '모든 것을 알맞은 장소에 둔다' 이것이 일본의 좌우명이다.

　메이지의 정치가들은 종교 분야에서 정치에 비해 훨씬 기묘한 형식적 제도를 만들어 냈다. 그러나 그들은 일본의 좌우명을 실천했을 뿐이다. 일본 정부는 특히 국민적 통일과 우월성을 선양하는 국교는 국가 관할에 속하게 하고, 다른 모든 종교는 개인 신앙의 자유에 맡겼다. 국가의 통제를 받는 영역이 바로 국가신토國家神道[15]다. 국가신토는 미국에서 국기에 경례를 하는 것과 마찬가지이다. 따라서 국가신토는 국민적 상징에 정당한 경의를 표하는 것을 기본 취지로 하기 때문에 "종교가 아니다"라고 주장한다. 그러므로 일본은 서양의 신

---

15. 메이지유신 후 신토 국교화 정책으로 신사신토神社神道를 황실신토皇室神道 밑으로 재편성하여 만든 국가 종교. 천황을 현인신現人神이라고 보는 천황 지배의 사상적 지주가 되었다.

앙의 자유 원칙에 조금도 저촉되지 않고 모든 국민에게 국가신토를 요구할 수 있었다. 그것은 마치 미국에서 성조기에 경례를 요구하는 것이, 조금도 신앙의 자유를 침해하지 않는 것과 같다. 그것은 단순한 충성의 상징에 지나지 않았다.

'종교가 아니기' 때문에 서양의 비난을 받을 염려가 없었으므로, 일본인은 그것을 학교에서 가르쳤다. 국가신토는 학교에서는 신화시대 이래의 일본 역사와 '만세일계萬世一系의 통치자'16인 천황 숭배로 구성되어 있다. 국가신토는 국가에 의해 지지되고 국가에 의해 통제되었다. 다른 종교 영역은, 불교·기독교의 각파는 말할 것도 없고 교파신토敎派神道, 즉 제사신토祭祀神道까지도 미국과 마찬가지로 개인의 자유의사에 맡겼다. 이 두 개의 영역은 행정상·재정상 확실히 구별되어 있다. 국가신토는 내무성의 국가신토를 주관하는 한 국局이 감독하고, 신관神官이나 제식祭式, 신사神社는 국비로 유지했다. 제사신토와 불교·기독교 각파는 문부성 종교과의 소관이고, 재정은 각 교파에 속하는 신자들의 자발적 헌금에 의지했다.

이 문제에 관한 일본의 공식적 태도는 위와 같다. 따라서 국가신토는 거대한 국립교회Established Church라고 할 수는 없으나, 적어도 거대한 국립기관이라고 부를 수는 있다. 태양의 여신17을 제사지내는 이세진구伊勢神宮18에서부터, 특별한 의식 때마다 신관이 직접 청소하는

---

16. 천황의 가계가 끊임없는 단일계였음을 신화화한 것이다.
17. 그들의 이른바 아마테라스 오미카미天照大神를 가리킨다. 신화시대의 초대 조상, 즉 일본 황실의 조상이 된다는 여신
18. 미에현三重縣 이세시伊勢市에 있는 일본에서 가장 고귀한 신사다.

작은 신사에 이르기까지, 11만 개 이상의 각종 신사가 있다. 신관의 전국적 계층제는 정치적 계층제에 병행한다. 권위의 계통은 최하위의 신관에서 군·시나 부·현의 신관을 거쳐, '각하'라는 경칭으로 불리는 최고의 신관까지 미친다. 그들은 민중이 행하는 예배를 주관한다기보다는 오히려 민중을 대신해서 예식을 거행한다.

국가신토는 우리가 보통 교회에 가서 예배를 보는 것과는 다르다. 국가신토의 신관들은 ─ 그것은 종교가 아니므로 ─ 교의를 가르치는 것이 법으로 금지되어 있기 때문에, 서양인이 생각하는 의미의 예배의식은 없다. 그 대신 종종 돌아오는 제삿날에는 지역공동체의 공식 대표자들이 신사에 찾아와 신관 앞에 선다. 그러면 신관은 삼大麻과 종이를 길게 늘어뜨린 막대기幣束를 흔들어 그들을 정화한다. 신관은 깊숙한 신단의 문을 열고 큰 목소리로, 신들께 공양음식을 바치니 내려오십사고 외치고 기도를 드린다. 참배자들은 각자의 신분에 따라 경건히 배례하고, 예나 지금이나 일본 어느 곳에나 있는 가느다란 흰 종이를 늘어뜨린, 일본인이 성스럽게 여기는 나무의 잔가지玉串 하나를 봉헌한다. 그러면 신관은 다시 한번 소리를 질러 신들을 배웅하고 신단의 문을 닫는다. 국가신토의 제삿날에는 천황도 국민을 대표하여 의식을 행한다. 이때 모든 관청은 휴무다. 그러나 이런 제일祭日은 지방에 있는 신사의 제례나 불교 제일과 같은 민중적인 큰 축제일은 아니다. 지방의 신사나 불교 제사는 국가신토 밖의 '자유로운' 영역에 있다.

이 영역에서 일본인은 그들의 기호에 맞는 많은 유력한 종파와 축제일을 가지고 있다. 불교는 지금도 국민 대다수의 종교인데, 각기 다른 가르침과 다른 개조開祖를 가진 여러 종파가 전국적으로 활동하고 있다. 이중 어떤 것은 1930년대에 정부가 국가주의 입장을 취하기 이전부터 이미 국가주의의 본거지였고, 어떤 것은 크리스천 사이언스Christian Science와 비견할 만한 신앙 요법의 종파이고, 어떤 것은 유교의 가르침을 지키고, 어떤 것은 신들린 상태나 신성한 산속에 있는 신사를 참배하는 것을 전문으로 하고 있다.

민중적인 축제일의 대다수도 역시 국가신토의 영역 밖에 방임되어 있었다. 그런 축제일에는 많은 군중이 신사에 모인다. 참배자는 각자 양치질로 입을 깨끗이 하고 손을 씻고는 방울鈴을 매단 줄을 당기거나 손바닥을 마주치면서 신이 하강하기를 빈다. 그는 경건히 배례한 뒤 다시 한번 줄을 당기거나 손뼉을 쳐서 신을 배웅한다. 그러고는 신 앞을 떠나 그날의 중요 행사를 시작한다. 그날의 중요 행사란 신사 경내에 가설된 노점상에서 장난감과 맛있는 것을 사거나, 스모나 액막이굿 또는 어릿광대가 나와서 우스갯짓을 하는 가구라神樂[19] 춤을 구경하는 것이다. 그것은 한마디로 말해 축제 기분을 즐기는 일이다. 일본에 거주한 적이 있는 한 영국인은 일본의 축제일에는 항상 생각나는 시가 있다면서, 윌리엄 블레이크William Blake[20]의 시를 한 구절 인용했다.[21]

---

19. 궁정에서 신을 제사 지낼 때 연주하는 무악舞樂
20. 1757~1827. 영국의 시인·화가. 낭만파의 선구자로 소박한 정감과 환상적 신비주의를 가지고 있었다.
21. 윌리엄 블레이크의 “Songs of Experience” 중의 「The Little Vagabond」의 한 구절

교회에서도 약간의 맥주가 나오고,
우리의 영혼을 데워 줄 즐거운 불이라도 있다면,
우린 온종일 찬송가를 부르기도 하고 기도드리기도 하면서,
교회를 빠져나와 방황하려는 생각은 갖지 않을 텐데.

If at the church they would give us some ale,
And a pleasant fire our souls to regale,
We'd sing and we'd pray all the livelong day,
Nor ever once from the church to stray.

전문적으로 종교적 고행에 몸을 바친 몇몇의 경우를 제외하고는, 일본에서 종교란 결코 위압감을 주는 것이 아니다. 일본인은 즐겨 먼 곳의 신사나 절에 참배하러 가지만, 이것 역시 휴일을 즐기기 위한 것이다.

이와 같이 메이지의 정치가들은 정치에서는 국가의 기능이 미치는 영역을, 종교에서는 국가신토의 영역을 신중히 구획했다. 그들은 다른 영역은 국민의 자유에 맡겼지만, 국가에 직접적으로 관계되는 일은 새로운 계층제도의 최고 관리자인 자신들의 손에 지배권을 두려 했다. 육·해군을 창설할 때에도 그들은 같은 문제에 부딪혔다. 그들은 다른 분야와 마찬가지로 여기서도 낡은 카스트 제도를 제거했다. 군대에서는 일반 시민사회보다 더 철저히 카스트 제도를 제거했다. 군대에서는 일본식의 경어조차 폐지되었다. 그러나 물론 실제로는 옛 습관이 남아 있었다. 또한 군대에서는 가문에 구애받지 않고 본인의 실력만으로 누구든지 병사에서 장교의 계급까지 출세할 수

있었다. 이처럼 철저하게 실력주의가 실행된 분야는 달리 없었다.

이 점에서 군대는 일본인 사이에서 매우 좋은 평판을 얻었고, 분명히 그럴 만도 했다. 그것은 새로이 조직된 군대를 위해 일반 민중의 지지를 얻는 가장 좋은 수단이었다. 또 중대나 소대는 같은 지역에서 온 인근 사람들로 편성되었는데, 평시의 병역은 자기 집과 가까운 병영에서 마쳤다. 이것은 출신 지역과의 인연이 유지되었다는 점에서뿐만 아니라, 군대라는 집단의 성격을 명확히 해 주었다. 군대 교육을 받는다는 것은 누구나 사무라이와 농민, 부자와 빈자의 관계를 떠나, 장교와 병사, 고참병과 신참병의 관계로 2년 동안 생활한다는 것을 의미한다. 많은 점에서 군대는 민주적 평등주의의 역할을 했다. 또 많은 점에서 참된 국민의 군대이기도 했다. 다른 대다수 국가에서 군대는 현상을 유지하기 위한 강력한 힘으로 작용했지만, 일본의 군대는 소농小農계급에 동정을 가졌다. 그 동정심 때문에 군대는 여러 차례 대금융 자본가나 생산 자본가에게 저항하기도 했다.

일본의 정치가들은 아마도 국민군을 수립함으로써 나타난 이런 결과를 순순히 시인하지는 않았으리라. 그들이 계층제도에서 군부가 최고 권위를 확보할 필요가 있다고 생각한 것은 결코 이런 결과를 기대해서가 아니었다. 그들은 최고의 영역에 일정한 조처를 강구함으로써 그 목적을 확실히 달성했다. 그들은 이런 조처를 헌법 속에 규정하지는 않았으나, 이미 정부가 승인한 군 수뇌부의 독립을 관례로 유지했다. 예를 들면 육·해군 장관은 외무성이나 내정을 맡은 각 성의 장관과는 달리, 천황을 직접 배알하고 상주할 수 있는 권한을 가지고 있었다. 따라서 그들은 천황의 이름을 이용하여 그들의 방책을 강제할 수가 있었다. 그들은 문관 각료들에게 보고하거나 협의할 필요가 없었다. 더욱이 군부는 어떠한 내각도 마음대로 조종할 수 있었다. 그들은 육·해군 장관을 입각시키지 않음으로써 그들이 신뢰할 수 없는 내각의 조각을 간단히 방해했다. 고위 현역 장교가 육·해군 장관의 자리에 앉지 않으면 어떠한 내각도 성립할 수 없었다. 육·해군 장관의 자리는 문관이나 퇴역 장교가 차지할 수 없기 때문이다. 마찬가지로 군부가 내각의 행동에 불만이 있으면, 입각한 그들의 대표를 소환함으로써 내각을 총사퇴시킬 수도 있었다.

이런 최고 수준의 정책 결정 과정에서 군 수뇌부는 어떠한 간섭도 허용하지 않는 수단을 강구했다. 만일 다른 보증이 더 필요하다면, 그것은 헌법 속에서 찾을 수가 있었다. 즉 "제국의회에서 예산을 의논하여 결정하지 못했거나 예산을 통과시키지 못했을 때 정부는 전년도 예산을 시행해야 한다"라는 조항이 바로 그것이다. 외무성이 결코 그런 일은 일어날 수 없다고 단언했음에도 불구하고, 군부는 만주사변[22]을 일으켰다. 이것은 내각의 정책 통일이 이루어지지 않은 상태에서, 군 수뇌부가 현지 사령관을 지지한 한 예이다. 군부도 다른 분야와 마찬가지다. 이런 계층적 특권에 관련된 경우, 일본인은 어떤 결과라도 감수하는 경향이 있다. 그것은 정책에 관해 의견이 일치하기 때문이 아니라, 특권의 경계선을 넘어서는 것은 좋지 않다고 생각하기 때문이다.

산업 발전의 분야에서도 일본은 서양 어느 나라에도 유례가 없는

---

22. 1931년 9월 중국 심양 북쪽의 철도 폭파사건을 계기로 일어난 일본의 중국 침략 전쟁

길을 걸었다. 여기에서도 '각하'들이 계략을 세우고 순서를 정했다. 그들은 계획을 세웠을 뿐만 아니라 필요하다고 생각하는 산업을 정부의 돈으로 건설하고 자금을 공급했다. 정부 관료가 그것을 조직하고 운영했다. 외국의 기사를 초빙하고 일본인을 해외에 파견했다. 그 후 정부는 "조직을 정비하여 당초 계획대로 사업이 신장함에 따라", 이런 산업을 민간회사에 불하했다. 정부는 이런 산업을 선택된 소수의 자본가, 특히 미쓰이三井나 미쓰비시三菱 같은 저명한 재벌에게 '형편없이 싼값'[23]에 팔아넘겼다. 일본의 정치가들은 산업 개발이란 일본에 너무나 중요한 사업이므로, 수요 공급의 법칙이나 자유 기업의 원칙에 맡겨서는 안 된다고 생각했다. 그러나 이 정책은 결코 사회주의적 신조에 바탕을 둔 것이 아니었다. 결국 톡톡히 재미를 본 것은 재벌들이었다. 일본은 실수와 헛된 소모를 최소한도로 줄여 그들이 필요로 하는 산업의 확립을 이루었다.

이런 방법으로 일본은 '자본주의적 생산의 출발점과 그 후 여러 단계의 일반적 순서'를 수정할 수가 있었다. 그들은 소비재 생산과 경공업에서 시작하는 대신 먼저 중공업에 손을 댔다. 조병창造兵廠·조선소·제철소·철도 건설 등에 우선권이 주어졌고, 기술력이 짧은 기일에 고도의 수준에 달했다. 이들 산업이 전부 민간에 이양된 것은 아니다. 거대한 군수산업은 여전히 정부 관료의 지배하에 남겨 두고, 정부의 특별 회계로 자금을 공급했다.

---

23. *Herbert Norman, op, cit., p. 131. 1절의 논의는 Norman의 명쾌한 분석에 바탕을 둔 것이다.

정부가 우선권을 준 산업의 모든 분야에서 소상공업자나 비관료 경영자는 '알맞은 위치'를 갖지 못했다. 국가와 신용 있고 정치적으로 특별한 편의를 제공받는 큰 재벌만이 이 영역에서 활동했다. 그러나 일본인 생활의 다른 분야가 모두 그런 것처럼 산업에도 자유로운 영역이 없지는 않았다. 그것은 최소한의 자본 투자와 최대한의 저임금 노동을 활용함으로써 운영되는 나머지 각종 산업이었다. 이런 경공업은 근대적 기술 없이도 존재할 수 있었고, 지금도 존속하고 있다. 이들 산업은 일찍이 미국에서 홈 스초숍home sweat-shops[24]이라 부르는 방식으로 운영된다. 이른바 스몰타임small-time[25] 제조업자가 원료를 사서, 가정이나 4, 5명의 직공을 가진 작은 공장에 대여하고, 다시 회수하여 대여하는 과정을 되풀이한다. 그리하여 마지막에는 제품을 상인이나 수출업자에게 팔아넘긴다. 1930년대에는 공업 종사자 수의 53퍼센트가 직공 수 5명 이하의 공장이나 가정에서 일하고 있었다.[26] 이런 직공들 대부분은 낡은 도제徒弟제도의 온정주의적 관습에 의해 보호되었다. 또한 대도시의 가정에서 아기를 업고 임금 노동에 종사한 주부들이 많은 수를 차지했다.

일본 산업의 이원성은 일본인의 생활양식에서 정치나 종교 분야의 이원성과 마찬가지로 중요하다. 일본의 정치가들은 다른 여러 분야

---

24. 극도의 노동력 착취가 행해지는 가내 공업
25. 본래 뜻은 흥행물을 하루에 몇 번 되풀이 상연하는 것을 말한다. 여기서는 적은 자본금을 빨리 회전시켜 이익을 보는 소공업자를 뜻한다.
26. *Miriam S. Farley, "Pigmy Factories," Far Eastern Survey, VI, 1937, p. 2에 인용된 우에다 上田 교수의 주장

의 계층제도처럼 재계에도 귀족제가 필요하다는 방침을 결정했다. 그리고 그들을 위해 각종 전략 산업을 건설했고, 정치적으로 우호적인 상인 가문을 선택하여 다른 계층제도와 마찬가지로 '알맞은 위치'를 갖도록 했다. 정부가 이런 재계의 유력 가문과 인연을 끊는다는 것은, 일본 정치가의 계획 속에는 들어 있지 않았다. 그리하여 재벌은 그들에게 이윤과 함께 높은 지위를 주는 지속적 '비호정책paternalism'으로 막대한 이익을 얻었다. 일본인의 이윤과 금전에 대한 태도로 보아 재계 귀족은 국민의 공격을 피할 수 없었지만, 정부는 있는 힘을 다해 그 체제를 공인된 계층제의 관념에 따라 확립하려 했다.

그 노력은 완전히 성공하지는 못했다. 재벌은 이른바 군부의 청년 장교 그룹이나 농촌 지역으로부터 종종 공격을 받았다. 그러나 여전히 일본의 여론에서 가장 혹독한 공격은 재벌이 아니라 나리킨成金[27]에게 향했다. 나리킨은 종종 '누보리슈nouveau riche(벼락부자)'라는 말로 번역되지만, 그 번역으로는 일본인의 감정을 제대로 표현할 수 없다. 미국에서 누보리슈란 엄밀하게는 '새로 온 사람들newcomers'이란 뜻이다. 누보리슈가 웃음거리가 되는 것은 세련되지 못하고, 또 알맞은 품위를 익히지 못했기 때문이다. 그러나 이 부정적 측면은 그들이 통나무집에서 출세했으며, 노새를 몰던 신세에서 몇백 만 달러의 유전 경영자가 되었다는 식의, 우리 마음을 감동시키는 긍정적 측면에 의해 상쇄된다.

그러나 일본에서 나리킨이란 일본의 장기놀이에서 온 말로, 여왕

---

27. 분수에 맞지 않게 갑자기 돈을 번 사람을 뜻하는 일본말. 벼락부자

으로 승격된 졸^卒을 의미한다. 나리킨은 아무런 계층적 권리도 없으면서, 거물처럼 장기판 위를 사납게 날뛰는 졸이다. 일본인은 사람을 속이고 이기적으로 이용하여 돈을 모은 사람이 나리킨이라고 믿고 있다. 따라서 이 나리킨을 향한 일본인의 비난은, 미국인이 '성공한 하인'을 대하는 태도와는 아주 큰 차이가 있다. 일본은 계층제도 속에 거대한 부가 차지하는 위치를 주고 그것과 제휴했다. 그러나 부가 그 영역 밖에서 획득된 경우, 일본인의 여론은 그것에 통렬한 비난을 퍼붓는 것이다.

이와 같이 일본인은 끊임없이 계층제도를 고려하면서 사회의 질서를 다듬어 나갔다. 가정이나 개인 간의 관계에서는 연령, 세대, 성별, 계급 등이 알맞은 행동을 지정한다. 정치, 종교, 군대, 산업에서는 각각의 영역이 신중하게 계층으로 나뉘어 있어, 윗사람이든 아랫사람이든 자신들의 특권의 범위를 넘어서면 반드시 처벌받는다. '알맞은 위치'가 보장되어 있는 동안 일본인은 불만 없이 살아간다. 그들은 안전하다고 생각한다. 물론 그들의 최대의 행복이 보호되는가 하는 의미에서는 '안전'하지 않은 경우가 종종 있지만, 그럼에도 계층제도를 정당한 것으로 받아들였다는 이유에서 안전하다. 이것이 일본인이 인생에 대해 판단하는 특징을 이룬다. 이는 평등과 자유 기업에 대한 신뢰가 미국인의 생활양식의 특징인 것과 같다.

일본의 인과응보는 그 '안전'의 신조를 외국에 수출하려 했을 때 찾아왔다. 일본 국내에서 계층제도란 일본 국민의 상상력에 꼭 맞았다. 왜냐하면 그 상상력 자체가 계층제도에 의해서 형성되었기 때문이다. 그런 야심은 일본에서 구체화될 수 있었다. 그러나 계층제도는 도저히 수출할 수 없는 상품이다. 다른 국가는 일본의 일방적 주장을 건방진 것으로, 아니 그보다 더 나쁜 것으로 여기고 분개했다. 그러나 일본군 장교나 사병들은 각 점령국에서 주민들이 자신들을 환영하지 않는 것을 보고 놀랐다. 일본은 그들에게 비록 낮은 지위이기는 하지만, 어쨌든 계층제 속에 하나의 지위를 부여하려 하지 않는가? 그리고 계층제란 낮은 계층에 놓인 자에게도 바람직한 것이 아닌가? 라는 것이 그들의 의문이었다. 일본 군부는 자포자기하여 몸을 망친 중국 소녀가 일본군 병사나 일본인 기사技師와 사랑에 빠짐으로써 행복을 찾는다는 식의, 일본에 대한 중국의 '애정'을 그린 전쟁영화를 몇 편 만들었다. 이런 것은 나치의 정복관과는 현저히 다르지만 결국 실패했다는 점에서는 같다.

일본인은 스스로에게 요구한 일을 다른 나라에도 요구할 수는 없었다. 가능할 것이라고 생각한 것 자체가 잘못이었다. 그들은 '각자 알맞은 지위를 받아들이는' 일본의 도덕체계가, 다른 곳에서는 받아들여질 수 없다는 사실을 알아차리지 못했다. 다른 국가에는 그런 도덕률이 없었다. 그것은 틀림없는 일본만의 산물이었다. 일본의 저술가들은 이 윤리체계를 너무나 당연한 것으로 여겨, 그것에 대해 기술하지 않는다. 따라서 일본인을 이해하기 위해서는 먼저 도덕체계를 이해해야 한다.

제 5 장

과거와 세상에 빚을 진 사람

영어에서는 곧잘 '과거를 물려받은 자heirs of the ages'[1]란 표현을 사용해
왔다. 이 말에 표현되었던 자신감은 두 차례의 세계대전과 극심한 경
제적 위기로 다소 무뎌지기는 했으나, 이런 변화가 우리에게 과거에
대한 부채 의식을 덜어 준 것만은 틀림이 없다. 그러나 동양의 여러
나라 국민은 완전히 반대다. 그들은 과거에 빚을 진 사람들이다. 서
양인이 조상숭배라고 부르는 것은 대부분 동양인에게는 숭배가 아
니다. 또한 조상숭배라 하더라도 전적으로 조상에게만 향하고 있는
것도 아니다. 그것은 인간이 일체의 과거에 지고 있는 큰 채무를 인
정하는 하나의 의식이다.

　더구나 동양인이 부채를 지고 있는 것은 과거에 대해서만은 아니
다. 다른 사람과의 일상적 접촉 모두가 현재 그의 채무를 증대시킨
다. 그의 일상적 의사결정과 행동은 틀림없이 부채에서 발생한 것
이다. 그것은 기본적 기점이다. 왜냐하면 그들이 이렇게 소중히 양

---

1. 테니슨Tennyson의 시에 'the heir of all the ages'라는 구절이 있다.

육되고 교육을 받아 행복하게 지낼 수 있는 것이나, 이 세상에 태어난 단순한 사실까지도 모두 세상의 덕이기 때문이다. 일본인은 서양인이 이 세상에 대한 부채를 지나치게 경시한다고 생각하고, 따라서 우리의 행동 동기를 불충분하다고 느낀다. 덕이 있는 일본인은 미국인처럼 그 누구의 은혜도 입지 않았다고 말하지 않는다. 그들은 과거를 도외시하지 않는다. 일본에서 의義란 조상과 동시대인을 포함하는 거대한 채무의 망상網狀 조직 속에서 자신의 위치를 인지하는 것이다.

이와 같이 동양과 서양의 극단적 차이를 말로 표현하기는 쉽지만, 실제 생활에서 어떤 차이가 있는지 인식하는 것은 쉽지 않다. 더구나 이런 점에서 일본을 이해하지 못하면, 우리는 전쟁 중 알게 된 그들의 극단적 자기희생이나, 우리로서는 화낼 필요가 없는 상황에서 일본인들이 곧잘 화를 내는 이유를 알 수 없을 것이다. 남에게 빚이 있는 사람은 매우 화를 잘 내는 법인데, 일본인이 그것을 증명해 준다. 또한 이런 채무가 일본인에게 갖가지 큰 책임을 지게 한다.

중국어에도 일본어에도 영어의 '오블리게이션obligations(의무)'을 의미하는 여러 가지 말이 있지만, 그 말들은 완전한 동의어는 아니다. 그 말들의 고유한 의미는 문자 그대로는 영어로 번역할 수 없다. 그 말들이 표현하고 있는 관념을 우리가 알 수 없기 때문이다. 어떤 사람이 지고 있는 크고 작은 모든 채무를 나타내는 '오블리게이션'에 해당하는 일본말은 온恩이다. 관용적 일본어인 이 말은 '오블리게이션', '로열티loyalty:忠誠', '카인드니스kindness:親切', '러브love:愛' 등 여러 가지로 영역되지만, 모두 원래의 뜻을 제대로 전달하지 못한다. 만일 온이라는 말이 정말로 러브나 오블리게이션을 의미하는 것이라면, 일본인은 어린아이에게도 온을 사용할 수 있을 것이다. 그러나 그런 어법은 옳지 않다. 또한 온은 로열티를 의미하는 것도 아니다. 일본 어에서 충성은 다른 몇 가지 말로 표현되는데, 결코 온과 동의어는 아니다.

온의 여러 용법을 모두 관통하는 의미는, 사람이 짊어질 수 있는 부담, 채무, 무거운 짐이다. 사람은 윗사람으로부터 온을 받는다. 윗 사람이 아니거나, 적어도 자신과 동등하지 않은 사람으로부터 온을 받는 행위는 불쾌한 열등감을 준다. 일본인이 "나는 누구에게서 온 을 입었다"고 말하는 것은, "나는 누구에게 의무의 부담을 지고 있다" 라는 의미다. 따라서 그들은 채권자나 은혜를 베푼 사람을 온진恩人 이라고 부른다.

'온을 잊지 않는 일'이 순수한 헌신적 애정에서 나오는 경우도 있 다. 일본의 초등학교 2학년 교과서에 실려 있는 '온을 잊지 말자'라는 제목의 짧은 이야기는, 온을 이런 의미로 사용하고 있는 예다. 이것 은 도덕 교과서에 나오는 일화다.

> 하치는 예쁜 개입니다. 태어나자 곧 낯선 사람 손에 넘어가 그 집의 아이들처럼 귀여움을 받았습니다. 그 때문에 허약했던 몸도 건강해 졌습니다. 그리하여 주인이 매일아침 직장에 나갈 때에는 전차 정 거장까지 배웅을 갔으며, 저녁에 돌아올 때에도 다시 정거장으로 주인을 마중 나갔습니다.
> 그런데 마침내 주인이 세상을 떠났습니다.

하치는 그것을 모르는지 날마다 주인을 찾았습니다. 늘 정거장에 가서 전차가 도착할 때마다 나오는 많은 사람 속에서 주인이 있나 하고 찾았습니다.

이렇게 날이 가고 달이 갔습니다.

1년이 지나고 2년이 지나고 3년이 지나고 10년이 지났을 때에도, 여전히 자기 주인을 찾고 있는 늙은 하치의 모습을 날마다 정거장 앞에서 볼 수 있었습니다.

이 짧은 이야기의 교훈은 애정이라고밖에 표현할 수 없는 충성심이다. 극진히 어머니를 생각하는 아들은 어머니에게 받은 온을 잊어버리지 않은 것이다. 그리고 그것은 하치가 주인에게 품고 있는 것과 같은 순수한 헌신적 애정을, 그가 어머니에게 품고 있다는 것을 의미한다. 그러나 이 말은 특별히 그의 애정을 가리킨 것이 아니다. 그의 어머니가 갓난아이 적에 그에게 해 준 모든 일, 소년시절의 갖은 희생, 성인이 되었을 때 그를 도운 모든 일, 단지 어머니가 존재한다는 사실만으로도 그가 어머니에게 지고 있는 모든 빚을 가리키는 말이다. 그것은 이런 채무를 되돌려 준다는 의미를 포함한다. 따라서 그것은 사랑을 뜻하기도 하지만 본래의 의미는 빚이다. 그런데 미국인은 사랑이란 의무의 구속을 받지 않고 자유롭게 하는 것으로 생각한다.

최우선이자 최대의 채무인 '천황의 온皇恩'을 일컫는 경우, 온은 항상 무한한 헌신이란 의미로 사용된다. 그것은 천황에 대한 채무로서, 사람들은 황은皇恩을 무한한 감사로 받아들인다. 일본인은 이 땅에서 태어나 안락한 생활을 누리며 자기 신변의 크고 작은 일이 잘되어 간다고 느낄 때, 언제나 그것을 한 사람이 내려 준 은혜라고 생각한다. 일본의 모든 역사 시대에 일본인이 빚을 지고 있는 사람은, 그들이 소속하는 세계의 최고 윗사람이었다. 그것은 시대의 변화에 따라 지방 영주, 봉건 영주, 쇼군 등으로 변했다. 오늘날엔 그것이 천황이다. 그러나 윗사람이 누구인가보다 더욱 중요한 것은, 몇 세기에 걸쳐 '은혜를 잊지 않는다'는 것이 일본인의 습성 속에서 최고의 위치를 차지하고 있다는 사실이다.

근대 일본은 모든 수단을 동원하여 이 정서를 천황에게 집중시켜 왔다. 일본인 특유의 생활양식 속에서 그들이 품고 있는 모든 편애의 정은, 국민 한 사람 한 사람의 황은을 증대시킨다. 즉, 전쟁 중 전선의 군인에게 천황의 이름으로 나누어 준 한 개비의 담배는 병사들 하나하나에게 천황의 온을 강조했다. 출격에 앞서 병사들에게 나누어 준 한 모금의 사케酒는 다시금 황은을 깊게 아로새겼다. 일본인의 말에 따르면, 가미카제神風 자살기 조종사[2]는 누구나 황은에 보답하고 있었던 셈이다. 일본인은 태평양의 어느 섬을 지키다가 한 사람도 남김없이 옥쇄玉碎[3]한 부대의 병사들도 모두 천황의 무한한 온에 보답한 것이라고 주장했다.

일본인은 천황보다 신분이 낮은 사람에게도 온을 입는다. 물론 부모로부터 받은 온이 있다. 이는 동양의 유명한 효행사상의 기초가 된

---

2. 가미카제神風 특별 공격대. 제2차 세계대전 말기에 편성된 항공기 특공대
3. 구슬이 아름답게 부서지듯이 명예나 충의를 위해 서슴없이 죽는 것

다. 부모는 아이들에 대해 대단히 권위적이고 중요한 지위를 차지한다. 아이들은 부모에게 빚을 지고 있으며, 그 빚을 갚기 위해 노력해야 한다. 따라서 아이들은 부모에게 복종해야 한다. 그러나 독일 — 독일 또한 부모가 아이들에게 권위적이다 — 과는 다른 양상을 보인다. 독일에서 부모는 아이들에게 복종을 요구하고 강요한다. 일본인은 동양적 효행의 해석에 대단히 현실주의적이다. 일본에는 "자식을 둬 봐야 부모의 은혜를 안다"라는 속담이 있다. 즉, 부모의 온은 부모로부터 받은 현실적이고 일상적인 보살핌과 수고다.

일본인은 조상숭배의 대상을 자신의 기억에 남아 있는 최근의 조상만으로 한정한다. 이런 사실은 일본인에게, 자신이 유년시절 조상에게 현실적인 신세를 졌다는 것을 절실히 느끼게 한다. 물론 어떤 문화에서든 모두 양친의 보살핌을 받아야 하는 무력한 어린아이일 때가 있고, 성인이 되기까지 의식주를 제공받는 것은 명백한 사실이다. 일본인은 미국인이 이 사실을 경시하고 있다고 통감한다. 그리하여 어느 문필가는 이렇게 말했다. "미국에서 부모의 온을 잊어버리지 말라는 것은, 기껏해야 부모에게 친절을 다하라는 정도의 말이다." 어느 누구도 자기 아이에게 온을 베풀지 않고 방임할 수는 없다. 자식을 헌신적으로 보살피는 것은, 자신이 어린 시절 부모로부터 받은 은혜를 갚는 것이다. 사람은 부모가 자신을 키워 준 것과 같이 또는 그것보다 잘 아이들을 양육함으로써, 부모에게 받은 온의 일부를 갚는다. 자식에 대한 의무는 '부모의 온' 속에 포섭된다.

일본인은 또한 교사와 주인主에 대해서도 특수한 온을 느낀다. 그들은 모두 무사히 세상살이를 할 수 있도록 도와준 은인이다. 따라서 그들이 어려운 상황에 처해 뭔가를 부탁하면 원하는 것을 듣고 해결해 주어야 한다. 또한 그들이 죽은 후에라도 어린아이를 보살펴 주어야 한다. 의무를 이행하기 위해서는 무슨 일이든 해야 한다. 시간이 많이 지났다고 해서 부채가 줄어드는 것은 아니다. 오히려 해가 갈수록 이자가 붙는 것처럼 부채는 더욱 불어난다. 어떤 사람에게서 온을 입는다는 것은 중대한 일이다. 일본인이 잘 쓰는 표현에도 나타나듯이, "사람은 온의 만분의 일도 갚을 수 없다." 그것은 대단한 짐이다. 또한 '온의 힘'은 항상 개인적 기호를 짓밟을 수 있는 정당한 권리를 가진 것으로 여겨진다.

이와 같은 채무의 윤리가 원활하게 작동하기 위해서는, 채무자가 자신의 의무를 이행하는 데 큰 불쾌감을 느끼지 않아야 하고, 또 자신이 큰 빚을 지고 있다는 사실을 인식해야 한다. 우리는 이미 일본에서 계층제도가 얼마나 철저하게 조직되어 있는가를 살펴보았다. 계층제도의 부수적 관습이 충실하게 지켜지고 있기 때문에, 일본인은 그 도덕적 채무를 서양인은 생각할 수 없을 정도로 존중할 수 있다.

온은 윗사람이 선의를 베풀었을 경우에는 한결 행하기 쉽다. 일본어에는 윗사람이 사실 그 식객을 '사랑하는' 사람이었음을 나타내는 흥미로운 증거가 있다. 일본에서 아이愛라는 말은 '러브love'를 의미한다. 지난 세기의 선교사들이 기독교의 '러브'의 번역어로 적합하다고 생각한 유일한 일본어가 아이였다. 그래서 선교사들은 성서를 번역할 때 이 말을 사용하여, 인간에 대한 신의 사랑이나 신에 대한 인간의 사랑을 표현했다. 그런데 아이는 특히 식객에 대한 윗사람의 사랑을 의미하는 말이다. 서양인은 그것을 온정주의paternalism라고 느낄

지도 모르나, 일본에서는 그 이상의 의미가 있다. 그것은 애정을 의미하는 말이다. 현대 일본에서 아이는 아직도 위에서 밑으로 베푸는 사랑이란 엄밀한 의미로 쓰인다. 그러나 기독교의 영향이나 카스트적 차별을 타파하고자 하는 국가적 노력의 결과로, 오늘날에는 대등한 사람 사이의 사랑에서도 쓰일 수 있게 되었다.

이처럼 일본 문화의 특수성이 온의 부담을 가볍고 지기 쉬운 것으로 만들고 있기는 하지만, 아직도 일본에서 감정을 상하지 않고 온을 '입는 것'은 행복한 경우이다. 일본인은 우연히 다른 사람에게 온을 받음으로써 보답의 빚을 지는 것을 좋아하지 않는다. 그들은 항상 "사람에게 온을 베푼다"는 말을 한다. 그것에 가까운 영어 표현은 "타인에게 무엇을 강제한다imposing upon another"이다. 그런데 미국에서는 '임포징imposing'이 타인에게 무엇인가를 요구하는 것인 데 반해, 일본에서는 타인에게 무엇인가를 주는 것 또는 친절을 베푸는 것을 의미한다. 비교적 인연이 먼 사람에게 뜻밖의 은혜를 입는 것을 일본인은 가장 불쾌하게 생각한다. 일본인은 이웃 사람이나 예부터 정해진 계층적 관계에서는, 온을 받는 번거로움을 알면서도 기쁘게 그 번거로움을 받아들인다. 그러나 상대가 단순히 아는 사람이거나, 자신과 대등한 사람인 경우에는 온을 받는 것을 매우 불편하게 생각한다. 그들은 가능한 한 온의 결과에 휩쓸리는 것을 피하고 싶어 한다.

일본의 거리에서 어떤 사고가 일어났을 때, 모인 군중이 수수방관하는 것은 단지 자발성이 없어서가 아니다. 그것은 경찰이 아닌 민간인이 제멋대로 참견하면, 그 사람에게 온을 입히는 행위가 된다는 사실을 알기 때문이다. 메이지 이전의 유명한 법령 중에는 "싸움이

나 말다툼이 났을 때, 불필요한 참견을 하면 안 된다"라는 것이 있었다. 그런 경우 분명한 권한도 없는 사람이 다른 사람을 돕는다면 무언가 부당한 이익을 취하려는 게 아닌지 의심받는다. 도움을 베풀면 상대가 자신에게 크게 은혜를 입는다는 사실을 알고 있는 이상, 어떻게 해서든 이 좋은 기회를 이용할 법도 한데, 반대로 도움을 베풀지 않으려 애써 조심한다. 더욱이 형식을 차릴 필요가 없는 경우 일본인은 온에 휩쓸리는 것을 극도로 경계한다. 이제까지 아무런 관계가 없었던 사람에게 단지 담배 한 개비를 얻어 피워도 일본인은 마음이 편치 않다. 그리고 그런 경우 고마움을 표현하는 정중한 화법은 "아, 기노도쿠氣の毒(곧 독이 있는 감정)군요"이다. 어떤 일본인이 나에게 이렇게 설명했다. "얼마나 좋지 않은 느낌인가를 확실히 말하는 편이 오히려 낫습니다. 이때까지 그 사람에게 아무것도 해 준 것이 없는데, 온을 입었다는 것은 부끄럽기 짝이 없는 일입니다." 그래서 기노도쿠는, 때로는 "Thank you(감사합니다)"(담배를 얻어서), 때로는 "I am sorry(유감입니다)"(은혜를 입어서), 때로는 "I feel like a hell(면목 없습니다)"(이처럼 과분한 대우를 받아서)이라고 번역된다. 기노도쿠는 이상의 모든 의미를 나타내지만, 그중 어떤 말에도 해당하지 않는다.

　일본어에는 '감사하다'는 의미를 가지면서도, 온을 받아 마음이 편치 않음을 표현하는 화법이 많이 있다. 그중 일반적으로 대도시 백화점에서 사용하는 '아리가토有難う'는, "이것은 쉽지 않은 일입니다(Oh, this is difficult things)"를 의미한다. 일본인은 보통 이 '쉽지 않은 일'이, 손님이 물건을 삼으로써 그 상점에 주는 크고도 대단한 은혜라고 설명한다. 이것은 일종의 인사말이다. 이 말은 선물을 받았을 때 쓰이기도 하고, 그 밖의 수많은 경우에 쓰인다. 보편적으로 '감사하다'는 의미를 가진 그 밖의 몇 가지 단어 역시 기노도쿠처럼 은혜를 받아 곤란하다는 심정을 표현한다. 상점 주인은 대체로 '스미마센濟みません'이라는 말을 쓴다. 이 말을 글자 그대로 해석하면, "이것은 끝나지 않았습니다"라는 뜻이 된다. 즉, "나는 당신에게 온을 입었습니다. 그런데 현대 경제조직 아래에서 나는 당신에게 입은 온을 갚을 길이 없습니다. 나는 이런 입장에 놓인 것을 유감스럽게 생각합니다"라는 의미다.

스미마센을 영어로 옮기면 "Thank you", "I'm grateful", 또는 "I'm sorry", "I apologize"가 된다. 예를 들어 거리를 걷다가 바람에 날아간 모자를 누군가가 쫓아가 주워 줬다면, 다른 감사의 말보다 이 말을 즐겨 쓴다. 그 사람이 당신에게 모자를 되돌려 줄 때, 당신은 예의 바르게 그것을 받으면서 느끼는 마음속의 괴로움을 고백해야 한다. "이 사람은 지금 나에게 온을 베풀었지만, 나는 이제까지 한 번도 이 사람을 만난 일이 없다. 나는 이 사람에게 이쪽에서도 온을 제공할 기회를 갖지 못했다. 이런 은혜를 받아서 꺼림칙하지만 사죄하면 약간은 마음이 편해진다. 감사를 나타내는 말 중 스미마센이 일상적으로 쓰이는 말이리라. 내가 이 사람에게서 온을 입었다는 사실을 인정하고, 그것은 모자를 받았다는 사실만으로는 끝나지 않는다는 것을 알리자. 그 이상은 나로서도 어떻게 할 수 없다. 우리는 모르는 사이니까."

다른 사람에게 은혜를 입었을 때, 일본인이 감사의 뜻을 더욱 강하게 나타내는 말은 '가타지케나이かたじけない'다. 이 말은 '모욕', '면목

없음'을 의미하며 한자로는 辱, 魂으로 표현한다. 이 말은 '나는 모욕을 당했다'와 '나는 감사한다'는 두 가지 의미를 지니고 있다. 일본어 사전에는, 당신은 당신이 받은 각별한 은혜에 의해 욕을 당하고 모욕을 받았다 — 당신은 그런 은혜를 받을 가치가 없기 때문에 — 는 사실을 의미한다고 풀이되어 있다. 이런 표현으로 당신은 온을 받음으로써 느끼는 부끄러움을 입으로 솔직히 고백한다.

그런데 바로 이 치욕을 의미하는 하지恥는 일본인이 가장 싫어하는 것이다. 가타지케나이, 즉 '나는 모욕을 당했다'는 지금도 전통적인 상인이 손님에게 예의를 나타낼 때 사용한다. 또한 손님이 외상을 할 때 쓰기도 한다. 메이지 이전의 소설에는 이 말이 자주 나타난다. 궁중에서 하녀로 봉사하다가 영주에게 첩으로 발탁된 신분이 천한 아름다운 소녀는 영주에게 가타지케나이라고 말한다. 즉 "저는 황공하게 이와 같은 온을 입게 되어 부끄러워서 견딜 수 없습니다. 저는 영주님의 자비가 두렵습니다." 결투를 한 사무라이가 당국의 무죄 판결로 풀려나올 때에도 가타지케나이라고 말한다. 즉 "나는 이와 같은 온을 입게 되어 면목을 잃었습니다. 이런 천한 위치에 몸을 두는 것은 나에게 어울리지 않는 일입니다. 나는 유감으로 생각하는 바입니다. 당신에게 정중히 감사를 드립니다"라는 의미다.

이와 같은 표현은 어떤 개괄적인 논의보다 온의 의미를 더욱 잘 말해 주고 있다. 사람은 끊임없이 상반된 감정을 품으면서 온을 입는다. 일반적으로 인정된 관계 구조에서, 온이 내포하는 커다란 채무는 때로는 사람들을 자극시켜 전력을 다해 은혜를 갚게 만든다. 그러나 채무자가 되는 것은 대단히 괴로운 일이어서 쉽게 화를 내기도 한다.

은혜를 입은 사람이 얼마나 화를 내기 쉬운가는, 일본의 저명한 소설가 나쓰메 소세키夏目漱石[4]의 유명한 소설 『봇짱』속에 선명히 묘사되어 있다. 주인공 봇짱은 시골의 작은 읍에 학교 교사로 처음 취직한 도쿄 출신 젊은이다. 봇짱은 곧 동료 교사 대부분이 속물이어서 이들과 같이 지내기 어렵다는 것을 느낀다. 그런데 봇짱은 한 젊은 교사와 친해진다. 언젠가 둘이서 거리를 거닐 때, 봇짱이 고슴도치라고 별명을 붙인 그 교사가 봇짱에게 빙수를 한 그릇을 사 준다. 고슴도치는 빙수값으로 1전 5리 ─ 1센트의 5분의 1정도 ─ 를 지불한다.

그 후 얼마 안 되어 다른 교사가, 고슴도치가 봇짱을 좋지 않게 말했다고 고자질한다. 봇짱은 이 말을 곧이곧대로 받아들이고 고슴도치에게 받은 온이 마음속에 걸린다.

그런 놈에게서, 빙수 같은 하찮은 것이라도 온을 입었다는 건 내 체면이 깎이는 일이다. 1전이든 5리이든 내가 이런 온을 입는다면, 마음 편히 죽을 순 없다……(중략)……내가 거절하지 않고 그의 온을 받은 것은, 그를 온전한 인간으로 여겼기 때문이다. 내 빙수값을 내가 지불하겠다고 우기지 않고, 나는 온을 받고 감사해야 했다. 그것은 돈으로는 살 수 없는 답례다. 지위도 없고 관직도 없지만, 나도 한 사람의 독립된 인간이다. 독립된 인간이 온을 호의로 받아들이는 건, 100만 원보다도 더한 보답이다. 나는 고슴도치에게 1전 5리를 쓰게 하고는, 100만 원보다 더 값진 답례를 치른 셈이다.

---

4. 1867~1916. 영문학자, 소설가. 대표작으로 『나는 고양이로소이다』, 『봇짱』이 있다.

다음날 그는 고슴도치의 책상 위에 1전 5리를 내던진다. 그것은 빙수 한 그릇의 온을 갚은 뒤라야만 두 사람 사이의 당면 문제, 즉 고슴도치가 봇짱을 모욕한 문제를 해결할 수 있기 때문이다. 어쩌면 주먹다짐이 될지도 모르지만, 이제 친구 사이가 아닌 이상 우선은 그 온을 없애 버려야 한다.

　이처럼 사소한 일에 관한 신경과민이나 쉽게 상처받는 현상은, 미국에서는 젊은 폭력배들의 기록이나 신경쇠약증 환자의 병력 기록에서나 볼 수 있다. 그러나 일본에서 이것은 미덕이다. 일본인은 이처럼 극단적인 일을 하는 사람은 많지 않다고 생각할지도 모른다. 그러나 그것은 대부분의 사람이 심각한 일로 여기지 않기 때문이다. 일본의 비평가들은 봇짱을 '신경질적이고 수정처럼 순수하고 옳은 일을 위해서는 끝까지 싸우는 인간'이라고 평한다. 저자 또한 봇짱과 자신을 동일시하고 있다. 사실상 비평가들은 항상 주인공을 작자 자신의 초상화라고 인식한다. 이 소설은 높은 덕에 관한 이야기다. 온을 입은 사람이 자신의 감사는 '100만 원'의 가치가 있다고 생각하고, 그에 알맞은 행위를 함으로써 비로소 채무자의 위치에서 벗어날 수 있음을 이야기하고 있다. 그는 오직 '온전한 인간'에게서만 온을 받을 수 있다.

　봇짱은 화를 내면서 고슴도치의 온과 늙은 유모로부터 오랫동안 받았던 온을 비교한다. 이 노파는 그를 맹목적으로 사랑했다. 노파는 그의 가족이 누구 하나 그의 진가를 인정하려 들지 않는다고 생각했고, 곧잘 과자나 색연필 등 자그만 선물을 살짝 그에게 가져다주었다. 한번은 3원이나 되는 큰돈을 준 일도 있었다. "나에 대한 그녀의 끊임없는 관심은 나로 하여금 뼛속까지 오싹하게 만들었다." 그는 3원을 받아 '모욕'당했지만, 그것을 빌리는 것으로 받아들였다. 그러나 그로부터 몇 년이 지났지만 아직까지도 갚지 않고 있다. 그것은 그가 고슴도치에게 받은 온에 대해 느끼는 감정과 비교하여 독백하고 있듯이, "나는 그녀를 나의 분신처럼 생각한다"라는 이유에서였다.

이 말은 온에 대한 일본인의 반응을 이해하는 실마리가 된다. 아무리 불편한 감정을 가졌더라도 온진恩人이 실제로 자기 자신인 한, 즉 그 사람이 '나의' 계층적 조직 속에서 일정한 위치를 차지하는 사람이든지, 혹은 바람 부는 날 모자를 집어 준 경우처럼 나 자신도 아마 그렇게 했으리라 생각되는 일이든지, 혹은 나를 숭배하는 사람일 경우에 한해서는 일본인은 안심하고 온을 입는다. 그러나 이런 조건에 해당하지 않으면, 그 온은 참기 어려운 고통이 된다. 부채가 아무리 사소할지라도 그것을 불쾌하게 느끼는 것이 훌륭한 태도다.

일본인이라면 누구나 알고 있는 사실이지만, 어떤 경우든 온을 너무 무겁게 생각하면 귀찮은 일이 생긴다. 그 좋은 예가 최근 한 잡지의 '신상 상담' 난에 실려 있다. 미국 잡지의 '실연에 대한 충고Advice to the Lovelorn'에 해당하는 이 난은, 『도쿄정신분석잡지』의 인기 기사다. 거기에 실린 충고는 프로이트적이 아니라 완전히 일본적이다. 제법 나이든 남자가 이렇게 질문했다.

> 저는 아들 셋, 딸 하나를 둔 아버지입니다. 아내는 16년 전에 죽었습니다. 아이들이 불쌍해서 저는 재혼을 하지 않았지요. 그런데 그것을 아이들은 저의 미덕이라 생각했습니다. 지금은 자식들이 모두

결혼을 했습니다. 8년 전 아들이 결혼했을 때, 저는 약간 떨어진 집으로 이사했습니다. 좀 말씀드리기 거북한 이야기지만, 저는 3년 전부터 밤거리 여자(술집에 계약되어 있는 창부)와 관계하고 있습니다. 저는 그녀의 신세타령을 듣고 그녀를 불쌍하게 여겨, 적은 돈을 들여 몸값을 갚아 주고 집에 데려와 예의범절을 가르쳐 식모로 머물게 했습니다. 그 여인은 책임감이 강하고 감탄할 정도로 절약하는 생활을 합니다. 그런데 저의 아들과 며느리, 딸과 사위가 이걸 알고는 저를 남 대하듯 합니다. 저는 자식들을 책망하지 않습니다. 모두 제 잘못이기 때문입니다.

그 여자의 부모가 사정을 알고는, 어쨌든 그녀도 나이가 나이니까, 돌려보내 주었으면 하는 편지를 보내 왔습니다. 저는 그녀의 부모를 찾아뵙고 사정을 털어놓았습니다. 부모는 무척 가난했지만 그녀를 미끼로 돈을 뜯으려는 사람은 아니었습니다. 이미 딸은 죽은 셈 치고 있으니까, 그녀를 이제까지처럼 집에 두어도 괜찮다고 했습니다. 그녀 자신은 제가 죽을 때까지 저의 곁에 있고 싶어 합니다. 그러나 두 사람이 아버지와 딸처럼 나이 차이가 많이 나 때로는 고향으로 돌려보낼 생각을 하기도 합니다. 자식들은 그녀가 재산을 탐낸다고 생각합니다.

저에게는 오랜 지병이 있어 이제 1, 2년밖에는 살지 못할 것 같습니다. 어떡하면 좋을지 가르침을 받았으면 합니다. 마지막으로 말씀드리자면, 그 여자가 이전에 한번 '밤거리 여자'가 된 것은 환경 탓이었습니다. 그 여자는 선량하며 그녀의 부모도 절대로 돈을 바라는 사람은 아닙니다.

회답자인 일본인 의사는, 이것을 노인이 자식들에게 너무도 과중한 온을 입혔기 때문이라고 보고, 이렇게 충고하고 있다.

당신의 사연과 같은 사건은 주위에서 거의 매일처럼 일어나는 일입니다…….

제 의견을 말하기 전에 말씀드리고 싶은 것은, 편지의 내용으로 보면 당신은 저에게서 당신이 원하는 대로의 회답을 받고 싶으신 것 같습니다. 이 점에 대해선 당신에게 약간 반감을 느낍니다. 당신이 오랫동안 독신생활을 견디신 것에는 경의를 표합니다. 그러나 당신은 그 일을 자식들에게 온을 베푼 것으로 여기고, 현재 당신의 행동을 정당화하기 위해 이용하고 있습니다. 저는 이 점이 마음에 들지 않습니다. 당신이 교활한 사람이라는 말은 아닙니다. 단지 당신은 의지가 대단히 약한 분입니다. 만일 당신이 여자를 얻고 싶다면, 자식들에게 여자와 함께 살아야 하는 이유를 명확히 설명해야 했습니다. 독신생활을 계속했다는 이유로 자식들에게 온을 베푼 체하지 말아야 했습니다. 당신이 그 온을 지나치게 강조했으므로, 자식들에게 불평을 듣는 것은 당연한 일입니다. 결국 인간에게 성욕이란 어쩔 수 없는 것이므로, 당신에게 성욕이 이는 것도 어쩔 수 없습니다. 그러나 인간은 욕망과 싸워 이기려고 노력합니다. 당신의 자식들도 분명 당신이 그럴 것이라는 기대를 걸고 있었습니다. 당신의 자식들은 당신이 그들의 머릿속에 그리고 있던 이상적인 아버지에 어울리는 생활을 하리라 기대했기 때문입니다. 그런데 그 기대가 배반당했습니다. 저는 당신의 자식들의 마음을 잘 알 수 있습니다. 물론 그들은 이기적입니다. 그들은 결혼해서 성적인 만족을 얻고 있으면서도, 부친의 욕구를 거부하는 것은 '자기들만 생각하는 짓'입니다. 당신도 이렇게 생각하시겠지요.

그러나 자식들은 그것과 다른 생각(위에 말한 대로)을 하고 있습니다. 이 두 갈래의 생각은 아무래도 일치할 수 없습니다. 당신은 그 여자와 부모가 선량한 사람이라 말하고 있습니다. 그러나 그것은 당신이 그렇게 생각하고 싶기 때문에, 그렇게 생각하고 있을 뿐입니다. 잘 아시는 것처럼 인간의 선악은, 환경에 따라 상황에 따라 달라집니다. 현재 이익을 요구하지 않는다고 '선량한 인간'이라고 단정할 수는 없습니다. 저는 자기 딸을 죽을 날이 가까운 남자의 첩으로 내주고도 잠자코 있는 그 여자의 부모를 바보라고 생각합니다. 그들은 자신의 딸이 첩이 되었다는 사실을 이용해서 얼마간의 돈 아니면 이익을 요구하려 할지도 모릅니다. 그런 일이 없으리라 생각하는 것은 당신의 망상입니다.

자식들이 그 여자와 부모가 재산을 노리고 있지 않은가 하고 걱정하는 것은 무리가 아닙니다. 저도 그럴 거라고 생각합니다. 그 여자는 젊기 때문에 그런 생각이 없을지도 모르지만, 그녀의 부모는 분명히 그런 속셈을 가지고 있을 것입니다.

당신이 취할 길은 두 가지입니다.

① '완전한 인간(완전히 완성되어 무엇 하나 못할 것이 없는 사람)'으로서 그 여자와의 관계를 끊고 깨끗이 정리하십시오. 그러나 이것은 당신에게는 불가능한 일이겠지요. 당신의 인정이 허락하지 않겠지요.

② '범인凡人'으로 돌아가십시오. 체면이나 겉치레를 버리십시오. 그리고 당신을 이상적 인간이라 생각하는 자식들의 환상을 깨뜨려 버리십시오.

재산에 대해서는 빨리 유언장을 만들어 그 여자의 몫과 자식들의 몫을 정해 놓으십시오.

결론적으로 당신은 나이가 많아 필적에서도 알 수 있는 것처럼, 차츰 어린아이가 되어 가고 있다는 사실을 기억하십시오. 당신의 생각은 이성적이라기보다 오히려 감정적입니다. 당신은 그 여자를 시궁창에서 구해 주고 싶다고 말하지만, 실은 어머니 대용으로 그 여자를 차지하고 싶은 것입니다. 어린아이는 어머니가 없으면 살아갈 수 없습니다. 따라서 저는 당신에게 두 번째 길을 선택하실 것을 권합니다.

이 편지는 온에 관해 몇 가지를 말해 준다. 설령 그것이 자녀일지라도 일단 누구에게 과도하게 무거운 온을 입히는 길을 택했다면, 상당한 장애에 부딪힐 각오를 하지 않고서는 자신의 방침을 변경할 수 없다. 그는 그 때문에 고통을 당한다는 사실을 알아야 한다. 또한 자식에게 온을 베풀기 위해 아무리 큰 희생을 치렀다 하더라도, 그것을 이용해서 후일 자신의 목적을 성취하기 위한 수단으로 삼는 것은 용서할 수 없다. 온을 '현재의 행동을 정당화하기 위해' 이용하는 것은 잘못이다. 자식들이 분개하는 것은 '당연한' 일이다. 아버지가 최초의 방침을 지켜나가지 못했기 때문에, 그들은 '배반당한' 것이다. 아버지의 보호가 필요했던 동안 자식을 위해 자기를 희생하고 할 일을 다했으니까, 이제는 장성한 자식들이 특별히 자신을 걱정해 줄 것이라고 생각했다면, 그건 바보스러운 일이다. 자식들은 그 대신 다만 온을 입었다는 사실만을 의식한다. '그들이 반대하는 것은 당연한 일이다.'

미국인은 문제를 이런 식으로 판단하지 않는다. 우리는 어머니를 잃은 자식들을 위해 희생한 아버지는 당연히 만년에 자식들의 따뜻한 보살핌을 받을 자격이 있다고 생각한다. 자식들이 반대하는 것을 당연한 일이라고 생각하지 않는다. 그러나 그것을 금전 거래로 바꿔 본다면 일본인이 생각하는 바를 잘 알 수 있다. 금전 관계에서라면 미국에서도 같은 태도를 찾아볼 수 있기 때문이다. 정식으로 계약을 맺어 자식에게 돈을 빌려주고, 이자까지 물어가며 그 계약을 충실히 지킬 것을 요구하는 아버지가 있다고 쳐 보자. 우리는 틀림없이 그 아버지에게 "자식들이 반대하는 것은 당연한 일이다"라고 말할 것이다. 이처럼 돈을 빌려주는 문제로 바꿔 보면, 우리는 담배 한 개비를 받은 사람이 고맙다고 하지 않고 '수치' 운운하는 이유를 이해할 수 있다.

우리는 일본인 사이에서 누가 누구에게 온을 입혔다고 말할 때 화를 내는 이유를 이해할 수 있다. 우리는 적어도 봇짱이 보잘것없는 빙수 한 그릇의 채무를 그처럼 과대시하는 이유를 이해하는 실마리를 찾을 수 있다. 그러나 미국인은 빙수 가게에서 신세를 진다든지, 어머니를 잃은 자식에 대한 아버지의 오랫동안의 헌신이라든지, '하치'처럼 충실한 개의 헌신 등을 돈을 빌려주는 것과 같은 척도로 재는 것에 익숙하지 않다. 그러나 일본인은 그렇게 한다. 사랑, 친절, 너그러운 마음 등은 미국에서는 부수적인 대가가 요구되지 않기 때문에 존중받는다. 그러나 일본에서는 반드시 대가가 따르게 마련이다. 따라서 그런 행위를 받은 사람은 채무자가 된다. 일본인이 잘 쓰는 속담이 있다. "온을 받는 데에는 더없이 타고난 너그러운 마음이 필요하다."

제6장

만분의 일의 은혜 갚음

온恩이란 부채이기 때문에 갚아야 한다. 그러나 일본에서는 보은을 온과 아주 별개의 범주에 속하는 것으로 생각한다. 일본인은 윤리학에서도, '오블리게이션obligation(義務·恩義)', '듀티duty(義務·任務)' 같은 애매한 단어에서도 볼 수 있듯이 두 개의 범주를 혼동하는 우리의 도덕을 이상하게 여긴다. 그것은 마치 우리가 금전 거래에서 '채무자'와 '채권자'를 구별하지 않는 어떤 부족의 경제 거래를 이상하게 생각하는 것과 같다. 일본인에게 온은 중요하고도 결코 소멸할 수 없는 채무다. 일련의 다른 개념으로 이름 지어진 적극적이고도 지체할 수 없는 변제와는 전혀 다른 세계다. 사람의 채무(온)는 덕행이 아니다. 변제가 덕행이다. 덕은 사람이 적극적으로 보은에 몸을 바칠 때 시작된다.

　미국인이 일본인의 이런 덕행을 이해하기 위해서는, 그것을 우리의 경제 거래와 비교해 보아야 한다. 그 배후에는, 미국의 금전 거래처럼 채무를 이행하지 않으면 여러 제재가 따른다는 사실을 생각하면 이해하기 쉬울 것이다. 경제 거래에서 미국인은, 계약서대로 계약을 이행할 의무가 있다고 생각한다. 우리는 누군가가 자신의 소유가 아닌 물건을 가져갔을 때, 정상을 참작하지 않는다. 우리는 은행에서 빌린 돈을 갚을까 말까를 그때그때의 기분에 따라 결정하는 것을 용납하지 않는다. 게다가 채무자는 최초에 빌린 원금뿐 아니라 이자도 지불해야 한다.

그런데 우리는 애국심이나 가족에 대한 애정은 이것과는 별도의 문제라고 생각한다. 우리에게 애정은 마음의 문제로서, 아무런 조건 없이 베푸는 사랑이 최상의 사랑이라고 생각한다. 애국심 역시 적국이 무력으로 미국을 공격하지 않는 한, 오히려 돈키호테적 충성은 자국의 이익에 별 의미가 없다고 생각한다. 우리는 이것은 잘못을 저지르기 쉬운 인간의 본성과는 양립할 수 없는 것으로 간주한다. 우리는 일본인의 기본적 가정, 즉 모든 사람은 태어남과 동시에 자동적으로 큰 채무를 진다는 관념을 가지고 있지 않다. 그러나 누구나 가난한 부모를 불쌍히 여기고 도와주어야 하고, 아내를 때려서는 안 되며, 자식을 부양해야만 한다고 생각한다. 하지만 이 같은 일은 금전상의 부채처럼 양으로 계산할 수 없으며, 또 사업상의 성공처럼 보상받지도 못한다.

일본에서는 그것을 미국의 채무변제와 아주 흡사하게 여긴다. 따라서 그 배후에 있는 강제력은 미국에서 청구서나 저당 이자 지불의 강제력만큼이나 강력하다. 그것은 선전포고라든가 부모의 중병과 같이 위급한 상황에서만 유의해야 하는 일이 아니다. 그것은 뉴욕 주의 가난한 농부가 저당 때문에 겪는 괴로움이나, 주식을 공매한 후 주가가 상승하는 것을 쳐다보는 월스트리트 재계 인사의 괴로움처럼 항상 따라다니고 있는 그림자이다.

일본인은 양에서나 기한에서나 무제한적인 온에 대한 보답과, 받은 분량과 똑같이 갚고 특정한 기한에 끝나는 보답을, 각기 다른 규칙을 가진 별개의 범주로 나누고 있다. 채무에 대한 한없는 변제는 기무義務라고 불린다. 이에 관해 일본인은, "받은 온의 만분의 일도 결코 갚을 수 없다"고 말한다. 기무는 부모에 대한 보은인 고孝와 천황에 대한 보은인 주忠라는, 두 종류의 의무를 가리키는 명칭이다. 이두 개의 기무는 모두 강제성이 있어 어느 누구도 면할 수 없다. 일본의 초등교육을 기무교육이라 부르는 것은 참으로 적절한 명칭이다. 이 말처럼 '필수'라는 의미를 나타내는 말은 달리 없기 때문이다. 인생의 우발적 사건이 어떤 사람의 기무의 말초적 부분을 다소 수정할수는 있으나, 모든 기무는 자동적으로 모든 사람에게 가중되며, 또일체의 우발적 사정을 초월한다.

이 두 종류의 기무는 모두 무조건적이다. 이처럼 일본은 이런 덕을절대화함으로써 국가에 대한 의무와 부모에 대한 효행이라는 중국적 개념에서 분리되었다. 7세기 이후 중국의 윤리체계가 일본에 들어왔다. 따라서 주와 고는 원래 중국어였다. 중국인은 이런 덕목을무조건적인 것으로는 생각하지 않았다.

중국은 충성과 효성의 조건이자, 충효 위에 서는 또 하나의 덕을요청한다. 그것이 런仁[1]으로, 'benevolence'(자애·박애)라 번역할 수 있다. 이 말은 서양인에게는 좋은 인간관계 일체를 의미한다. 부모는

---

1. 웨이드식 중국어 발음 기호로 jen은 '런'으로 발음된다.

일본인의 의무 및 반대 의무 일람표

1. 온恩 : 수동적으로 입는 의무. 사람이 '온을 받는다', 또는 '온을 입는다', 즉 온이란 수동적으로 그것을 받는 인간의 입장에서 본 경우의 의무다.

  · 고온皇恩=천황으로부터 받는 온
  · 오야노온親の恩=양친으로부터 받는 온
  · 누시노온主の恩=주군主君으로부터 받는 온
  · 시노온師の恩=스승으로부터 받는 온
  · 생애 중에 온갖 접촉에서 다른 사람으로부터 받는 온

  *자기가 누구에게서 온을 받았을 때 자기에게 온을 주는 사람들은 모두 자기의 온진恩人이 된다.

2. 온의 반대 의무 : 사람은 온진恩人에게 '부채를 갚는다', 또는 '의무obligation를 갚는다', 즉 이것은 적극적인 갚음이란 견지에서 본 경우의 의무다.

  A. 기무義務 : 아무리 노력하더라도 결코 그 전부를 갚을 수 없고 또 시간적으로도 한계가 없는 의무obligation다.

  · 주忠=천황·법률·일본국에 대한 의무duty.
  · 고孝=양친 또는 조상(자손까지를 포함)에 대한 의무.
  · 닌무任務=자기의 일에 대한 임무.

B. 기리義理 : 자신이 받은 은혜와 같은 수량만을 갚으면 되고, 또 시간적으로도 제한된 부채.

① 세상에 대한 기리
· 주군主君에 대한 의무duty.
· 근친近親에 대한 의무.
· 타인에 대한 의무. 그 사람에게서 받은 온, 이를테면 돈을 받았거나 호의를 받았거나 또는 일에 도움을 받았거나 협동 노동의 경우에 기인하는 것.
· 먼 친척(아주머니, 아저씨, 조카)들에 대한 의무. 이것은 특별히 이들로부터 온을 받았기 때문이 아니라 공통의 조상으로부터 온을 받았다는 데에 기인하는 것.

② 이름名에 대한 기리 : 이 말은, 'die Ehre'(명예)의 일본식 변형이다.
· 사람으로부터 모욕이나 핀잔을 받았을 때, 그 오명을 '씻는' 의무duty. 즉 보복, 또는 복수의 의무(이 복수는 불법적인 공격이라고 여겨지지 않는다).
· 자신의 실패나 전문적인 일에 대한 무지를 인정하지 않는 의무.
· 일본인의 예절을 다하는 의무. 이를테면 모든 예의 범절을 지킬 것, 신분에 맞지 않는 생활을 하지 않을 것, 함부로 감정을 나타내지 않을 것 등.

런을 가져야 한다. 또한 지배자가 런을 갖추지 못하면 피지배자가 반란을 일으킬 수 있다. 런은 충성의 기초가 되는 조건이다. 천자의 제위를 유지하는 것도 관료가 관직을 유지하는 것도, 런을 베푸는 데서 비롯된다. 중국인의 윤리는 모든 인간관계에 런이라는 시금석을 둔다.

일본은 중국의 이런 윤리체계를 전혀 받아들여지지 않았다. 위대한 일본인 학자 아사카와 간이치朝河貫—[2]는 중세의 양국의 차이점을 다음과 같이 언급한다. "분명히 이런 사상은 일본의 천황제와 맞지 않았다. 따라서 학설로도 그대로 받아들인 적이 한 번도 없었다."[3] 중국의 윤리체계에서 높은 지위를 차지했던 런은 일본에서는 윤리체계 밖으로 추방된 덕목이 되었다. 런은 일본에서는 진이라 발음하는데, 한자는 중국인이 사용한 것과 같다. '진을 행한다', 혹은 그 변형인 '진기仁義를 행한다'는 것은 상류층 사람들 사이에서 결코 덕목으로 요구되지 않았다. 그것은 일본인의 윤리체계에서 완전히 추방되었기 때문에, 어떠한 일이 법의 범위 밖에서 행해지는 것을 의미한다. 자선사업에 기부하거나 범죄인에게 자비를 베푸는 것은 참으로 훌륭한 일이다. 그러나 그것은 어디까지나 특수한 경우이다. 어쨌든 그 행위는 그 사람에게 요구된 행위가 아니었음을 의미한다.

'진기를 행한다'는 말은 또한 '법의 범위 밖'이라는 의미, 즉 무법자 사이의 덕을 말할 때 쓴다. 도쿠가와 시대에 습격과 살인을 일삼

---

2. 1873~1948. 역사학자, 예일대학 교수. 일본과 유럽의 봉건제도 연구로 유명하다.
3. *Kanichi Asakawa, Documents of Iriki(入來院文書), 1929, p. 380, n. 19.

던 무법자들 — 그들은 두 자루의 칼을 차고 허세를 부리던 사무라이와는 달리 한 자루의 긴 칼을 차고 다녔다 — 의 의리가 '진기를 행한다'는 것에 해당한다. 무법자 가운데 한 사람이 다른 무리에 속하는 무법자에게 가서 숨겨 달라고 부탁한 경우, 부탁을 받은 자는 의뢰자의 패거리로부터 장래 복수를 당하지 않는다는 보증을 받고 도피처를 제공해 주었다. 현대에 와서 '진기를 행한다'는 말은 지위가 더욱 격하되었다. 그것은 가끔 처벌해야 할 행위의 하나로 논의의 대상이 된다. 일본의 신문들은 이렇게 논하고 있다. "일반 노동자들은 아직 진기를 행하고 있는데, 이것은 처벌해야 한다. 경찰은 일본 구석구석에서 성행하는 진기 행위를 금지해야 한다." 물론 신문들이 얘기하는 진기는 공갈단이나 폭력조직에서 성행하는 '불량배 간의 의리'를 가리킨다. 특히 현대 일본에서는 소규모 직업소개업자가 전세기 말에서 금세기 초에 걸쳐, 마치 미국 항구의 이탈리아인 직업소개업자padrone처럼 미숙련 노동자와 불법적인 관계를 맺고 도급으로 어떤 사업장에 취업시켜 자기 배를 채울 때, '진기를 행한다'고 한다. 진의 중국적 개념의 타락은 여기에 이르러 극에 도달했다.[4]

일본인들은 이처럼 중국의 체계에서 가장 중요한 덕을 완전히 달리 해석하여 그 지위를 격하시키고 말았다. 그 대신 일본에서는 효행이 무조건적 기무였다. 따라서 효행은 부모가 악덕이나 부정을 저

---

4. *일본인이 '진仁을 안다'는 표현을 할 때는 중국어 용법과 약간 가까워진다. 불교도는 사람들에게 '진을 알라'고 권하는데, 그것은 자비심 깊은 박애를 의미한다. 그러나 일본어 사전에 나와 있듯이 "진을 안다는 것은 행위를 지칭하기보다는 오히려 이상적 인간을 가리키는 말이다."

지른 경우라도 이행해야만 하는 의무가 되었다. 효행은 천황에 대한 기무와 충돌할 경우에만 폐기할 수 있으며, 부모가 존경할 가치가 없다든가 자신의 행복을 깨뜨린다는 이유만으로는 절대로 버릴 수 없었다.

일본의 한 현대 영화에는 어머니가 어느 마을 학교 교사인 결혼한 아들의 돈을 훔치는 장면이 있다. 이 돈은 그 교사가 어린 여학생, 즉 흉년으로 굶어죽을 지경에 놓인 부모가 딸을 사창가에 팔아넘기는 것을 구제하기 위해 마을 사람들로부터 모금한 돈이었다. 교사의 어머니는 자신이 큰 음식점을 경영하여 전혀 궁핍하지 않은데도 불구하고 아들에게서 이 돈을 훔친다. 아들은 어머니가 돈을 훔친 사실을 알고는 자신이 그 책임을 뒤집어쓴다. 그의 아내는 진상을 알고 돈을 잃어버린 데 대한 모든 책임을 지는 유서를 남기고 어린아이와 함께 자살한다.

그 후 사건이 세상에 알려지는데, 이 비극에서 어머니의 역할은 문제시되지 않는다. 효행을 다한 아들은 장래에도 그 같은 시련을 견딜 수 있는 강한 인간이 되기 위해 혼자서 홋카이도北海道로 출발한다. 그 아들은 훌륭한 영웅이다. 이 비극 전체의 책임을 져야 할 인물은 도둑질한 어머니밖에 없다는, 나의 미국적 판단을 일본인 동료는 맹렬히 반대했다. 그가 말하고자 하는 점은 "고는 때때로 다른 덕과 충돌한다. 만일 주인공이 매우 현명했다면, 자존심을 잃지 않고서도 서로 모순되는 덕을 융화할 방도를 발견했을지도 모른다. 그러나 만일 그가 마음속에서나마 어머니를 책망하는 결과를 가져온다면, 자존심을 앞세우는 것은 절대로 용서할 수 없다"라는 것이다.

소설에서도 실생활에서도 결혼한 뒤에 무거운 효행의 의무를 지는 청년의 예는 얼마든지 볼 수 있다. 일부 '모단modern'[5]한 사람들을 제외하고, 양가良家에서는 당연히 부모가 중매인의 소개를 통해 며느리를 선택하는 것이 관습이다. 좋은 며느리를 선택하는 데 신경을 쓰는 사람은 아들이 아니라 그 집의 가족이다. 그것은 단순히 금전 거래가 걸려 있기 때문이 아니라, 며느리는 그 집의 계보 속에 편입되어 아들을 낳아 가계를 영속시키는 사람이기 때문이다.

　흔히 중매인은 우연히 만난 것처럼 꾸며 당사자인 젊은 남녀가 양쪽 부모와 함께 만날 기회를 준다. 이때 두 사람은 서로 말을 주고받지는 않는다. 때로 부모는 자식에게 정략결혼을 시키기도 한다. 그런 경우 여자의 부모는 경제적 이익을 취하고, 남자의 부모는 명문가와 결합함으로써 이익을 얻는다. 또 부모가 여자의 자질이 마음에 들어 선택하는 경우도 있다. 선량한 아들은 부모의 온을 갚아야 하기 때문에, 부모의 결정에 이의를 제기하지 못한다. 결혼한 후에도 보은의 의무는 계속된다. 특히 가계 상속자인 아들은 부모와 함께 생활한다. 시어머니와 며느리가 사이가 좋지 않은 것은 모두가 알고 있는 사실이다. 시어머니는 사사건건 며느리를 괴롭히며 때로는 친정으로 쫓아 버리기도 한다. 가령 아들이 아내와 금슬이 좋아 어떻게든 함께 살고 싶어하는 경우에도 결혼을 취소한다. 일본의 소설이나 일화에는 아내의 고민과 똑같이 남편의 고민을 강조하는 경향이 있다. 남편이 이혼에 굴복하는 것은 물론 고를 행하기 위해서다.

---

5. 일본인의 발음대로 modern을 modan이라 표기하고 있다.

현재 미국에 살고 있는 '모단'한 어느 일본 부인도 도쿄에 살 때, 시어머니에게 쫓겨나서 슬퍼하는 젊은 남편 곁을 어쩔 수 없이 떠나온 임신한 젊은 부인을 자기 집에서 맡은 일이 있었다. 그 여인은 병이 들고 비탄에 빠졌지만 자기 남편을 책망하지는 않았다. 차츰 그 여인은 곧 태어날 아이에게 마음을 쏟았다. 그런데 아이가 태어나자 시어머니는 말없이 순종만 하는 아들을 데리고 와 어린아이를 요구했다. 물론 그 아이는 남편의 가족에 속하기 때문에 시어머니는 아이를 빼앗아 다른 집에 맡겨 기르게 했다.

이처럼 경우에 따라 여러 일이 효행에 포함되지만, 그 모든 일은 부모에게 받은 채무에 대해 자식이 당연히 지불해야 하는 보은이다. 미국에서 이 같은 이야기는, 개인의 정당한 행복에 대한 외부 간섭의 사례다. 일본인은 은혜를 갚아야 한다는 인식이 앞서기 때문에 이것을 '외부'의 간섭으로 보지 않는다. 일본의 이런 이야기는, 미국에서는 대단한 어려움 속에서도 참고 견디며 채권자에게 빚을 다 갚은 정직한 사람의 이야기와도 같다. 그는 정말 고결한 사람, 스스로의 인격을 존중할 권리를 힘써 얻은 사람, 개인적 소망을 기꺼이 희생한 강한 의지의 소유자라는 것을 몸소 증명한 사람이다. 그러나 이 같은 소망의 억압은 아무리 덕 있는 행위로 평가받더라도 가슴속에 울분이 남게 마련이다. 미얀마에서는 싫어하는 것에 대한 속담에서 '화재, 홍수, 도둑, 관리, 악인'을 꼽는 데 비해, 일본에서는 '지진, 벼락, 오야지the Old Man(가장, 아버지)'를 들고 있는 것은 주목할 만하다.

효행은 중국의 경우처럼 몇 세기의 역대 조상이나 그 조상의 모든 후손을 포괄하지 않는다. 일본의 조상숭배는 최근의 조상에 한정되어 있다. 묘석은 누구의 무덤인가를 명확히 하기 위해 매년 글자를 고쳐 쓰지만, 지금 살아 있는 사람들의 기억에서 이미 사라진 조상의 묘석은 치워 버린다. 또한 먼 조상의 위패는 불단에 안치하지 않는다. 일본인은 생생하게 기억에 남아 있는 조상 이외에는 효행을 중시하지 않는다. 그들은 오로지 현재에 집중한다. 많은 저서가 일본인은 추상적 사색이나 현존하지 않는 사물을 머릿속에 그려 내는 것에 흥미가 없다고 논한다. 일본과 중국의 효행관을 대조해 보면, 이 점을 입증하는 좋은 사례가 된다. 그러나 이 효행관의 실질적 중요성은 고의 의무를 현재 살아 있는 사람들에게 한정하고 있다는 점이다.

왜냐하면 중국이나 일본이나 모두 효행은, 자기 부모나 조상에 대한 존경과 복종일 뿐 아니라 그 이상의 것이기도 하기 때문이다. 서양인은 자식을 위한 일체의 수고로움을, 어머니의 본능이나 아버지의 책임감으로 설명하려 한다. 그러나 일본인은 조상에 대한 효성으로 생각한다. 일본은 이 점에 대해, 자신이 받은 사랑과 보호를 자식에게 베풂으로써 조상의 은혜를 갚는다고 단언한다. '자식에 대한 어버이의 의무'를 표현하는 특별한 단어는 없고, 그런 의무는 모두 부모와 조부모에 대한 고 속에 포함된다.

효행은 가장의 어깨에 걸려 있는 수많은 책임을 하나하나 이행하는 것, 즉 아이들을 부양하고, 자식을 교육하고, 재산을 관리하고, 보호가 필요한 친척을 맡고, 기타 모든 일상적 일을 다하는 것을 의미한다. 일본에서는 제도적으로 집안의 범위를 뚜렷이 제한하고 있으므로, 이 기무의 대상이 되는 사람의 수도 분명히 한정되어 있다. 자식이 죽은 경우에는 고의 의무에 따라 자식의 미망인과 그 아들을 부양할 책임을 진다. 또한 남편과 사별한 딸과 딸의 자식을 맡아서 보살피는 경우도 있다. 그러나 과부가 된 조카딸을 맡을 기무는 없다. 만일 그들을 맡는다면, 별개의 기무를 행하는 것이다. 자신의 자식을 양육하고 교육하는 것은 기무다. 그러나 조카를 교육하는 경우에는 법률상 양자로 삼는 것이 보통이다. 조카가 조카의 신분을 유지하고 있다면 조카를 교육할 기무는 없다.

효행은 상대가 가난한 비속卑俗 친족이라면, 존경과 사랑으로 원조를 베풀 것을 요구하지는 않는다. 어떤 가족에게 부양되는 젊은 과부들은, '찬밥 친척冷飯親戚'이라 불린다. 그들은 누구든 그 집안사람이 시키는 대로 해야 하고, 그들의 신상에 관한 어떤 결정에도 순종해야 한다. 그들은 자신의 아이들과 함께 불쌍한 친척이다. 그들이 좀 더 좋은 대우를 받는 일도 있지만, 그것은 그 집의 가장이 좋은 대우를 베풀어야 할 기무가 있기 때문은 아니다. 또한 형제가 서로 간의 의무를 따뜻한 마음으로 수행하는 것도 기무는 아니다. 두 형제의 사이가 매우 나쁘더라도, 동생에 대한 기무를 다했다는 이유로 칭찬받는 사람도 있다.

시어머니와 며느리 사이에는 대단한 반목이 있다. 며느리는 외부 사람으로서 가정에 들어온다. 며느리는 먼저 시어머니의 살림 방식을 배워 만사를 그 방법에 따라 행한다. 대개의 경우 시어머니는 사사건건 며느리가 아들의 아내가 될 자격이 없는 사람이라 주장한다. 또 어떤 경우에는 상당히 강한 질투심을 지니고 있다. 그러나 "미움받는 며느리가 귀여운 손자를 낳는다"라는 일본 속담에도 있듯이, 며느리와 시어머니 사이에는 항상 고가 존재한다. 며느리는 겉으로는 한없이 유순하다. 그러나 세대가 바뀌면 순하고 사랑스럽던 며느리도 이전에 시어머니가 그랬던 것처럼 가혹하고 말 많은 시어머니가 된다. 그 여인들은 젊은 시절에는 반항심을 나타낼 수 없었지만, 그렇다고 해서 정말 순한 사람이 된 것은 아니었다. 그녀들은 만년이되면 이른바 쌓이고 쌓인 원한을 자신의 며느리에게로 향한다. 오늘날 일본의 처녀들은 공공연히 장남과는 결혼하지 않는 것이 좋다고 말한다. 장남과 결혼하지 않으면 위세를 부리는 시어머니와 함께 살지 않아도 되기 때문이다.

'고를 다한다'는 것이 반드시 가정 내에 자애를 실현한다고는 할 수 없다. 어떤 문화에서는 자애가 가족 간의 도덕률의 요점이 되고 있지만, 일본에서는 그렇지 않다. 어느 일본인은, "일본인은 집家을 대단히 존중하기 때문에, 가족 개개의 성원과 서로의 가족적 유대는 그리 존중하지 않는다"[6]라고 썼다. 물론 이 말이 언제나 진실은 아니지만, 일반적 상황을 잘 설명해 주는 말이다. 중요한 것은 의무와 부채를 갚는 것이며, 연장자가 중대한 책임을 맡는다는 것이다. 그러나 이런 책임 가운데 하나는 아랫사람에게 필요한 희생을 반드시 치르게 한다. 그들이 그 희생에 불복한다 하더라도 상황에는 변함이 없다. 그들은 연장자의 결정에 복종해야 한다. 그렇지 않으면 그들은 기무를 태만히 한 것이 된다.

일본 효행의 특징은 가족 구성원 간에 뚜렷한 원한이 나타난다는 것이다. 그러나 효행과 거의 동등하고 중대한 기무인 천황에 대한 충

---

6. *K. Nohara, The True Face of Japan, London, 1936, p. 45.

절에는 원한이 나타나지 않는다. 일본의 정치가들이 천황을 신성한 수장으로 받들고, 세속적 생활로부터 멀리 떨어지게 한 것은 정말로 타당한 조처였다. 일본에서 천황은 전 국민을 통일하여 반감 없이 국가에 봉사하도록 하는 수단으로서 필요했다. 단순히 천황을 국민의 아버지로 삼는 것만으로는 불충분했다. 가정의 아버지는 자식들이 의무를 다해 은혜를 갚기는 하지만, 경우에 따라서는 '대단히 존경받을 수 없는 인물'이기 때문이다. 천황은 일체의 세속적 상황에서 떠난 신성한 수장이어야 했다. 일본인 최고의 덕목인 천황에 대한 충절, 즉 주는 속세와의 접촉으로 더럽혀지지 않는 하나의 환상적인 '선량한 아버지'를 무의식적으로 받들어야 한다.

메이지 초기의 정치가들은 서양 여러 나라를 시찰한 후, 이 나라들의 모든 역사는 지배자와 인민 사이의 투쟁으로 형성되어 있어 일본 정신에는 부합하지 않는다고 판단했다. 그들은 귀국 후 헌법에 천황은 '신성하며 침범할 수 없는' 존재로서, 국무장관의 어떠한 행위에도 책임을 지지 않는다는 조항을 삽입했다. 천황은 책임 있는 국가 원수로서가 아니라 일본 국민 통합의 최고 상징으로서 필요한 존재였다. 사실 천황은 거의 700년간 실권을 지닌 통치자로서 기능을 발휘하지 못했기 때문에, 이제까지처럼 무대 뒤에 머물러 있게 하는 것은 쉬운 일이었다. 단지 메이지의 정치가들이 해결해야 했던 것은, 모든 일본인이 마음속에서 무조건적 최고 덕목인 주를 천황에게 바치도록 하는 일이었다.

봉건 시대의 일본에서 주는 세속적 수장인 쇼군에 대한 의무였다. 이런 긴 역사는 메이지의 정치가들에게, 그들이 목적으로 삼은 일본의 정신적 통일을 성취하기 위해 새로운 상황에서 무엇을 해야 하는가를 가르쳐 주었다. 과거 몇 세기 동안이나 쇼군은 대원수와 최고 행정관을 겸했다. 따라서 모든 사람이 쇼군에게 주를 바쳐야 하는데도 불구하고, 종종 쇼군의 지배권에 반항하여 쇼군을 살해하려는 음모가 되풀이되었다. 쇼군에 대한 충절은 때로는 봉건 군주에 대한 기무와 모순되었다. 더구나 고차원의 충의는 낮은 차원의 충의만큼 강제력을 지니지 못했다. 어쨌든 주군에 대한 충절은 직접 얼굴과 얼굴을 맞대는 주종의 인연을 기초로 한 것이다. 이것과 비교할 때 쇼군에게 바치는 충절이 추상적으로 느껴지는 것도 무리는 아니었다. 더구나 동란 시대에는 번신藩臣들이 쇼군을 쫓아내고 자기의 봉건 영주를 옹립하기 위해 싸웠다.

메이지유신의 선각자와 지도자들은 구중九重 구름 속에 깊숙이 은거하고 있는 천황에게 주를 바쳐야 한다는 구호를 내걸고 1세기에 걸쳐 도쿠가와 바쿠후와 싸웠다. 천황의 풍모는 각자가 원하는 바에 따라 이상화하여 그릴 수 있었다. 메이지유신은 존왕파의 승리였다. 그리하여 1866년은 주를 쇼군으로부터 상징적 천황에게 전환시킨 해이므로, '복고'라고 이름을 붙인 것은 충분한 이유가 있었다. 천황은 이제까지와 마찬가지로 그림자로 물러났다. 천황은 각하들에게 권력을 부여했다. 천황은 스스로 정부나 군대를 지휘하거나 그때그때의 정치 방침을 지령하지 않았다. 지난날처럼 조언자들 — 이전보다는 뛰어난 인물이 뽑혔지만 — 이 변함없이 정무를 담당했다. 실제로 큰 이변이 일어난 것은 정신적 영역이었다. 주는 최고 사제이자 일본의 통일과 무궁함의 상징인 신성한 수장, 곧 천황에 대해 모든 사람이 지불해야 하는 의무가 되었다.

주가 이처럼 쉽게 천황에게로 옮겨진 것은 황실을 태양의 여신[7]의 후예라고 여기는 옛 민간 신화가 도움이 되었다는 것은 말할 필요도 없다. 그러나 이 신성한 신화는 서양인이 생각하는 것만큼 중요하지는 않다. 이와 같은 신화를 부정한 일본의 지식계급도 천황에게 주를 바치는 것에는 의문을 품지 않았고, 신의 후예라는 것을 정말로 믿었던 많은 일반 민중도 서양인과는 다른 방식으로 해석했다. '가미神'는 'god'로 번역되지만, 글자 그대로의 의미는 '머리頭', 즉 계층제도의 정점이다. 일본인은 인간과 신 사이에 서양인처럼 큰 차이를 두지 않는다. 일본인은 누구든 죽으면 가미가 된다. 사실 봉건시대에 주는 전혀 신성을 지니지 않았던 계층제의 우두머리에게 바쳐졌다.

주를 천황에게로 옮길 때 더욱 중대한 역할을 한 것은, 일본 역사의 모든 시기에 걸쳐 유일한 왕실이 왕위를 계승했다는 사실이었다. 서양인이 "왕실의 변함없는 계승이라는 것은 기만이다. 왜냐하면 왕위 계승의 규칙이 영국이나 독일과 합치되지 않기 때문이다"라고 이의를 제기하는 것은 아무런 소용이 없다. 일본에는 일본 특유의 규칙이 있다. 그 규칙에 의하면 황통皇統은 '만세萬世' 일계一系다. 일본은 유사 이래 서른여섯이나 되는 왕조가 교체된 중국과는 달랐다. 일본은 이제까지 여러 가지 변천을 거쳤지만, 그 어떤 변혁에서도 결코 사회 조직이 지리멸렬하게 파괴된 일 없이 항상 불변의 형태로 지켜져 온 나라였다.

---

7. 아마테라스 오미카미天照大神. 일본 황실의 조신祖神. 태양의 여신으로 떠받들어진다.

유신 이전 100년 동안 반도쿠가와反德川 세력이 이용한 것은 이런 논리였지, 천황 후예설이 아니었다. 그들은 계층제의 정점에 서는 사람에게 돌아가는 주는 천황에게만 바쳐야 한다고 주장했다. 그들은 천황을 국민의 최고 사제로 떠받들었지만, 그가 신의 역할을 할 필요는 없었다. 그것이 여신의 후예라는 사실보다 더 중요했다.

근대 일본에서는 주를 개인적인 것으로 만들고, 특히 천황 한 사람에게 바치도록 여러 노력을 기울였다. 유신 후 최초의 천황은 걸출하면서도 스스로 위엄을 구비한 사람이었다. 긴 통치 기간 동안 그는 자신의 몸이 국체國體를 상징하며 신민臣民의 찬양의 대상이 되도록 만들었다. 그는 드물게 대중 앞에 모습을 나타냈는데, 불경이 되지 않도록 온갖 숭배 도구를 준비한 후에 등장했다. 그의 앞에 머리를 숙이는 많은 군중은 숨죽인 듯 고요했다. 그들은 감히 눈을 들어 그를 바라보려 하지 않았다. 높은 곳에서 천황을 내려다볼 수 없도록 2층 이상의 창은 모두 셔터가 내려졌다. 높은 지위에 있는 조언자들을 접견하는 경우에도 마찬가지로 계층적이었다. 천황이 그 위정자를 불러들인다고는 말하지 않는다. 소수의 특별한 권한이 부여된 각하들만이 '배알'의 은총을 입었다. 논쟁의 대상이 된 정치 문제에 관해 천황이 조칙을 내리는 일은 없었다. 조칙은 도덕이나 절약과 검소에 관한 것이든가, 어떤 문제가 결정되었다는 것을 나타내는 지표였을 뿐이다. 따라서 국민을 안심시키려는 의도에서 발표된 조칙이었다. 그가 임종의 자리에 누웠을 때는 일본 전체가 하나의 거대한 사원으로 변했고, 국민은 그의 쾌유를 소원하는 경건한 기도를 드렸다.

천황은 이처럼 여러 가지 방법으로, 국내의 정쟁이 전혀 미치지 않는 곳에 놓인 상징이 되어 있었다. 성조기에 대한 충성이 정당 정치를 초월한 영역에 있는 것과 마찬가지로, 천황은 '침범할 수 없는 것'이었다. 우리는 만일 그것이 인간이라도 온당치 않은 것으로 생각할 정도로 국기를 정중하게 다룬다. 그런데 일본인은 더없는 상징성을 지닌 인간을 철저하게 활용했다. 국민은 공경을 다하고 천황은 거기에 응답했다. 그들은 천황이 '국민을 염려하고 있다'는 것을 알고 황송하여 눈물을 흘렸다. 그들은 '폐하의 마음을 편안케 해드리기 위해' 온몸을 희생했다. 일본처럼 완전히 개인적 유대 위에 입각한 문화에서는, 천황은 국기 따위는 감히 미치지 못하는 충성의 상징이었다. 훈련 중인 교사가 만일 인간의 최고 의무가 조국애라고 말한다면 낙제였다. 그는 천황에 대한 보은이라고 말해야 했다.

주는 신하와 천황의 관계에 이중적 체계를 부여한다. 신하는 위를 향해서는 중간자를 거치지 않고 직접 천황을 우러러본다. 그는 직접적 행동으로 '폐하의 마음을 편안케' 해드리는 데 신명을 바친다. 그러나 신하가 천황의 명령을 받을 때는, 그와 천황 사이에 존재하는 여러 중간자의 손을 거쳐 중계된다. '이것은 천황의 명령이다'라는 말은 주를 환기하는 표현으로서, 아마도 다른 어떤 근대 국가에서도 볼 수 없는 강한 강제력을 지니고 있다. 로리Hillis Lory는 평상시 군대 훈련에서 어떤 사관이 허가 없이는 수통의 물을 마셔서는 안 된다는 명령을 내리고, 연대를 인솔하여 행군한 일을 서술하고 있다. 일본의 군대 훈련은 극한의 상황에서 휴식 없이 사오십 마일을 강행군할 수 있도록 하는 데 큰 중점을 두고 있었다. 이날에는 갈증과 피로로 20명이 낙오했고, 그중 5명이 사망했다. 사망한 병사의 수통을 조사해보니 전혀 손을 대지 않은 채로 있었다. "그 사관이 그런 명령을 내렸다. 그리고 그의 명령은 천황의 명령이었다."[8]

일반 행정에서 주는 죽음에서 납세에 이르는 모든 의무를 수행시키는 강제력이 되었다. 징세관, 경찰관, 지방 징병관은 신민이 바치는 주를 매개하는 기관이다. 일본인의 입장에서는 법률에 복종하는 것은 그들의 최고 의무, 즉 고온皇恩을 갚는 일이다. 이것처럼 미국의 풍습과 뚜렷한 대조를 나타내는 것은 없다. 미국에서는 거리의 정지 신호등에서 소득세에 이르기까지 새로운 법률이 나올 때마다, 그것이 개인의 자유를 침해한다며 온 나라가 분개한다. 연방 법규는 이중으로 의문시된다. 그것은 나아가 각 주州의 입법권을 침해하는 것이 되기 때문이다. 연방 법규는 워싱턴의 관료들이 국민에게 일방적으로 강요하는 것이라는 느낌을 준다. 따라서 많은 시민은 이런 법률에 아무리 반대하더라도, 그 반대가 오히려 그들의 자존심에는 미흡하다고 생각한다.

이런 이유로 일본인은 미국인을 준법정신이 결여된 국민이라고 판단한다. 또한 미국인은 일본인을 민주주의 관념이 결여된 굴종적 국민이라고 판단한다. 양국 국민의 자존심은 각각 다른 태도와 결부되어 있다. 미국에서는 자신의 일은 자신이 처리한다는 태도에 의존하고 있고, 일본에서는 자신이 은혜를 받았다고 생각되는 사람에게 은혜를 갚는 것에 의존하고 있다. 이 두 가지 태도는 모두 난점을 지니고 있다. 미국의 난점은 법규가 국가 전체에 이익이 되는 경우에도

---

8. *Hillis Lory, Japan's Military Masters, 1943, p. 40.

국민의 승인을 얻기가 어렵다는 점이다. 일본의 난점은 무엇보다 어떤 사람의 온 생애를 뒤덮을 만한 큰 부채를 지우기는 어렵다는 점에 있다.

모든 일본인은 어떤 점에서는 법률의 범위 안에서 생활하면서도 자기에게 요구되는 것을 회피할 방법을 궁리하고 있을지도 모른다. 그들은 또한 미국인이라면 결코 칭찬하지 않는 어떤 형태의 폭력이나 직접 행동, 또는 개인적 복수를 칭찬한다. 그러나 이런 유보 조건이나 다른 여러 유보 조건이 강조되더라도, 주가 일본인에게 아직도 큰 지배력을 지니고 있다는 사실에는 변함이 없다.

1945년 8월 14일 일본이 항복했을 때, 세계는 주가 믿을 수 없을 만큼 큰 힘을 발휘한다는 사실을 목격했다. 일본에 관한 경험과 지식을 가진 많은 서양인은 일본이 항복한다는 것은 있을 수 없는 일이라고 여겼다. 아시아 대륙과 태평양 여러 섬 곳곳에 산재한 일본군이 순순히 무기를 버리지는 않을 것이라고 그들은 주장했다. 일본군 대부분은 아직 국지적 패배를 당하지 않았고, 나름대로 전쟁 목적의 정당성을 확신하고 있었다. 또한 일본 본토의 여러 섬도 최후까지 완강히 항전하는 군인들로 가득 차 있었다. 따라서 점령군은 전위 부대가 소부대가 될 수밖에 없는 상황에서, 함포의 사정권을 넘어 진격할 경우 전부 살육당할 위험이 있었다. 전쟁 중 일본인은 어떠한 대담한 일이라도 태연히 해치우지 않았던가! 그들은 호전적인 국민이었다.

일본을 이렇게 분석한 미국인은 주를 계산에 넣지 않은 것이다. 천황이 입을 열자 전쟁은 끝났다. 천황의 목소리가 방송되기 전에 강경한 반대자들은 궁성 주위에 비상선을 치고 정전선언을 저지하려 했다. 그런데 그 선언을 일단 발표한 다음에는 모든 사람이 그것에 승복했다. 만주나 자바의 현지 사령관도, 일본에 있던 도조東條도, 누구 하나 그것을 거역하려 하지 않았다. 미군은 비행장에 착륙하여 정중한 환대를 받았다. 한 외국인 기자가 서술한 바와 같이, 아침에는 소총을 겨누며 착륙했지만, 점심때는 총을 치워 버렸고, 저녁때는 이미 장신구를 사러 외출할 정도였다. 일본인은 이제 평화의 길을 따름으로써 '천황의 마음을 편안케' 해드렸다. 1주일 전까지 그들은 천황의 마음을 편안케 해드리기 위해 죽창으로라도 오랑캐를 격퇴하기 위해 몸을 바치겠다고 했었다.

이와 같은 태도에는 조금도 이상한 점이 없다. 그것을 뜻밖이라고 느낀 것은 인간의 행위를 좌우하는 감정이 얼마나 다양한가를 인정할 수 없었던 서양인뿐이었다. 어떤 사람은 일본은 사실상 절멸할 수밖에 없다고 선언했다. 또 어떤 사람은 일본이 나라를 구할 유일한 길은 자유주의자들이 권력을 잡아 정부를 쓰러뜨리는 것이라고 주장했다. 국민 전체가 총력전으로 싸우는 서양의 한 나라라고 가정한다면 어느 견해도 이치가 통했을 것이다. 그러나 이들의 견해는 일본이 서양과 같은 행동 방침에 따를 것으로 생각했기 때문에 빗나갔다.

몇 달이 지나 평온하게 점령이 이루어진 다음에도 서양의 몇몇 예언자는, 서양과 같은 혁명이 일어나지 않았다든가 '일본인은 패전한 사실을 인식하고 있지 않다'는 이유로 모든 것이 실패했다고 생각했다. 이것은 서양인의 표준에 기초한 훌륭한 서양식 사회철학으로 정당한 것과 알맞은 것을 따진 것에 불과하다. 그러나 일본은 서양이 아니다. 일본은 서양 여러 국가의 최후 방법인 혁명을 이용하지 않았다. 일본은 또한 적국의 점령군에게 불복종 사보타주를 하지도 않았다. 일본은 일본 고유의 강점, 즉 아직 전투력이 남아 있는데도 무조건 항복을 수락한다는 막대한 대가를 주로서 스스로에게 요구하는 능력을 사용했다. 일본인의 입장에서 이것은 틀림없이 막대한 대가를 치른 것이었으나, 그 대신 무엇보다 높이 평가되는 것을 손에 넣었다. 즉, 일본인은 비록 항복 명령이긴 했지만, 명령을 내린 것이 천황이었다고 말할 수 있는 권리를 획득했다. 패전에서도 최고의 법은 여전히 주였다.

제 7 장

기리처럼 쓰라린 것은 없다

일본인이 잘 쓰는 말에 "기리義理처럼 쓰라린 것은 없다"라는 말이 있다. 사람은 기무義務를 갚아야 하는 것처럼 기리도 갚아야 한다. 그러나 기리는 기무와는 종류가 다른 일련의 의무다. 영어에는 기리에 해당하는 말이 없다. 기리는 인류학자가 세계 문화 속에서 찾아낸 여러 가지 별난 도덕적 의무의 범주에서도 가장 드문 것에 속한다. 그것은 특히 일본적인 것이다. 주忠와 고孝는 일본이 중국과 공유하고 있는 덕목이다. 일본은 이 두 가지 개념에 여러 변화를 주기는 했지만, 동양 여러 국가의 도덕적 명령과 어느 정도 동족적 유사성을 지니고 있다. 그런데 기리는 일본이 중국의 유교에서 받아들인 것도 아니고 동양의 불교에서 받아들인 것도 아니다. 그것은 일본 특유의 범주다. 기리를 고려하지 않으면 일본인의 행동 방침을 이해하는 것은 불가능하다. 일본인은 누구나 행위의 동기나 명성, 혹은 본국에서 사람들이 맞닥뜨리는 여러 가지 딜레마에 관해 이야기할 때 반드시 기리를 입에 담는다.

서양인의 입장에서 보면, 기리에는 옛날에 받았던 친절에 대한 답례에서부터 복수의 의무에 이르기까지 서로 이질적인 여러 잡다한 의무(제6장의 일람표 참조)가 복잡하게 포함되어 있다. 일본인이 지금까지 서양인에게 기리의 의미를 설명하려 하지 않았던 것도 무리는 아니다. 일본어 사전에서도 이 말에 합당한 정의를 내릴 수 없었다. 어떤 일본어 사전의 설명 ― 내가 번역한 ― 에 의하면, 기리는 '올바른 도리, 사람이 좇아야만 할 길, 세상에 대한 체면 때문에 본의 아니게 하는 일'이다. 이런 설명으로는 서양인은 기리가 무엇인지 이해할 수 없다. 그러나 '본의 아니게unwillingly'라는 말이 기무와 다른 점을 보여 준다.

기무란 그것이 아무리 곤란한 요구라 하더라도 가까운 혈육이나 조국, 생활양식, 애국심의 상징인 천황에 대해 지고 있는 의무다. 그것은 출생과 동시에 맺어지는 강력한 고삐이기 때문에 사람들이 당연히 해야 하는 의무다. 그것에 복종하는 특정한 행위가 아무리 마음에 내키지 않을지라도, 결코 기무는 '본의 아니게'라고 정의할 수는 없다. 그러나 '기리를 갚는 것'은 내키지 않는 경우가 많다. 채무자로서의 여러 가지 곤란은 기리의 세계에서 극에 달한다.

기리는 전혀 다른 두 가지 종류로 나뉜다. '세상에 대한 기리' ― 글자 그대로는 '기리를 갚는 것' ― 는 동년배에게 온恩을 갚는 의무이다. 또 '이름에 대한 기리'는 대체로 독일인의 '명예die Ehre'와 같은 것으로, 자신의 이름과 명성이 비난으로 더럽혀지지 않도록 하는 의무다. 기무가 태어나자마자 생기는 친밀한 의무의 수행이라면, 세상에 대한 기리는 계약관계의 이행이라고 할 수 있다.

따라서 기리는 법률상의 가족에 대한 일체의 의무를 포함하고, 기무는 직계 가족에 대한 일체의 의무를 포함한다. 법률상의 아버지는 기리의 아버지 곧 의부義父라 불리고, 법률상의 어머니는 기리의 어머니 곧 의모義母라 불린다. 법률상의 형제자매는 각각 기리의 형제, 기리의 자매라 불린다. 이 호칭은 배우자의 혈족 또는 혈족의 배우자에게도 쓰인다. 일본에서 결혼은 가문과 가문 사이의 계약이다. 따라서 평생 상대 가문에 대해 계약의 의무를 수행하는 것이 '기리를 다하는 것'으로 여겨진다. 기리는 이 계약을 맺은 세대 — 어버이 — 에 대한 기리가 가장 무겁다.

그중에서도 가장 무거운 것이 시어머니에 대한 며느리의 기리다. 그 이유는 신부가 자기의 생가가 아닌 다른 집에 가서 살아야 하기 때문이다. 장인·장모에 대한 남편의 의무는 이와는 다르지만, 그 역시 부담스러운 것은 마찬가지다. 남편은 장인·장모가 곤궁할 때는 돈을 빌려주어야 하고, 그 밖에 여러 가지 계약에 따른 책임을 다해야 한다. 어떤 일본인은, "장성한 아들이 어머니를 위해 여러 가지 일을 하는 것은 어머니를 사랑하기 때문이므로, 그것을 기리라고는 할 수 없다. 마음속에서 우러나와 행한다면 그것은 기리가 아니다"라고 말했다. 그러나 사람들은 법률상의 가족에 대한 의무도 세심하게 수행한다. 그것은 어떤 희생을 치르더라도 '기리를 모르는 인간'이라는 무서운 비난을 피해야 하기 때문이다.

법률상의 가족에 대한 의무를 그들이 어떻게 느끼는가 하는 것은, 여자와 같은 방식으로 결혼하는 '데릴사위'의 경우 분명하게 나타난다. 아들이 없는 집안일 경우, 부모는 그 집안의 대를 잇기 위해 딸들 가운데 하나의 데릴사위를 고른다. 데릴사위의 이름은 생가의 호적에서 말소되고 장인의 성을 쓰게 된다. 그는 처가에 들어가서 장인, 장모에게 '기리로義理上' 복종해야 한다. 그리고 죽은 후에는 처가의 묘지에 묻힌다. 이런 것은 모두 보통 결혼한 여자의 경우와 똑같다.

단순히 집안에 아들이 없다는 이유만으로 데릴사위를 맞아들이는 것은 아니다. 때로는 쌍방의 이익을 위한 거래로서 이루어지기도 한다. 이것이 이른바 '정략결혼'이다. 여자의 집안이 가난하기는 하지만 가문이 좋다면 남자는 지참금을 가지고 가는데, 그 대가로 계급적 계층제에서 신분이 상승한다. 혹은 여자의 집안이 부유하여 사위의 교육비를 부담할 능력이 있다면, 사위는 이 은혜를 입는 대신 생가를 떠나 처가에 입적한다. 여자의 아버지는 이런 방법으로 미래에 자기 회사를 책임질 후계자를 고르기도 한다.

어떠한 경우에도 데릴사위의 기리는 특히 무겁다. 일본에서 자신의 성을 바꾸어 다른 집의 호적에 등록한다는 것은 중대한 일이기 때문이다. 봉건시대 일본에서는 전쟁 중에는 설령 그것이 친아버지를 죽이는 결과를 가져온다 하더라도, 의부의 편에서 싸워 자신이 새로운 가문의 일원이라는 것을 입증해야 했다. 근대 일본에서 데릴사위를 삼는 '정략결혼'은 강력한 기리의 강제력을 근거로, 일본인이 설정한 가장 무거운 구속력을 가지고 그 청년을 장인의 사업이나 양가養家의 운명에 옭아맨다. 특히 메이지 시대에는 이런 일이 양쪽 가문 모두에 유리한 경우가 많았다.

그러나 데릴사위가 되는 것에 대한 거부감은 매우 컸다. 일본인의 속담에는 "쌀 세 홉만 있으면 데릴사위가 되지 말라"는 말이 있다. 일본인은 이 거부감을 '기리 때문'이라고 말한다. 미국에 이런 관습이 있다면 미국인은 '남자 구실을 못하기 때문'이라고 하겠지만, 그들은 그렇게 얘기하지 않는다. 어쨌든 기리는 아주 괴로운 일이자 '본의 아닌 일'이다. 따라서 '기리 때문'이라는 표현은 일본인에게는 번거로운 관계를 나타내는 데 적합한 말이다.

기리는 오직 법률상의 가족에 대한 의무만을 말하는 것이 아니다. 숙부와 숙모, 조카들에 대한 의무까지도 같은 범주에 든다. 일본에서는 이와 같이 비교적 가까운 친척에 대한 의무를 고와 같은 계열로 취급하지 않는다. 이것은 일본과 중국의 가족관계의 큰 차이점 중 하나다. 중국에서는 많은 친척이 공동재산에서 자기의 몫을 분배받는다. 일본에서 이들은 기리의, 다시 말하면 '계약상'의 친척이다. 일본인은 도움을 청하는 친척에게 이전에 한 번도 개인적으로 은혜를 베푼 일이 없었다는 사실을 지적한다. 그들을 도와주는 것은 공통된 조상에게 받은 온을 갚는 일이다. 자기 아이들을 보살피는 것 또한 동기는 같지만, 이는 물론 기무에 속한다. 반면 동기는 같을지라도 비교적 인연이 먼 친척에 대한 도움은 기리라고 생각한다. 이들에게 도움을 주는 경우에는 법률상의 가족을 도와줄 때와 마찬가지로 '나는 기리에 걸려들었다'고 말한다.

대다수의 일본인이 법률상의 가족관계에 앞서 생각하는 중대한 전통적 기리는, 영주나 전우에 대한 기리다. 그것은 명예를 생명으로 하는 사람이 상사와 동료에 대해 짊어지는 충절이다. 이 기리의 의무는 수많은 전통 문학작품 속에서 칭송되고 있다. 이것은 사무라이의 덕과 동일시된다.

도쿠가와가 국내를 통일하기 이전의 옛 일본에서, 그것은 때때로 당시의 쇼군에 대한 의무인 주보다 더 크고 소중한 덕으로 생각되었다. 12세기 미나모토源 쇼군이 한 다이묘에게 그가 보호하고 있는, 쇼군에게 적대적인 다이묘를 내놓을 것을 요구했다. 그때 그 다이묘가 쓴 답신은 지금도 보존되어 있다. 그는 그의 기리를 비난한 일에 크게 분노하여, 설령 주의 명예에 어긋나더라도 기리를 배반할 수 없다고 거절했다. 그는 다음과 같이 썼다. "공적인 일은 저로서는 어쩔 수 없는 일입니다. 그러나 명예를 존중하는 무사 간의 기리는 영원한 진리입니다." 그는 기리가 쇼군의 권력을 초월하는 것이라면서, '존경하는 친구에 대한 신의를 배신하는 것'을 거절했다.[1] 이와 같은 사무라이의 뛰어난 덕은 지금도 일본 방방곡곡에 널리 알려져 있다. 그것은 노能[2]와 가부키歌舞伎[3], 가구라神樂[4]로 윤색된 수많은 역사적 민화 속에 담겨 있다.

이들의 이야기 가운데 가장 잘 알려진 것은 위대한 무적의 로닌浪人—주군이 없이 자신의 재능으로 생활하는 사무라이 — 인 13세기의 영웅 벤케이弁慶[5]의 이야기이다. 뛰어난 힘 이외에는 기댈 데가 없었던 벤케이는 사찰에 몸을 숨기고 승려들을 벌벌 떨게 한다. 그는 봉건시대에 어울리는 몸차림 비용을 마련하기 위해 지나가는 사무

---

1. *Kanichi Asakawa, Documents of Iriki, 1929의 인용에 의함
2. 일본의 전통 예능의 하나로 일종의 가무극
3. 일본 특유의 전통 연극. 역사적 사실, 전설 등을 배우가 나와 음악에 맞추어 연기하는 것으로 무용의 요소도 포함된다.
4. 궁정에서 신을 제사지낼 때 연주하는 무악舞樂
5. ?~1189. 가마쿠라 초기의 승려. 미나모토 요시쓰네를 섬겨 이름을 날렸으나 그가 몰락하자 끝까지 섬기다가 죽는다.

라이를 닥치는 대로 베어 죽이고 칼을 빼앗는다. 마침내 그는 애송이처럼 보이는 가냘프면서도 맵시 있는 귀공자와 싸운다. 그런데 이 귀공자는 만만치 않은 호적수였다. 벤케이는 이 청년이 쇼군의 지위를 찾으려는 미나모토 가문의 자손이라는 것을 알게 된다. 이 청년이 바로 일본인들이 사랑하는 영웅 미나모토 요시쓰네源義經[6]이다. 벤케이는 그에게 열렬한 기리를 바치고 그를 위해 수많은 공훈을 세운다.

그러나 결국 그들은 압도적인 적의 세력에 밀려 종자들과 함께 쫓기는 신세가 된다. 일행은 사원을 건립하기 위해 일본 전역을 순례하는 승려로 변장했다. 발각되지 않기 위해 요시쓰네도 일행과 같은 복장을 하고, 벤케이는 그들의 우두머리로 차려입었다. 그들은 길에서 적이 보낸 감시대를 만난다. 벤케이는 사원 건립을 위한 '기부자' 명부를 날조하고 그 두루마리를 꺼내 읽는 시늉을 한다. 적은 그들을 통과시키려 하다가 비천한 몸차림 속에서도 숨길 수 없는 요시쓰네의 귀족적인 기품을 보고는 의심을 품고 일행을 다시 불러 세운다. 그러자 벤케이는 재빨리 요시쓰네를 의심할 수 없도록 방도를 취한다. 그는 사소한 꼬투리를 잡아 요시쓰네에게 욕을 하면서 뺨을 때린다. 적은 완전히 믿는다. 가신이 진짜 요시쓰네를 때릴 수는 없을 것이기 때문이다. 그것은 도저히 생각할 수 없는 기리의 위반이다. 벤케이의 불경한 행위가 일행의 생명을 구한다. 일행이 안전한 지역에 이르자 벤케이는 요시쓰네의 발 앞에 몸을 던지며 자신을 죽여 달라

---

6. 1159~1189. 헤이안平安 말기의 무장. 형 요리토모賴朝와 함께 군사를 일으켜 적군을 전멸시켰으나, 후에 형의 노여움을 사 전국을 유랑하다 죽은 박명의 영웅

고 청한다. 그의 주군은 인자하게도 용서한다.

이처럼 기리가 마음속에서 우러나온 것이고 혐오의 감정에 전혀 더럽혀지지 않았던 시대의 이야기는, 현대 일본이 꿈꾸는 황금시대의 백일몽이다. 이 이야기가 일본인에게 말해 주는 것은, 당시에 기리는 조금도 '본의 아닌' 것이 없었다는 점이다. 만일 기리가 주와 충돌할 경우, 사람들은 당당히 기리에 충실할 수가 있었다. 당시의 기리는 온갖 봉건적 장식으로 치장되어 사랑받는 직접적인 관계였다. '기리를 안다'는 것은 목숨을 바쳐 주군에게 충절을 다한다는 것이다. 주군은 그 대신 가신을 보살핀다. '기리를 갚는다'는 것은 자기가 일체의 신세를 지고 있는 주군에게 목숨까지도 바친다는 것이었다.

이것은 물론 환상이다. 일본 봉건시대의 역사는 전투 중인 상대 다이묘에게 충성을 매수당한 가신이 많았다는 사실을 말해 주고 있다. 더욱 중요한 점은 다음 장에서 알 수 있는 것처럼 주군이 가신에게 무엇인가 모욕을 주었을 경우, 가신이 관례에 따라 자기의 봉직을 버리고 때로는 적과 손을 잡은 일도 많았다는 것이다. 일본인은 복수의 주제를, 죽음을 건 충절과 마찬가지로 흔쾌히 찬양한다. 그리고 이 두 가지는 모두 기리였다. 충절은 주군에 대한 기리였고, 모욕에 대한 복수는 자신의 명예에 대한 기리였다. 일본에서 이 두 가지는 동전의 양면과도 같았다.

그럼에도 불구하고 충성에 대한 옛 이야기는, 현대 일본인에게는 재미있는 백일몽일 뿐이다. 현대에 들어 '기리를 갚는다'는 것은 자신의 주군에게 충성을 바치는 것이 아니라, 온갖 종류의 사람에게 온갖 종류의 의무를 이행하는 일이다. 자신은 하기 싫지만 기리를 행하도록 강제하는 세상의 압력을 표현하는 말이 오늘날에는 많이 있다. 그들은 "나는 오로지 기리 때문에 이 결혼을 결정했다"라든가, "나는 오로지 기리 때문에 저 남자를 채용해야 한다"라든가, "나는 오로지 기리 때문에 저 사람과 만나야 한다"라고 말한다. 그들은 끊임없이 "기리에 얽매여 있다"라고 말한다. 이 표현은 사전에 "I am obliged to it(할 수 없이 해야만 한다)"이라고 번역되어 있다.

그들은 "그는 기리로써 나에게 강요했다"라든가, "그는 기리로써 나를 몰아세웠다"라고 말한다. 이런 말은 다른 관용구처럼, 누군가가 그 사람에게 전에 이러이런 온을 베풀었으니 당연히 그 은혜를 갚아야 한다면서, 그가 원하지 않고 할 생각도 없는 일을 무리하게 강제하는 것을 의미한다. 농촌에서나 작은 상점의 거래에서나 상류 재벌사회에서나, 심지어 일본 내각 안에서도 사람들은 기리로 강요당하고 기리로 압력을 받는다. 구혼자가 장인이 될 사람에게 예부터 맺어 온 양가 사이의 관계나 거래를 들먹이면서 기리를 앞세우는 경우도 있다. 또는 어떤 사람이 농민의 토지를 손에 넣기 위해 이와 같은 수법을 쓰기도 한다. 기리에 몰린 사람은 어떻게든 그것을 들어줘야 한다고 느낀다. 그는 "내가 온진恩人의 편을 들지 않는다면, 나는 세상으로부터 기리를 모르는 인간이라는 비난을 받는다"라고 말한다. 이런 어법은 모두 본의 아니게, 또는 일영日英사전의 표현처럼 "for mere decency's sake(다만 체면 때문에)"에 기리를 행한다는 뜻을 함축하고 있다.

기리의 규칙은 엄밀히 말해 어떻게 해서든 지켜야 하는 갚음의 규칙이다. 그것은 모세의 십계 같은 일련의 도덕규범이 아니다. 기리로 강요당하면, 경우에 따라서는 자신의 정의감을 무시하기도 한다. 일본인은 가끔 "나는 기리 때문에 기義를 지킬 수 없었다"라고 말한다. 또한 기리의 규칙은 이웃 사람을 자신처럼 사랑한다는 것과도 아무런 관계가 없다. 일본인은 사람들이 진심에서 자발적으로 관대한 행위를 하는 것을 요구하지 않는다. 그들은 "만일 그렇게 하지 않으면 사람들로부터 '기리를 모르는 인간'이라 불리고, 세상 사람들 앞에서 수치를 당하게 될 것"이기 때문에 기리를 지켜야 한다고 말한다. 기리를 따라야 하는 것은 세상의 소문이 무섭기 때문이다. 사실 세상에 대한 기리는 때때로 영어에서는 "conformity to public opinion(여론에 따르는 것)"이라고 번역된다. 또한 사전에는 "세상에 대한 기리이기 때문에 할 수 없다"가 "people will not accept any other course of action(세상 사람들은 그 밖의 다른 행동 방식을 승인하지 않을 것이다)"이라고 번역되어 있다.

　'기리의 세계'를 부채를 상환하는 미국인의 생각과 비교해 보면, 일본인의 태도를 이해하는 데 도움이 된다. 미국인은 다른 사람으로부터 편지를 받았다든가 선물을 받았다든가 또는 시의적절한 말을 들었다고 해서, 이자의 지불이나 은행에서 빌린 돈을 꼭 갚아야 하는 경우처럼 엄격한 규정으로 은혜를 갚아야 한다고는 생각하지 않는다. 금전상의 거래에서 변제 불능에 대한 형벌은 파산이며, 그것은 대단히 혹독하다. 그러나 일본인은 어떤 사람이 기리를 갚을 수 없는 경우, 그 사람이 파산했다고 여긴다. 더구나 인생의 모든 접촉은 반드시 이런저런 기리를 초래한다고 생각한다. 그것은 미국인의 입장에서 기리를 초래한다고 생각하지 않고 가벼운 기분으로 하는 사소한 말이나 행동까지 하나하나 장부에 기록해 두는 것을 의미한다. 그것은 복잡한 세상에서 끊임없이 방심하지 말고 걸어 다녀야 한다는 것을 의미한다.

세상에 대한 일본인의 기리 관념과 미국인의 부채 상환 관념 사이에는 또 하나의 유사점이 있다. 기리는 정확히 같은 양으로 갚아야 한다는 점이다. 이 점에서 기리는 기무와 구별된다. 기무는 아무리 애써도 도저히 완전하게는, 아니 완전에 가까운 정도까지도 갚을 수 없는 것이다. 그러나 기리는 무한정한 것이 아니다. 미국인은 이런 보은이 원래의 호의를 무시하는 것이라고 생각하지만, 일본인은 그렇게 보지 않는다. 우리는 매년 두 번씩 모든 가정이 6개월 전에 받은 선물의 보답으로서 무언가를 보내 준다든가, 또는 가정부의 고향 집에서 그녀를 가정부로 채용해 준 데 대한 사례로 여러 가지 물건을 보내오는 일본인의 관습을 이상하게 생각한다. 일본인은 상대방에게 받은 선물보다 더 큰 선물을 보내는 것을 금기시한다. 미국인이 말하는 이른바 'pure velvet(거저 생긴 이익)'을 갖는 것도 결코 명예가 될 수 없다. 선물에 대한 가장 심한 모욕은, 주는 사람이 "피라미 한 마리를 도미 한 마리로 갚는다"라고 하는 것이다. 기리를 갚는 경우도 마찬가지다.

일본인은 가능하면 노력이든 물건이든 서로 주고받은 복잡한 관계를 기록한 장부를 만든다. 마을에서는 이 기록의 어떤 것은 촌장이, 어떤 것은 협동노동work-party의 한 관계자가, 어떤 것은 가정집에서 개인이 보관한다. 장례식에는 '조의금'을 가지고 가는 것이 관습화되어 있다. 그 밖에도 친척은 만장輓章에 쓰는 색깔 있는 천을 가져가기도 한다. 이웃 사람은 일을 돕기 위해 모여 여자들은 부엌일을, 남자들은 무덤을 파고 관을 짜는 일을 한다. 스에무라須惠村에서는 촌장이 이 일을 기록한 장부를 만든다. 그것은 초상집에서는 중요한 기록이다. 그 기록을 보면 동네 사람으로부터 어떤 부조를 받았는지 알 수 있다. 그것은 또한 그 집으로서는, 다른 집에서 초상이 일어날 경우 갚아야 하는 상대의 이름을 기록한 명부이기도 하다. 이런 것은 장기적인 상호의무다. 그 외에도 마을의 장례식이나 여러 가지 축하연 때에는 단기적 상호교환을 한다. 관을 짜는 것을 도와주는 사람은 식사를 대접받는데, 그들은 식대의 일부로 얼마간의 쌀을 상가에 가지고 간다. 그 쌀도 마을의 장부에 기록된다. 축하연의 경우에도 대체로 손님은 술잔치를 위해 약간의 술을 지참한다. 그것이 생일잔치건 장례식이건 또는 모내기건 가옥 건축이건 친목회건, 어떤 경우에도 기리의 교환은 장래의 변제에 대비하여 세밀하게 기록된다.

일본인은 기리에 관해 서양의 채무변제 관례와 비슷한 또 한 가지 관례를 가지고 있다. 그것은 갚는 기한이 늦어질수록 마치 이자가 느는 것처럼 커진다는 것이다. 에크슈타인G. Eckstein 박사는 노구치 히데요野口英世[7]의 전기 자료를 모으기 위해 일본에 가는 경비를 후원해 준 어떤 일본 제조업자와의 관계에서 이 같은 일을 경험했다고 한다. 에크슈타인 박사는 전기를 쓰기 위해 미국으로 돌아와 완성된 원고를 일본에 보냈다. 그러나 받았다는 연락이나 편지가 없었다. 그는 책 속에 무언가 일본인의 기분을 상하게 하는 내용이라도 들어 있는

---

7. 1876~1928. 일본이 낳은 세계적 세균학자

게 아닐까 걱정해서, 몇 번이나 편지를 보냈지만 역시 답장이 오지 않았다. 그런 몇 년 뒤에 그 제조업자가 박사에게 전화를 걸어왔다. 그는 미국에 와 있었다. 그리고 얼마 후 그는 일본 벚나무 수십 그루를 가지고 에크슈타인 박사의 집을 방문했다. 그것은 정말로 대단한 선물이었다. 오랫동안 답례를 하지 못했으므로, 당연히 훌륭한 선물을 할 수밖에 없었던 것이다. 그 일본인은 에크슈타인 박사에게 "분명히 당신은 제가 빨리 답례하기를 바라지는 않았을 겁니다"라고 말했다.

기리에 몰린 인간은 때때로 시간이 흐름에 따라 커진 부채의 변제를 강요당한다. 어떤 사람이 한 상인에게 도움을 청한다. 그 이유는 그가 상인이 소년 시절에 배운 어떤 교사의 조카이기 때문이다. 상인이 젊었을 때에는 그 교사에게 기리를 갚을 길이 없었기 때문에, 그때부터 지금까지 경과된 세월 동안 부채가 점점 불어난 것이다. 그래서 상인은 그 부채를 '세상에 대한 기리로 본의 아니게' 지불해야만 했다.

제 8 장
오명을 씻는다

이름名에 대한 기리義理는 자신의 명성에 오점이 없도록 하는 의무다. 그것은 여러 가지 덕으로 이루어진다. 그 덕 가운데 어떤 것은 서양인에게는 서로 모순되는 것으로 생각된다. 그러나 일본인의 입장에서 보면 그것은 다른 사람에게 받은 은혜를 갚는 것이 아니라는 점, 즉 '온恩의 범위 밖'에 있다는 점에서 충분한 일관성을 지닌다. 그것은 이전에 다른 사람에게 받은 특정한 은의恩義에 구애받지 않고 자신의 명성을 빛내는 여러 가지 행위다. 따라서 그것들은 '분수에 맞는 위치'가 요구하는 잡다한 모든 예절을 계속 지키고, 고통에 임해서는 태연자약한 태도를 나타내며, 전문 직업이나 기능에서는 자기의 명성을 옹호하는 일을 포함한다.

또한 이름에 대한 기리는 비방이나 모욕을 제거하는 행위를 요구한다. 비방은 자신의 명예에 어두운 그림자를 드리우는 것이기 때문에, 어떻게 해서든 벗어 버려야 한다. 그러기 위해서는 명예를 훼손시킨 자에게 복수해야 하는 경우도 있고, 자살해야 하는 경우도 있다. 또한 이 양극단의 중간에는 여러 가지 가능한 행동 방침이 있다.

그러나 일본인은 자신의 명예를 훼손시키는 일을 그저 가볍게 얼굴을 찡그리는 정도로 끝내지는 않는다.

일본인은 내가 여기서 말하는 '이름에 대한 기리'를 지칭하는 특별한 용어를 가지고 있지 않다. 그들은 그것을 단순히 온의 범위 밖에 있는 기리라고 말할 뿐이다. 이 점이 기리를 분류하는 기준이 된다. 세상에 대한 기리가 친절을 갚는 의무이며, 이름에 대한 기리가 주로 복수를 내포하고 있다고 해서, 두 기리를 구별하지는 않는다. 서양의 여러 언어가 양자를 감사와 복수라는 전혀 상반된 범주로 나누고 있다는 사실을 일본인은 분명하게 납득하지 못한다. 타인의 호의에 반응하는 경우와 타인의 경멸이나 악의에 반발하는 경우의 행동을 왜 하나의 덕으로 포괄할 수 없다는 것일까?

일본에서는 그렇게 하고 있다. 훌륭한 사람은 모욕도 그가 받은 은혜만큼이나 강하게 느낀다. 어느 쪽도 그것에 보답하는 것이 도덕적으로 훌륭한 행위다. 그들은 서양인처럼 이 두 가지를 구별하여 한쪽은 침해 행위, 다른 한쪽은 비침해 행위라고 부르지 않는다. 그들의 눈으로 볼 때 어떤 행위가 침해로 인정되는 것은, 그것이 '기리의 세계' 밖에서 행해지는 경우에 한정된다. 사람이 기리를 지키고 오명을 씻는 한, 결코 침해의 죄를 범한 것이 아니다. 단지 빚을 갚아 셈을 치르는 것일 뿐이다. 일본인은 모욕이나 비방이나 패배가 보복되거나 제거되지 않는 한, "세상이 뒤집어졌다"라고 말한다. 훌륭한 사람은 세상을 다시 균형 상태로 되돌려 놓으려고 노력해야 한다. 보복은 인간의 덕행이지, 인간의 본질적인 약점에 기초한 피할 수 없는 악덕이 아니다.

유럽 역사의 어떤 시기에는 이름에 대한 기리가, 일본에서처럼 언어적으로 감사나 충성과 연결되어 있다는 점에서 덕으로 여겨지던 시대가 있었다. 특히 이것은 르네상스 시대의 이탈리아에서 성행했다. 또한 이것은 최성기 스페인의 '스페인의 용기el valor Espanõl'나, 독일의 '명예die Ehre'와도 많은 공통점을 지니고 있었다. 100년 전까지 유럽에서 행해지던 결투의 관습도, 밑바탕에는 이와 대단히 비슷한 동기가 잠재되어 있었다. 일본이든 서양 여러 나라든 자신의 명예에 가해진 오점을 씻어 버리는 덕이 세력을 차지하고 있던 곳에서는, 이 덕의 핵심은 일체의 물질적 의미의 이득을 초월한다는 점에 있었다. 누군가가 그의 재산과 가족과 생명을 '명예'를 위해 희생할수록 덕이 높은 사람으로 여겨졌다. 이 점은 덕의 정의의 일부를 이루어 이 나라들이 항상 제창하는 '정신적' 가치의 밑바탕이 되었다.

그것은 그들에게 큰 물질적 손실을 초래하는 것으로서, 이해득실로 따져 본다면 대체로 시인하기 어려운 일이다. 이런 점에서 이와 같은 명예관과 미국인의 생활에 가끔 나타나는 극단적 경쟁이나 노골적 적대 사이에는 대단히 현격한 차이가 있다. 미국에서는 정치적 또는 경제적 절충을 통한 보유에는 아무런 제한이 없지만, 물질적 이익을 얻거나 유지하려 할 때는 전쟁으로 번지기도 한다. 미국에서 이름에 대한 기리의 범주에 들어갈 만한 명예의 다툼이 일어나는 것은, 켄터키 산속 주민 간의 반목처럼 예외적인 경우로 한정되어 있다.

그러나 이름에 대한 기리와, 어떤 문화에서나 나타나는 기리에 따르는 온갖 적의나 신중한 기다림은 아시아 대륙 특유의 덕이 아니다. 그것은 곧잘 표현되듯이 동양적인 것이 아니다. 중국인이나 태국인,

인도인은 그것을 가지고 있지 않다. 중국인은 모욕이나 비방에 대해 지나치게 신경을 쓰는 것은 '소인小人', 즉 도덕적으로 보잘것없는 인간이라고 생각한다. 일본의 경우처럼 그것은 고결한 이상의 일부가 되지 않는다. 중국에서는 불법적인 폭력을 모욕을 갚는 데 썼다고 해서 올바른 행위가 된다고 여기지 않는다. 그들은 그렇게 신경을 곤두세우는 것을 오히려 조롱거리로 여긴다. 그들은 또한 누구에게서 나쁜 말을 들었을 때 신에게 맹세하면서 그 비방이 그릇되었다는 것을 증명하려고 결심하지도 않는다. 태국인에게서도 모욕에 대한 민감한 반응은 찾아볼 수 없다. 그들도 중국인처럼 비방자를 우롱하는 것을 좋아하지만, 자신들의 명예가 공격받았다고는 생각하지 않는다. 그들은 "상대방이 비인간적이라는 것을 폭로하는 제일 좋은 방법은 상대방에게 져 주는 것이다"라고 말한다.

이름에 대한 기리의 완전한 의의는 그 속에 포함되어 있는 여러 가지 비공격적인 덕을 모두 고려하지 않으면 도저히 이해할 수 없다. 복수는 이름에 대한 기리가 때때로 요구하는 하나의 덕에 불과하다. 이름에 대한 기리는 복수 이외에 조용하고 감추어진 많은 행동을 포함한다. 체면을 소중히 여기는 일본인에게 요구되는 스토이시즘 Stoicism, 즉 자제自制는 이름에 대한 기리의 일부분이다. 여자는 분만할 때 큰 소리를 내어서는 안 되고, 남자는 고통이나 위험에 직면하여 초연해야 한다. 홍수가 마을을 덮칠 때에도 체면을 중시하는 사람은 최소한의 필수품만을 챙겨서 높은 지대로 피난 간다. 그들은 피난을 가면서도 아비규환이나 우왕좌왕, 낭패를 당한 기색이 없다. 추분 무렵 폭풍우가 엄습해 올 때에도 이와 같은 자제가 요구된다.

설령 완전하게 그런 태도를 취할 수는 없다 하더라도, 그런 태도는 일본인의 자존심의 일부가 된다. 그들은 미국인의 자존심은 자제를 요구하지 않는다고 생각한다. 일본인의 자제는 '신분이 높아질수록 책임이 무거워지는 경향noblesse oblige'이 있다. 따라서 봉건시대에는 서민보다 사무라이 계급에서 더 많이 요구되었다. 그러나 이 덕은 사무라이만큼 엄격하지는 않다 하더라도 모든 계급에 통하는 생활 원리였다. 사무라이가 극단적으로 육체적 고통을 초월하기를 요구당한 반면, 서민은 극단적 순종으로 무기를 지닌 사무라이의 공격을 감수해야 했다.

사무라이의 스토이시즘에 대해서는 유명한 일화가 많이 전해진다. 그들은 굶주림에 굴복해서는 안 되었는데, 이것은 일부러 언급할 필요가 없을 정도로 당연한 것이었다. 그들은 굶주려 있을 때에도 식사를 마친 시늉을 해야 한다고 명령받았다. 그래서 그들은 이쑤시개로 이를 쑤셨다. "어린 새는 먹이를 찾아 울지만, 사무라이는 이쑤시개를 물고 있다"는 속담이 있다. 이번 전쟁에서는 바로 이 말이 군대에서 병사들의 격언이 되었다.

또한 그들은 고통에 져서도 안 되었다. 일본인의 태도는, 나폴레옹에게 "다쳤느냐고요? 아닙니다, 폐하. 저는 지금 살해당하고 있습니다"라고 말한 어느 소년병의 대답과 비슷하다. 사무라이는 죽음에 이르기까지 조금도 고통스러운 표정을 보여서는 안 되며, 눈 한 번 깜박이지 않고 고통을 참아내야 한다. 1899년에 세상을 떠난 가쓰勝 백작[1]은 어렸을 때 개에게 물려 불알이 찢어졌다. 그는 사무라이 가문이었으나 집안은 구걸을 할 만큼 아주 가난했다. 의사가 수술하고 있는 동안 그의 아버지는 코앞에 칼을 뽑아 들고 "한마디라도 우는 소릴 내면 무사로서 부끄럽지 않게 널 죽이겠다"라고 말했다.

이름에 대한 기리는 또한 신분에 맞는 생활을 할 것을 요구한다. 만일 이 기리를 잃으면, 그는 스스로를 존경할 권리를 잃는다. 도쿠가와 시대에는 각자가 입고 소유하고 사용하는 모든 것을 일일이 규정한 사치금지법을 자존의 일부로서 수락하는 것을 의미했다. 미국인은 세습의 계급적 지위에 따라 그런 사항까지 일일이 규정하는 법률에 큰 충격을 받았다. 미국에서 자존이란 자기 지위를 향상시키는 것과 밀접한 관계가 있다. 따라서 고정된 절제령은 우리 사회의 근본 자체를 부정하는 것이다. 어떤 계급의 백성은 어린아이에게 이런 인형을 사 주어야 하고, 다른 계급의 백성은 어린아이에게 저런 인형을 사 주어야 한다고 규정한 도쿠가와 시대의 법률은 소름이 끼칠 정도이다.

그러나 우리는 다른 규정에 따라 똑같은 결과를 거두고 있다. 우리는 공장 주인의 아이는 전동열차 세트를 가지고, 소작농의 아이는 수수깡 인형으로 만족하는 것을 비판 없이 승인한다. 우리는 수입의 차이를 인정하고 그 차이를 당연한 것으로 생각한다. 많은 월급을 받는 것은 우리의 자존 체계의 일부가 된다. 인형의 종류가 소득에 의해 제한되어 있더라도 그것은 결코 우리의 도덕관념에 위배되지 않는다. 부자는 고급 인형을 아이에게 사 준다. 일본에서는 부자가 되

---

1. 가쓰 가이슈勝海舟(1823~1899). 메이지 시대의 정치가, 군인. 본명은 가쓰 야스요시勝安芳. 메이지유신 후 해군장관, 백작을 지냈다.

는 것은 의심을 받지만, 합당한 위치를 지키는 것은 훌륭한 일이 된다. 오늘날에도 일본인은 부자는 물론 가난한 사람까지 계층제의 관례를 준수함으로써 자존심을 지키고 있다.

이것은 미국인에게서는 볼 수 없는 덕이다. 프랑스인 토크빌은 앞에서 살펴본 것처럼 1830년대에 쓴 책에서 이 점을 지적했다. 18세기에 프랑스에서 태어난 토크빌은 평등의 원칙 위에 선 미국에 대해 관대한 논평을 가하고 있다. 그렇지만 그는 귀족 제도적인 생활을 잘 알고 있었고 또한 사랑했다. 그의 말에 의하면, 미국은 여러 가지 훌륭한 미덕을 지니고 있지만 진정한 존엄성이 결여되어 있다. "진정한 존엄성이란 항상 너무 높지도 너무 낮지도 않은 자기에게 알맞은 지위를 차지하는 일이다. 따라서 이것은 왕이든 백성이든 누구나 가능한 일이다." 토크빌이라면 계급 차별은 그 자체로는 결코 굴욕적이지 않다는 일본인의 태도를 이해했을 것이다.

여러 민족의 문화를 객관적으로 연구하고 있는 오늘날에는, '진정한 존엄성'이란 민족에 따라 그 내용이 달라진다는 것, 즉 각 민족이 무엇이 굴욕인지 나름대로 규정하는 것을 인정한다. 오늘날 미국인 중에는 일본인에게 자존심을 갖게 하기 위해 어떻게든 미국식 평등주의 원칙을 채용하도록 만들어야 한다고 주장하는 사람들이 있다. 그러나 그것은 자민족 중심주의의 오류를 범하는 것이다. 만일 미국인이 원하는 것이 일본인에게 자존심을 갖게 하는 것이라면, 일본인의 자존심의 뿌리부터 살펴보아야 한다. 우리는 일찍이 토크빌이 인정한 것처럼, 이런 귀족 제도적인 '진정한 존엄성'이 근대 세계에서 소멸하고 있는 대신, 우리가 그보다 훌륭하다고 믿는 또 다른 존엄성이 그 자리를 차지하고 있다는 사실을 인정해야 한다. 일본에서도 반드시 그렇게 될 것이다. 중요한 것은 일본이 오늘날 우리의 기초 위에서가 아니라, 일본의 기초 위에서 자존심을 재건해야 한다는 것이다. 그리고 일본은 그것을 일본 특유의 방법으로 순화시켜 나가야 할 것이다.

또한 이름에 대한 기리는 알맞은 지위에 대한 채무 이외에 다양한 채무를 수행하는 것을 포함한다. 어떤 사람이 돈을 빌릴 때에도 이름에 대한 기리를 저당 잡히는 경우가 있다. 이삼십 년 전만 해도 돈을 빌릴 때 보통 "만일 돈을 갚지 못하면 대중 앞에서 조롱당해도 좋다"라는 문구를 썼다. 다만 실제로 돈을 갚을 수 없다고 해도 문구처럼 조롱거리가 되는 일은 없었다. 일본에는 공개적으로 웃음거리가 되는 관습이 없었다. 그러나 빚을 깨끗이 갚아야 하는 기한인 설날이 다가오면, 빚을 갚을 수 없는 채무자는 '이름을 더럽히지 않기' 위해 자살하기도 했다. 오늘날에도 섣달그믐에는 자신의 명성을 지키기 위해 자살하는 사람이 속출한다.

모든 종류의 직업상 채무에도 이름에 대한 기리가 수반된다. 특별한 사정에 의해 누군가가 많은 사람의 주목을 끌고 비난의 대상이 되는 경우, 일본인은 때때로 무리한 요구를 하기도 한다. 예를 들면, 학교에 화재가 발생해 — 화재에 대한 책임은 전혀 없지만 — 모든 교실에 걸려 있는 천황의 사진이 불탔다는 이유만으로 자살한 교장들이 있다. 천황의 사진을 구해 내기 위해 불타는 학교 건물로 뛰어들다 타 죽은 교사들도 많다. 이들은 죽음으로써 이름에 대한 기리와 천황에 대한 주를 얼마나 중요시하고 있는가를 증명했다. 또한 교육칙어 教育勅語[2]나 군인칙유軍人勅諭[3]를 잘못 읽고는 자살로써 오명을 씻은 사람에 관한 유명한 이야기가 전해지고 있다. 히로히토裕仁[4] 천황의 치세에서도, 자식의 이름을 우연히 히로히토라고 지었다가(일본에서는 천황의 이름을 결코 입에 올리지 못한다) 아이와 함께 자결한 사람이 있었다.

전문가로서의 이름에 대한 기리는 일본에서 대단히 엄격하다. 그 것은 미국인처럼 반드시 고도의 전문적 능력을 갖출 필요는 없다. 교사는 "나는 교사로서 이름에 대한 기리 때문에 그것을 모른다고 말할 수 없다"라고 말한다. 이 말의 의미는 만일 그가 개구리가 무슨 종에 속하는지 모른다 하더라도 아는 체해야만 한다는 것이다. 또한 그 교사가 기껏 몇 년 동안 학교에서 배운 지식으로 영어를 가르친다 해도, 누가 자신의 오류를 정정하려 드는 것은 인정할 수 없다. '교사로서 이름에 대한 기리'가 가리키는 것은, 이와 같은 자기방어의 태도다. 실업가로서 이름에 대한 기리 때문에, 그는 자산 고갈로 위기에 빠져 있다든가 경영 계획이 실패했다는 사실을 누구에게도 알릴 수 없다. 또한 외교관은 기리 때문에 자신의 외교 방침이 실패했다는 사실을 인정할 수 없다. 이처럼 기리의 모든 용법에서는 공통적으로 한 인간과 그가 하는 일을 극단적으로 동일시한다. 그리하여 어떤 사람의 행위나 능력에 대한 비판은 자동적으로 그 사람 자체에 대한 비판이 된다.

---

2. 1890년 메이지 천황의 이름으로 국민 도덕의 근원, 국민 교육의 기본 이념을 명시한 칙어
3. 1882년 메이지 천황이 육·해군에게 준 정신 교육에 관한 칙유
4. 쇼와昭和 천황(재위 1926~1989)의 이름

이와 같은 실패나 무능의 오명에 대한 일본인의 반응과 똑같은 태도는 미국에서도 가끔 볼 수 있다. 우리는 다른 사람에게 나쁜 말을 들으면 미친 듯이 화를 내는 사람이 있다는 것을 알고 있다. 그러나 미국인은 일본인처럼 자기방어에 급급하지는 않는다. 만일 교사가 개구리가 어떤 종에 속하는지 모르더라도 — 가령 자신의 무지를 감추고 싶은 유혹에 빠지는 경우라도 — 본심은 아는 체하기보다는 정직하게 모른다고 하는 편이 훌륭한 태도라고 생각한다. 실업가는 만일 전에 시도해 본 계획이 만족스럽지 못하다면, 새로운 지시를 내리면 된다고 생각한다. 그는 지금까지 자신이 해 온 일이 옳지 않았음을 인정한다고 해서 자존심을 지킬 수 없다고는 생각하지 않는다. 또 만일 자기의 잘못을 인정한다 해도 사표를 내든지 은퇴해야 한다고는 생각하지 않는다. 그런데 일본에서는 자기방어가 대단히 깊은 뿌리를 내리고 있다. 그래서 어떤 사람의 면전에서 직업상의 과오를 지적하지 않는 것이 일반적 예의이며 또한 현명한 태도라고 여긴다.

이와 같은 신경과민은 경쟁에서 진 경우에 특히 두드러진다. 취직할 때 자기 이외의 사람이 채용되었다든가 경쟁시험에 떨어진 사람은, 그런 실패 때문에 '창피를 당한다.' 이런 창피는 강한 자극이 되어 분발의 계기로 작용하는 경우도 있으나, 대개는 의기소침의 원인이 된다. 그는 자신감을 잃고 우울해하거나 화를 내고, 동시에 이 두 가지 상태에 빠지기도 한다. 그는 노력을 하지 않게 된다. 미국인은 특히 그와 같은 경쟁이 우리의 생활 구조 속에서 거둘 수 있는 바람직한 사회적 효과를 일본에서는 거둘 수 없다는 사실을 인식할 필요가 있다.

우리는 경쟁을 '바람직한 일'로 생각하고 크게 의지한다. 심리 테스트는 경쟁이 우리를 자극시켜 최선의 노력을 기울이도록 만든다는 것을 증명한다. 자극은 작업 능력을 향상시킨다. 우리는 혼자서 일할 때, 경쟁자가 있는 경우만큼 성적을 올릴 수 없다. 그런데 일본에서의 테스트 결과는 그 반대의 사실을 보여 준다. 이런 일은 소년기가 끝난 뒤의 시기에 특히 현저하다. 일본의 어린이는 경쟁을 장난처럼 생각하고 대수롭지 않게 여긴다. 반면 청년이나 성인은 경쟁자가 있으면 작업 능률이 뚝 떨어진다. 혼자서 할 때는 비교적 좋은 진보를 보이고 실수가 적고 속도도 빨랐던 피험자가, 경쟁 상대와 함께 하면 자주 틀리고 속도도 늦어진다. 그들은 자기 자신과 비교하여 능률을 측정할 때 가장 좋은 성적을 올렸다. 그러나 다른 사람과 비교하여 측정하는 경우에는 그렇지 않았다.

이 실험을 실시했던 몇몇 일본인 학자는 경쟁 상태에 놓였을 때, 이처럼 성적이 나쁜 이유를 올바르게 분석하고 있다. 그들의 설명에 의하면, 문제를 경쟁으로 해결하려 하면 피험자들은 질지도 모른다는 생각에 마음을 빼앗겨 일이 손에 잡히지 않는다. 그들은 경쟁을 자신에 대한 외부의 공격이라고 민감하게 받아들인다. 여기에서 그들은 종사하는 일에 전념하는 대신 주의력을 자신과 공격자의 관계에 빼앗긴다.[5]

이 테스트를 받은 학생들은 실패한 경우의 치욕에 가장 많은 영향

---

5. *이 테스트의 개요에 대해서는, The Japanese : Character and Morale(등사판)을 참조할 것. 이것은 Ladislas Farago가 Committee for National Morale(9 East 89th Street, New York City 소재)을 위해 작성한 것이다.

을 받는 경향을 보였다. 교사나 실업가가 각각 전문가로서 이름에 대한 기리에 따라 행동하는 것처럼, 그들은 학생으로서 이름에 대한 기리가 명령하는 대로 행동하는 것이다. 시합에 진 학생 선수들 또한 이 실패의 치욕 때문에 상당히 극단적 행동을 했다. 보트 선수는 노를 버리고 보트에 탄 채 분해서 운다. 야구 시합에서 진 팀은 한데 뭉쳐 큰 소리로 마구 운다. 미국에서 그것은 좋지 않은 패자의 태도다. 우리의 예절로는 패자는 당연히 역시 강한 팀이 이겼다며 승복하기를 기대한다. 패자는 승자와 악수하는 것이 예의다. 우리는 아무리 지는 것이 싫다 하더라도, 졌다고 해서 울거나 소리 지르는 사람을 경멸한다.

일본인은 예부터 늘 무엇인가 교묘한 방법을 궁리하여 직접적인 경쟁을 피하려 했다. 일본의 초등학교에서는 경쟁의 기회를 미국인은 생각할 수 없을 정도로 최소한으로 억제하고 있다. 일본의 교사들은 아이들에게 각자 자신의 성적을 올리도록 가르치거나, 다른 아이와 비교하는 기회를 주면 안 된다는 지시를 받고 있다. 일본의 초등학교에서는 학생을 낙제시키지 않는다. 함께 입학한 아이들은 초등학교 교육의 모든 과정을 함께 받고 함께 졸업한다. 성적표에 표시된 학생의 성적 순위는 품행을 기준으로 한 것이지 학업 성적에 따른 것이 아니다. 중학교 입학시험의 경우처럼 도저히 경쟁을 피할 수 없을 때 아이들은 매우 긴장한다. 어느 교사든 불합격 사실을 알고 자살을 시도한 소년의 이야기를 알고 있다.

직접적 경쟁을 최소한으로 억제하려는 이런 노력은 일본인의 생활 전반에서 나타난다. 미국인은 친구들과의 경쟁에서 좋은 성적을 올리는 것을 바람직하게 생각하는 반면, 온에 입각한 윤리에서는 경쟁을 허용할 여지가 아주 적다. 각 계급이 준수하는 규칙을 세밀하게 규정한 일본의 계층제도가 직접적 경쟁을 최소한으로 억제하고 있다. 가족 제도 또한 그것을 최소한도로 제한하고 있다. 제도상으로 아버지와 아들 사이는 미국처럼 경쟁관계에 놓여 있지 않다. 그들은 서로 배척하는 일은 있으나 경쟁하는 일은 없다. 일본인은 미국인 가정에서 아버지와 자식이 자동차를 사용하려고 서로 경쟁하거나, 어머니와 아내의 주의를 끌려고 경쟁하는 것을 보고 놀란 듯 논평을 가한다.

어디서나 볼 수 있는 중개자 제도는 서로 경쟁하는 두 사람이 직접 얼굴을 맞대는 것을 막는 좋은 방법이다. 만일 실패하면 치욕을 느끼게 되는 경우에는 언제나 중개자가 필요하다. 따라서 중개자는 혼담, 구직, 퇴직, 일상적 사무 결정 등 수많은 사항의 알선 책임을 맡는다. 이 중개자가 당사자들에게 상대방의 의향을 전한다. 결혼과 같은 중요한 거래에는 쌍방이 각각 중개자를 내세운다. 그리하여 중개자끼리 자세한 절충을 끝낸 후 각각 자기 측에 보고한다. 이처럼 간접적인 거래를 함으로써, 혹시 직접 이야기하면 이름에 대한 기리 때문에 화를 낼 수도 있는 요구나 비난을 당사자들은 모르고 지나간다. 중개자 또한 이와 같은 공적인 능력을 발휘함으로써 신망을 얻고, 알선에 성공하면 사회의 존경을 받는다. 중개자는 일을 잘 마무리 짓는 일에 자신의 체면을 걸고 있으므로 협상이 원만히 이루어지도록 더욱 노력한다. 중개자는 같은 방법으로 취업하려는 사람을 위해 고용자의 의향을 알아내기도 하고, 퇴직하고자 하는 피고용자의 의사를 고용자에게 전달하는 역할을 하기도 한다.

이름에 대한 기리에 문제가 될지도 모르는 수치를 유발하지 않기 위해 갖가지 예의범절이 규정되어 있다. 이처럼 사태 악화를 최소한으로 그치게 하는 규정은 단지 직접적 경쟁의 경우뿐 아니라 훨씬 넓은 범위에 미치고 있다. 일본인은 주인이 손님을 맞을 때, 좋은 옷으로 갈아입고 일정한 의식으로 반갑게 맞아야 한다고 생각한다. 따라서 농부의 집을 방문했을 때, 농부가 작업복을 입고 있다면 잠시 기다려야 한다. 농부는 적당한 옷으로 갈아입고 적당한 예의를 차리기까지는 손님을 아는 체하지 않는다. 그것은 주인이 손님을 기다리게 한 방에서 옷을 갈아입을 때에도 마찬가지다. 알맞은 옷차림을 하기 전에 그는 그 장소에 있지 않은 것으로 간주된다. 또한 시골에서는 가족이 모두 잠들고 처녀가 침상에 든 깊은 밤에 동네 총각이 처녀를 방문하는 풍습이 있다. 처녀는 총각의 요구를 들어주기도 하고 거절하기도 하는데, 그때 총각은 수건으로 얼굴을 가림으로써 설사 거절을 당해도 다음날 수치를 느끼지 않도록 한다. 이 변장은 처녀에게 누구인지 발각되지 않도록 하기 위한 일은 아니다. 그것은 타조가 모래에 머리를 처박는 것처럼, 뒤에 치욕을 당한 사람이 자신이라고 인정하는 궁지에 빠지지 않으려는 수단에 지나지 않는다. 일본에서는 어떠한 계획이건 성공이 확실해지기 전까지는 될 수 있는 한 다른 사람에게 알려지지 않도록 하는 것이 예절이다. 결혼 중매인의 임무 가운데 하나는 혼약이 이루어지기 전에 장래 신랑신부 될 사람을 대면시키는 일이다. 중매인은 이 대면이 우연한 것으로 여겨지도록 모든 수단을 강구한다. 그 이유는 만약 공개적으로 소개했다가 파혼이라도 되면, 한쪽 집안 또는 양쪽 집안 모두의 명예를 손상시키는 것이 되기 때문이다. 젊은 남녀가 만날 때는 각각 아버지나 어머니 또는 부모가 함께 만나는데, 중매인이 주인 역할을 맡는다. 가장 편리한 방법은 연중행사인 국화전람회나 벚꽃놀이, 또는 이름난 공원이나 유원지에서 일행이 우연히 '만난' 듯이 꾸미는 것이다.

이상과 같은 방법이나 그 밖의 여러 방법을 강구하여 일본인은 실패로 인해 치욕을 당하는 기회를 피한다. 그들은 사람들에게서 받은 오명을 씻는 의무를 대단히 강조하고 있으나, 실제로는 그들이 모욕을 느낄 기회를 가능한 한 차단하도록 일을 처리한다. 이것은 일본과 마찬가지로 오명을 씻는 데 중점을 두는 태평양 여러 섬의 많은 부족과 비교할 때 뚜렷하게 다른 점이다.

원예를 생업으로 하는 뉴기니와 멜라네시아의 문명화되지 않은 여러 민족 사이에서는 화를 낼 수밖에 없는 모욕이 부족 또는 개인의 행동을 촉발하는 원동력이 된다. 부족 차원의 잔치도 이 원동력이 발동하지 않으면 열리지 않는다. 그 방법은 어떤 마을이 다른 마을을 향해, 너희는 가난하기 때문에 겨우 열 명의 손님도 대접할 수 없다, 너희는 구두쇠이기 때문에 따로 토란(태평양 여러 섬에서 널리 주식으로 먹음)이나 야자열매를 감춰 두고 있다, 너희 지도자는 어리석어서 하려고 해도 잔치를 열 수 없다는 등 온갖 욕을 퍼붓는다. 그러면 도전을 받은 마을에서는 호화스러운 과시와 환대로 참석자 전원을 압도함으로써 그 오명을 씻는다. 혼담이나 경제적 거래도 같은 방법으로 이루어진다. 싸움을 할 때도 마찬가지로 활시위에 화살을 재기 전에 서로 끔찍한 욕을 퍼붓는다. 그들은 정말 사소한 일에도 사투를 벌일 것처럼 벼른다. 그것은 강력한 행동 동기가 되며, 이런 동기를 가진 부족은 강한 생활력을 지닌다. 그러나 이들 부족을 예의 바른 민족이라고 말한 사람은 없었다.

일본인은 그 반대로 예의바름의 모범이다. 그러므로 이런 뚜렷한 예의바름은 그들이 오명을 씻을 기회를 얼마나 극단적으로 제한하고 있는가를 평가하는 척도가 된다. 그들은 모욕이 불러일으키는 분노를 더없는 성공의 자극제로 삼고 있지만, 그것을 필요로 하는 사태는 제한하고 있다. 그것은 특별한 경우나 오명을 씻을 수 있는 전통적 수단이 어떤 힘에 의해 방해받고 좌절된 경우에만 일어난다. 이런 자극을 이용해서 일본은 극동에서 지배적 지위를 획득했고, 최근 10년간 영국과 미국을 상대로 전쟁 정책을 실행할 수 있었다. 그러나 모욕에 대한 일본인의 민감성과 치열한 복수심을 설명하는 서양인의 주장 대부분은, 일본보다도 무슨 일에나 모욕을 이용하는 뉴기니의 부족에게 적합한 것이다. 따라서 패전 이후 일본이 취할 행동에 관한 서양인의 예측이 대부분 빗나간 것은, 일본인이 이름에 대한 기리에 가하고 있는 특수한 제한을 인식하지 않았기 때문이다.

일본인은 분명히 예의 바른 국민이지만, 그렇다고 해서 미국인은 비방에 대한 그들의 민감성을 경시해서는 안 된다. 미국인은 매우 가벼운 마음으로 서로 욕을 한다. 그것은 일종의 유희 같은 것이다. 우리로서는 일본인이 왜 아무것도 아닌 말을 그처럼 심각하게 받아들이는지 이해하기 어렵다. 일본인 화가 마키노 요시오가 영어로 써서 미국에서 출판한 바 있는 자서전에는, 그가 '조소嘲笑'라고 해석한 사건에 대한 아주 일본인다운 반응이 생생하게 묘사되어 있다. 이 책을 쓸 때 그는 이미 성년기 대부분을 미국과 유럽에서 보낸 뒤였지만, 이 사건을 마치 고향인 아이치현愛知縣의 시골 읍에 있는 것처럼 강렬하게 느꼈다. 그는 상당한 신분인 지주의 막내아들로서 행복한 가정에서 더없는 사랑을 받으며 자랐다. 그러나 겨우 유년기가 지났을 무렵 어머니는 세상을 떠났고, 얼마 지나지 않아 아버지는 파산하여 부채를 갚기 위해 재산을 몽땅 팔아 버렸다. 일가는 흩어졌다. 그리하여 마키노에겐 자신의 야심을 실현해 줄 돈이 한 푼도 없었다. 그의 야심 중 하나는 영어를 배우는 것이었다. 그는 부근의 미션스쿨에 몸을 의탁하고 영어를 배우기 위해 문지기 일을 했다. 열여덟 살이 되었을 때, 그는 그때까지 두어 개의 읍 외에는 나가 본 일이 없었으나 미국에 갈 결심을 했다.

나는 누구보다도 가장 신뢰하고 있던 선교사 한 분을 찾아갔다. 나는 그 선교사에게 미국에 가고 싶다는 뜻을 털어놓았다. 아마도 유익한 정보를 가르쳐 줄 것이라고 기대했기 때문이다. 그런데 대단히 실망스럽게도 그 선교사는, "뭐야? 너 따위가 미국에 가고 싶다고?" 하면서 소리를 질렀다. 선교사의 부인도 같이 있었는데, 두 사람은 함께 나를 조소했다. 그 순간 내 머릿속에 있는 피가 전부 발끝까지 내려가는 것처럼 느꼈다. 나는 이삼 초 동안 잠자코 그 장소에 서 있었다. 그러고 나서 인사도 하지 않고 내 방으로 돌아왔다. 나는 "만사는 이제 끝났다"라고 자신에게 말했다.
그다음 날 아침 나는 도망을 쳤다. 여기에 그 이유를 써 두고 싶다. 나는 늘 이 세상에서 가장 큰 죄는 '불성실'이라고 믿고 있었다. 더구나 조소처럼 불성실한 것은 없다.

나는 늘 상대의 분노를 용서한다. 곧잘 화를 내는 것이 인간의 본성이기 때문이다. 누가 나에게 거짓말을 한 경우에도 대체로 용서한다. 그 이유는 인간의 성격은 정말 약하고, 곤란에 직면하면 마음을 굳게 가질 수 없어서 누구나 거짓말하는 경우가 많기 때문이다. 나는 또한 누가 나에 대해 근거 없는 소문을 낸다든가 험담을 하는 경우에도 용서한다. 그것은 누구든 쉽게 빠질 수 있는 유혹이기 때문이다.

살인자라도 사정에 따라서는 용서할 수 있다. 그러나 조소만은 전혀 변명의 여지가 없다. 왜냐하면 고의적인 불성실이 아니고서야 죄 없는 인간을 조소할 수 없기 때문이다.

나는 당신들에게 나름대로 두 단어의 정의를 말해 주고 싶다. 살인자 ― 그는 타인의 육체를 살해한 인간이다. 조소자 ― 그는 타인의 혼과 마음을 살해한 인간이다.

혼이나 마음은 육체보다 훨씬 귀한 것이다. 따라서 조소는 가장 큰 죄다. 실제로 그 선교사 부부는 나의 혼과 마음을 살해하고자 했던 것이다. 그래서 나는 마음에 큰 상처를 입었다. 그리고 내 마음은 "왜 '너 따위가'라고 말하는가?"라고 외쳤다.[6]

그다음 날 아침, 그는 지니고 있던 물건을 몽땅 보따리에 싸 가지고 떠났다.

그는 선교사가 돈 한 푼 없는 시골 소년이 화가가 되기 위해 미국에 간다는 사실을 불신한 태도에 의해 자신이 '살해되었다'고 느꼈

6. *Yoshio Makino, When I was a Child, 1912, pp. 159~160. 위의 점은 원문에서 이탤릭체로 표시된 부분이다.

다. 그의 이름에는 그 목적을 수행하지 않고는 도저히 지워질 수 없는 오점이 찍혔다. 선교사에게 '조소'를 받은 이상 그 땅을 떠나서 훌륭히 미국에 갈 능력이 있음을 보여 주는 것 이외에는 다른 방도가 없었다. 그는 'insincerity(불성실)'란 영어 단어를 써서 선교사를 비난하고 있지만, 우리에게는 이 단어가 이상한 느낌으로 다가온다. 우리에게 그 미국인의 놀람은 완전히 'sincere(성실한, 정직한)'한 것으로 생각되기 때문이다. 그러나 그는 이 말을 일본적인 의미에서 쓰고 있다. 일본인은 항상 싸움을 걸 생각도 없으면서 상대방을 업신여기는 사람을 성실하지 못한 인간이라 생각한다. 그런 조소는 무례한 것이며 '불성실'의 증거다.

"살인자라도 사정에 따라서는 용서할 수 있다. 그러나 조소만은 전혀 변명의 여지가 없다." '용서'가 올바른 태도가 아닌 이상, 비방에 대한 유일한 반응은 복수다. 마키노는 미국에 감으로써 그 오명을 씻었다. 복수는 누군가에게 모욕이나 패배를 당했을 때의 '바람직한 대응'으로, 일본의 전통 속에 높은 지위를 차지하고 있다. 서양의 독자를 상대로 책을 쓰는 일본인은 때로는 생생한 비유를 써서 일본인의 복수에 대한 태도를 묘사하고 있다. 일본에서 가장 박애심이 많은 사람 중 하나였던 니토베 이나조新渡戶稻造[7]는 1900년에 저술한 책에서 다음과 같이 쓰고 있다. "복수에는 무엇인가 우리의 정의감을 만족시켜 주는 것이 있다. 우리의 복수 관념은 수학적 능력처럼 엄밀한

---

7. 1862~1933. 사상가, 농학자. 미국·독일에 유학 후 도쿄대학 교수 역임. 국제 평화를 주장. 국제연맹 사무차장으로 활약

것으로서, 방정식의 양 변이 만족되지 않는 한 무언가 못다 한 것이 남은 듯한 느낌을 지워 버릴 수 없다.ᵃ 오카쿠라 요시사부로岡倉由三郎ᵃ는『일본의 생활과 사상』이란 저서에서, 다음과 같이 복수를 일본의 독특한 관습으로 서술하고 있다.

> 일본인의 이른바 심리 특이성의 대부분은 깨끗한 것을 좋아하는 점과, 그것과 뗄 수 없는 불결한 것을 미워하는 태도에 기인한다. 정말로 그렇게밖에는 달리 설명할 길이 없다. 실제로 우리는 집안의 명예든 국가적 긍지든, 거기에 가해진 모욕은 변명을 통해 완전히 씻어 낼 수가 없으며, 본래대로 깨끗해지거나 완전히 치유할 수 없는 오점이나 상처로 여기도록 길들여져 왔다. 일본의 공적·사적 생활에서 자주 접할 수 있는 여러 복수는, 깨끗함을 좋아한 나머지 결벽이 되어 버린 국민이 행하는 아침 목욕 같은 것에 지나지 않는다고 생각할 수도 있을 것이다.[10]

그리고 그는 다시 말을 이어서, "이렇게 하여 일본인은 활짝 핀 벚꽃처럼 상큼하고 아름답게 보이는, 맑고 더러움이 없는 생활을 한다"라고 쓰고 있다. 이 '아침 목욕'은 다른 사람이 당신에게 던진 흙탕물을 씻어 내는 것으로서, 조금이라도 흙탕물이 묻어 있는 동안에는 당신은 훌륭한 인간이 될 수 없다. 일본인은 사람이란 스스로 모욕을

8. *Inazo Nitobe, Bushido : The Soul of Japan, 1900, p. 83.
9. 1868~1936. 영어학자, 릿쿄立教대학 교수 역임. 영어의 기초 교수에 전력함
10. *Yoshisaburo Okakura, The Life and Thought of Japan, London, 1913, p. 17.

받았다고 생각하지 않는 한 모욕을 받을 수 없다거나, 사람을 모욕하는 것은 모욕을 당하는 '당사자의 문제'일 뿐, 다른 사람이 그 사람에게 한 말이나 행동의 문제는 아니라는 것을 가르치는 윤리를 가지고 있지 않다.

일본의 전통은 끊임없이 대중 앞에 복수의 '아침 목욕'의 이상을 내세운다. 무수한 사건이나 영웅 이야기 중에서 가장 인기 있는 것은, 널리 알려진 『47 로닌浪人 이야기』[11]라는 역사물이다. 이런 이야기는 학교 교과서에 수록되고 극장에서 상연되며, 현대 영화로 제작되고 통속 출판물로도 간행된다. 그것은 오늘날 일본의 살아 있는 문화의 일부분이 되었다.

이런 이야기의 대부분은 우연한 실패에 과민하게 반응하는 것이다. 이를테면 어느 다이묘가 3명의 가신에게 어떤 명검의 제작자를 알아맞히게 했다. 세 사람의 의견은 각각 달랐다. 그래서 그 분야의 전문가를 불러오게 되었는데, 무라마사村正가 만든 칼임을 알아맞힌 사람은 나고야 산자名古屋山三뿐이었다. 감정을 잘못한 다른 두 사람은 그것을 모욕으로 느끼고 산자의 목숨을 노리기 시작했다. 두 사람 중 한 사람이 산자가 자고 있는 사이 침입하여 산자의 칼로 그를 찔렀다. 산자는 가까스로 목숨을 건졌으나 산자를 습격한 사람은 그 후에도 복수를 하려고 전력을 다한다. 결국 그는 산자를 죽이고 자신의 기리를 만족시켰다.

---

11. 四十七士, 赤穗義士. 1703년 1월 30일 밤, 주군의 원수인 기라 요시나카吉良義央의 저택을 습격, 복수를 한 47명의 사무라이

다른 이야기들은 자신의 주군에게 보복하는 내용이다. 일본의 윤리에서 기리란 가신이 주군이 죽을 때까지 충성하는 것을 의미한다. 그러나 동시에 주군에게 모욕을 당했다고 느끼면 갑자기 증오의 태도로 돌변하는 것을 의미하기도 한다. 도쿠가와의 초대 쇼군 이에야스의 이야기 가운데 좋은 예가 있다. 이에야스의 가신 한 사람이, 이에야스가 그를 '그자는 생선가시가 목에 걸려 죽을 놈'이라고 말했다는 사실을 전해 들었다. 사무라이의 체면에 관계되는, 품위가 없는 방법으로 죽을 것이라는 비방에는 도저히 참을 수 없었다. 그 가신은 이 모욕을 생애를 통해서, 아니 죽어서도 잊지 말자고 맹세했다. 당시 이에야스는 새로운 수도 에도에서 국내 통일 사업을 진행하고 있었고, 아직 적이 완전히 소탕된 것은 아니었다. 그 가신은 적군의 영주들과 내통하고, 에도에 불을 질러 이에야스를 태워 죽이자고 제안했다. 그렇게 함으로써 그는 자기의 기리를 만족시키고, 이에야스에게 보복할 수 있다고 생각했다. 일본의 충성에 관한 서양인의 논의가 대부분 공론空論임은, 기리가 단순히 충성뿐 아니라 어떤 경우에는 배반을 명령하는 덕이라는 점을 간과한 데 있다. 그들은 "매를 맞은 사람은 모반한다"고 말하지만, 모욕을 당한 사람도 마찬가지다.

역사물에 나오는 이런 두 가지 주제 — 자신이 잘못했음에도 불구하고 옳았던 사람에게 복수하는 것, 설령 상대가 주군이더라도 모욕에는 복수하는 것 — 는 일본문학에서 가장 잘 알려진 상투적인 주제로서, 여러 가지 양상으로 서술되고 있다. 그런데 현대의 신변잡기나 소설, 그리고 실제 사건을 조사해 보면, 일본인은 옛 이야기에서는 복수를 크게 찬양하지만 실제로 복수를 하는 경우는 오늘날 서양 여러 나라와 비슷한 수준이거나 오히려 적다. 이런 사실이 명예에 관한 강박관념이 약해졌다는 의미는 아니다. 오히려 그것은 실패나 모욕에 대한 반응이 공격적이 아니라 방어적인 경우가 점점 많아졌다는 것을 의미한다.

일본인은 여전히 심각하게 치욕을 느끼지만, 그 때문에 싸움을 시작하기보다는 자신의 활동을 자제하는 경우가 더욱 많아지고 있다. 복수의 목적으로 직접 공격을 가하는 것은 법률이 시행되지 않았던 메이지 이전의 시대에 그 가능성이 많았다. 오늘날에 와서는 법·질서가 뿌리를 내리고 예전보다는 훨씬 상호의존적인 경제생활을 영위하기 때문에, 복수는 은밀한 것이 되거나 또는 자신의 가슴에 묻어두는 경향이 많아졌다. 원수에게 똥을 먹인 옛 이야기처럼, 몰래 원수에게 나쁜 장난을 함으로써 은밀히 복수를 하는 경우도 있다. 이 이야기의 주인공은 원수에게 들키지 않도록 교묘하게 좋은 음식 속에 똥을 넣어 대접하고 상대가 알아차리는지 살폈다. 손님은 전혀 눈치채지 못했다. 그러나 이런 종류의 은밀한 공격도 오늘날에는 드물어졌다. 공격은 자기 자신에게 향하는 경우가 많아졌다. 공격을 자기 자신에게 향하는 것에는 두 가지 선택이 있다. 즉, 그것을 '불가능'을 실현하려는 자신을 독려하는 자극으로 이용하든가, 또는 그것 때문에 완전히 마음에 상처를 입든가.

일본인은 실패나 비방, 배척 때문에 상처받기 쉽다. 따라서 타인을 괴롭히기보다는 너무도 쉽게 자기 자신을 괴롭힌다. 최근 수십 년간 일본소설에는 교양 있는 일본인이 빈번히 자아를 잃고 분노를 폭발시키거나, 반대로 극단적인 우울에 빠져드는 모습이 거듭 묘사되고 있다. 이런 소설의 주요 인물은 권태를 느낀다. 매일의 생활에 싫증을 느끼고 가정에 싫증을 느끼고 도시에 싫증을 느끼고 시골에 싫증을 느낀다. 그러나 그것은 마음속에 품은 위대한 목표에 비해 모든 노력이 시시하게 보이는, 원대한 이상 세계에 도달하고자 하는 권태는 아니다. 그것은 현실과 이상 간의 크나큰 괴리에서 생기는 권태는 아니다. 일본인은 중대한 사명을 꿈꿀 때 권태를 잊는다. 그들은 그목표가 아무리 원대한 것일지라도 흔적도 없이 권태를 잊어버린다.

이런 일본인 특유의 권태는 과도하게 상처받기 쉬운 국민 공통의 병이다. 그들은 배척받을지도 모른다는 두려움을 내부로 돌려 스스로를 괴롭힌다. 일본소설에 묘사된 권태는, 현실 세계와 이상 세계의 괴리가 주인공이 경험하는 여러 권태의 기초가 되는 러시아 소설의 권태와는 전혀 다른 심적 상태다. 조지 샌섬George Sansom[12]은 일본인이 현실과 이상의 대립에 관한 감각이 결여되어 있다고 썼다. 그것은 일본인의 권태의 근저를 설명하기 위한 것이 아니라, 일본인이 어떤 철학을 가지고 있고 인생에 어떤 일반적 태도를 가지고 있는가를 설명하기 위해서였다. 서양인의 근본적 관념과 대조를 이루는 이 차이점은, 여기서 문제로 삼고 있는 특수한 경우를 넘어 훨씬 넓은 범위에 미친다. 그것은 일본인이 자칫 빠지기 쉬운 우울과 특히 깊은 관련을 가지고 있다.

일본인은 러시아인처럼 소설 속에서 곧잘 권태를 묘사하는 국민

---

12. 1883~1965. 영국의 외교관, 일본학 학자. 일본에서 외교관으로 근무하면서 일본의 언어·역사를 연구했다.

이다. 이 점에서 그들은 미국인과 뚜렷한 대조를 보인다. 미국의 소설가는 이런 주제를 다루는 일이 별로 없다. 미국의 소설가는 작중 인물의 불행을 성격적 결함이나 험한 세상의 풍파 때문이라고 생각하고 그 원인을 추구하지만, 순수한 권태를 묘사하는 경우는 드물다. 어떤 사람이 주위와 잘 어울리지 못한다는 사실을 표현할 경우, 소설가는 상세하게 그 원인을 묘사하고 독자가 주인공의 성격적 결함이나 사회질서 속에 존재하는 해악에 도덕적 비난을 하도록 유도한다. 일본에도 프롤레타리아 소설이 있어, 비참한 도시 생활이나 고기잡이 배 위에서 벌어지는 무서운 사건을 고발하기도 한다. 그러나 일본의 성격 소설은 어떤 저자가 말한 것처럼, 사람들의 감정이 대개 마치 바람에 날리는 독가스처럼 솟아오르는 세계를 폭로하고 있다.

작중 인물이나 작가도 어두운 구름의 원인을 추구하기 위해, 주변 상황을 분석하거나 주인공의 경력을 분석할 필요성을 인정하지 않는다. 그것은 변덕스럽게 나타났다가 사라진다. 그들은 상처받기 쉽다. 그들은 옛 이야기의 주인공이 적에게 가했던 공격을 내면으로 돌린다. 그리하여 그들의 우울은 뚜렷한 원인이 없는 것처럼 생각된다. 우울의 원인으로 어떤 사건을 지목하는 경우도 있으나, 그 사건은 단순한 상징에 지나지 않는다는 기묘한 인상을 남긴다.

현대 일본인이 자기 자신에게 행하는 가장 극단적인 공격 행위는 자살이다. 그들의 신조에 따르면, 자살은 적절한 방법으로 행한다면 자신의 오명을 씻고 죽은 후 평판을 회복하는 역할을 한다. 미국에서는 자살을 죄악시하여 절망에 자포자기하여 굴복한 것으로 치부하지만, 자살을 존경하는 일본인에게는 명확한 목적을 지니고 행하는 훌륭한 행위가 된다. 자살이 이름에 대한 기리에서 당연히 선택할 수밖에 없는 가장 훌륭한 행동 방식이 되는 경우도 있다. 설날에 빚을 갚지 못해 자살하는 채무자, 어떤 불운한 사건에 책임을 지고 자살하는 관리, 끝내 이루지 못할 연애를 동반자살로 성취하는 연인, 정부의 대중국 전쟁 지연 정책에 죽음으로 항의하는 지사 등은, 시험에 낙제한 학생이나 포로가 되지 않으려는 병사와 마찬가지로 최후의 폭력을 자기 자신에게 가하고 있는 것이다. 두세 명의 일본인은 저서에서, 자살 경향은 일본에서는 새로운 것이라고 서술하고 있다. 과연 그럴까? 쉽게 단정할 수 없지만, 통계로 보면 최근의 관찰자는 그 빈도를 과장하는 경향이 있다.

지난 세기의 덴마크나 나치 이전의 독일은 일본의 어느 시대보다 자살자 수가 많았다. 그러나 일본인이 자살의 주제를 애호한다는 것은 확실하다. 일본인은 미국인이 범죄 사건을 크게 떠들어대는 것처럼 자살 사건을 크게 떠들어대고, 미국인이 범죄에서 느끼는 대리 경험의 즐거움을 자살에서 느낀다. 일본인은 다른 사람을 살해하는 사건보다 자신을 죽이는 사건을 화제에 올리기를 좋아한다. 베이컨의 말을 빌리면, 일본인은 자살을 그들이 제일 좋아하는 'flagrant case(중대한 사건)'로 친다. 그것은 다른 행위를 논해서는 충족되지 않는 어떤 요구를 충족시킨다.

또한 현대 일본에서 자살은 봉건시대의 역사물에 나오는 자살에 비해 더욱 자학적이다. 이런 이야기 속의 사무라이는 명예롭지 못한 처형으로부터 몸을 지키기 위해 공적 명령으로 스스로 목숨을 끊었다. 그것은 서양에서 적국의 군인이 교수형보다는 총살을 원하고, 또는 적에게 사로잡혀 고문당하지 않기 위해 자살하는 것과 같다. 무사에게 하라키리服切[13]가 허락되는 것은, 죄를 추궁당하여 명예가 떨어진 프로이센 장교에게 때때로 비밀리에 권총 자살이 허락되는 것과 같다. 프로이센 장교의 경우, 당국자는 장교가 그 방법 외에는 명예를 지킬 희망이 사라졌다고 확신하면 거실 테이블 위에 한 병의 위스키와 권총을 얹어 놓는다. 일본의 사무라이도 마찬가지로, 그런 사정으로 스스로 목숨을 끊는 것은 단지 수단의 선택에 지나지 않는다. 죽음은 피할 수 없는 운명이었다.

그런데 근대에 자살은 죽음의 선택이다. 사람은 때때로 다른 사람을 살해하는 대신 자기 자신에게 폭력을 가한다. 봉건시대에는 용기와 결단의 최후 표명이었던 자살 행위가 오늘날에는 스스로 선택한 자기 파멸이 되었다. 최근 오류십 년간, 일본인은 '세상이 뒤집어졌다'고 느꼈을 때, '방정식의 양변'이 맞지 않는다고 느꼈을 때, 더러움을 씻어 내기 위해 '아침 목욕'이 필요하다고 느꼈을 때, 타인을 해치는 대신 스스로를 해치는 일이 점점 더 많아졌다.

승리를 자신의 편으로 이끌기 위해 최후 수단으로 이용하는 자살 — 이것은 봉건시대뿐 아니라 현대에도 행해지는데 — 까지도 이런 방향으로 변해 왔다. 도쿠가와 시대에 바쿠후의 고문관이었던 쇼군의 늙은 스승이, 고문관 일동과 쇼군직 대행자 앞에서 옷을 걸어 살을 드러내고 언제든지 하라키리를 할 자세로 시위했다는 이야기가 있다. 그는 하루 종일 자살 위협을 계속함으로써, 결국 자신이 추천

---

13. 스스로 배를 칼로 갈라 자살하는 것. 할복割腹

한 후보자에게 쇼군직을 계승시켰다. 그는 목적을 관철했기 때문에 자살하지 않았다. 서양식으로 말하면 이 쇼군의 스승은 반대파를 협박한 것이다. 그런데 현대에 들어 항의를 위한 자살은, 협상이 아니라 자기주장에 대한 순교적 행위이다. 그것은 어떤 목적 달성에 실패한 뒤나 이미 체결된 협정, 이를테면 해군군비축소조약에 반대한 자로서 이름을 기록에 남기기 위해 행해진다. 그것은 자살의 위협이 아니라 실제로 결행함으로써 여론에 영향을 미치기 위해 연출된다.

이처럼 이름에 대한 기리가 위협을 받을 경우, 공격을 자신에게 행하는 경향은 점차 강해지고 있다. 그렇다고 해서 항상 자살이라는 극단적 수단만을 취한다고는 할 수 없다. 내면을 향한 공격이 단지 우울과 무기력, 교육받은 계급의 일반적 풍조였던 일본인 특유의 권태에 지나지 않는 경우도 있다. 이와 같은 분위기가 왜 이 계급 사이에 널리 퍼졌는가에 대해서는 충분한 사회학적 이유가 있다. 지식계급이 과잉 배출되자 그들은 계층제 속에서 매우 불안정한 위치를 차지하게 되었다. 따라서 그들 중 자신의 야망을 충족시킬 수 있는 사람은 극소수에 불과했다. 더욱이 1930년대에 당국이 인텔리계급을 '위험 사상자'로 의심하고 감시하자 그들은 이중으로 마음에 상처를 입었다. 일본의 지식인들은 그들의 좌절을 일본의 서구화가 초래한 혼란에서 온 것이라 했지만, 이 설명은 별로 설득력이 없다.

많은 지식인이 열렬한 헌신에서 극단적 권태로 심리적 난파 상태를 경험한 것은, 일본의 전통적 방식에 따른 것이었다. 1930년대 중반, 그들의 대다수가 그런 상태에서 벗어난 방법 또한 전통적이었다. 그들은 국가주의적 목표를 세우고 공격의 방향을 내면에서 다시 밖으로 돌렸다. 다른 나라를 전체주의적으로 침략함으로써 그들은 다시금 '자신을 발견할 수'가 있었다. 그들은 불쾌한 기분에서 벗어나 자기 속에 새로이 큰 힘을 느꼈다. 그들은 개인적인 관계에서는 그렇게 하지 못했으나 정복 민족으로서는 그렇게 할 수 있다고 믿었다.

그런데 이번 전쟁의 결과로 그 신념이 틀렸다는 것이 입증된 현재, 다시금 이런 무기력이 일본에서 큰 심리적 위협이 되고 있다. 일본인은 의도가 어떻든 쉽사리 이 무기력을 극복할 수 없다. 그것은 대단히 깊이 뿌리를 내리고 있다. 도쿄의 한 일본인은 다음과 같이 말했다. "더 이상 폭탄이 떨어질 걱정이 없어 정말 안심이다. 그런데 전쟁이 끝나자 모든 목적이 없어지고 말았다. 모두 어리둥절해하고 아무것도 할 일이 없는 듯하다. 나도 그렇고 내 아내도 그렇고, 국민 전체가 입원 환자와도 같다. 우리는 모두 무엇을 하든 일이 손에 잡히지 않고 어리둥절할 뿐이다. 사람들은 전쟁 후 정부의 뒤처리나 구제 사업이 지지부진하다고 불평하지만, 나는 그 이유가 관리도 우리와 같은 기분에 빠져 있기 때문이라고 생각한다." 일본인의 허탈 상태는 해방 후 프랑스에서 나타났던 것과 같은 종류의 위험이다. 항복 후 처음 6, 7개월간 독일에서는 그것이 문제가 되지 않았다. 그러나 일본에서는 문제가 되고 있다.

미국인은 이와 같은 일본인의 반응을 충분히 이해할 수 있다. 그런데 우리가 정말로 믿을 수 없는 것은, 이런 태도와 함께 일본인이 전승국에게 친선을 나타내고 있다는 점이다. 전쟁이 끝남과 동시에 일본인은 매우 호의적으로 패전의 결과 일체를 받아들였다. 미국인을 따뜻한 인사와 웃음으로 맞아들였고 손을 흔들어 환영했다. 이들은 침울하거나 분노하고 있지 않았다. 항복을 고한 천황의 조서 속의 표현을 빌린다면, "감당할 수 없는 어려움을 감당하고, 참을 수 없는 어려움을 참는" 것이었다. 그렇다면 어찌하여 그들은 국내를 정리하는 일에 힘쓰려 하지 않는가? 점령의 조건 속에 일본인은 그것을 할 기회가 부여되어 있었다. 마을마다 외국 군대가 점령하고 있는 것이 아니었고, 행정권은 여전히 그들의 손에 남아 있었다. 그런데도 그들은 해야 할 일을 버려 두고 연합군에게 환영의 뜻을 표하기 위해 웃음을 짓고, 손을 흔드는 일에 전념하고 있는 듯이 보였다. 그러나 이 국민이야말로 메이지 초년에 국가 재건의 여러 기적을 성취하고, 1930년대에 정력을 쏟아 군사적 침략 준비를 했으며, 태평양 섬들에 진격하여 용맹하게 싸운 국민이었다.

실제로 일본인은 조금도 변하지 않았다. 그들은 일본인적인 반응을 보이고 있었던 것이다. 기분의 변화에 따라 열정적 노력과 단순한 무기력 사이를 움직이는 것이 일본인의 본성이다. 일본인은 지금은 패전국으로서의 명예를 옹호하는 데 모든 뜻을 집중하고 있다. 그래서 연합국에게 우호적 태도를 취함으로써 그 목적을 달성할 수 있다고 생각한다. 그 필연적 귀결로서 대부분의 일본인은, 무엇이든 연합국에게 내맡기는 태도를 취하는 것이 그 목적을 가장 안전하게 달성할 수 있는 길이라고 생각한다. 따라서 "무엇을 해도 안 될 테니 잠시 걸음을 멈추고 형세를 관망하는 것이 제일이다"라는 생각을 쉽게 갖는다. 무기력은 확산되어 간다.

그러나 일본인은 결코 무기력을 좋아하지 않는다. "무기력에서 벗어나자", "다른 사람을 무기력에서 벗어나게 하자"라는 말은, 일본에서는 끊임없이 쓰이는 좋은 생활 구호다. 전시에도 라디오 방송 진행자는 자주 이런 말을 입에 담았다. 일본인은 그들의 방법으로 무기력과 싸운다. 1946년 봄, 일본의 신문은 '세계의 눈이 우리를 주목하고 있는데도' 아직도 폭격으로 인한 아수라장을 정리하지 못하고 아무런 공익사업도 벌이지 못하고 있는 것이 일본의 체면을 얼마나 손상시키는 일인가를 끊임없이 논하고 있다. 또는 집 없는 가족이 밤에 정거장에 모여 잠을 자는 부끄러운 모습을 미국인의 눈앞에 드러내는 것을 비난했다. 일본인에게는 이와 같이 명예심에 호소하는 비평이 가장 설득력이 있다. 일본인은 장래 다시 한번 하나의 국가로서 국제연합 안에서 중요한 위치를 획득하기 위해 최대의 노력을 경주하기를 원하고 있다. 그것 역시 명예 회복 노력이 새로운 방향으로 바뀐 것에 불과하다. 장래에 만일 강대국 간의 평화가 실현된다면 일본은 이 자존심 회복의 길을 걸을 것이다.

일본인의 영원불변의 목표는 명예다. 타인에게 존경을 받는 것은 필수적인 일이다. 이 목적을 위해 쓰이는 수단은 그때그때의 사정에 따라 취해지기도 하고 버려지기도 하는 도구일 뿐이다. 일본인은 태도의 변경을 서양인처럼 도덕의 문제라고는 생각하지 않는다. 우리는 '주의主義'에 열중하고, 이데올로기적 신념에 열중한다. 우리는 설령 싸움에 지더라도 여전히 전과 같은 생각을 계속 갖는다. 전쟁에 패한 유럽인은 어느 나라에서나 무리를 지어 지하운동을 계속했다. 소수의 완강한 저항자를 제외하고 일본인은 미국 점령군에게 불복종운동을 하거나 지하운동을 할 필요를 인정하지 않았다. 일본인은 낡은 주의를 고수할 도덕적 필요성을 느끼지 않았다. 점령 초기부터 미국인은 혼자서 만원 열차를 타고 일본 오지를 여행해도 위험을 느끼지 않았으며, 이제까지 국가주의에 굳어져 있던 관리들에게 정중한 환대를 받기도 했다. 아직까지 복수가 이루어진 일은 한 번도 없었다. 우리의 지프가 마을을 지나면 길가에는 어린아이들이 나란히 서서 "헬로", "굿바이" 하고 소리 지른다. 그리고 혼자서 손을 흔들수 없는 갓난아이는 어머니가 아이의 손을 쥐고 미군을 향해 흔들어준다.

패전 후 일본인의 이런 갑작스러운 전향은 미국인으로서는 액면 그대로 받아들이기가 어렵다. 그것은 우리로서는 도저히 할 수 없는 일이다. 수용소에 있던 일본인 포로의 태도 변화보다 더욱 이해하기 어려웠다. 포로들은 자기들이 일본인으로서는 죽은 자라고 여기고 있었다. 그래서 그들은 '죽은' 인간이라 무슨 일이든 할 수 있을 것이라고 판단했다. 일본을 알고 있던 서양인 중에서 포로의 표면적 성격 변화와 똑같은 변화가 패전 후의 일본에서도 일어나리라고 예측한 사람은 없었다. 그들 대부분은 일본은 '승리 아니면 패배'밖에 모를 것이라고 생각했다. 따라서 패전은 일본인의 눈에는 필사적인 폭력으로 집요하게 복수해야 하는 모욕으로 비칠 것이라고 믿었다.

어떤 사람은 그 국민성을 생각할 때 일본인은 어떠한 강화 조건도 수락하지 않을 것이라고 확신했다. 이들 일본 연구자들은 기리를 이해하지 못했던 것이다. 그들은 명예를 획득하는 여러 방법 가운데서, 일본인이 오직 복수와 공격이라는 두드러진 전통적 수단을 선택하리라 생각했다. 그들은 일본인이 또 다른 방침을 취하는 습관을 고려하지 않았다. 그들은 일본인의 공격 윤리와 유럽인의 방침을 혼동했다. 유럽인은 개인이나 국가가 싸우는 경우에는 먼저 그들이 내세운 주장의 정당성을 확신하고, 가슴속에 축적된 증오나 도덕적 격분에서 힘을 얻어야 한다고 생각한다.

일본인은 침략의 근거를 다른 데서 구한다. 그들은 세계 사람들의 존경을 받기를 원한다. 그들은 강대국이 존경을 받는 것은 무력 때문이라고 생각하고, 강대국에 필적하는 나라가 되기 위한 방침을 취했다. 일본은 자원이 부족하고 기술도 낙후되었기 때문에 서양 여러 나라 이상의 악랄한 수단을 쓸 수밖에 없었다. 그들은 비상한 노력을 경주했음에도 불구하고 실패했다. 그것은 일본인에게는 결국 침략은 명예를 위한 길이 아니라는 것을 의미했다. 기리는 항상 침략 행위의 추구와 상호존중 관계의 준수를 동시에 의미했다. 그리하여 패전에 이르자 일본인은 자기 자신에게 심리적 폭력을 가한다는 의식은 전혀 하지 않고, 단지 침략 행위에서 상호존중으로 방향을 바꾸었다. 지금도 그들의 목표는 여전히 명성을 획득하는 일이다.

일본은 역사상 여러 경우에서 같은 태도를 보여 왔다. 그것은 항상 서양인을 당혹시켰다. 오랜 일본의 봉건사회가 종말을 고하고 근대 일본의 막이 오르려는 1862년에, 리처드슨Richardson이라는 영국인이 사쓰마薩摩에서 살해되었다.[14] 사쓰마 번藩은 양이攘夷운동의 온상이며, 사쓰마의 사무라이는 일본에서 제일 거만하고 호전적이라고 알려져 있었다. 영국은 보복을 위해 원정군을 파견하여 사쓰마의 중

---

14. 이 사건은 나마무기生麥 사건으로, 나마무기는 요코하마시에 있었던 지명이다. 저자는 나마무기가 사쓰마에 있다고 착각하고 있다.

요한 항구 가고시마鹿兒島를 포격했다. 일본인은 도쿠가와 시대를 통해 계속 화기火器를 제작하고는 있었으나, 구식 포르투갈 대포를 모방한 것에 불과했다. 따라서 사쓰마는 영국 군함의 상대가 되지 못했다. 그런데 이 폭격은 의외의 결과를 초래했다. 사쓰마 번은 영국에 영원한 복수를 맹세하는 대신 오히려 우호를 청했다. 그들은 적이 강대하다는 것을 알고는 적의 가르침을 받으려 했던 것이다. 그들은 영국과 통상관계를 맺고, 다음해에는 사쓰마에 학교를 설립했다. 당시한 일본인은 다음과 같이 쓰고 있다. "이 학교에서는 서양의 과학과 지식의 신비를 가르쳤다…… 나마무기生麥 사건을 계기로 한 우호관계는 더욱 더 깊어 갔다."[15] 나마무기 사건이란 영국의 사쓰마 보복과 가고시마 포격 사건을 말한다.

이것은 결코 유일한 사례가 아니다. 가장 호전적이고 외국인을 극렬히 혐오하는 점에서 사쓰마에 못지않은 또 하나의 번은 조슈長州였다. 사쓰마와 조슈 번은 왕정복고의 기운을 조성한 지도자였다. 그런데 공적인 권력을 갖지 못한 조정은 1863년 5월 11일을 기해 쇼군이 일본 국토에서 일체의 오랑캐를 쫓아내야 한다는 칙명을 내렸다. 쇼군의 바쿠후는 이 명령을 무시했으나 조슈 번은 무시하지 않았다. 조슈는 요새에서 연해를 항해하며 시모노세키下關 해협을 통과하는 서양의 상선에 포화를 퍼부었다. 일본의 대포나 탄약은 초보적인 수준이었기 때문에 외국 배가 피해를 입지는 않았으나, 서양 제국은 조슈를 응징하기 위해 연합 함대를 보내 간단히 요새를 분쇄했다. 포격

---

15. *Herbert Norman, Japan's Emergence as a Modern State, pp. 44~45, and n. 85.

은 사쓰마의 경우처럼 기묘한 결과를 초래했다. 서양 제국이 300만 달러의 배상금을 요구했는데도 그것이 성립되었다. 사쓰마 사건과 조슈 사건에 관해 노먼Norman은 다음과 같이 말하고 있다. "양이의 선봉이었던 이들 번이 취한 표변의 배후에 어떠한 복잡한 동기가 숨어 있다 해도, 이 행동이 입증하는 현실주의와 냉정성에는 경의를 표하지 않을 수 없다."[16]

이와 같이 상황에 따른 현실주의는 일본인의 이름에 대한 기리의 밝은 면이다. 기리에는 달처럼 밝은 면과 어두운 면이 공존한다. 일본에게 미국인 배척 법안을 만들게 하고, 해군군축조약[17]을 크나큰 국가적 치욕으로 느끼게 하고, 마침내는 그처럼 불행한 전쟁 계획으로 내몰게 한 것은 어두운 면이었다. 1945년 항복의 여러 결과를 호의적으로 받아들일 수 있게 한 것은 밝은 면이었다. 일본은 변함없이 일본 특유의 방법으로 행동하고 있다.

근대 일본의 저술가나 평론가들은 여러 기리의 의무 중에서 어떤 것만을 선택하여, 서양인에게 부시도武士道, 즉 글자 그대로 사무라이의 길이라 표현했다. 이것은 몇 가지 이유에서 오해를 가져올 위험성이 있다. 부시도라는 명칭은 근대에 와서 처음으로 나타난 공인된 표현이다. 부시도는 '기리에 몰려서', '단지 기리 때문에', '기리를 위해 최선을 다한다'는 표현 등이 일본에서 가지고 있는 뿌리 깊은 민족적 감정을 배후에 지니고 있지 않다. 또한 부시도는 기리의 복잡성

---

16. *Ibid., p. 45.
17. 1922년 워싱턴에서 체결된 해군군비제한조약을 말함. 이 조약으로 일본의 해군 주력 함대의 수가 크게 제한되었다.

과 다양한 뜻을 포괄하지 않는다. 그것은 평론가의 창작일 뿐이다. 이 말은 국가주의자와 군국주의자의 슬로건이었기 때문에, 이런 지도자들이 신망을 잃자 부시도 개념 또한 불신을 당하게 되었다. 일본인은 결코 '기리를 안다'는 문장의 의미를 포기한 적이 없다. 더욱이 오늘날처럼 서양인에게 일본인의 기리의 의미를 이해한다는 것이 중요했던 적은 없다.

부시도와 사무라이를 동일시하는 것 또한 오해의 근원이었다. 기리는 모든 계급에 공통된 덕이었다. 일본의 다른 모든 의무나 규율과 마찬가지로 기리는 신분이 높아질수록 '더욱 무거워'지기는 하지만, 신분의 높고 낮음에 관계없이 모든 계층에 요구된다. 적어도 일본인은 사무라이가 누구보다도 무거운 기리를 지고 있다고 생각한다. 일본인 이외의 관찰자는 그것과는 정반대로, 기리는 서민에게 가장 큰 희생을 요구한다고 생각하기 쉽다. 왜냐하면 외국인이 볼 때, 기리를 지킴으로써 얻어지는 보답은 서민 쪽이 더 적다고 생각되기 때문이다. 일본인은 자신이 속해 있는 세계에서 존경을 받으면 그것으로 충분한 보답이 된다. 그래서 '기리를 모르는 인간'은 아직도 '비열한 놈'이 된다. 그는 친구들에게 경멸을 받고 추방된다.

제 9 장
인정의 세계

극단적인 의무의 변제와 철저한 자기 포기를 요구하는 일본의 도덕률은, 당연히 개인적 욕망은 인간의 가슴속에서 제거해야 할 죄악이라고 낙인찍을 것처럼 생각된다. 전통적 불교의 가르침이 그러하다. 그럼에도 불구하고 일본의 도덕률은 뜻밖에도 그처럼 관대하게 오관五官의 쾌락을 허용하는 이중성을 보여 준다. 일본은 세계 유수의 불교 국가 가운데 하나임에도 불구하고, 그 윤리는 이런 점에서 석가 및 불교 경전의 가르침과 두드러진 대조를 이룬다. 일본인은 자기 욕망의 충족을 죄악이라고 생각하지 않는다. 그들은 청교도적이지 않다. 일본인은 육체적 쾌락을 좋은 것, 함양할 만한 것으로 생각하고 있다. 쾌락은 추구되고 존경받는다. 그렇지만 쾌락은 일정한 한계 내에 머물러야 한다. 쾌락은 인생의 중대 사항의 영역을 침범해서는 안 된다.

　이와 같은 도덕률은 생활을 매우 긴장된 상태에 있게 한다. 인도인은 일본인처럼 관능적 쾌락을 용인하면 결과적으로 그렇게 된다는 사실을 미국인보다 쉽게 이해할 수 있다. 미국인은 쾌락을 일부러 배워야 하는 것이라고는 생각하지 않는다. 그들에게는 관능적 쾌락에 빠지는 것은 배울 필요가 없는 일이고, 이미 알고 있는 유혹을 극복하는 일이 중요할 뿐이다. 그런데 일본에서는 의무와 마찬가지로 쾌락을 배운다. 대부분의 문화에서는 쾌락 그 자체를 가르치는 일은 없다. 따라서 사람들은 쉽게 자기희생을 필요로 하는 의무에 헌신할 수 있다. 남녀의 육체적 접촉조차 때로는 극도로 제한되어 있어, 원만한 가정생활에 아무런 위협을 주지 않을 정도다. 이런 나라들의 가정생활은 남녀의 애정과는 전혀 다른 기초 위에 놓여 있다.

일본인은 육체적 쾌락을 일부러 함양한 후에, 엄숙한 생활양식에서는 쾌락에 빠져서는 안 된다는 도덕률을 제정해 스스로를 옭아매고 있다. 그들은 육체적 쾌락을 마치 예술처럼 연마하고, 쾌락을 충분히 맛보았을 때 의무를 위해 그것을 희생한다.

일본인이 가장 좋아하는 소박한 육체적 쾌락의 하나는 온욕溫浴이다. 아무리 가난한 농부라도, 또 아무리 천한 하인이라도, 부유한 귀족과 다름없이 매일 저녁 뜨거운 탕에 몸을 담그는 것이 하나의 일과이다. 가장 흔한 욕조는 나무로 만든 통으로, 그 아래에 숯불을 지펴 물이 섭씨 43도 혹은 그 이상의 온도를 유지하도록 한다. 사람들은 욕조에 들어가기 전에 몸을 깨끗이 씻는다. 그런 다음 욕조에 들어가 따뜻함과 휴식의 즐거움에 몸을 맡긴다. 그들은 욕조 속에서 태아처럼 두 무릎을 세운 자세로 앉아 턱까지 더운 물에 잠기도록 한다. 그들이 매일 목욕을 하는 것은 미국인과 마찬가지로 청결 때문이기도 하지만, 다른 나라의 목욕 습관에서는 발견할 수 없는 일종의 수동적 탐닉의 예술로서 가치를 부여하기 때문이기도 하다. 그들의 말에 의

하면, 이 가치는 나이를 먹음에 따라 점점 증가한다.

물을 데우는 데 드는 경비와 노력을 절감하기 위해 여러 방법을 고안하고 있으나, 어쨌든 일본인은 어떻게든 목욕을 하지 않고는 견디지 못한다. 도시나 시가지에는 수영장과 같은 커다란 공중목욕탕이 있어 목욕을 하고 우연히 만난 사람들과 이야기를 나눈다. 농촌에서는 이웃의 여자 몇몇이 교대로 안마당에서 목욕물을 데워 — 일본인은 목욕할 때 남이 보아도 조금도 부끄러워하지 않는다 — 그 여자들의 가족이 교대로 차례차례 가정 목욕탕에 들어간다. 상류층에서는 언제나 엄격한 순번에 따라 가정 목욕탕에 들어간다. 가장 먼저 손님이 들어가고 다음으로 할아버지, 아버지, 장남 이하로 차차 내려가서 마지막에는 가장 아래 하인이 들어간다. 그들은 새우처럼 등이 새빨개져서 탕에서 나온다. 그리고 가족이 모두 모여 하루 중 가장 느긋한 저녁식사 전의 한때를 즐긴다.

온욕이 매우 소중하게 여겨지는 즐거움인 것처럼, 신체의 '단련'에는 전통적으로 매우 엄격한 냉수욕의 습관이 있다. 이 습관은 흔히 '간게이코寒稽古'[1] 또는 '미즈고리水垢離'[2]라는 이름으로 오늘날에도 여전히 실시되지만, 옛날의 전통적인 형태와는 다르다. 옛날에는 날이 새기 전에 나가 에는 듯이 차가운 골짜기의 폭포수 아래에 앉아 있었다. 추운 겨울밤 난방이 없는 일본 가정에서는 얼음처럼 차가운 냉수를 몸에 끼얹는 것만으로도 예사롭지 않은 고행이었다. 퍼시벌 로웰

---

1. 추운 겨울에 추위를 견디면서 무술 또는 음악을 훈련하는 것
2. 고리垢離라고도 한다. 신불神佛에게 기원하기 위해 냉수를 끼얹어 몸을 깨끗이 하는 것, 목욕재계

Percival Lowell은 1890년대에 행해지던 이 습관을 기술하고 있다. "치료 혹은 예언의 특별한 능력을 얻으려고 하는 사람들 ─ 그러나 이런 사람들이 그런 수행을 쌓은 후 승려나 신관神官이 되려는 것은 아니다 ─ 은 취침 전에 미즈고리를 하고, '신들이 목욕을 하는' 새벽 2시에 일어나서 또 그것을 실행했다. 그들은 다시 아침, 정오, 일몰시에 같은 일을 되풀이했다."[3] 새벽의 고행은 단순히 진지하게 어떤 악기를 연습하거나, 세속적인 직업을 준비하기 위해 사람들이 특히 즐겨 사용하는 수단이었다. 신체를 단련하기 위해 혹한에 몸을 드러내는 일도 있다. 습자習字 공부를 하는 어린이들은 손가락이 얼어 동상에 걸려 연습 기간을 마쳐야 특히 효과가 있다고 간주했다. 현대의 초등학교에도 난방을 하지 않는다. 이것은 아이들의 신체를 단련하고, 장래 인생의 갖가지 난관에 견뎌 낼 수 있게 한다는 이유에서 매우 좋은 일로 치부된다. 그렇지만 서양인에게는 그런 효과보다도 아이들의 끊임없는 감기와 콧물이 더 인상에 남았다.

잠 또한 일본인이 애호하는 즐거움이다. 그것은 일본인의 가장 완성된 기능의 하나다. 그들은 어떤 자세로든, 또 우리는 도저히 잠들 수 없을 것 같은 상황에서도 잘 잔다. 이런 사실은 서양의 많은 일본 연구가를 놀라게 한다. 미국인은 불면과 정신적 긴장을 거의 동의어로 생각한다. 그리고 우리의 기준으로 보면, 일본인의 성격에는 매우 심한 긴장이 보인다. 그런데 그들에게 숙면은 별로 힘든 일이 아니다. 그들은 밤에 일찍 잠자리에 든다. 동양의 국가 중에서 이렇게 빨

---

3. *Percival Lowell, Occult Japan, 1895, pp. 106~121.

리 자는 국민은 달리 찾아볼 수 없다. 사람들은 모두 해가 지면 곧 잠자리에 드는데, 그것은 우리의 방식처럼 다음날을 위해 힘을 비축한다는 의미는 아니다. 그들은 그런 계산을 하지 않는다.

일본인에 대해 잘 알고 있는 어느 서양인은 다음과 같이 썼다. "일본에 가면, 오늘밤의 잠과 휴식으로 내일을 준비하는 것이 의무라는 생각은 버려야 한다. 잠은 피로회복이나 휴식, 보양 등의 문제와는 떼어 놓고 생각해야 한다." 잠은 노력의 제공과 마찬가지로, '우리가 이미 알고 있는 사활이 걸린 중대한 사실과는 전혀 관계없이 독립'되어야 한다.[4] 미국인은 체력을 유지하기 위해 잠을 잔다고 생각한다. 그래서 우리 대다수는 아침에 눈을 뜨면 밤에 몇 시간 잤는지 계산한다. 수면 시간으로 그날 얼마만큼 정력을 소비하고 어느 정도 능률을 올릴 수 있는지 알 수 있다. 일본인이 자는 것은 이것과는 다른 이유다. 그들은 잠을 즐기고 방해하는 것이 없으면 기꺼이 잠을 잔다.

그 증거로 그들은 가차 없이 잠을 희생하기도 한다. 시험 준비를 하는 학생은 푹 자는 것이 시험을 치르는 데 유리하다고 생각하지 않고 밤낮을 가리지 않고 계속해서 공부한다. 군대 교육에서는 훈련을 위해 잠을 완전히 희생해야 한다고 여긴다. 1934년에서 1935년에 일본 육군에 소속되어 있던 해럴드 다우드Harold Doud 대령은 데시마手島 대위와의 대담을 전하고 있다. "평상시 훈련 중 그 부대는 10분간의 휴식 두 번과 상황이 소강상태일 때 잠깐 눈을 붙인 것을 빼고는, 전혀 잠을 자지 않고 이틀 밤 사흘 낮을 계속 행군했다. 병사들은 때

---

4. *Petrie Watson, The Future of Japan, 1907.

때로 걸으면서 잠을 잤다. 어떤 젊은 소위는 깊이 잠들어 길가에 쌓아 놓은 목재더미에 정면으로 부딪혀 큰 웃음거리가 되었다." 가까스로 병영에 당도한 후에도 잠잘 기회를 주지 않고, 병사들을 모두 보초 근무나 순시 부서에 배치했다. 나는 "어째서 일부 병사라도 잠을 잘 수 있게 해 주지 않습니까?"라고 물었다. 그러자 대위는 "천만에요, 그럴 필요는 없습니다. 놈들은 가르쳐 주지 않아도 잘 줄 압니다. 필요한 것은 잠을 자지 않는 훈련을 하는 일입니다"라고 말했다.[5] 이 이야기는 일본인의 견해를 간결한 말로 충분히 전해 준다.

먹는 것 또한 온욕이나 잠과 마찬가지로, 즐기는 휴식인 동시에 훈련을 위한 수업이다. 여가 생활로 일본인은 잇따라 요리가 나오는 식사를 즐긴다. 이때 한 번에 나오는 요리는 티스푼으로 하나 정도의 적은 분량이다. 요리는 맛뿐 아니라 외관으로도 즐긴다. 그렇지만 그 밖의 경우에는 훈련이라는 것이 크게 강조된다. 에크슈타인은 일본 농민의 말을 인용하여 "조반조분早飯早糞이 일본인의 최고 덕의 하나다"라고 말하고 있다.[6] "식사는 중요한 행위로 간주되지 않는다. (중략) 식사는 생명을 유지하기 위해 필요하다. 그러므로 되도록 빨리 먹어야 한다. 아이들, 그중에서도 사내아이는 유럽의 아이들처럼 천천히 먹으라는 충고 대신 빨리 먹으라는 독촉을 받는다."[7] 불교 사찰에서 승려들은 식사 전 감사 기도에서 음식은 바로 약이라는 사실을

---

5. *Infantry Journal에 연재된 기사를 묶어 펭귄총서Penguin Books의 하나로 출판한 How the Jap Army Fights, 1942, pp. 54~55.

6. *G. Eckstein, In Peace Japan Breeds War, 1943, p. 153

7. *K. Nohara, The True Face of Japan, London, 1936, p. 140.

상기시킨다. 그것은 수련 중인 사람은 음식을 즐거움으로 여기지 말고, 최소한의 필요라고 생각해야 한다는 뜻이다.

일본인의 생각에 따르면, 먹고 싶은 것을 참고 단식하는 것은 얼마나 '단련'이 잘 되어 있는가를 알 수 있는 뛰어난 감별법이다. 따뜻함을 멀리하고 수면을 줄이는 것과 마찬가지로, 단식 또한 고난을 참고 사무라이와 마찬가지로 '(먹지 않았으면서도)이쑤시개를 입에 물 수 있다'는 것을 보여 주는 좋은 기회이다. 단식으로 이 시련을 견딜 수 있다면, 체력은 칼로리나 비타민 결핍으로 저하되기는커녕 오히려 정신의 승리에 의해 높아진다. 일본인은 미국인이 자명한 일로 여기는 영양과 체력의 1대 1 대응관계를 인정하지 않는다. 그렇기 때문에 도쿄방송국은 전쟁 중에 방공호에 대피해 있던 사람들에게 체조가 굶주린 사람들의 체력과 기운을 회복한다는 말을 할 수가 있었던 것이다.

로맨틱한 연애 또한 일본인이 함양하는 '인정human feeling'이다. 그것은 일본적인 결혼 형태와 가족에 대한 의무에 위배되는 것임에도 불구하고 완전히 일본적인 것이 되었다. 일본소설은 연애를 많이 다루고 있는데, 프랑스 문학처럼 주요 인물은 기혼자다. 정사는 일본인이 즐겨 읽고 즐겨 화제에 올리는 테마다. 12세기의 『겐지 모노가타리源氏物語』[8]는 세계의 어느 위대한 소설에도 뒤지지 않는 로맨틱한 연애를 다룬 뛰어난 소설이다. 봉건시대의 다이묘나 사무라이의 연애 이야기도 이와 마찬가지로 로맨틱하다. 연애는 현대 소설의 주요한 테

---

8. 무라사키 시키부紫式部가 쓴 헤이안平安 중기의 장편소설. 총 54첩帖으로 되어 있다.

마이기도 하다. 이 점에서 중국 문학과는 매우 다르다. 중국인은 로맨틱한 연애나 성적 향락을 조심스럽게 다룬다. 그렇게 함으로써 그들은 많은 골치 아픈 문제를 피하고 있다. 따라서 그 가정생활은 매우 평온하다.

물론 이 점에 관해 미국인은 중국인보다는 일본인 쪽을 이해하기가 더 쉽다. 그러나 이 이해는 극히 표면적이어서 별로 도움이 되지 않는다. 우리는 성적 향락에 관해 일본인이 가지고 있지 않은 많은 금기를 가지고 있다. 우리는 이 분야에 매우 엄격한 태도를 취하는 반면 일본인은 별로 신경 쓰지 않는다. 일본인은 다른 '인정'과 마찬가지로 성이 인생에서 낮은 위치를 차지하고 있는 한 지장을 주지 않는다고 생각한다. '인정'에는 나쁜 점이 전혀 없다. 따라서 성의 향락에 대해 이러쿵저러쿵 까다롭게 말할 필요는 조금도 없다. 일본인은 오늘날에도 영국인이나 미국인이, 그들이 소중하게 여기는 어떤 그림책을 외설적이라 생각하고, 요시와라吉原 — 게이샤(기생)나 창부가 사는 지역 — 를 매우 음란한 장소처럼 생각하는 사실을 문제로 삼는다. 일본인은 서양 제국과의 접촉이 막 시작된 시기에도, 이와 같은 외국인의 비평에 매우 신경을 썼다. 일본인은 그들의 관습을 서양의 표준에 접근시키기 위해 여러 가지 법률을 제정했다. 그렇지만 아무리 법률로 단속해도 문화적 차이는 극복할 수 없었다.

교양이 있는 일본인은, 그들이 그렇게 생각하지 않는 사항을 서양인은 부도덕이나 외설로 본다는 사실을 잘 알고 있다. 그렇지만 그들은 우리의 습관적 태도와, '인정'은 인생의 중대한 사항의 영역을 침범해서는 안 된다는 그들의 신조 사이에, 넘을 수 없는 거리가 있다는 사실을 뚜렷하게 의식하지 않는다. 그런데 이 점이야말로 연애나 성적 향락에 관한 일본인의 태도를 우리가 이해하지 못하는 원인이 된다. 그들은 아내에 속하는 영역과 성적 향락에 속하는 영역 사이에 울타리를 쳐서, 그 둘을 명확하게 구별한다. 두 영역은 모두 공공연히 인정된다. 양자의 구별은 미국인의 생활처럼, 한쪽은 사람들에게 공인받은 영역이고 다른 한쪽은 남의 눈을 피해 몰래 발을 들여놓는 영역이 아니다. 이 둘은 한쪽이 인간의 주요한 의무의 세계에 속하는 데 반해, 다른 한쪽은 사소한 기분 전환의 세계에 속하는 것으로 구별된다. 이처럼 저마다의 영역의 '알맞은 위치'를 정해 두는 습관은 가정의 이상적인 아버지나 한량도 마찬가지여서, 두 영역을 다른 세계로 본다.

일본인은 미국인처럼 연애와 결혼을 동일시하는 이상을 내걸지 않는다. 우리는 연애를 인정하고, 그것이 배우자 선택의 기초가 된다. '연애하고 있다'는 것이 우리에게는 가장 훌륭한 결혼 사유가 된다. 결혼 후 남편이 다른 여자에게 육체적으로 끌리는 것은 아내를 모욕하는 일이다. 그것은 당연히 아내의 소유로 돌아가야 할 것을 다른 사람에게 주는 것이다. 그러나 일본인은 이와는 다른 견해를 갖는다. 적령기가 되면 청년은 부모의 선택에 따라 맹목적으로 결혼한다. 그는 아내와의 관계에서 매우 완고한 형식을 지킨다. 화목한 가정생활에서 아이들은 부모가 성애를 표현하는 행동을 볼 수 없다. 어떤 잡지에서 현대의 한 일본인은 이렇게 말한다. "이 나라에서 결혼의 참다운 목적은, 아이를 낳아 집안의 대를 잇는 데 있다. 이외의 목적은 모두 결혼의 참다운 의미를 왜곡할 뿐이다."

그렇지만 이 사실은 결코 일본의 남자가 그와 같은 생활 속에 갇혀 올바른 품행을 보인다는 의미는 아니다. 여유가 있는 남자는 정부를 둔다. 단 중국과는 다르게 정부를 가정의 일원으로 맞아들이지는 않는다. 만약 정부를 집으로 불러들인다면 구별해야 하는 두 개의 영역을 혼동하는 것이다. 여자는 음악·무용·안마 등 남자를 즐겁게 하는 갖가지 예藝를 충분히 익힌 '게이샤'일 수도 있고, 창부일 수도 있다. 어느 경우든 남자는 여자가 고용되어 있는 집과 계약을 맺는다. 이 계약은 여자가 버림받는 것을 방지하고, 또 여자에게 금전상의 대가를 보증한다. 남자는 여자에게 독립된 살림을 차리게 한다. 다만 예외적으로 여자에게 아이가 있고 남자가 그 아이를 자기 자식과 함께 기르기를 바라는 경우에는 여자를 자기 가정에 맞아들인다. 이런 경우 여자는 첩이 아니라 종의 한 사람으로 취급받는다. 아이는 본처를 '어머니'라고 부르고, 친어머니와 아이의 관계는 인정되지 않는다. 중국에서 전통적 관습으로 굳어진 일부다처제는 전혀 일본적인 것이 아니다. 일본인은 가족적 의무와 '인정'을 공간적으로도 구별한다.

첩을 두는 것은 여유가 있는 상류계급 사람에게 한정되어 있으나, 대부분의 남자는 한 번쯤은 게이샤나 창부와 즐긴 경험이 있다. 그와 같은 유흥은 공공연히 행해진다. 아내가 밤에 놀러나가는 남편의 옷차림을 도와주는 일도 있다. 또 남편이 놀다간 창부의 집에서 아내에게 청구서를 보내는 경우도 있는데, 아내는 그것을 당연한 일로 여겨 지불한다. 아내는 그 일로 고민하기도 하지만, 그것은 그녀 자신이 처리해야 할 사항이다. 게이샤는 창부보다 더 많은 돈이 든다. 그러나 이렇게 하룻밤의 유흥을 위해 지불하는 돈에는, 게이샤를 성관계 대상으로 삼는 권리는 들어 있지 않다. 그는 남자를 위해 철저하게 훈련받은, 아름다운 옷을 입고 예법에 맞게 행동하는 소녀들의 접대를 받는 즐거움을 누릴 뿐이다. 특정한 게이샤와 가까워지기 위해서는 그 게이샤의 서방이 되어 첩으로 삼는 계약을 하거나, 자신의 매력으로 여자의 마음을 사로잡아 스스로 그에게 몸을 맡기도록 유도해야 한다. 그렇다고 해서 게이샤와 지내는 하룻밤 유흥에 결코 애정 행위가 없는 것은 아니다. 게이샤는 무용, 경쾌하고 묘미 있는 말재주, 노래, 동작에 전통적이고 은밀한 솜씨를 보인다. 게이샤는 상류계급의 부인이 절대 표현할 수 없는 기예를 철저하게 훈련받았다. 그것은 '인정의 세계' 속에 있으며, '고의 세계'에 염증이 나고 지친 사람에게 위안을 준다. 도락에 빠져들 위험이 없지는 않지만, 두 영역은 확실히 구분되어 있다.

창부는 유곽에 살고 있다. 게이샤와 즐긴 후 다시 창부에게 가는 사람도 있으나, 창부가 돈이 적게 들기 때문에 지갑이 가벼운 사람은 이에 만족하고 게이샤와 노는 것은 단념한다. 창부의 집 앞에는 사진이 나붙어 있다. 유객은 남의 눈에 띄는 곳에서 아무렇지도 않게 신중히 사진을 비교해 보고 상대를 선택하는 것이 보통이다. 창부는 게이샤처럼 높은 지위가 아니라 신분이 낮다. 그들은 대개 돈 때문에 팔려 온 가난한 집의 딸로, 게이샤처럼 예를 교육받지 않았다. 일본인이 서양인의 비난을 알지 못해 그 습관을 폐지하지 않았던 옛날에는, 창부가 직접 사람들의 눈에 띄는 장소에 앉아서 인육人肉 상품을 선택하는 유객에게 무덤덤한 얼굴을 내밀고 있었다. 현재는 사진으로 대체되었다.

　어떤 남자가 창부를 선택하고 창부집과 계약을 맺은 남편이 되어 여자를 첩으로 삼아 독립시키면, 그런 여자는 계약 조건에 의해 보호된다. 그런데 하녀나 여점원은 따로 계약을 맺지 않은 채 첩이 되기도 한다. 이런 '자유의사에 의한 첩'은 가장 무방비한 상태에 놓여 있는 사람들이다. 대개는 상대 남자와 연애로 맺어진 관계지만, 그녀들은 모든 공인된 세계의 바깥에 놓여 있다. 일본인은 미국에서 연인에게 버림을 받고 '갓난아이를 무릎에 끌어안고' 비탄에 빠져 있는 젊은 여자의 이야기나 시를 읽으면, 이들을 '자유의사에 의한 첩'과 동일시한다.

　동성애도 전통적인 '인정'의 일부분을 이루고 있다. 구시대의 일본에서 동성애는 사무라이나 승려처럼 신분이 높은 사람들의 공인된 즐거움이었다. 메이지 시대에 일본이 서양인의 비판에 신경을 써서 많은 관습을 법률로 금지했을 때, 이 관습도 법률로 처벌하도록 규정했다. 하지만 오늘날에도 여전히 이 관습은 심하게 비난받을 일이 아닌 '인정'의 하나로 치부된다. 다만 그것은 적당한 위치에 머물러야 하며, 가정을 유지하는 데 방해가 되어서는 안 된다. 따라서 남자나 여자가 상습적인 동성애자가 '될' 위험은 거의 없다. 물론 직업적으로 남자 게이샤(남창)가 없는 것은 아니지만, 일본인은 미국에서 버젓한 남자가 동성애에서 수동적 역할을 한다는 데 특히 놀라움을 느낀다. 일본의 성인 남자는 소년을 상대로 선택한다. 성인이 수동적 역할을 하는 것은 위신에 관계되는 일이라고 생각한다. 일본인은 나름대로 해도 좋은 일과 해서는 안 되는 일 사이에 경계선을 긋고 자중하는데, 그 경계선은 우리의 경계선과는 다르다.

　일본인은 자위행위의 향락도 그다지 심각하게 생각하지 않는다. 일본인만큼 여러 가지 자위도구를 고안한 국민도 없을 것이다. 이 영역에서도 일본인은 너무나 공공연히 행해지던 자위도구를 추방함으로써 외국인의 비난을 피하려 했다. 그러나 그들은 이 도구를 결코 나쁜 것이라고 생각하고 있지는 않다. 수음을 비난하는 서양인의 강경한 태도 ─ 그것은 미국보다도 유럽이 더욱 강경하지만 ─ 는 성인이 되기 전에 우리의 의식 속에 깊이 새겨진다. 소년들은 그런 짓을 하면 미친다든지, 대머리가 된다는 말을 듣는다. 서양인은 유년시절에 어머니에게 엄중한 감시를 받는다. 만일 수음의 죄를 범하면 어머니는 그것을 크게 문제 삼아 처벌을 가하기도 한다. 두 손을 묶거나 하느님이 벌을 주신다고 말하기도 한다. 일본의 어린아이나 소년은 이런 경험을 갖지 않는다. 따라서 어른이 된 후에도 그들은 우리와 같은 태도를 취하지 않는다. 자위는 일본인이 전혀 죄악이라고 느끼지 않는 향락이다. 그리고 그들은 근엄한 생활 속에서 그것을 하위의 지위로 규정하여 충분히 통제할 수 있다고 생각한다.

　술에 취하는 것 또한 용서받을 수 있는 '인정'의 하나다. 일본인은 미국인의 절대 금주 서약을 서양인의 색다른 행위의 하나로 생각한다. 그들은 투표로 그 지역 일대에 금주령을 포고하려는 우리의 지방운동을 이상하게 생각한다. 음주는 정상적인 인간이 향유하는 마땅한 쾌락이다. 그렇지만 알코올은 하찮은 기분 전환의 한 가지이기 때문에, 정상적인 인간은 이에 사로잡히지 않는다. 그들의 사고방식에 따르면, 상습 동성애자가 '될' 염려가 없는 것과 마찬가지로, 알코올

중독자가 '될' 우려도 없다. 사실 강제 조치를 필요로 하는 알코올 중독자는 일본에서는 사회문제가 되지 않는다. 알코올은 유쾌한 기분전환이다. 가족은 물론 일반인도 술에 취한 사람을 혐오스럽게 생각하지 않는다. 술에 취한 사람은 난폭한 행동을 거의 하지 않는다. 또한 그가 아이를 때린다고 생각하는 사람도 없다. 유쾌하게 떠들고 춤추는 것이 보통이며, 근엄한 가미시모かみしも(에도 시대의 예복)를 벗고 완전히 편안하게 즐긴다. 도시의 술자리에서 사람들은 상대의 무릎 위에 앉기를 즐겨한다.

완고한 전통적 일본인은 음주와 식사를 엄중히 구별한다. 술이 나오는 마을 연회에서 밥을 먹기 시작한 사람은 이미 술 마시기를 포기한 것이다. 그는 다른 '세계'에 발을 들여놓은 것이다. 두 개의 '세계'는 확연히 구별된다. 집에서도 식후에 술을 마시는 일은 있지만 술과 밥을 동시에 먹는 일은 없다. 차례로 어느 한쪽의 즐거움에 전념한다.

이상과 같은 일본인의 '인정'관은 몇 가지 중요한 귀결을 수반한다. 그것은 육체와 정신이라는 두 개의 힘이 각자의 생활에서 패권을 얻기 위해 끊임없이 싸운다고 생각하는 서양의 철학을 근본적으로 뒤엎는다. 일본인의 철학에서 육체는 악이 아니다. 가능한 육체의 쾌락을 즐기는 것은 죄가 아니다. 정신과 육체는 우주의 대립하는 2대 세력이 아니다. 그리고 일본인은 이 신조를 논리적으로 밀고나가 세계는 선과 악의 싸움터가 아니라는 결론으로까지 가져간다. 조지 샌섬은 다음과 같이 말한다. "일본인은 어느 시대에나 이와 같은 악의 문제를 인식하는 능력이 결여되어 있거나, 혹은 그와 정면으로 부딪히는 태도를 회피해 온 것으로 생각된다."[9] 사실 일악의 문제를 인생관으로 승인하는 것을 내내 거부해 왔다. 그들은 인간에게 두 가지의 영혼이 있다고 믿고 있는데, 그것은 서로 다투는 선과 악의 충동이 아니다. 그것은 '온화한' 영혼(니기타마和魂)과 '거친' 영혼(아라타마荒魂)이다. 그들은 모든 인간의 생애에는 '온화'해야 할 경우와 '거칠'어야 할 경우가 있다고 믿는다. 한쪽의 영혼은 지옥으로, 다른 한쪽의 영혼은 천국으로 간다고 정해져 있지 않다. 이 두 영혼은 각각 다른 경우에 필요하며 모두 선하다.

그들의 신들도 마찬가지로 선악의 성질을 겸비하고 있다. 그들에게 가장 인기 있는 신은 아마테라스 오미카미天照大神의 동생인 스사노오노미코토素嗚尊 — 재빠르고 용맹한 남성 신 — 이다. 만일 서양의 신화에서라면 그는 누이에게 한 난폭한 행동 때문에 악마라고 여겨질 것이다. 아마테라스 오미카미는 스사노오노미코토가 자기에게 온 동기를 의심하고 밖으로 내쫓으려 한다. 그러자 그는 난폭한 행동을 일삼으며 돌아다니다가 아마테라스 오미카미와 추종자들이 추수감사 의식인 니나메사이新嘗祭를 하고 있는 식당에 똥을 뿌린다. 또 밭의 길을 파괴하는 죄를 범한다. 그중에서도 가장 흉악한 — 그리고 서양인이 가장 이해할 수 없는 — 죄로서, 그는 아마테라스 오미카미의 거실 지붕에 구멍을 내고 '거꾸로 가죽을 벗긴' 얼룩 망아지를 던져 넣는다. 스사노오노미코토는 이런 흉악한 짓을 저질렀기 때문에 신들의 재판을 받아 무거운 과료科料를 지고 '암흑의 나라(뿌리의 나

---

9. *George Sansom, Japan : A Short Cultural History, 1931, p. 51.

라)'로 쫓겨난다. 그러나 그는 여전히 일본의 판테온 야오요로즈노 가미가미 八百万の神がみ(800만의 신들, 즉 수많은 신들) 속에서 가장 인기 있는 신으로서 나름의 숭배를 받고 있다. 이와 같은 신은 세계 여러 민족의 신화 속에 곧잘 나온다. 그렇지만 이런 신은 그들의 윤리 종교에서 모두 배제된다. 그것은 초자연적 존재를 흑과 백처럼 전혀 다른 두 그룹으로 나누는 편이, 그들 종교에서 선과 악의 우주 투쟁 철학에 더 알맞기 때문이다.

일본인은 항상 덕은 악과 싸우는 것이 아니라고 주장해 왔다. 그들의 철학자나 종교가들이 몇 세기 동안 끊임없이 주장해 온 것처럼, 그런 도덕률은 일본에 잘 맞지 않는다. 그들은 이것이야말로 일본인의 도덕적 우수성을 입증하는 것이라고 목청을 높인다. 그들이 주장하는 바에 따르면, 중국인은 런仁(jen) 즉 공정하고도 정이 깊은 행동을 절대적 표준으로 삼고, 모든 인간과 모든 행위가 그 표준에 도달하지 않을 경우 결함을 보완하는 도덕률을 만들어야 했다. 18세기의 뛰어난 신토가神道家 모토오리 노리나가本居宣長[10]는 "이런 도덕률은 무엇인가 부족하기 때문에, 그와 같은 인위적 수단으로 제재를 가했던 중국인에게는 매우 적합하다"라고 말했다. 또한 근대 불교학자나 국가주의 지도자들도 같은 논지로 글을 쓰거나 강연을 하고 있다. 그들은 말한다. 일본에서 인간의 본성은 태어날 때부터 선하며 신뢰할 수 있다. 따라서 자신의 나쁜 반쪽과 싸울 필요가 없다. 그것이 필요로 하는 것은, 다만 마음의 창문을 깨끗하게 하고 경우에 따라 적합

---

10. 1730~1801. 에도 중기의 국학자. 일본 국학 4대가의 한 사람

한 행위를 하는 것뿐이다. 만일 그것이 '더럽혀졌다' 하더라도 더러움은 쉽게 제거되며, 인간의 본성인 선이 다시 빛나기 시작한다.

일본에서 불교 철학은 다른 어느 나라보다 철저하다. 인간은 누구나 부처가 될 가능성이 있고, 도덕률은 경전 속에서가 아니라 깨달음을 얻은 청정무구한 자신의 마음속에서 발견한다. 자신의 마음속에서 발견하는 것을 어떻게 의심할 수 있겠는가. 악은 인간의 마음에 원래 갖추어져 있는 것이 아니다. 그들은 시편의 작가 다윗처럼, "내가 죄악 중에 출생하였음이여, 모친이 죄 중에 나를 잉태하였나이다"(시편 51편)라고 부르짖는 신학을 가지고 있지 않다. 그들은 인간 타락의 가르침을 설교하지 않는다. '인정'은 비난해서는 안 되는 축복이다. 철학자도 농민도 그것을 비난하지 않는다.

미국인에게 이와 같은 가르침은 결국 방종과 나쁜 품행 철학으로 인도하는 것이다. 그런데 일본인은 앞에서 말한 바와 같이 의무 수행을 인생 최고의 임무로 정해 놓고 있다. 그들은 온을 갚는 일이 개인적 욕망이나 쾌락의 희생을 의미한다는 사실을 충분히 알고 있다. 행복 추구를 인생의 최대 목표로 하는 사상은, 그들에게는 놀랄 만한 부도덕한 가르침이다. 행복은 사람이 그것을 탐닉하여 기분 전환을 할 수 있을 때에만 의미 있는 것이다. 그것을 과장하여 국가나 가정을 판단하는 기준으로 삼는 것은 도저히 생각할 수 없는 일이다. 주나 기리의 의무를 수행하기 위해 심한 고통을 겪어야 한다는 사실은 그들이 처음부터 각오하고 있는 바이다. 그것은 인생을 곤란하게 만들지만 그들은 곤란을 견뎌 낼 각오가 되어 있다. 그들은 끊임없이 조금도 나쁘다고 생각하고 있지 않은 쾌락을 단념한다. 거기에는 강한 의지가 필요하지만, 그와 같은 강함이야말로 일본인이 가장 칭송하는 미덕이다.

이와 같은 일본인의 견해를 반영하듯, 일본의 소설이나 연극은 해피엔드로 끝나는 것이 극히 드물다. 미국의 일반 관중은 해결을 열망한다. 그들은 극중 인물이 그 후 언제까지나 행복하게 살 것으로 믿고 싶어 한다. 그들은 극중 인물이 덕행의 보답을 받기를 원한다. 만일 그들이 어떤 극의 결말을 보고 운다고 하더라도, 그것은 주인공의 성격에 어떤 결함이 있거나 주인공이 사악한 사회질서에 희생되었기 때문이다. 그러나 주인공의 행복한 결말이 훨씬 관중의 환영을 받는다.

그러나 일본의 일반 관중은 흐느껴 울면서, 운명이 바뀌어 주인공이 비극적인 최후를 마치고 아름다운 여주인공이 살해되는 것을 지켜본다. 그와 같은 줄거리야말로 하루 저녁 오락거리의 클라이맥스다. 사람들은 그것을 보기를 기대하고 극장에 간다. 현대 영화도 남녀 주인공의 고뇌를 테마로 구성된다. 서로 사랑하는 남녀가 연인을 단념해야 한다거나, 사이좋게 살던 부부의 한쪽이 당연한 의무를 수행하기 위해 자살하는 내용이다. 남편의 직업을 이해하고 격려하여 배우로서 천부적 소질을 발휘하도록 온몸을 바친 아내가, 남편이 마침내 성공하기 직전에 새로운 생활에 방해가 되지 않도록 대도시 속으로 몸을 숨기고, 남편이 대성공을 거두는 날 가난 속에서 한마디 불평도 없이 죽어 가는 줄거리도 있다. 해피엔딩으로 끝날 필요는 없다. 자신을 희생하는 남녀 주인공에 대한 연민과 동정을 불러일으키면 그것으로 충분하다. 주인공의 괴로움은 그들에게 내려진 신의 심판이 아니다. 그것은 그들이 모든 희생을 참고 의무를 수행했다는 것, 어떤 불행이 닥쳐도 — 남에게 버림을 받거나, 병에 걸리거나, 아니 생명을 버리더라도 — 올바른 길을 벗어나지 않았다는 것을 말해 준다.

현대 일본의 전쟁영화 또한 같은 전통을 따르고 있다. 이 영화들을 본 미국인은 흔히 이것이야말로 지금까지 본 영화 중에서 가장 뛰어난 반전反戰 홍보물이라고 말한다. 이것은 미국인다운 반응이다. 이 영화들은 전쟁의 희생과 고통만을 다루고 있기 때문이다. 일본의 전쟁영화는 분열식이나 군악대나 함대의 연습이나 거포의 자랑스러운 위용을 기세 좋게 그려 내지 않는다. 러일露日전쟁을 다룬 것이든, 중일中日전쟁을 다룬 것이든, 집요하게 되풀이되는 장면은 여전히 단조로운 진흙탕 속의 행군, 비참한 전투의 고통, 승패가 나지 않는 작전이다. 마지막 장면은 승리도 아니고, '반자이萬歲' 돌격도 아니다. 그것은 진흙 속에 깊이 묻힌 중국 어느 도시에서의 숙영宿營의 정경이다. 또는 세 번에 걸친 전쟁의 생존자로 저마다 장애인, 절름발이, 장님이 된 일본인 부자 3대를 비춰 준다. 또는 병사가 전사한 후, 후방에 있는 가족이 남편이자 가장의 죽음을 애도하고, 용기를 내어 어떻게든 그 없이도 살아가는 모습을 비춰 준다. 박진감 넘치는 영국과 미국의 '캐벌케이드Cavalcade'식 영화 배경은 전혀 찾아볼 수 없다. 그들은 상이군인의 갱생이라는 테마를 극화하지도 않는다. 그것은 고사하고 그들이 싸우는 전쟁의 목적조차 말하지 않는다. 일본인 관중에게는 화면에 나타나는 인물이 전력을 다해 은혜를 갚기만 하면 충분하다. 그렇기 때문에 이 영화들은 군국주의자들의 선전도구가 될

수 있었다. 이 영화들의 후원자들은 일본 관중이 그것을 보아도 결코
반전사상을 품지 않으리라는 사실을 알고 있었다.

제10장

덕의 딜레마

일본인의 인생관은 주忠, 고孝, 기리義理, 진仁, 인정人情 등의 표현에 나타난 그대로다. 일본인은 '인간의 의무'가 마치 지도 위의 여러 지역처럼 몇 개의 부분으로 명확하게 구별되어 있다고 생각한다. 그들은 인생이 '주의 세계', '고의 세계', '기리의 세계', '진의 세계', '인정의 세계', 그 밖의 많은 세계로 이루어져 있다고 표현한다. 저마다의 세계는 각각 특유하고 세밀하게 규정된 법을 가지고 있다. 일본인은 다른 사람을 완전한 인격의 소유자로 판단하지 않고, '고를 모른다', '기리를 모른다' 등의 말로 판단한다. 그들은 미국인처럼 어떤 사람을 부정하다고 비난하는 대신, 그 사람이 해야 할 의무를 완전히 수행하지 않았다는 점을 분명하게 제시한다. 어떤 사람이 이기적이거나 불친절하다고 비난하는 대신, 그 사람이 위반한 법도의 특정한 영역을 명시한다.

일본인은 지상명령이나 황금률[1]에 호소하지 않는다. 옳다고 여겨지는 행동은 그 행동이 나타나는 세계와 상대적이다. 일본인은 '고를 위해' 행동할 때와, '단순히 기리를 위해', 혹은 '진의 세계에서' 행동할 때 전혀 다른 사람처럼 ― 서양인에게는 그렇게 생각되는데 ― 행동한다. 또한 각각의 세계에서 법도는, 그 '세계' 속의 조건이 변화함에 따라 당연히 행동 기준이 변한다. 주군에 대한 기리는 주군이 부하를 모욕하지 않는 동안에는 최고의 충성을 요구하지만, 일단 모욕을 받은 뒤에는 모반을 일으켜도 상관이 없다. 1945년 8월까지 주는 일본 국민에게 최후의 한 사람까지 적과 싸울 것을 요구했다. 천황이 라디오로 일본의 항복을 고하고 주의 요구 내용이 변경되자, 일본인은 그때까지와는 정반대로 외국인에게 협력하는 양상을 보였다.

이런 점은 서양인으로서는 도저히 이해하기 어렵다. 우리의 경험에 의하면, '인간은 인품character에 맞게' 행동한다. 우리는 충실한지 불충실한지, 협조적인지 비협조적인지 등으로 양과 염소를 구별한다.[2] 우리는 사람들에게 라벨을 붙여서 분류하고, 그들의 다음 행동이 전의 행동과 같을 것으로 예측한다. 인간은 씀씀이가 좋든지 인색하든지, 자진해서 협력하든지 의심이 많든지, 보수주의자이든지 자유주의자이든지, 그 어느 한쪽이다. 우리는 사람들이 특정 정치 이데올로기를 믿고, 반대 이데올로기에는 일관적으로 항쟁할 것으로 예측한다. 유럽에서 우리가 겪은 전쟁의 경험으로 보면 협력파와 반항파가 있었는데, 우리는 유럽 전승일 이후 협력파에 속했던 사람들이 그 입장을 변경하리라고는 생각하지 않았다. 그리고 이 추측은 옳았

---

1. 마태복음7장12절. "그러므로 무엇이든지 남에게 대접을 받고자 하는 대로 너희도 남을 대접하라"라는 것
2. 마태복음25장32~33절. "모든 민족을 그 앞에 모으고 각각 분별하기를 목자가 양과 염소를 분별하는 것같이 하여 양은 그 오른편에 염소는 그 왼편에 두리라."

다. 미국 내의 정쟁에서도 우리는 이를테면 뉴딜파와 반뉴딜파가 있다는 것을 인정한다. 그리고 이 두 파는 새로운 사태가 발생해도 여전히 각파의 특유한 방법으로 행동할 것이라고 우리는 판단한다. 개개인이 울타리 반대쪽으로 옮겨 가는 — 이를테면 신앙이 없는 사람이 가톨릭 신자가 된다든지, '빨갱이'가 보수주의자가 된다든지 — 경우가 있기는 하다. 그러나 그와 같은 변화는 바로 전향이며, 그 전향에 걸맞은 새로운 인격이 형성된 것으로 간주해야 한다.

이와 같이 완전하고 통일성 있는 서양인의 행동 신념이, 반드시 사실에 의해 뒷받침된다고 할 수는 없다. 그러나 그것은 결코 환상이 아니다. 미개사회와 문명사회를 가릴 것 없이 대다수의 문화에서 사람들은, 자신들이 특정한 종류의 인간으로 행동하고 있다고 상상한다. 만일 그들이 권력에 관심을 가지고 있다면, 타인이 자신의 의사에 얼마나 복종하는가를 기준으로 실패와 성공을 측정한다. 사람에게 사랑을 받는 것에 관심을 가지고 있다면, 인간적 접촉이 없는 상태에서는 그 희망을 채울 수 없다. 그들은 자신이 올바른 인간이라든지, '예술가적 기질'을 가지고 있다든지, 혹은 선량한 가정인이라고 생각한다. 그들은 일반적으로 자신의 성격 속에 '게슈탈트Gestalt'[3]를 만들어 낸다. 그것이 인간 생활에 질서를 가져온다.

서양인은 일본인이 정신적 고통을 수반하지 않고도, 하나의 행동에서 다른 행동으로 전환할 수 있다는 사실을 좀처럼 이해하지 못한다. 그와 같은 극단적인 가능성은 우리의 경험에는 없다. 그런데 일

---

3. 심리학 용어로, 지각의 대상을 형성하는 통일적 구조, 형태

본인의 생활에서는 모순 ― 우리에게는 모순이라고밖에 생각되지 않는 ― 이 인생관 속에 깊이 뿌리를 내리고 있다. 마치 획일성이 우리의 인생관에 뿌리를 내리고 있는 것과 마찬가지다. 서양인은 일본인이 구분하고 있는 생활 '세계' 속에는 '악의 세계'가 들어 있지 않다는 것을 인식해야 한다. 이것은 일본인이 나쁜 행동의 존재를 인정하지 않는다는 것을 의미하지는 않는다. 다만 인생을 선과 악이 싸우는 무대로는 보지 않는다는 것이다. 그들은 생활을 어느 한 '세계'와 다른 '세계', 어느 하나의 행동 방침과 다른 행동 방침이라는 양자의 요구를 주의 깊게 비교 고찰할 필요가 있는 한 편의 연극으로 본다. 각각의 세계, 각각의 행동 방침은 그 자체로는 선이다. 만일 모든 사람이 참다운 본능에 따른다면, 모든 사람은 선인이 될 것이다.

앞에서 말한 바와 같이 일본인은 중국 도덕의 가르침조차, 중국인이 그와 같은 도덕을 필요로 하는 국민임을 입증하는 것이라고 생각한다. 그것은 중국인의 열등성을 증명한다. 일본인은 자신들에게는 생활의 전면을 지배하는 윤리적 계율이 전혀 필요가 없다고 말한다. 앞에서 인용한 조지 샌섬의 말을 빌리면, "그들은 악의 문제와 정면에서 부딪히려 하지 않는다"라는 것이다. 그들의 견해에 따르면, 악의 행위는 그와 같은 우주적 원리를 들지 않더라도 충분히 설명할 수 있다. 각자의 영혼은 원래는 새 칼과 마찬가지로 덕으로 빛난다. 다만 그것은 갈지 않으면 녹이 슨다. 그들이 곧잘 말하는 '자신의 몸에서 나온 녹身から出たさび'은 칼의 녹과 마찬가지로 좋지 않다. 칼과 마찬가지로 사람은 자신의 인격이 녹슬지 않도록 조심해야 한다. 그렇지만 설사 녹이 슨다 하더라도 녹 밑에는 여전히 빛나는 영혼이 있

고, 그것을 다시 한번 갈아내기만 하면 된다.

　이런 일본인의 인생관 때문에 그들의 민간설화나 소설, 연극은 줄거리를 우리의 기호에 맞게 수정하여 성격상의 일관성과 선악의 투쟁 요구에 합치하도록 만들지 않는 한, 서양인으로서는 이해하기 어렵다. 그런데 일본인은 그 줄거리를 그런 식으로는 보지 않는다. 그들의 비평은 주인공이 '기리와 인정', '주와 고', '기리와 기무'의 갈등에 얽혀 있다는 데에 주목한다. 주인공이 실패하는 것은 인정에 빠져 기리의 의무를 등한시하기 때문이거나, 주의 채무와 고의 채무를 동시에 변제할 수 없기 때문이다. 그는 기리 때문에 올바른 일(기義)을 행할 수 없다. 그는 기리에 몰려 가족을 희생시킨다. 그런 식으로 그려져 있는 갈등은 모두 자체적으로는 구속력을 가진 두 의무 사이의 갈등이다. 이들 의무는 모두 '선'이다. 어느 의무를 선택하는가는 엄청난 부채를 지고 있는 채무자의 선택과 상통하는 바가 있다. 그는 어떤 부채를 우선 상환하고 다른 부채는 무시한다. 그렇지만 하나의 부채를 상환했다고 해서 다른 부채를 면제받지는 못한다.

　주인공의 생활에 대한 이와 같은 견해는 서양인의 견해와는 큰 차이가 있다. 우리 이야기의 주인공이 훌륭한 인간인 것은, 선인善人 쪽에 가담하여 악인惡人과 싸우기 때문이다. 우리가 흔히 입에 올리는 '덕이 승리하는' 이야기는 해피엔딩으로 끝나고, 선인은 보답을 받는다. 그런데 일본인은 주인공이 양립하기 어려운 세상에 대한 기리와 이름에 대한 기리 사이에 끼어 마침내 유일한 해결책으로 죽음을 택한다는 등의 '심각한 사건'을 끊임없이 선호한다. 대부분의 문화에서 이런 내용은 가혹한 운명을 참고 따르라는 교훈을 주는 이야기일 것이다. 그런데 일본에서는 그 반대다. 그것은 자발성과 단호한 결의의 이야기다. 주인공은 그들의 어깨에 걸려 있는 하나의 의무를 수행하기 위해 모든 노력을 경주한다. 그리고 이때 다른 의무는 경시한다. 그렇지만 마지막에 가서는 이전에 자신이 경시한 '세계'와 결산을 한다.

일본의 참다운 국민적 서사시는 『47 로닌 이야기』다. 이것은 세계 문학 속에서 높은 지위를 차지하지는 않지만, 이 이야기만큼 일본인의 마음을 강하게 사로잡는 것도 없다. 일본의 소년은 누구나 이 이야기의 큰 줄거리뿐 아니라 자세한 내용까지 잘 알고 있다. 그 이야기는 끊임없이 전해져 문자로 인쇄되고 현대의 통속영화로 되풀이해서 제작된다. 47 로닌의 묘소는 예부터 지금까지 명소가 되었고, 몇천 만 명이 참배했다. 참배객들이 두고 간 명함으로 무덤 주위가 하얗게 뒤덮이는 일도 자주 있다.

『47 로닌 이야기』의 주제는 주군에 대한 기리를 중심으로 하고 있다. 일본인의 견해에 의하면, 이 이야기는 기리와 주의 갈등, 기리와 정의의 갈등 — 이들 갈등에서, 물론 기리가 정당하게 승리를 얻는다 — 과 '일시적인 기리'와 '무한한 기리'의 갈등을 그리고 있다. 이 이야기의 배경이 되는 1703년은 봉건제도의 전성기였다. 근대 일본인이 관점에 의하면, 남자는 남자답고 기리에 본의 아닌 요소는 전혀 없었던 시대이다. 47명의 로닌은 명성, 아버지, 아내, 누이동생, 정의(기) 등을 기리를 위해 희생한다. 그리고 최후에 그들은 자살하는 것으로 자신의 생명을 주에 바친다.

아사노淺野[4] 영주는 바쿠후로부터, 전국의 모든 다이묘가 정기적으로 쇼군에게 경의를 표하는 의식을 관장하는 두 명의 다이묘 중 하나로 임명되었다. 이 두 접대역은 모두 시골 다이묘였다. 따라서 매우 신분이 높은 궁정 다이묘인 기라吉良⁵ 영주에게 필요한 예법을 지도받아야 했다. 아사노 영주의 가신 중에서 가장 지혜로운 오이시大石⁶ — 바로 이 이야기의 주인공 — 가 있었더라면 주군에게 빈틈없이 조언했겠지만, 공교롭게도 그는 고향에 가 있었다. 아사노는 세상 물정을 잘 모르고 융통성이 없어서, 기라에게 바칠 충분한 '선물'을 준비하지 못했다. 기라의 지도를 받고 있던 또 다른 다이묘의 부하들은 세상 물정에 밝아 돈의 액수에 구애받지 않고 많은 선물을 보냈다. 그래서 기라 영주는 아사노 영주에게 필요한 예법을 제대로 가르쳐 주지 않았고, 더군다나 고의로 어울리지 않는 복장을 입고 의식에 나오도록 지시했다.

아사노 영주는 기라 영주가 가르쳐 준 복장을 하고 영예로운 날에 임했다. 그러나 아사노는 곧 자신이 모욕당했음을 깨닫고 칼을 뽑아 미처 다른 사람이 말리기도 전에 기라의 이마를 베었다. 기라의 모욕에 복수하는 것은 명예를 중시하는 인간으로서 그가 당연히 해야 할 행위 — 즉 이름에 대한 기리 — 였으나, 쇼군의 어전에서 칼을 뽑는 것은 주에 반하는 행위였다. 아사노 영주는 이름에 대한 기리라는 점

---

4. 아사노 나가노리淺野長矩(1667~1701). 에도 중기의 아고赤穗 성주
5. 기라 요시나카吉良義央(1641~1702). 에도 중기의 고관. 1701년 칙사 접대역 아사노 나가노리에게 치욕을 주어 후에 아사노의 가신들에게 살해당한다.
6. 오이시 요시오大石義雄(1659~1703). 에도 중기 아사노 나가노리 영주의 가신으로 『47 로닌 이야기』의 주인공

에서는 훌륭한 행동을 했지만, '셋푸쿠'의 예법에 따라 자살하는 것 이외에는 주와 화해할 길이 없었다. 그는 집으로 돌아와 셋푸쿠 차림을 갖추고, 오로지 그의 가장 총명하고 충실한 가신인 오이시가 돌아오기를 고대했다. 두 사람은 긴 결별의 시선을 교환했다. 그리고 이미 예법에 따라 앉아 있던 아사노 영주는 배를 칼로 찔러 스스로 목숨을 끊었다. 주를 위반하여 바쿠후의 책망을 받은 고인의 뒤를 상속하려는 친척이 한 사람도 없었으므로, 아사노의 번지藩地는 몰수되고 가신은 주인 없는 로닌이 되었다.

기리의 의무로 보면, 아사노 가의 가신은 망군亡君에 대해 주군과 마찬가지로 셋푸쿠할 의무를 지고 있었다. 만일 그들이 주군에 대한 기리로 주군이 이름에 대한 기리를 위해 한 것과 똑같이 셋푸쿠를 한다면, 기라가 주군에게 가한 모욕에 항의를 표명한 것이 된다. 그런데 오이시는 마음속으로 셋푸쿠는 그들의 기리를 표현하기에는 너무도 부족하고 가치 없는 행위라고 규정했다. 다른 사무라이들이 주군인 아사노 영주를 기라 영주로부터 떼어 놓는 바람에 다하지 못했던 복수를, 그들이 수행해야 하기 때문이다. 그들은 기라 영주를 죽여야만 한다. 그렇지만 이 일을 성취하려면, 아무래도 주를 위반하게 된다. 기라 영주는 바쿠후와 너무나도 긴밀한 관계에 있어, 로닌들이 정부로부터 원수를 갚아도 된다는 허락을 받아내는 것은 불가능하기 때문이다. 복수를 계획하는 일단의 사람들은 보통 그 허락이 떨어지기 전에 복수를 끝마친다. 그렇지 않으면 복수 계획을 포기하겠다는 최후 기한을 정해서, 그 계획을 바쿠후에 제출한다. 이 제도 덕분에 운이 좋은 몇몇 사람들은 주와 기리를 화해시킬 수가 있었다. 오

이시는 그와 동지들에게는 이 길이 열려 있지 않다는 것을 알고 있었다. 그래서 그는 전에 아사노의 가신이었던 로닌들을 불러 모았다. 그러나 기라를 칠 계획에 대해서는 한마디도 하지 않았다. 로닌의 수는 300명 이상에 달했는데, 1940년도에 일본 학교에서 가르치던 내용에 따르면, 그들은 모두 셋푸쿠하자는 의견에 동의했다. 그렇지만 오이시는 그들 모두가 무한한 기리 — 일본어로 표현하면 '마코토노 기리まことの義理(진정한 기리)' — 를 가지고 있지는 않다는 것을 알고 있었다. 따라서 그들을 모두 신뢰하고 기라에게 복수하는 위험한 일을 함께할 수는 없다고 생각했다.

'일시적 기리'를 가진 사람과 '진정한 기리'를 가진 사람을 구별하는 방법으로서, 그는 주군의 재산 분배 문제를 던져 보았다. 일본인의 입장에서 재산 분배는 그들의 가족에게 이익이 되는 일이므로, 이미 자결에 동의한 사람이라고는 볼 수 없었다. 재산 분배 기준에 관해 로닌들 사이에서 의견이 첨예하게 대립되었다. 가신 중에서 최고의 보수를 받고 있던 우두머리 집사는 재산을 종래의 봉록 액수에 따라 분배할 것을 주장하는 무리의 대표가 되었다. 오이시는 전원에게 균등하게 분배할 것을 주장하는 무리의 대표가 되었다. 이리하여 로닌 중에 누가 '일시적 기리'를 가진 사람인지 분명히 가려지자, 오이시는 우두머리 집사의 재산 분배 안에 찬성했다. 그리고 승리를 얻은 패거리가 떨어져 나가는 것을 묵인했다. 우두머리 집사는 도망쳤다. 그 때문에 '개 같은 사무라이', '기리를 모르는 인간', '신의도 도리도 모르는 인간'이라는 오명을 얻었다. 오이시는 오직 47명만이 그의 복수 계획을 몰래 털어놓을 수 있는 기리를 지키는 사람이라는 것을 확신했다. 오이시와 맺어진 47명의 로닌은 신의, 애정, 기무 등 그들의 숙원 달성에 방해가 되는 일체의 것을 배제한다는 서약을 했다. 기리가 그들에게 최고의 법도가 되었다. 47명의 로닌은 손가락을 잘라 피로써 맹세했다.

그들의 첫 번째 과제는 기라가 눈치채지 못하게 하는 일이었다. 그들은 서로 흩어져서 명예를 잊어버린 사람들처럼 가장했다. 오이시는 가장 저속한 창녀의 집에 틀어박혀 추악한 싸움질로 나날을 보냈다. 그는 이와 같은 방종한 생활을 핑계 삼아 아내와 헤어졌다. 이것은 법률에 위반하는 행위를 하려는 일본인 누구나가 통상 사용하는, 또한 완전히 정당한 것으로 여겨지는 수단이었다. 그렇게 함으로써 그의 처자는 궁극적 행위의 책임을 추궁당하는 것을 피할 수 있었다. 오이시의 아내는 울며 떠났지만 아들은 로닌의 무리에 가담했다.

도쿄(에도)의 모든 사람들은 복수에 대해 이러쿵저러쿵 억측을 했다. 로닌을 존경하고 있던 사람들은 반드시 그들이 기라 영주를 살해할 것이라고 확신하고 있었다. 그렇지만 47명의 로닌은 그럴 생각이 전혀 없다고 주장했다. 그들은 '기리를 모르는' 사람처럼 행동했다. 그들의 장인은 치욕스러운 행동에 분개하여 결혼을 취소하고 집에서 쫓아냈고, 친구들은 비웃음을 보냈다. 어느 날 오이시의 친한 친구가 술에 취해 여자와 희희낙락하고 있는 오이시를 만났다. 그런데 오이시는 이 친구에게도 주군에 대한 기리를 부정했다. 그는 "뭐, 원수를 갚는다고? 바보같이. 인생이란 모름지기 재미있게 웃으면서 지내는 게 제일이야. 술을 마시고 노는 것보다 좋은 일은 없어"라고 말했다. 친구는 그 말을 믿지 않고 오이시의 칼을 칼집에서 뽑아 보았다. 아마 오이시의 말과는 달리 잘 닦여 있으리라고 생각했기 때문이었다. 그런데 칼은 새빨갛게 녹이 슬어 있었다. 친구는 오이시의 말이 본심에서 나온 것이라고 믿을 수밖에 없었다. 그래서 그는 길거리에서 술에 만취되어 있는 오이시에게 공공연히 발길질을 하고 침을 뱉었다.

로닌의 한 사람은 복수 자금을 마련하기 위해 아내를 창녀로 팔아넘겼다. 그 아내의 오빠도 로닌의 한 사람이었는데, 복수의 비밀이 누이에게 알려졌다는 것을 알고는 충성의 증거를 보이기 위해 칼로 누이를 죽이려 했다. 어떤 로닌은 의부를 죽였다. 또 어떤 로닌은 기라 저택의 내부 정보를 알아내어 적당한 공격 시기를 정하기 위해, 누이동생을 원수인 기라 영주의 심부름꾼 첩으로 들어가 살게 했다. 그녀는 복수가 성공한 후 자살했다. 비록 정보를 빼내기 위해서였다 하더라도 기라 영주를 곁에서 섬긴 과오를 죽음으로 씻어야 했기 때문이다.

눈이 오는 12월 14일 밤, 기라가 주연을 베풀었고 경호하는 사무라이들은 모두 술에 취해 있었다. 로닌들은 방어가 견고한 기라의 저택을 습격하여 호위하는 사무라이들을 베고 곧바로 기라 영주의 침실로 향했다. 그는 그곳에 없었으나 침상은 아직 따뜻했다. 로닌들은 그가 저택 어딘가에 숨어 있다는 것을 알았다. 드디어 그들은 숯을 저장하는 광 속에서 웅크리고 있는 사람을 발견했다. 로닌의 한 사람이 광의 벽 밖에서 창을 찔러 넣어 보았으나 빼낸 창끝에는 피가 묻어 있지 않았다. 창은 기라의 몸에 박혔으나 창을 도로 빼낼 때 옷깃으로 피를 닦아냈던 것이다. 그의 이런 잔꾀는 아무런 소용이 없었다. 로닌들은 그를 끌어냈다. 그런데 기라는 자신이 우두머리 집사에 지나지 않는다고 주장했다. 이때 47 로닌 중 한 사람이, 아사노 영주가 쇼군의 궁정에서 기라를 칼로 벤 흉터가 남아 있을 것이라고 말했다. 흉터를 살펴보니 그는 틀림없는 기라였다. 로닌들은 그 자리에서 즉시 셋푸쿠할 것을 요구했으나 그는 거절했다. 물론 이 사실은 기라가 비겁자라는 사실을 증명하는 것이었다. 그래서 로닌들은 주군인 아사노 영주가 셋푸쿠할 때 쓴 칼로 그의 목을 치고 격식에 따라 그 목을 씻었다. 본래의 소망을 달성한 일행은 대오를 정비하고 두 번 피를 머금은 칼과 절단된 머리를 가지고 아사노의 묘로 떠났다.

도쿄 시내는 로닌들의 훌륭한 행동을 알고는 완전히 열광했다. 로닌들의 의로운 마음을 의심한 가족이나 의부들은 앞을 다투어 로닌들을 포옹하고 경의를 표하기 위해 찾아왔다. 넓은 영지를 가진 영주들은 연도에서 그들을 후히 대접했다. 로닌들은 묘 앞에 나아가 목과 칼, 그리고 망군에 대한 봉고문奉告文을 바쳤다. 이 봉고문은 지금도 그대로 보존되어 있는데[7], 대략 다음과 같은 내용이었다.

우리는 오늘 여기에 존령尊靈을 뵈옵기 위해 왔습니다. (중략) 우리는 영주님이 이룩하려 하시다가 미처 이루지 못하신 복수를 수행하지 않고는 묘전에 나올 수가 없었습니다. 우리는 일일천추一日千秋의 마음으로 오늘을 애타게 기다려 왔습니다. (중략) 우리는 지금 묘전에 기라 영주를 데리고 왔습니다. 이 단도는 지난해 애용하시고

---

7. 후쿠모토 니치난福本日南의 『겐로쿠쾌거록元禄快擧錄』에 의하면 묘전의 봉고문은 후세의 날조라 한다. 여기서는 원문을 그대로 번역해 두었다.

우리에게 맡기신 칼입니다만, 지금 돌려드리겠습니다. 원컨대 이 단도를 쥐고 다시 원적怨敵의 목을 쳐서 영원히 유한을 푸십시오. 이상 우리 47인, 삼가 존령께 말씀 올립니다.

그들의 기리는 이것으로 끝났다. 그러나 이제는 주를 수행해야 한다. 그런데 이 양자를 일치시키는 길은 죽음 외에는 없다. 그들은 미리 신고하지 않고 복수하는 것을 금하는 국법을 어겼다. 그러나 주를 배반한 것은 아니었다. 설사 그것이 어떤 일이라 하더라도 그들은 주의 이름 아래 요구되는 사항을 수행해야 했다. 바쿠후는 47 로닌에게 셋푸쿠를 명령했다. 초등학교 5학년의 국어 독본[8]에는 다음과 같이 나와 있다.

그들은 주군의 원수를 갚았기 때문에, 그 확고한 기리는 영구불멸의 귀감으로 간주해야 할 일이었다. (중략) 그래서 바쿠후는 숙고 끝에 셋푸쿠를 명했다. 그것은 바로 일석이조의 방책이었다.

즉, 로닌들은 스스로 목숨을 끊음으로써, 기리와 기무 양쪽에 최고의 채무를 지불했다.

이 일본의 국민적 서사시는 전하는 바에 따라 다소 내용을 달리한다. 현대 영화에서는 사건의 발단이 뇌물이 아니라 색정의 테마로 바뀌었다. 기라 영주는 아사노의 부인에게 사랑을 호소하는 현장을 들

---

8. 이것은 일본의 『소학국어독본』 제10권(심상과용, 쇼와12년 발행)의 제21, "국법과 대자비"를 가리킨 것이 틀림없으나 여기에 인용된 그대로의 문구는 찾을 수 없다.

킨다. 그리고 부인에 대한 짝사랑으로 일부러 예법을 틀리게 가르쳐 주어 아사노가 수치를 당하게 한다. 이렇게 해서 뇌물 사건은 삭제되었다. 그러나 기리의 모든 의무는 전율을 느낄 만큼 상세히 서술되어 있다. "그들은 기리를 위해 아내를 버리고, 자식과 헤어지고, 부모를 잃었다(죽였다)."

기무와 기리가 충돌하는 주제는 다른 많은 이야기나 영화의 기초가 된다. 가장 뛰어난 시대영화의 하나는 도쿠가 3대 쇼군 무렵을 배경으로 한다. 이 쇼군은 나이가 젊고 아직 얼마나 큰 인물인지 모를 무렵에 쇼군으로 지명되었다. 그가 쇼군을 계승하게 되자 바쿠후의 신하들 사이에 의견이 나뉘어, 어떤 사람들은 그와 동년배의 근친을 옹립했다. 결국 쇼군 옹립에 패한 다이묘의 한 사람은 3대 쇼군의 뛰어난 정치 수완에도 불구하고 이 '모욕'을 가슴속 깊이 품고 있었다. 그는 시기를 기다렸다. 그리고 마침내 그 시기가 찾아왔다. 쇼군과 측근 몇몇이 영지를 순찰한다는 통보가 왔다. 이 다이묘는 일행을 접대하는 임무를 맡았다. 그는 이 기회에 숙원을 풀고 이름에 대한 기리를 수행하려 했다. 그의 저택은 이미 요새화되어 있었지만, 다가올 사건에 대비하여 일체의 출구를 막고 요새를 봉쇄할 수 있도록 했다. 그리고 또 벽이나 천장이 쇼군과 그 일행에게 무너져 내리도록 장치했다. 그의 음모는 당당히 실행에 옮겨졌다.

환대는 극진했다. 쇼군을 즐겁게 하기 위해 그는 가신 한 사람에게 칼춤을 추게 했다. 이 사무라이는 춤이 최고조에 달했을 때 칼로 쇼군을 찌르도록 명령받고 있었다. 다이묘에 대한 기리로 사무라이는 군명君命을 거절할 수가 없었다. 그렇지만 그의 주는 쇼군에게 대항하는 것을 금했다. 장막에 비친 칼춤은 이 갈등을 남김없이 그려 내고 있다. 그는 해야 하는 동시에 해서는 안 된다. 칼로 찌르려 하지만 아무래도 찌를 수가 없다. 기리도 그렇지만 주는 너무나도 강력하다. 점차 춤 솜씨가 흐트러진다. 그러자 쇼군 일행은 이를 이상하게 여겨 자리에서 일어나려 한다. 바로 그 순간 이제 결사적이 된 다이묘가 건물의 파괴를 명령한다. 쇼군은 가까스로 칼춤 추던 자의 칼에서 벗어났으나, 이번에는 무너져 내리는 요새에 깔려 죽을 위험에 처한다. 이때 아까 칼춤을 추던 자가 앞장서서 쇼군 일행을 안내하여 지하 통로를 지나 무사히 집 밖의 광장으로 도망치게 한다. 주가 기리를 이긴 것이다. 쇼군의 대변자는 그에게 사의를 표하고 수훈자로서 일행과 함께 도쿄(에도)로 가기를 강력히 권한다. 그러나 그 사무라이는 무너져 내리는 건물을 돌아보고, "그렇게 할 수 없습니다. 저는 여기에 머물겠습니다. 그것이 저의 기무이며, 기리입니다"라고 말한다. 그는 쇼군 일행과 헤어져 무너지는 건물 속으로 되돌아가 죽는다. 그는 죽음으로써 주와 기리를 둘 다 완수했다. 죽음에서 양자는 일치했다.

　옛날이야기에서는 기무와 '인정'의 갈등이 중심이 되고 있지 않으나, 근년에는 그것이 주요 테마가 되었다. 근대의 소설은 사랑이나 기무나 기리를 위해 인정을 버릴 수밖에 없는 이야기를 그린다. 그런데 이 테마는 조심스럽고 소극적으로 취급되기는커녕 오히려 크게 부각된다. 서양인이 일본의 전쟁영화를 반전홍보물이라고 생각하기 쉬운 것처럼, 우리는 이런 소설을 자기가 원하는 대로 생활할 자유를 확대하려는 호소로 느낀다. 이들 소설은 확실히 이런 충동의 존재를 입증한다. 그런데 소설이나 영화의 줄거리를 논의하는 일본인은 끊임없이 우리와는 다른 의미를 찾아낸다. 우리는 사랑을 하고 있다든지, 어떤 개인적인 소망을 품고 있다는 이유로 주인공을 동정한다. 그러나 그들은 그런 감정에 방해를 받아 자신의 기무 또는 기리를 수행하지 못했다는 이유로 주인공을 약자라고 비난한다. 서양인은 대개 인습에 반기를 들고 수많은 장애를 극복하고 행복을 얻는 것을 강함의 증거라고 생각한다. 그런데 일본인의 견해로는 강자란 개인적 행복을 도외시하고 기무를 완수하는 인간이다. 강인함은 반항이 아니라 복종으로 증명된다고 생각한다. 따라서 그들의 소설이나 영화의 줄거리는 서양인의 눈으로 볼 때와는 전혀 다른 의미를 갖는 일이 많다.

일본인이 자신의 생활이나 자기가 알고 있는 사람의 생활에 대해 판단할 경우에도 마찬가지다. 그들은 의무의 법도를 저버리고 개인적 욕망에 마음을 빼앗긴 사람을 약자로 판단한다. 그들은 모든 사태를 이런 식으로 판단한다. 그중에서도 서양의 윤리와 가장 대조적인 것은 아내에 대한 남편의 태도다. 아내는 '고의 세계' 주변에 자리하지만 부모는 중심을 차지한다. 따라서 남편의 의무는 명백하다. 공고한 도덕적 품성을 가진 인간은 고를 따르며, 만일 어머니가 아내와 이혼하도록 결정하면 그 결정에 따른다. 그가 아내를 사랑하고 두 사람 사이에 아이가 있어도 마찬가지다. 그것은 그를 '한층 강인한' 사람으로 만드는 데 지나지 않는다. 일본인의 표현에 따르면, "고는 처자를 타인과 동일시할 것을 요구하는 경우가 있다." 이때 처자를 취급하는 최선의 방법은 '진의 세계'에 속한다. 최악의 경우 처자는 남편에게 아무것도 요구할 수 없다. 결혼생활을 행복하게 영위하고 있을 때라도 아내가 여러 의무의 세계에서 중심에 놓이는 일은 없다. 따라서 사람들은 아내와의 관계를 부모나 조국에 대한 감정과 동일 수준에 있는 것처럼 다루어서는 안 된다. 1930년대에 어느 저명한 자유주의자가 대중 앞에서 일본에 돌아와서 매우 기쁘다고 말했는데, 기쁜 이유의 하나로 아내와의 재회를 들었다가 세인의 악평을 뒤집어쓴 일이 있었다. 그는 부모를 만날 수 있어서, 후지산을 볼 수 있어서, 일본의 국가적 사명에 헌신할 수 있어서 기쁘다고 말해야 했다. 아내는 이런 것들과 동일한 수준에 속하지 않는다.

일본인은 근대에 들어 그들의 도덕률을 지금까지와 같이, 다른 세계와 전혀 관계가 없는 별개의 것으로 분리하여 방치하는 데 결코 만족하지 않았다. 일본인의 가르침은 주를 최고의 덕으로 삼는 데 두어졌다. 마치 정치가가 천황을 정점에 두고 쇼군과 봉건 제후를 배제함으로써 계층제도를 단순화했던 것과 마찬가지로, 그들은 도덕의 영역에서도 하위의 덕을 모조리 주의 범주 아래에 둠으로써 의무 체계를 단순화했다. 그리하여 그들은 전국을 '천황 숭배' 아래에 통일했을 뿐 아니라, 일본 도덕의 원자론적原子論的 상태를 완화했다. 그들은 주를 완수하면 다른 모든 의무를 수행한 것이 된다고 가르쳤다. 그들은 주를 단순히 지도 위의 하나의 영역이 아니라 도덕의 근본 원리로 삼으려 했다.

이와 같은 방책에 대한 가장 권위 있는 표명이 바로 메이지 천황이 1882년에 발표한 '군인칙유'다. 군인칙유와 교육칙어야말로 일본의 참다운 성전聖典이다. 일본은 어떤 종교에도 경전을 용인하고 있지 않다. 신토에는 경전이 아예 없고, 일본 불교의 여러 종파도 교외별

전敎外別傳[9]이나 불립문자不立文字[10]를 교의로 하거나, 경전 대신에 '나무아미타불' 또는 '나무묘법연화경'이라는 문구를 되풀이하면 된다고 가르친다. 메이지 천황의 칙유와 칙어만이 참다운 성전이다. 칙유와 칙어는 정중하게 예를 갖추고 기침 소리 하나 나지 않는 청중 앞에서 신성한 의식으로 봉독한다. 그것은 토라torah(모세의 율법, 구약 5서)와 같은 취급을 받고, 봉독 때마다 봉안소에서 꺼냈다가 청중이 해산한 뒤에 다시 정중히 봉안소에 넣는다. 칙어와 칙유를 봉독하는 임무를 맡은 사람들은, 잘못 읽으면 책임을 지고 자살했다. 군인칙유는 주로 복무 중인 군인을 위해 하사했다. 군인은 그것을 그대로 암기하고 아침마다 10분씩 묵상했다. 중요한 축제일이나 신병의 입영, 만기병의 제대, 이에 준하는 여러 경우에 군인들 앞에서 칙유를 읽었다. 또한 그것은 또 중학교와 청년 학교에서 전 학생에게 가르쳤다.

　'군인칙유'는 여러 페이지에 걸친 문서다. 칙유는 주의 깊게 몇 가지 항목으로 배열되고, 문장은 명료하면서도 정확하다. 그럼에도 불구하고 서양인에게는 풀 수 없는 수수께끼다. 서양인에게 칙유의 교훈은 모순처럼 생각된다. 거기에는 선과 덕이 참다운 목표로 제시되어 있고 서양인도 이해할 수 있는 방법으로 설명되어 있다. 또한 공도公道의 옳고 그름을 잘 가늠하지 못하고 사정私情의 신의를 지키려다 불명예스런 최후를 마친 옛날 영웅호걸의 전철을 밟아서는 안 된다고 경고한다. 이어 옛날 영웅호걸의 이런 적지 않은 예를 깊이 경

---

9. 선종에서 부처의 교리는 경문으로 설명되는 것이 아니고, 마음에서 마음으로 직접 전달된다는 것
10. 깨달음은 글자나 말로 전달할 수 없고 마음에서 마음으로 전달하는 것이라는 뜻

계해야 할 것이라고 훈계한다.

여기에 서술한 '경계'라는 말의 뜻은 의무에 관한 일본인의 생각을 모르면 이해할 수 없다. 칙유는 전체적으로 기리를 되도록 가볍게 다루고, 주를 드높이려는 정부의 노력을 보여 준다. 기리라는 말은 전문을 통해 한 번도 일본인이 일상적으로 사용해 온 의미로 나타나지 않는다. 칙유는 기리를 말하는 대신, '대절大節(즉 주)'과 '소절小節(즉 사사로운 신의를 지키는 것)'의 구별이 있다는 것을 강조한다. 칙유는 '대절'만이 모든 덕의 근거가 된다는 것을 입증하려 노력한다. 또한 기義란 "기무를 수행하는 것이다"라고 말한다. 주에 차 있는 군인은 반드시 '참다운 대용大勇'을 가지고 있다. 참다운 대용이란 "평소에 사람들과 사귀는 데 온화를 제일로 삼고, 모든 사람의 존경과 애정을 얻으려고 힘쓰는 일"이다. 칙유의 논지를 더 읽어 나가면, 이와 같은 가르침을 따르기만 하면 굳이 기리에 호소할 필요 없이 이것만으로 충분한 선이 된다고 말한다. 기무 이외의 여러 의무는 '소절'로서, 이런 의무를 승인할 때는 무엇보다 신중하게 고려해야 한다.

그러므로 신의를 다하려 생각한다면[11] 처음부터 그 일을 할 수 있

---

11. 이 대목은 베네딕트가 인용한 칙유의 공인 영역에서는 "If you wish to keep your word and to fulfill your gimu"로 되어 있다. 그리고 베네딕트는 이 'and'를 몹시 중시해서 읽어 "사적 관계에서 약속을 지키는 일과 기무를 수행한다고 하는, 반드시 항상 양립하기는 어려운 두 개의 사항을 양립시키기 위해서는"이라는 의미로 해석하고, 그 의미의 보충을 괄호 속에 넣어서 "If you wish to keep your word (in private relations) and (also) to fulfill your gimu"라는 식으로 쓰고 있다. 기리와 기무(여기서는 주) 사이의 대립이라는 생각에 너무 집착했기 때문에 범한 과오다.

는지 없는지를 신중히 생각해야 한다. 확실치 않은 것을 경솔히 승낙해서 쓸데없는 관계를 맺고 나중에 신의를 지키려다 낭패를 보는 일이 있는데, 후회해도 소용이 없다. 그러므로 처음에 그 일의 순역順逆을 잘 분간하고 옳고 그름을 생각하여, 그 고토를(입으로 하는 말)는 결국 행할 수 없고 그 기(칙유는 바로 이 앞 대목에서 기란 기무를 다하는 일이라고 말한다)[12]는 도저히 지킬 수 없다는 사실을 깨달았다면 빨리 멈추는(너의 사적 약속을 버린다) 것이 좋다. 예부터 소절의 신의를 세우고자 대강大綱(근본적인 일)의 순역을 잘못 알고, 공도의 옳고 그름을 잘 가늠하지 못하고 사정의 신의를 지키려다 아깝게도 화를 만나 몸을 망친 영웅호걸들이 있었다. 시체 위에 오명을 후세까지 남기는 예가 적지 않으니, 깊이 경계함이 마땅하다.

주가 기리에 우선한다는 이상의 가르침은 앞에서 말한 바와 같이 기리라는 말을 사용하지 않고 씌어 있다. 일본인은 모두 "기리를 위해 정의(기)를 행할 수가 없었다"는 표현을 알고 있다. 그리고 칙유는 그것을 "그 고토는 결국 행할 수 없고 그 기는 도저히 지킬 수 없다는 사실을 깨달았다면……"[13]이라는 말로 바꾸어 말하고 있다. 칙유는 천황의 권위를 가지고 그런 경우에 기리는 소절이라는 것을 상기하고, 그것을 버려야 한다고 설명한다. 설사 칙유의 가르침에 따라, 기리를 버려도 대절을 지키면 여전히 유덕有德한 인간으로 여겨진다.

---

12. 여기서도 베네딕트는 고토와 기를 대립적으로 생각하고 있다.
13. 앞의 역주에서 말한 바와 같이 베네딕트는 이 대목을 "개인적인 약속을 지키는 동시에 기무를 지킬 수 없다는 것을 깨달았다면"이라는 뜻으로 잘못 읽고 있다. 그러므로 "기리를 위해 정의를……"과 동일한 내용을 나타낸 것으로 생각한 것이다.

주를 찬양하는 이 성전은 일본의 기본 문서의 하나다. 그렇지만 칙유가 우회적으로 기리를 비난했다고 해서 과연 기리가 일본인에게 덜 중요해졌는지는 쉽게 단정할 수 없다. 일본인은 흔히 자기나 타인의 행위를 설명하고 정당화하기 위해 칙유의 다른 대목 — "기란 자기 의무를 다하는 것을 말한다", "마음만 진실하다면 무슨 일이나 이룰 수 있다" — 을 인용한다. 그렇지만 그것이 적절하다고 생각되는 경우가 자주 있음에도 불구하고, 사사로운 신의를 지켜서는 안 된다는 경고를 입에 담는 일은 드물다. 기리는 오늘날에도 매우 큰 권위를 가진 덕이다. 일본에서 "기리를 모르는 놈"이라는 말은 가장 심한 비난에 속한다.

일본의 윤리는 대절을 도입한다 해도 쉽사리 단순화되지는 않는다. 그들이 자주 자랑 삼아 온 것처럼 일본인은 선행의 시금석으로 사용하는 보편적인 덕을 가지고 있지 않다. 대개의 문화에서 개인은 선의, 절약, 사업의 성공 등 어떤 덕을 달성할 때마다 자신을 대견하게 생각한다. 그들은 행복, 권력, 자유, 사회적 활동 등 어떤 인생의 목표를 내건다. 그런데 일본인은 좀 더 특수한 법도에 따른다. 봉건시대든 군인칙유든 일본인이 '대절'이라는 말을 입에 담을 때조차도, 계층제의 상위에 있는 사람에 대한 의무는 하위에 있는 사람에 대한 의무보다 중요하다. 그들은 여전히 특수하다. 서양인에게 충성이란 보편적 충성인 반면, 그들의 '대절'은 어느 특정한 개인이나 주의 주장에 대한 충성이다.

근대 일본인은 모든 '세계'를 지배하는 어떤 한 가지 덕목을 들 때 보통 '성실'을 선택한다. 오쿠마大隈[14] 백작은 일본의 윤리를 논하여 이렇게 말했다. "마코토(성실)야말로 가장 긴요한 가르침이며, 여러 도덕적 교훈의 기초는 이 말 한마디 속에 다 들어 있다고 해도 좋다. 우리나라 고대 어휘 속에는 마코토를 제외하고는 달리 윤리적 개념을 나타내는 말이 없다."[15] 금세기 초에 새로운 서양적 개인주의를 구가한 근대의 소설가들 역시 서양의 신조에 불만을 느끼고 성실을 유일하고 참다운 '교의教義'로 찬미했다.

이처럼 성실에 도덕적 역점을 두는 것은 군인칙유 자체가 지지하는 바이다. 칙유는 역사적 서설로 시작한다. 그것은 미국의 '국부國父들Founding Fathers'로 워싱턴과 제퍼슨의 이름을 먼저 드는 것에 해당한다. 일본에서 이 부분은 온과 주에 호소함으로써 최고조에 달한다.

> 짐은 너희를 고굉股肱으로 믿고 너희는 짐을 두수頭首로 우러러야만 그 친밀함이 특히 깊어질 것이다. 짐이 국가를 보호하여 상천上天의 은혜에 답하고 조종祖宗의 은혜를 갚아드릴 수 있느냐 없느냐는 너희 군인이 그 직무를 다하느냐 못하느냐에 달려 있다.

그 후 5개조의 가르침이 서술되어 있다. (1) 최고의 덕은 주의 의무를 수행하는 일이다. 군인은 아무리 기예가 뛰어나도 주가 견고하지 않으면 꼭두각시와 다를 것이 없다. 또 주가 없는 군대는 위급한 경

---

14. 오쿠마 시게노부大隈重信(1838~1922). 정치가, 외무장관, 총리를 역임. 박식하고 웅변가로 유명함. 후에 와세다대학 총장이 됨

15. *오쿠마 시게노부 찬, 『개국 50년사』(상·하) Marcus B. Huish의 영역, Fifty Years of New Japan, London, 1909, 하 p. 37.

우에 오합지졸이 된다. 그러므로 "여론에 좌우되지 말고 정치에 구애받지 말고 오직 한결같이 자기의 본분인 충절을 지키며, 의義는 산보다 무겁고 죽음은 새털보다도 가볍다는 것을 기억하라." (2) 제2의 계율은 군대의 계급에 따라 예의를 바르게 하는 일이다. '하급자는 상관의 명령을 받드는 것이 실은 바로 짐의 명령을 받드는 것이라고 알고', 상급자는 하급자를 친밀하게 다루어야 한다. (3) 제3의 계율은 무용武勇이다. 참된 무용은 '혈기에 날뛰는 난폭한 거동'과는 반대의 것으로, '작은 적이라 하더라도 깔보지 말고 큰 적이라 하더라도 두려워하지 않는' 것이라고 정의된다. 그러나 무용을 숭상하는 자는 평소에 사람을 대하는 데는 온화를 첫째로 하고 여러 사람의 애경愛敬을 얻으려 노력하라. (4) 제4의 계율은 '사정私情의 신의를 지키는' 것에 대한 훈계이다. (5) 제5의 계율은 절약과 검소의 훈유다. "무릇 검소하지 않으면 문약에 흘러 경박해지고 사치스럽고 화려한 것을 좋아하여 마침내는 탐오貪汚에 빠져 마음도 한없이 천해지고 절조도 무용도 보람 없이 세인으로부터 미움받고 따돌림당하기에 이를 것이다. (중략) 그래도 그 악습이 나올 것이 두려워 마음이 편하지 않아 일부러 다시 이를 훈계하는 바이다."

칙유의 마지막 한 구절은 이상 다섯 가지의 가르침을 '천지의 공도公道 인륜의 상경常經'이라고 부르고 있다. 그것들은 '우리 군인의 정신'이다. 그리고 또 이들 5개조의 '정신'은 '마고코로誠心'다. "마음이 성실하지 않으면 아무리 좋은 말도 선행도 모두 겉치레이니 무슨 소용이 있겠는가? 마음만 성실하면 무슨 일이나 성취할 수 있을 것이다." 이리하여 이 5개조는 '행하기 쉽고 지키기 쉬운' 것이 된다. 모든 덕과 의무를 열거한 후 마지막에 성심을 덧붙이는 것은 과연 일본적이다. 일본인은 중국인처럼, 일체의 덕은 인애仁愛의 마음이 명하는 바에 의거한다고는 생각하지 않는다. 그들은 최초에 의무의 법도를 세우고, 제일 마지막에 몸과 마음을 다하고 모든 지혜를 동원해 그 의무를 수행해야 한다는 요구를 덧붙인다.

성실은 불교의 한 종파인 선종禪宗의 가르침에서도 마찬가지의 뜻을 가지고 있다. 스즈키鈴木[16]는 그의 훌륭한 선 개론禪槪論에서 다음과 같은 사제 간의 문답을 들고 있다.

> 승僧 : 사자는 적을 습격할 때, 그것이 토끼든 코끼리든 전력을 다합니다. 그 힘은 무엇입니까? 가르쳐 주십시오.
> 사師 : 지성至誠의 힘이다(글자 그대로는 속이지 않는不欺 힘). 지성, 즉 불기不欺란 '전 존재를 모두 드러내는 것'으로, 선어禪語에서는 전체 작용이라고 한다. 이것은 아무것도 유보하지 않고 아무것도 더불어 표현하지 않고 아무것도 헛되게 하지 않는 것이다. 이렇게 생활하는 사람을 금모金毛의 사자라고 한다. 이와 같은 사람은 용맹스러움, 지성, 전심專心의 상징이다. 곧 신과 같은 사람이다.

'성실'의 특수한 일본적 의미에 대해서는 앞에서 다른 것을 설명할 때 곁들여서 이미 언급했다. '마코토'의 의미는 영어의 'sincerity'와는

---

16. 스즈키 다이세쓰鈴木大拙(1870~1966). 불교학자, 사상가. 선禪의 연구자로서 유명하며, 『선이란 무엇인가』를 비롯한 선에 대한 많은 저술을 남겼다.

다르다. 그것은 'sincerity'에 비해 훨씬 좁은 의미를 가지는 동시에 훨씬 넓은 의미를 가지고 있기도 하다. 이 말이 서양의 말에 비해 좁은 의미를 가지고 있다는 것을 서양인은 쉽게 알아차린다. 서양인은 때때로 일본인이 어떤 사람에 대해 성의가 없다고 말하는 것은, 다만 그 사람이 그와 의견이 일치하지 않는다는 의미에 불과하다고 말한다. 이 말은 어느 정도 진실이다. 일본에서 어떤 사람을 '성실한 사람'이라고 부르는 것은, 그 사람이 '정말로' 그의 마음을 지배하고 있는 사랑이나 미움, 결의, 놀람에 따라 행동하고 있는가 하는 것과는 무관하기 때문이다.

미국인이 자주 쓰는 "He was sincerely glad to see me(그는 나를 만난 것을 진심으로 기뻐했다)"라든지, "He was sincerely pleased(그는 진심으로 만족했다)"와 같은 표현이 일본어에는 없다. 반대로 그들은 그런 sincerity, 즉 감정을 드러내고 언행으로 표현하는 것을 경멸하는 여러 관용구를 가지고 있다. 그들은 "저봐, 저 개구리는 입을 벌리면 뱃속까지 다 보인다"든지, "석류처럼 입을 벌리면 마음속에 있는 것이 다 보인다"라고 말하며 비웃는다. '감정을 입 밖에 낸다'는 것은 수치다. 그것은 자기를 '속속들이 드러내는' 것이 되기 때문이다. 미국에서는 매우 중요시되고 있는 'sincerity'의 의미는 일본의 '마코토'에는 존재하지 않는다.

앞에서 말한 일본의 소년이 미국인 선교사를 성의가 없다고 비난했을 때, 그는 가난한 소년이 빈손으로 미국으로 간다는 계획에 대해 그 미국인이 '정말로' 놀라움을 느꼈는지를 전혀 생각해 보지 않았다. 일본의 정치가들은 최근 10년간 끊임없이 그랬듯이 미국과 영국을 성의가 없다고 비난했는데, 그들은 서양 제국이 실제로 느끼는 것과 정반대의 행동을 취한 것은 아닌지 생각해 보려고도 하지 않았다. 그들이 미국과 영국을 비난한 것은 양국이 위선자라는 이유에서가 아니었다. 위선자라면 그렇게 크게 비난할 필요는 없었다. 군인칙유가 "하나의 성심은 또한 5개조의 정신이다"라고 말하는 것과 마찬가지다. 다른 모든 덕에 실효성을 부여하는 덕은, 내부의 소리가 명하는 대로 행동하는 마음의 순수성과는 무관하다. 확실히 그것은 자기의 신념이 다른 사람의 신념과 다를 경우, 순수하게 자기의 신념에 따라 행동해야 한다고 명령하는 것이 아니다.

그렇지만 마코토는 일본에서는 몇 가지 적극적 의미를 가지고 있다. 그리고 일본인은 이 개념의 윤리적 역할을 매우 중시하고 있으므로, 서양인은 반드시 일본인이 이 말을 사용할 때 생각하는 의미를 파악해야 한다. 일본인이 마코토에 대해 품고 있는 근본 의미는 『47 로닌 이야기』 속에 잘 나타나 있다. 그 이야기 속의 '성실'은 기리에 덧붙여지는 기호다. '마코토노기리'는 '일시적인 기리'에 반대되는 것으로, '영구불멸의 귀감이 되는 기리'다. 오늘날에도 일본인은 "마코토가 그것을 지속시키는 것이다"라고 말한다. 이 표현 속의 '그것'은 문맥에 따라 일본의 도덕률 속에 포함되는 어떤 계율, '일본 정신'이 요구하는 어떤 태도를 가리킨다.

전쟁 중에 일본인 격리수용소 내에서의 마코토의 용법도 『47 로닌 이야기』의 용법과 완전히 같았다. 그리고 그것은 어디까지 논리가 확장되는가, 또 그것이 어떻게 미국에서 쓰이는 '성실'이라는 단어의 용법과 반대 의미가 될 수 있는가를 분명히 보여 준다. 일본 편을 드는 1세(일본 태생의 미국 이민자)는 미국 편을 드는 이민 2세에게 판에 박힌 비난을 퍼붓는다. 그들은 2세에게 마코토가 결여되어 있다고 비난한다. 이 말의 의미는 2세가 '일본 정신' — 전쟁 중에 일본에서 공식으로 정의한 — 을 이어 갈 마음자세를 갖지 않았다는 것이다. 1세는 결코 자식들의 친미적 태도가 위선이라고 말하는 것은 아니었다. 그들이 뜻하는 바는 그것과는 전혀 다르다. 그 증거로 2세가 미군에 지원하여 순수한 애국심이 명하는 바에 따라 명백히 제2의 조국을 지지하고 있을 때에도, 1세는 비난을 그만두기는커녕 더욱 확신을 가지고 성의가 없다고 비난했다.

일본인이 '성실'이라는 말을 쓸 때의 근본적인 의미는, 일본의 도덕률이나 '일본 정신'에 의해 지도상에 그려진 '길road'을 따르는 열정을 말한다. 개개의 문맥에서 마코토라는 말이 아무리 특수한 의미를 가진다 하더라도, 그것은 항상 일반적으로 '일본 정신'이라고 인정되는 어떤 측면의 칭찬, 또는 그것을 바탕으로 한 어떤 행동의 칭찬이라고 해석하면 틀림이 없다.

'성실'이 미국인이 생각하는 의미를 갖지 않는다는 사실을 이해한다면, 이것이 모든 일본어 문헌에서 주의해야 할 극히 유용한 말임을 알 수 있다. 이 말로 표현되고 있는 사항은 언제나 일본인이 실제로 중점을 두고 있는 적극적인 덕이라고 생각하면 틀림이 없다. 마코토는 사리私利를 추구하지 않는 사람을 칭찬하는 말로 끊임없이 사용된다. 이런 사실은 일본인의 윤리가 이윤 추구를 매우 나쁜 일이라고 생각하고 있다는 것을 반영한다. 이윤은 — 그것이 계층제도의 당연한 결과가 아닌 경우에는 — 부당한 착취의 결과라고 여겨진다. 그리고 이윤을 얻기 위해 정도에서 벗어난 중개인은 사람들이 매우 경멸하는 고리대금업자가 된다. 그런 사람은 항상 '마코토가 없는 인간'이라는 말을 듣는다.

마코토는 항상 감정에 치우치지 않는 사람을 칭찬하는 말로도 쓰인다. 이것은 일본인의 자기 수양 관념을 반영하는 것이다. 또 성실하다고 여겨지는 일본인은 싸움을 걸 생각이 없는 사람을 모욕할 수도 있는 위험에는 절대로 접근하지 않는다. 이것은 사람은 행위 자체에 대해서는 물론 행위의 파생적인 결과에 대해서도 책임을 져야 한다는 일본인의 신조를 반영한다. 마지막으로 마코토가 있는 사람만이 '사람들의 머리에 서서', 그 수완을 유효하게 활용하고 심리적 갈등에서 벗어날 수 있다. 이 세 가지 의미와 그 밖의 여러 의미는 일본인의 윤리적 등질성을 단적으로 나타낸다. 이것은 정해진 법도를 이행할 때 실효를 거둘 수가 있고, 또 모순이나 갈등을 느끼지 않아도 된다는 사실을 반영한다.

이처럼 일본인의 성실에는 여러 의미가 있다. 따라서 이 덕은 칙유나 오쿠마 백작이 말하듯이 일본인의 윤리를 단순화하는 것은 아니다. 그것은 일본인의 도덕의 '기초'를 이루는 것도 아니고 그것에 '영혼'을 부여하는 것도 아니다. 그것은 어떤 수라도 적당히 그 위에 덧붙여 쓰면 그 수를 고차高次의 거듭제곱으로 만드는 지수가 된다. 2라는 조그만 숫자를 오른쪽 어깨에 붙이면 9든 159든 b든 x든 무관하게 제곱의 수가 된다. 그것과 마찬가지로 마코토는 일본인의 도덕 법전의 어떤 조항도 고차의 거듭제곱으로 높인다. 그것은 말하자면 독립된 덕이 아니라 스스로의 교의에 대한 광신자의 열광이다.

일본인이 도덕률에 수정을 가하려고 노력했다 하더라도, 그것은 여전히 원자론적이다. 덕의 원리는 여전히 선한 어떤 행동과 선한 다른 행동 사이의 균형을 유지하는 일이다. 그들의 윤리체계는 마치 브리지(bridge : 일종의 트럼프 놀이)의 승부와 같다. 뛰어난 경기자란 규칙에 따라 규칙의 범위 내에서 경기하는 사람이다. 그가 서툰 경기자와 구별되는 것은 추리 훈련을 쌓아 다른 경기자들이 낸 패가 경기 규칙 아래에서 무엇을 의미하는가를 충분히 알 수 있다는 점이다. 우리의 표현에 의하면, 그는 호일[17]에 따라 경기한다. 그는 각 수마다 무한한 경우를 고려한다. 일어날 수 있는 우연은 빠짐없이 경기의 규칙 속에 망라되어 있고 점수도 미리 정해져 있다. 미국인이 말하는 의미의 좋은 의도란 문제의 밖에 놓여진다.

어떤 국민이 어떤 말이나 문장에서 자존을 잃거나 획득하는지 알아보는 것은, 그 국민의 인생관을 이해하는 데 많은 도움이 된다. 일본에서 '자신을 존중한다'는 것은 스스로가 항상 주의 깊은 경기자라는 것을 나타낸다. 그것은 영어의 용법처럼 남에게 아부하지 않는다든지, 거짓말을 하지 않는다든지, 거짓 증언을 하지 않는다든지 하는 훌륭한 행위의 기준에 의식적으로 따른다는 것은 아니다. 일본에서 자중自重, 곧 self-respect한다는 것은 글자 그대로 '묵직한 자아'라는 것이다. 그 반대는 '경박한 자아'다. "당신은 자중해야 한다"고 말하는 것은 "당신은 빈틈없이 그 사태 속에 들어 있는 모든 인자를 감

---

17. Edmund Hoyle(1672~1769). 처음으로 위스트(일종의 트럼프 놀이)의 법칙을 조직화한 사람. '호일에 따라서according to Hoyle'라는 표현은 트럼프뿐 아니라 일반적으로 무슨 일이나 '규칙에 따라서', 즉 기존의 건실한 수법에 따라서 행한다는 것을 의미한다.

안하여 결코 남으로부터 비난을 받거나 성공의 기회를 놓치는 행동을 해서는 안 된다"라는 의미다. '자신을 존중하는 일'은 때때로 미국과는 정반대의 행동을 의미하는 경우도 있다. 피고용자가 "나는 자중해야 한다"라고 말하는 것은 자신의 권리를 주장해야 한다는 뜻이 아니라, 자신이 곤란해질 말을 해서는 안 된다는 뜻이다. "당신은 자중해야 한다"라는 표현을 정치적으로 쓰는 경우도 같은 뜻을 가지고 있다. 그것은 만일 '중책을 맡은 사람'이 무분별하게도 '위험 사상'에 빠져 들어간다면, 이미 자신을 존중할 수는 없다는 의미다. 미국에서처럼 설사 위험한 사상이라 할지라도 만일 자신을 존중한다면, 자신의 견해와 양심에 따라 사상을 가질 수 있다는 의미는 들어 있지 않다.

"너는 자중해야 한다"라는 말은 부모가 청년기의 자식을 훈계할 때 끊임없이 입에 올린다. 그것은 예절을 지키고 타인의 기대에 어긋나지 않도록 행동하는 것을 가리킨다. 예를 들면 여자아이는 다리를 올바른 위치에 두고 몸을 움직이지 않고 앉도록 훈계를 받고, 사내아이는 심신을 단련하고 남의 안색을 살피도록 훈계를 받는다. 그것은 '지금이야말로 장래가 결정되는 중요한 시기이기 때문'이다. 부모가 자식에게 "너는 자중하는 사람처럼 행동하지 않았다(경박한 거동을 했다)"라고 말하는 것은, 자식이 예절과 법도에 어긋났음을 책망하는 것이다. 자식이 자기가 옳다고 생각하는 일을 위해 일어설 용기가 없음을 책망하는 것은 아니다.

고리대금업자에게 빚을 갚지 못하는 농부는 "나는 자중했어야 했다"라고 말한다. 그러나 그것은 자신의 나태를 책망하거나 채권자에게 비굴한 태도를 취한 것을 책망하는 것이 아니다. 그것은 그런 궁지에 빠질 경우를 예상해서 좀 더 조심스럽게 행동했어야 했다는 뜻이다. 사회적 지위가 높은 사람은 "나의 자존심이 이러이런 것을 요구한다"라고 말한다. 그것은 정직이라든지 청렴 같은 일정한 도덕적 원리에 따라 행동해야 한다는 뜻이 아니라, 그의 가문을 충분히 고려하면서 그 일을 처리해야 한다는 것, 그 일에 그의 사회적 무게를 모조리 쏟아야 한다는 것을 의미한다.

실업가가 그의 회사에 대해 "우리는 자중해야 한다"라고 말하는 것은, 신중에 신중, 조심에 조심을 거듭해야 한다는 뜻이다. 복수의 필요성을 말하는 사람은 "자중해서 복수한다"라고 말한다. 그러나 이것은 결코 적의 머리 위에 '활활 타오르는 숯불을 쌓는'[18] 일이나, 어떤 도덕적 원칙에 따를 의도가 있음을 가리키는 것은 아니다. 그것은 "나는 기어코 완전히 복수하고야 말 것이다"라는 말과 같아서, 주도면밀하게 계획을 세워 모든 요소를 고려해 복수를 하겠다는 뜻이다. 일본어에서 무엇보다 강하게 표현하는 방법은 "자중에 자중을 거듭한다"라는 것으로, 무한히 조심한다는 뜻이다. 그것은 결코 경솔한 결론을 내리지 않는 것을 의미한다. 그것은 목표에 도달하기 위해 필요 이상의 노력도 필요 이하의 노력도 소비하지 않도록 여러 방법과 수단을 강구하는 것을 의미한다.

이런 모든 자중의 의미는, 인생을 세심하게 주의하며 '호일에 따라

---

18. 로마서 12장 20절, "네 원수가 주리거든 먹이고, 목마르거든 마시우라. 그리함으로 네가 숯불을 그 머리에 쌓아 놓으리라." 즉, 적의 머리에 활활 타오르는 숯불을 쌓는다는 것은 원한을 덕으로 갚는 것을 의미한다.

서(규칙에 따라서)' 행동해야 하는 세계로 보는 일본인의 인생관과 잘 맞아떨어진다. 그들은 자중을 이상과 같이 정의하고 있으므로, 의도가 좋았다는 것만으로 실패를 변명하는 것은 허용되지 않는다. 일거수일투족이 여러 가지 결과를 수반하기 때문에 그 결과를 고려해서 행동해야 한다. 남에게 은혜를 베푸는 것은 매우 좋은 일이지만, 당신은 은혜를 받는 사람이 '은혜를 뒤집어쓰게 되었다'고 느끼리라는 사실을 예견하고 조심해야 한다. 남을 비판해도 상관은 없지만, 비판한다면 당신은 상대자의 모든 원한의 결과를 감당할 각오를 해야 한다. 앞에서 말했듯이 미국인 선교사가 젊은 화가로부터 자신을 조소했다고 비난받은 경우를 생각해 보자. 선교사가 악의가 있는 말은 아니었다고 변명하는 것은 아무런 도움도 되지 않는다. 선교사는 바둑판 위에서 그의 한 수가 어떤 의미를 가지는가를 충분히 고려하지 않았던 것이다. 그것은 일본인의 입장에서 보면 전혀 훈련되지 않은 것이다.

이처럼 신중과 자중을 동일시하는 것 속에는 타인의 행동에서 알수 있는 모든 암시에 방심하지 말고 마음을 쓸 것, 그리고 타인이 자기의 행동을 비판한다는 것을 강하게 의식하라는 의미가 들어 있다. 일본인은 "세상에서 시끄럽게 구니까 자중해야 한다"라든지, "만일 세상이라는 것이 없다면 자중하지 않아도 되는데……"라는 식으로 말한다. 이런 표현은 자중이 외면적 강제력에 근거함을 말해 주는 극단적인 표현이며, 올바른 행동의 내면적 강제력을 전혀 고려하지 않은 표현이다. 많은 나라의 통속적인 언어 관행과 마찬가지로 이런 표현도 사실을 과장하고 있는 것이다. 현재 일본인은 때로는 자신의 죄에 대해 청교도인에 결코 뒤지지 않을 만큼 강렬한 반응을 나타내기도 한다. 그렇지만 위의 극단적인 표현은 일본인이 대략 어디에 중점을 두고 있는가를 올바로 지적하고 있다. 즉, 일본인은 죄의 중요성보다도 수치의 중요성에 무게를 두고 있다.

여러 문화의 인류학적 연구에서 중요한 것은, 수치를 기조로 하는 문화와 죄를 기조로 하는 문화를 구별하는 일이다. 도덕의 절대적 기준을 설명하고 양심의 계발을 의지로 삼는 사회는 '죄의 문화'라고 정의할 수가 있다. 그렇지만 그와 같은 사회의 사람도 이를테면 미국의 경우처럼, 그 자체로는 결코 죄가 아니지만 어떤 바보 같은 짓을 저질렀을 때 치욕감을 느끼고 상심하기도 한다. 이를테면 경우에 알맞은 복장을 갖추지 않았거나, 실언을 했다는 이유로 매우 번민하는 경우다. 수치가 주요한 강제력이 되는 문화에서도 사람들은 당연히 누구라도 죄를 범했다고 느끼는 경우에는 번민한다. 이 번민은 때로는 매우 강렬하다. 더욱이 그것은 죄처럼 참회나 속죄에 의해 경감될 수가 없다. 죄를 범한 사람은 죄를 감추지 않고 고백함으로써 무거운 짐을 내려놓을 수 있다. 고백이라는 수단은 우리의 세속적 요법과, 거의 공통점이 없는 많은 종교 단체에 의해 이용되고 있다. 우리는 고백이 기분을 가볍게 해 준다는 사실을 알고 있다. 수치가 주요한 강제력이 되는 사회에서는 참회승懺悔僧에게 과오를 고백했다 해도 전혀 마음이 편해지지 않는다. 오히려 나쁜 행위가 '사람들 앞에 드러나지' 않는 한 고민할 필요가 없으며, 고백은 도리어 스스로 고민을 자초하는 일로 생각된다. 따라서 '수치의 문화'에서는 인간에 대해서는 물론 신에 대해서도 고백의 관습이 없다. 행운을 기원하는 의식은 있으나 속죄 의식은 없다.

참다운 죄의 문화가 내면적 죄의 자각에 의거해 선행을 하는 데 비해, 참다운 수치의 문화는 외면적 강제력에 의거해 선행을 한다. 수치는 타인의 비평에 대한 반응이다. 사람은 남 앞에서 조소당하거나 거부당하거나, 혹은 조소당했다고 믿음으로써 수치를 느낀다. 어느 경우에나 수치는 강력한 강제력이 된다. 그러나 수치를 느끼기 위해서는 실제로 그 자리에 타인이 같이 있거나, 혹은 적어도 같이 있다고 믿을 필요가 있다. 그런데 명예가 자신이 마음속에 그린 이상적 자아에 걸맞도록 행동하는 것을 의미하는 나라에서는, 사람들은 자기의 비행을 아무도 모른다 해도 죄의식에 고민한다. 그리고 그의 죄책감은 죄를 고백함으로써 경감된다.

미국에 이주한 초기 청교도들은 일체의 도덕을 죄책감의 기초 위에 두려고 노력했다. 그리고 현대 미국인의 양심이 얼마나 죄의식에 고민하고 있는가는 모든 정신과의사가 알고 있는 바다. 그렇지만 미국에서도 수치가 점차 무게를 더해가고 있으며, 죄는 이전만큼 심하게 느끼지 않고 있다. 미국에서는 이 사실을 도덕의 이완으로 해석하고 있다. 이 해석에는 다분히 진리가 들어 있다. 그것은 우리가 수치에는 도덕의 기초와 같은 중책을 수행할 자격이 없다고 생각하고 있기 때문이다. 우리는 수치에 수반되는 극심한 개인적 통한을 도덕의 기본 체계를 이루는 원동력으로 보지 않는다.

그러나 일본인은 치욕을 원동력으로 하고 있다. 분명히 정해진 선행의 도표道標에 따를 수 없는 것, 여러 의무 사이의 균형을 유지하지 못하는 것, 발생할 우연을 예견할 수가 없는 것 등이 치욕(하지)이다. 그들은 수치는 덕의 근본이라고 말한다. 수치를 느끼기 쉬운 사람이야말로 선행의 모든 율법을 실행하는 사람이다. '수치를 아는 사람'이라는 말은, 'virtuous man(유덕한 사람)'이나 'man of honor(명예를 중하게 여기는 사람)'로 번역된다. 수치는 일본의 윤리에서 '양심의 결백', '신에게 의義로 여겨지는 것', 죄책감이 서양의 윤리에서 차지하고 있는 것과 비슷한 의미를 가진다. 따라서 당연한 논리적 귀결로 사람은 사후세계에서 벌을 받는 일이 없다. 일본인은 ─ 인도 경전의 지식을 가지고 있는 승려를 제외하고 ─ 이 세상에서 쌓은 공과功過에 따라 다른 세상에서 다시 태어난다는 사상을 전혀 알지 못한다. 또 그들은 ─ 충분히 교의를 이해한 뒤에 기독교로 귀의한 사람을 제외하면 ─ 사후의 상벌이나 천국과 지옥을 인정하지 않는다.

일본인의 생활에서 수치가 최고의 지위를 차지하고 있다는 것은, 수치를 심각하게 느끼는 부족 또는 국민이 모두 그러하듯이, 각자가 자기 행동에 대한 사람들의 평가에 마음을 쓴다는 것을 의미한다. 그들은 타인이 어떤 판단을 내릴까를 추측하고, 그 판단을 기준으로 행동 방침을 정한다. 모두가 같은 규칙에 따라 게임을 하고 서로 지지하고 있을 때 일본인은 쾌활하고 편하게 행동할 수가 있다. 그들은 그것이 일본의 '사명'을 수행하는 길이라고 느끼는 경우에는 게임에 열중할 수가 있다. 일본인이 가장 심하게 마음의 상처를 받은 것은, 그들의 덕을 일본 특유의 선행 도표가 그대로 통용되지 않는 외국에 적용하려고 시도했을 때였다. 그들은 '선의'에 의거한 '대동아'의 사명에 실패했다. 그들에 대한 중국인이나 필리핀인의 태도에 많은 일본인이 분노를 느낀 것은 거짓 없는 감정이었다.

국가주의적 동기가 아니라 유학이나 업무상의 목적으로 미국으로 건너간 개개의 일본인 또한, 도덕이 엄격하게 규정되어 있지 않은 세계에서 생활하면서 그들이 지금까지 받아 온 주도면밀한 교육의 '파탄'을 통감했다. 그들은 자신들의 덕이 대외적으로는 부적절하다는 것을 느꼈다. 그들의 논점은 문화적 환경을 바꾸기가 곤란하다는 일반적 사항이 아니라 그 이상의 것이었다. 그들은 때때로 일본인은 미국의 생활에 맞추는 것이 매우 곤란한 데 비해, 중국인이나 태국인은 그렇게 곤란을 느끼지 않는다는 사실을 지적한다. 일본인 특유의 문제는, 일정한 법도를 지키며 행동하기만 하면 다른 사람들도 자신의 행동 동기를 인정해 줄 것이라는 안도감에 의지하여 생활하도록 길들여졌다는 것이다. 외국인이 이런 예절을 일체 무시하는 것을 보고 일본인은 어찌할 바를 몰랐다. 그들은 어떻게든 서양인이 일본인의 경우와 마찬가지로 생활의 기준으로 삼고 있는 면밀한 예절을 발견해 내려 노력했다. 그리고 그런 것이 없다는 것을 알았을 때, 어떤 일본인은 화가 났다고 말하고 어떤 일본인은 깜짝 놀랐다고 말했다.

도덕적으로 엄격하지 않은 문화에서 맞닥뜨린 이런 경험을 누구보다도 잘 그리고 있는 것은, 미시마三島의 자서전『나의 좁은 섬나라』[19]다. 그녀는 어떻게든 미국의 대학에 유학하려고 시도했다. 그리고 미국 대학의 장학생이 되어 미국인으로부터 '온'을 받는 것을 반대하는 보수적인 가족을 겨우 설득해서 웰즐리대학에 입학했다. 교수도 학우도 매우 친절하게 대해 주었다고 그녀는 말했다. 그러나 그 때문에

---

19. *Sumie Seo Mishima, My Narrow Isle, 1941, p. 107.

그녀는 더욱 괴로움을 느꼈다. "일본인 누구나가 그러하듯, 나도 나의 행동을 전혀 흠잡을 데가 없다고 생각하고 있었는데, 그 자랑스러움은 무참히도 상처받았다. 나는 이 나라에서는 대체 어떻게 행동해야 하는지 전혀 짐작이 가지 않는 나 자신에 대해, 또 내가 이때까지 받아 온 예절을 비웃는 것처럼 느껴지는 환경에 대해 분노를 느꼈다. 이 막연한 그러나 뿌리 깊은 분노의 감정 외에는 이미 아무런 감정도 나에게 남지 않게 되었다." 그녀는 이어서 "나는 나 자신이 다른 세계에서는 아무 소용도 없는 감각과 감정을 가진, 다른 유성에서 떨어져 온 생물체처럼 느껴졌다. 모든 동작을 얌전하게 하고, 모든 말투를 예의에 맞도록 하기를 요구하는 나의 일본식 예절이, 이 나라의 환경 속에서 — 거기에서 나는 사회적으로 말해 완전히 장님이었지만 — 나를 극도의 신경과민과 자의식에 빠지게 했다"라고 쓰고 있다. 그녀가 긴장을 풀고 호의를 흔쾌히 받아들일 때까지는 2, 3년의 세월이 걸렸다. 그녀는 미국인은 이른바 '세련된 허물없음'을 가지고 생활하고 있다고 단정했다. "그런데 허물없이 군다는 것은 예의 없는 짓으로서, 세 살 때 이미 나의 마음속에서 사라져 버렸다."

미시마는 미국에서 알게 된 일본 여성과 중국 여성을 비교하여 대조하고 있다. 그녀의 평은 미국의 생활이 양국의 여성에게 어떻게 다른 영향을 주었는지를 나타내고 있다. "중국의 여성은 대개의 일본 여성에게서는 볼 수 없는 차분함과 사교성을 가지고 있었다. 상류의 중국 여성은 한결같이 여왕과 같은 우아함을 가지고 세계의 참다운 지배자인 것 같은 취향이 있어서, 나에게는 세계에서 가장 세련된 사람들인 것처럼 생각되었다. 위대한 기계 문명과 속도 속에 있으면서 조금도 동요를 보이지 않는 그녀들의 겁내지 않는 태도와 당당한 침착성은, 끊임없이 겁에 질리고 과도하게 신경질적인 일본 여성의 태도와 두드러진 대조를 이루고 있었다. 이것은 사회적 배경에 어떤 근본적인 차이가 있다는 것을 말해 준다.”

미시마는 다른 많은 일본인과 마찬가지로 마치 테니스의 명수가 크로케 시합에 나갔을 때와 같은 느낌을 가졌다. 그녀의 뛰어난 기량은 전혀 소용이 없었다. 그녀는 지금까지 배워 온 사항을 도저히 새로운 환경에 가지고 들어갈 수 없다는 사실을 느꼈다. 그녀가 받아온 훈련은 소용이 없었다. 미국인은 그런 것 없이도 잘 생활하고 있었다.

짧은 기간이라도 미국에 거주한 적이 있어 딱딱하지 않고 번잡스럽지 않은 미국의 행동 규칙을 받아들인 일본인에게는, 전에 그들이 일본에서 보낸 그 답답한 생활을 되풀이한다는 것은 도저히 생각할 수 없는 일이다. 그들은 옛날의 생활을 어느 때는 잃어버린 낙원, 어느 때는 ‘질곡’, 어느 때는 ‘감옥’, 어느 때는 분재를 심는 ‘조그만 화분’에 빗대어 말한다. 분재로 꾸며진 소나무 뿌리가 화분 속에 갇혀 있는 동안은 아름다운 정원에 미관을 더해 주는 예술품이 된다. 그런데 한 번 직접 대지에 옮겨 심은 분재 소나무는 절대로 원상으로 되돌릴 수 없다. 그들은 도저히 일본 정원의 장식물이 될 수는 없다고 느낀다. 그들은 두 번 다시 옛날의 요구에 응할 수 없다. 이 사람들이야말로 가장 첨예한 형태로 일본인의 덕의 딜레마를 경험한 사람들이다.

제 11 장
자기 수양

어떤 문화의 특별한 자기 훈련은 다른 나라에서 온 관찰자에게는 무의미한 것으로 생각되기 쉽다. 훈련 방법 그 자체는 잘 알겠지만, 어째서 저런 고생을 해야 하는가? 어째서 일부러 고리에 매달리거나, 배꼽을 뚫어져라 쳐다보거나, 전혀 돈을 쓰지 않는 것일까? 어째서 이런 고행에 전념하며, 국외자에게는 참으로 중요하고 훈련할 필요가 있다고 생각되는 충동을 제어할 것은 왜 요구하지 않는 것일까? 자기 훈련을 위한 특별한 방법이 없는 나라에 속해 있는 관찰자가, 그 방법을 매우 신뢰하는 국민의 한가운데 있다면 오해의 가능성은 최고도에 달한다.

미국은 자기 훈련을 위한 특별한 방법이 비교적 발달되지 않았다. 미국인은 자기 생애에서 실현 가능한 계획을 세운 사람은, 만일 그럴 필요가 있다면 혼자서 나름대로 자기가 선택한 목표에 도달하기 위해 훈련을 한다. 자기 훈련을 할 것인지 말 것인지는 그 사람의 소망, 양심, 혹은 베블렌[1]의 이른바 '기술적 본능an instinct of workmanship'에 따라서 달라진다. 그는 축구 선수로 경기에 참가하기 위해 엄격한 규율에 따르거나, 음악가가 되기 위해 또는 사업에 성공하기 위해 일체의 오락을 단념한다. 그는 자신의 양심에 비추어 그릇된 행위나 경박한 행위를 삼간다. 그렇지만 미국에서 특별한 훈련법으로서의 자기 수양 자체는, 산수처럼 개개의 경우 응용을 도외시하고 그것만을 따로 배워야 하는 것은 아니다. 만일 그런 수업이 미국에서 실시되고 있다면, 그것은 유럽에서 온 어떤 종파의 지도자나 인도에서 고안된 방법을 전수하는 스와미(힌두교 교사)들에 의한 것이다. 성 테레사Saint Theresa나 십자가의 성 존Saint John of Cross이 설교하고 실천한 것처럼 명상과 기도를 내용으로 하는 종교적 수련조차도 미국에서는 거의 흔적을 찾아볼 수 없다.

그런데 일본인은 중학교 시험을 치르는 소년도, 검도 시합에 출전하는 사람도, 혹은 단순히 귀족 생활을 즐기는 사람도, 시험을 치를 때 필요한 특정한 학과 공부뿐 아니라 별개의 자기 훈련을 할 필요가 있다고 생각한다. 아무리 시험공부를 했다 하더라도, 아무리 검도 실력이 뛰어나다 하더라도, 또 아무리 예의범절에 빈틈이 없다 하더라도, 그는 책이나 죽도竹刀를 곁에 놓고, 사교계에 나가는 것을 잠시 중지하고 특수한 수행을 한다. 물론 일본인 모두가 신비한 수행을 하는 것은 아니다. 그렇지만 그런 수행을 하지 않는 사람조차도 자기 훈련에 관한 언어 표현이나 그 관행에 대해 인생에서 일정한 위치를 인정하고 있다. 어느 계급의 일본인이든 일반적으로 행해지는 특수한 자제와 극기 방법에 대한 관념을 기초로 자타의 행동을 판단한다.

---

1. Thorstein Veblen(1857~1929). 미국의 저명한 경제학자

그들의 자기 훈련 개념은 능력을 배양하는 것과 그 이상의 것을 배양하는 것으로 나눌 수 있다. '그 이상의 것'을 나는 숙달이라 부르겠다. 이 두 가지는 일본에서 확연히 구별된다. 이 두 가지는 인간의 심성 속에 서로 다른 결과를 낳는 것을 목적으로 한다. 또한 서로 다른 근거를 가지고 서로 다른 외적 징표에 의해 식별된다. 우선 능력을 배양하는 수행에 대해서는 이미 많은 사례를 설명했다. 10분의 휴식 시간을 제외하고 60시간을 자지 않고 훈련에 참가한 부하 병사들에게 "놈들은 가르쳐 주지 않아도 잘 줄 압니다. 필요한 것은 잠을 자지 않는 훈련을 하는 일입니다"라고 말한 그 육군 장교는, 우리가 볼 때 지나친 요구를 하고 있는 것이다. 그러나 그는 제대로 된 병사로서 필요한 능력을 기르는 것을 목적으로 하고 있었을 뿐이다.

장교의 말은 무한한 도야의 가능성을 가진 육체를 의지로써 지배해야 한다는 의미다. 또한 사람이 육체를 혹사하면 반드시 건강을 해친다는 법칙을 가지고 있지 않은 일본적인 정신통어법이 보편적으로 인정하는 원리를 말하고 있는 것이다. 일본인의 '인정' 이론 전체가 이 가정 위에 근거를 두고 있다. 인생에서 중대 사항이 문제가 될 때에는 육체의 요구가 아무리 건강에 필수적일지라도, 또 아무리 그 자체로 인정되고 정성 들여 배양되는 것이라 할지라도 철저히 무시해야 한다. 일본인은 어떠한 자기 훈련을 해서라도 일본 정신을 발휘해야 한다.

그렇지만 일본인의 견해를 이와 같이 표현하는 것은 그들의 가정을 오해할 우려가 있다. 보통 미국의 어법에서, '어떤 자기 훈련을 해도at the price of whatever self-discipline'는, '어떤 자기희생을 하더라도at the price of whatever self-sacrifice'와 거의 같은 의미다. 또한 그것은 '아무리 자신의 욕망을 억제해도'라는 의미가 되기도 한다. 훈련에 대한 미국인의 생각은 — 그것이 외부로부터 강요된 것이든, 자신의 행동을 감시하는 양심으로서 마음속에 투입된 것이든 — 사람은 어렸을 때부터 자진해서 훈련을 받거나 권위로 강요하는 훈련을 통해 사회화된다는 것이다. 이것이 억압이다. 당사자는 이와 같이 자신의 소망이 제한되는 것을 불쾌하게 느낀다. 그는 희생을 치러야 한다. 따라서 그의 마음속에는 반항적인 감정이 생겨난다. 이것은 단지 미국의 많은 전문 심리학자의 견해만이 아니다. 그것은 각 세대에서 아이들이 부모에 의해 양육될 때의 철학이다. 그러니까 심리학자의 분석은 우리 사회에서 많은 진리를 나타낸다.

어린아이는 일정한 시간에 '잠자리에 들어야' 한다. 점차 아이는 부모의 눈치를 보면서 잠자는 것이 일종의 억압이라는 것을 깨닫는다. 수많은 가정에서 아이들은 밤마다 실컷 떼를 쓰며 불만을 나타낸다. 아이는 이미 잠자는 것을 '해야만 하는' 일이라고 훈련을 받았고, 도저히 항거할 수 없는 일이라는 것을 알면서도 저항해 본다. 아이의 어머니는 또 그가 먹어야만 '하는' 것을 정한다. 그것은 오트밀일 수도 있고, 시금치일 수도 있고, 빵일 수도 있고, 오렌지 주스일 수도 있다. 미국의 어린아이는 그가 먹어야만 '하는' 음식에 저항하는 법을 배운다. 아이는 '몸에 좋은' 음식은 맛있는 음식이 아니라고 단정한다. 이런 것은 일본에서는 찾아볼 수 없으며, 그리스 같은 몇몇 유럽 국가에도 없는 습관이다. 미국에서 어른이 된다는 것은 음식의 억제에서 해방되는 것을 의미한다. 사람은 어른이 되면 몸에 좋은 음식이 아니라 맛있는 음식을 먹을 수가 있다.

그렇지만 이와 같은 잠이나 음식에 대한 관념은 서양인의 자기희생 개념 전체에 비하면 거론할 만한 것이 못 된다. 부모는 아이를 위해 커다란 희생을 치르고, 아내는 남편을 위해 그 생애를 희생하고, 남편은 한 집안의 생계를 책임지기 위해 자신의 자유를 희생한다는 것이 표준적인 서양인의 신조다. 미국인에게는 자기희생의 필요를 인정하지 않는 사회가 존재한다는 것은 생각할 수도 없는 일이다. 그런데 실제로 그런 사회가 존재한다. 그리고 그런 사회의 사람들은 부모는 인정으로서 당연히 아이를 사랑하고, 여자는 다른 어떤 생활보다도 결혼생활에 들어가기를 바라며, 일가의 생계를 책임지는 남자는 사냥꾼이든 정원사든 자기가 좋아하는 일을 한다고 말한다. 자기희생이니 뭐니 하는 말을 입에 담을 필요가 어디 있겠는가? 사회가 이런 해석을 강조하고 사람들이 이런 해석에 따라 생활하는 것을 허용한다면 자기희생의 관념은 인정되지 않는다.

미국에서는 자기 '희생'과 남을 위해 하는 일들 모두가, 다른 문화에서는 상호교환으로 여겨지기도 한다. 그것은 나중에 변제받는 투자이거나 혹은 이전에 다른 사람에게 받은 가치에 대한 답례다. 그런 나라에서는 부자 관계조차 상호교환으로 간주된다. 아버지는 아들을 위해 어렸을 때 은혜를 베풀고, 아들은 아버지를 위해 아버지의 만년에, 혹은 아버지의 사후에 은혜를 갚는다. 모든 실무상의 관계 또한 일종의 민간 계약이다. 그것은 흔히 같은 것을 같은 양만큼 변제할 것을 보증하는 동시에, 당사자의 한쪽에는 비호의 의무를 지게 하고 다른 한쪽에는 봉사의 의무를 지게 한다. 이리하여 쌍방이 다이익을 얻기 때문에 서로 좋은 일이라고 생각한다. 당사자의 어느 쪽도 자기가 수행하는 의무를 희생이라고 생각하지 않는다.

일본인의 타인에 대한 봉사의 배후에 있는 강제력은 물론 이런 상호의무다. 그것은 남에게서 받은 만큼 같은 양을 변제할 것을 요구하는 동시에, 계층적 관계에 선 사람끼리 서로 그 책임을 수행할 것을 요구한다. 따라서 자기희생의 도덕적 지위는 미국의 경우와 매우 다르다. 일본인은 이제까지 항상 특히 기독교 선교사의 자기희생의 가르침에 대해 반대 입장을 보여 왔다. 그들은 유덕한 사람은 남을 위해 봉사하는 것을 자기 소망의 억압이라고 생각해서는 안 된다고 주장한다. 어떤 일본인은 나에게 이렇게 말했다. "우리가 당신들이 말하는 이른바 자기희생을 행하는 것은, 우리가 그렇게 하기를 원하기 때문이거나 그렇게 하는 것이 올바른 행위이기 때문이다. 우리는 그것을 결코 유감으로 생각하지 않는다. 우리가 실제로 남을 위해 아무리 많은 것을 희생한다 하더라도, 우리는 그렇게 함으로써 정신적으로 고매해진다거나 그 '보답'을 받아야 한다고도 생각하지 않는다." 일본인처럼 정교하고 치밀한 상호의무를 생활의 중추로 삼고 있는 국민이, 자신들의 행동을 자기희생이라고 치부하는 것이 부당하다고 생각하는 것은 당연하다. 그들은 극단적인 의무를 수행하는 데, 자기 연민과 독선의 감정을 품지 않는다. 이런 감정은 전통적 상호의무의 강제력 때문에 개인주의적 경쟁을 기조로 하는 나라에서 일어나기 쉽다.

따라서 일본에서 일반적으로 행해지는 자기 수양의 습관을 이해하기 위해서는, 미국인의 '자기 훈련self-discipline' 개념에 일종의 외과적

수술을 해야 한다. 우리는 우리의 문화에서 이 관념의 주위에 달라붙어 있는 '자기희생self-sacrifice'과 '억압frustration'이라는 부산물을 잘라 내야만 한다. 일본에서는 훌륭한 경기자가 되기 위해 자기 훈련을 한다. 그리고 일본인은 브리지를 하는 사람과 마찬가지로, 희생의식을 수반하지 않고 훈련을 받는다. 물론 훈련은 엄격하다. 그러나 훈련의 본질이 그런 것이므로 엄격한 것이 당연하다. 갓 태어난 어린아이는 행복하지만 '인생을 맛보는' 능력을 갖고 있지 않다. 정신적 훈련(혹은 자기 훈련, 즉 슈요修養)을 쌓아야 비로소 사람은 충실한 생활을 하고 인생의 맛을 음미할 수 있다. 이 표현은 통상 "이리하여 비로소 인생을 즐길 수가 있다only so can he enjoy life"라고 번역된다. 자기 훈련은 "배(자제력이 깃드는 곳) ─ 배짱 ─ 를 만든다." 그것은 인생을 확대한다.

일본에서 '능력'을 기르는 자기 훈련의 근거는, 그것이 처세 태도를 개선한다는 점에 있다. 훈련의 첫 무렵에 사람들은 도저히 참을 수 없다고 느낄지도 모르지만 그 느낌은 이내 사라진다. 나중에는 훈련이 즐거움이 되거나 혹은 훈련을 포기해 버린다. 견습 점원은 장사에 도움이 되고, 소년은 '주도柔道'를 배우며, 며느리는 시어머니의 요구에 맞추게 된다. 훈련의 최초 단계에서 새로운 요구에 익숙하지 않은 사람이 '슈요'를 피하려고 하는 것도 무리는 아니다. 그런 경우에 아버지는, "너는 잘못 생각하고 있다. 인생을 맛보기 위해서는 아무래도 다소의 훈련이 필요하다. 만일 그것을 내던지고 전혀 수행하지 않으면, 나중에 반드시 불행한 꼴을 당한다. 만일 그런 결과에 빠져 세상 사람들로부터 이러쿵저러쿵 말을 듣게 되어도, 나는 너를 더 이상 감싸 줄 수 없다"고 말하며 설득한다. 그들이 자주 사용하는 표현을 빌리면, 수양은 '자기 몸에서 나온 녹'을 갈아 떨어내는 것이다. 수양은 사람을 잘 갈아 예리한 칼로 만든다. 그리고 그것이야말로 그가 바라던 일이다.

일본인은 이와 같은 자기 훈련이 자신에게 이익이 된다는 것을 강조한다. 이것은 그들의 도덕률이 자주 요구하는 극단적 행위가 중대한 억압이 된다는 것, 또 그와 같은 억압이 공격적 충동을 자아내는 일이 전혀 없다는 의미는 아니다. 이와 같은 일이 유희나 스포츠의 경우라면 미국인도 이해할 수가 있다. 브리지 선수권 보유자는 실력을 닦기 위해 감내한 자기희생을 불평하지 않는다. 그는 그 분야에서 달인이 되기 위해 소비한 시간을 '억압'이라고 간주하지 않는다. 그럼에도 불구하고 의사에 따르면, 큰 판돈을 건 승부를 할 때나 선수권 시합 때에 필요한 주의력이 때때로 위궤양이나 신체적 긴장의 한 요인이 되는 일이 있다.

일본에서도 마찬가지다. 그렇지만 상호의무 관념이 강제력으로 작용하고 있고, 자기 훈련이 자신에게 이익이 된다고 확신하기 때문에, 일본인은 미국인이 도저히 참을 수 없다고 생각하는 많은 행위를 쉽게 참는다. 그들은 효율적으로 행동하기 위해 미국인보다 세심한 주의를 기울이고, 변명을 하는 일도 적다. 그들은 우리만큼 생활의 불만을 남에게 전가하지 않는다. 또 우리만큼 자주 자기 연민에 빠지는 일도 없다. 이런 현상이 어디에서 기인하는가는 별개의 문제로 하더라도, 그들은 미국인의 이른바 '남들과 같은 행복average happiness'이라는 관념을 갖고 있지 않다. 그들은 '자기 몸에서 나온 녹'에 대해, 미국인 사이에서 보통 행해지는 것보다 훨씬 세심한 주의를 기울이도록 훈련받는다.

　'능력'을 기르는 자기 훈련 외에 그 이상의 것으로서 '숙달'이 있다. 이런 종류의 훈련 방법은, 이에 대한 일본인의 저서를 읽는 것만으로는 서양인에게는 잘 이해가 가지 않는다. 이 문제를 전문적으로 연구하는 서양인은 때로는 그것을 멸시하는 태도를 취해 왔다. 그들은 그것을 '올바른 길을 벗어난 이상한 습관'이라고 부른다. 어느 프랑스 학자는 그것은 완전히 '상식을 무시한 것'이며, 훈련에 중점을 두는 모든 종파 중에서 가장 강력한 선종禪宗을 '엄숙한 난센스 덩어리'라고 표현했다. 그렇지만 일본인이 이 훈련 방법으로 달성하려는 목적을 결코 이해할 수 없는 것은 아니다. 그리고 이 문제를 추구하는 것은 일본인의 정신통어법을 밝히는 데에 많은 도움이 된다.

　일본어에는 자기 훈련의 달인이 도달하는 심경을 나타내는 여러 가지 말이 있다. 이 말 가운데 어떤 것은 배우에게, 어떤 것은 종교 신자에게, 어떤 것은 검객에게, 어떤 것은 연설가에게, 어떤 것은 화가에게, 어떤 것은 다도의 스승에게 쓴다. 이 말들은 모두 동일한 일반적 의미를 가지고 있다. 그중 하나인 '무가無我'라는 말을 살펴보기로 한다. 이것은 상류계급에서 번창하는 선종에서 쓰는 말이다. 이 말이 나타내는 숙달의 경지는, 세속적 경험에 있든 종교적 경험에 있든, 의지와 행동 사이에 '머리카락 한 올만큼의 빈틈도 없을' 때의 체험을 말한다. 방출된 전류는 양극에서 음극으로 일직선으로 나아간다. 숙달의 경지에 도달하지 않은 사람은, 의지와 행동 사이에 일종의 장벽이 가로놓여 있다. 일본인은 이 장벽을 '보는 나observing self', '방해하는 나interfering self'라고 부른다. 그리고 특별한 훈련으로 이 장벽을 제거하면, 달인은 "지금 내가 하고 있다"라는 의식을 전혀 갖지 않게 된다. 회로는 열려 있고 전류는 자유로이 흐른다. 행위는 노력 없이 행해진다. 그것은 '일점적一點的, one-pointed'[2]으로 변한다. 행위는 행위자가 마음속에 그린 형태와 한 치도 다르지 않게 실현된다.

일본에서는 아주 평범한 사람들조차 '숙달'의 경지에 도달하려고 노력한다. 영국의 불교 연구 권위자인 찰스 엘리엇은 어떤 여학생의 이야기를 전하고 있다.

> 그녀는 도쿄의 어느 유명한 선교사에게 찾아가서 크리스천이 되고 싶다고 말했다. 이유를 묻자 그녀는 "비행사가 되고 싶어 견딜 수가 없기 때문입니다"라고 대답했다. 비행기와 기독교 사이에 대체 어떤 관계가 있는지 설명해 보라고 하자 그녀는 이렇게 대답했다. "비행사가 되려면 우선 매우 침착하고, 일을 할 때 당황하지 않는 마음을 가져야 합니다. 그리고 그런 마음은 종교적 훈련에 의해 비로소 획득된다는 말을 들었습니다. 그런데 종교 중에서 가장 훌륭한 종교는 기독교라고 생각했기 때문에 가르침을 받고자 찾아왔습니다."[3]

일본인은 단지 기독교와 비행기를 연결시키는 데 그치지 않는다. 그들은 '침착하고 일을 할 때 당황하지 않는 마음'을 기르는 훈련을

---

2. 'one-pointed'는 스즈키鈴本의 Essays in Zen Buddhism 속에서 사용되고 있는 말이다. 스즈키의 설명에 의하면 산스크리트어 '에카그라ekagra'의 역어로 선택되었다고 하는데, 주객미분主客未分, 즉 마음이 한 점으로 집중되어 있는 상태를 나타낸다. 불교계에서는 통상 '일연一緣', '일심一心' 등으로 번역한다.

3. *Sir Charles Eliot, Japanese Buddhism, p. 286.

교육학 시험을 치를 때에도, 연설을 할 때에도, 정치가로서 활약할 때에도 없어서는 안 되는 일로 생각하고 있다. 집중하는 태도를 기르는 훈련은 어떤 일을 하더라도 이익을 가져다주는 것으로 생각하고 있는 것이다.

많은 문명이 이런 종류의 훈련법을 발달시키고 있지만, 일본의 목표와 방법은 완전히 독자적이고 현저히 다른 성격을 가지고 있다. 이런 사실은 일본의 수행법이 대개 인도의 요가 수행에서 유래한 만큼 더욱 흥미롭다. 일본의 자기 최면, 정신 집중, 오관 제어 방법은 지금도 여전히 인도의 관행과 밀접한 관계를 나타낸다. 그것은 마음을 비우는 것, 부동자세를 유지하는 것, 동일한 문구를 몇만 번이나 되풀이하는 것, 어느 일정한 상징에 주의를 집중하는 것에 역점을 둔다. 인도에서 쓰는 전문 용어는 지금도 볼 수 있다. 그렇지만 대체적 뼈대 외에는 공통점이 거의 없다.

인도의 요가파는 극단적인 금욕과 고행을 하는 종파다. 그것은 윤회로부터 해탈을 얻는 하나의 방법이다. 인간은 해탈, 즉 열반 이외에는 구원이 없다. 그리고 인간이 가는 길을 가로막는 장애는 인간의 욕망이다. 욕망은 스스로 고행을 하고, 스스로 모욕하고, 스스로 가혹하게 책망하여 괴롭힘으로써만 제거할 수가 있다. 이와 같은 수단으로 사람은 성자가 되고, 영성靈性과 신불神佛의 합일을 얻을 수 있다. 요가 수행은 육신의 세계를 버리고, 한없이 되풀이되는 인간의 미래로부터 도피하는 방법이다. 그것은 또 영적 능력을 파악하는 방법이다. 고행이 극단적일수록 목표로 향하는 행로도 빨라진다.

이와 같은 철학은 일본에서는 찾아볼 수 없다. 일본은 불교 국가임에도 불구하고, 지금까지 윤회와 열반 사상이 국민의 불교적 신앙의 일부분이 된 일이 없다. 이런 가르침은 소수의 승려가 개인적으로 받아들인 일은 있어도, 민중의 풍습이나 사상에 영향을 미친 일은 한 번도 없다. 일본에서는 인간의 영혼이 다시 태어난 것이라는 이유로 짐승이나 벌레를 죽이지 않는 일이 없다. 또 일본의 장례식이나 출생 의식은 윤회 사상의 영향을 전혀 받지 않았다. 윤회설은 일본적 사상의 틀이 아니다. 열반 사상 또한 일반 민중은 전혀 알지 못했고, 승려들이 이에 손질을 가하여 결국 없애 버렸다. 학문을 한 승려들은 '사토리(깨달음)'를 얻은 인간은 이미 열반의 경지에 있다고 말한다. 열반은 지금 여기 시간의 한가운데에 있다. 또한 그들은 소나무 속에서도 야생의 새 속에서도 '열반을 본다'고 단언한다. 일본인은 예부터 사후세계를 상상하는 일에는 흥미를 갖지 않았다. 그들의 신화는 신들의 이야기를 전하고 있으나, 죽은 사람의 생활은 이야기하고 있지 않다. 그들은 불교의 인과응보 사상조차 버리고 말았다. 그들은 누구라도, 심지어 신분이 낮은 농부조차도 죽으면 부처가 된다고 말했다. 각 가정의 불단에 모신 가족의 위패를 나타내는 말이 바로 '부처님'이다. 이렇게 표현하는 불교 국가는 일찍이 없었다. 그리고 지극히 평범하게 살다 죽은 사람에게 이처럼 대담한 말투를 쓰는 국민이, 열반의 달성과 같은 어려운 목표에 중점을 두지 않으리라는 것은 충분히 이해할 수 있는 일이다. 무슨 일을 하든 어차피 부처가 되는 것이라면, 굳이 한평생 육체를 괴롭히고 절대적 정지停止의 목표에 도달하려고 노력할 필요가 없다.

마찬가지로 일본에서 볼 수 없는 것은 육체와 정신이 대립한다는 교리다. 요가 수행은 욕망을 제거하는 방법이다. 그리고 욕망은 육체 속에 머문다. 그런데 일본인은 이런 가르침을 가지고 있지 않다. '인정'은 악마에 속하는 것이 아니다. 그리고 관능의 즐거움을 맛보는 것은 생활 지혜의 일부분이 되어 있다. 유일한 조건은 인생의 중대한 의무 앞에서는 관능이 희생되어야 한다는 것뿐이다. 일본인의 이런 신조는 요가 수행에서 논리적으로 극단적 수준에 도달하고 있다. 일본에서 이 수행은 자학적 고행이 모조리 제거되었을 뿐 아니라 금욕적이지도 않다. 은둔생활을 하고 '깨달음'을 얻은 사람은 '세상을 버린 사람'이라고 불리지만, 처자와 함께 산수 맑은 곳에 거처를 정하고 안락하게 사는 것이 보통이다. 아내가 있고 아이가 태어나는 것은, 그들이 성자라는 사실과 조금도 모순되지 않는다. 가장 통속적인 불교 종파淨土眞宗의 승려는 어떤 형태든 아내를 얻고 아이를 낳는다.

일본은 지금까지 영혼과 육체가 상반된다는 설을 쉽게 받아들인 적이 없다. '깨달음'을 얻은 사람이 성자인 까닭은, 명상에 의해 수행의 공을 쌓고 간소한 생활을 하기 때문이다. 그것은 더러운 옷을 몸에 두르거나, 자연의 아름다움에 눈을 감거나, 고토琴[4]나 샤미센三味線[5] 등의 악기에서 나오는 감미로운 소리에 귀를 막거나 하는 일이 아니다. 일본의 성자들은 우아한 시가를 짓고, 다도를 즐기고, 달맞이나 꽃구경을 하면서 세월을 보냈다. 실제로 선종에서는 신도들에게 '세 가지 부족, 즉 의·식·면眠의 부족'을 피할 것을 명한다.

---

4. 일본의 전통적인 현악기의 총칭
5. 일본의 전통적인 현악기 중의 하나

요가 수행의 마지막 신조, 즉 요가 수행이 가르치는 신비주의적 수행법이 수행자를 망아입신忘我入神의 경지로 인도하여 우주와 합일시킨다는 신조 또한 일본에서는 찾아볼 수 없다. 문명화되지 않은 민족, 이슬람교의 수도승, 인도의 요가 행자行者, 중세의 기독교도를 불문하고 전 세계 어디서든 신비주의적 수행법이 행해져 온 곳에서 수행자들은, 신앙은 다르지만 이구동성으로 '신과 하나'가 되었으며 '이 세상 것이 아닌' 법열法悅을 경험했다고 말해 왔다. 일본인은 신비주의적 수행법은 가지고 있지만 신비주의는 가지고 있지 않다. 이것은 그들이 황홀 상태에 빠지는 일이 없다는 의미는 아니다. 그들 또한 망아의 경지에 이른다. 그렇지만 그들은 황홀 상태조차 '집중'하는 태도를 기르는 훈련법으로 간주하고 있다. 그들은 그것을 입신 상태라고 말하지 않는다. 선종에서는 다른 나라의 신비주의자들처럼 황홀 상태에 빠져 있는 동안은 오관의 활동이 정지 상태에 있다고 하지 않는다. 그들은 이 방법으로 '육관六官'이 비정상적으로 예민한 상태에 달한다고 말한다. 육관은 마음속에 머물고 있다. 그리고 육관은 보통 훈련에 의해 오관을 지배한다. 그러나 미각, 촉각, 시각, 후각, 청각도 황홀 상태에 빠져 있는 동안 각각 특별한 훈련을 받는다. 소리 없는 발소리를 듣고, 그 발소리가 한 장소에서 다른 장소로 움직여가는 것을 정확하게 뒤쫓을 수 있게 되는 것, 혹은 삼매경을 중단하지 않고 맛있는 음식 냄새 — 그런 냄새를 일부러 나게 하여 — 를 식별하는 것이 참선자들의 수행의 하나다. 냄새 맡는 것, 보는 것, 듣는 것, 만지는 것, 맛보는 것이 '육관을 보조'한다. 그리고 사람들은 이 삼매경에서, '모든 감관感官을 예민하게' 하는 것을 배운다.

이런 일은 초감각적 경험을 중시하는 종교로서는 실로 이례적이다. 삼매경 상태에서도 그와 같은 선禪의 수행자는 자기 밖으로 빠져나가려 하지 않는다. 그는 니체가 고대 그리스인에 대해 말한 것처럼 "있는 그대로의 자기에 머물고, 시민으로서 자신의 이름을 그대로 유지"하려 한다. 일본의 위대한 불교 지도자들의 말 중에는, 이와 같은 견해를 명료하게 표현한 말이 많이 발견된다. 그중에서도 뛰어난 것은 현재 선종의 가장 유력한 종파인 조동종曹洞宗을 연 12세기의 고승 도겐道元[6]의 말이다. 그는 자신의 '깨달음'을 이렇게 말한다. "나는 다만 수직의 코 위에 눈이 수평으로 달려 있다는 것을 안 것뿐이다. (중략) 무엇 하나 이상한 것은 없다(선의 체험 속에는). 시간은 자연히 지나간다. 해는 동쪽에서 떠오르고, 달은 서쪽으로 진다."[7] 또 선에 대한 책은 삼매경의 경험이 인간적 능력을 훈련하는 이외에 다른 능력을 준다는 것을 인정하지 않는다. 어떤 일본의 불교도는 "요가 수행은 명상으로 갖가지 초자연적 능력을 획득할 수 있다고 주장하지만, 선은 그런 어리석은 주장은 하지 않는다"[8]라고 썼다.

일본은 이처럼 인도의 요가 수행의 밑바탕이 되는 가정을 완전히 없애 버렸다. 고대 그리스인처럼 섬세함에 대해 강한 애착을 가지고 있는 일본인은, 요가 수행을 인간을 완전하게 하는 자기 훈련, 인간과 그 행위 사이에 머리카락 한 올의 틈도 없는 '숙달'을 획득하는 수단이라고 해석하고 있다. 그것은 힘을 유효하게 쓰도록 하는 훈련이

---

6. 1200~1253. 가마쿠라 초기의 선승, 일본 조동종의 개조
7. *Kaiten Nukariya, The Religion of the Samurai, London, 1913, p. 197.
8. *Ibid., p. 194.

다. 그것은 스스로의 힘에 의지하는 태도를 기르는 훈련이다. 그것이 주는 공덕은 현세적인 것으로, 사람은 이에 의해 어떤 상황에 처해도 지나치거나 부족함 없이 꼭 알맞은 노력으로 대처할 수 있게 된다. 또 수행을 쌓음으로써 변덕스럽고 끊임없이 흔들리는 자기 마음을 통제할 수 있어, 외부의 신체적 위험에도 내부의 격정에도 침착성을 잃지 않게 된다.

이와 같은 훈련은 승려뿐 아니라 무사에게도 유익한 것이었다. 사실 선을 자신들의 종교로 만든 것은 다름 아닌 무사였다. 신비주의적 수행법이 신비적 체험을 목표로 하지 않고, 무사의 훈련법으로 이용된 곳은 일본 외에는 없다. 일본에서는 처음 선이 영향력을 갖기 시작한 시기부터 항상 그러했다. 12세기 일본 선종의 개조改祖 에이사이榮西[9]의 저서는 『선을 보급함으로써 나라를 지키는 논興禪護國論』이다. 그리고 무사나 정치가나 검객이나 대학생은, 그들이 아주 세속적인 목표에 도달할 수 있도록 선을 훈련해 왔다. 찰스 엘리엇이 말하고 있듯이, 중국의 선종사에는 선이 일본으로 건너가서 군사적 훈련 수단이 될 것임을 암시하는 내용이 전혀 없다. "선은 다도나 노가쿠能樂처럼 완전히 일본적인 것이 되었다. 12세기와 13세기의 동란 시대에 경전 속에서가 아니라 인간 마음의 직접적 체험 속에서 진리를 발견해 내려는 이 명상적이고 신비적인 가르침이, 세상의 풍파를 피해 승원僧院으로 출가한 사람들 사이에서 유행한 것은 상상할 수 있는 일이다. 그러나 설마 무사계급이 애호하는 생활 원리로 받아들여

---

9. 1141~1215. 일본 임제종臨濟宗의 개조. 선종의 일본 정착에 노력했다.

지리라고는 생각하지 못했다. 그런데 실제로 그런 일이 일어났다."[10]

　불교와 신토를 포함한 일본의 많은 종파는 명상, 자기 최면, 황홀 상태 등의 신비적 수행법에 매우 큰 역점을 두어 왔다. 그런데 그런 종파 가운데 어떤 종파는 이와 같은 훈련의 결과를 신의 은총의 증거라고 주장하고, 그 철학의 근원을 '다리키他力' — 타인의 힘에 매달리는 것 — 즉 은혜로운 신의 힘에 매달리는 것에 두고 있다. 이와 반대되는 선과 같은 종파에서는 '지리키自力', 즉 자신의 힘만을 의지한다. 이런 종파는 힘은 자기 속에만 존재하고 스스로의 노력으로만 증대할 수가 있다고 가르친다. 일본의 무사들은 이것이 그들의 성향에 꼭 맞는 가르침이라고 느꼈다. 그래서 그들은 승려로서 활동할 때에도, 정치가로서 활동할 때에도, 혹은 교육자로서 활동할 때에도 — 무사는 이런 직능을 모두 수행했다 — 선의 수행법을 강건한 개인주의를 받치는 지주로 이용했다. 선의 가르침은 매우 구체적이었다. "선은 사람이 자기 속에서 발견할 수 있는 광명만을 추구하는 것이다. 선은 이 추구에 방해가 되는 어떤 것도 용납하지 않는다. 당신 앞의 장애를 모조리 제거하라. (중략) 만일 도중에 부처를 만나면 부처를 죽여라. 만일 조사祖師를 만나면 조사를 죽여라. 성자阿羅漢를 만나면 성자를 모조리 죽여라. 그것이야말로 구원에 도달하는 유일한 길이다."[11]

　진리를 탐구하는 사람은 부처의 가르침이든, 경전이든, 신학이든 일체의 간접적인 것을 받아들여서는 안 된다. "3승 12분경[12]은 모두

---

10. *Sir Charles Eliot, op. cit., p. 186.
11. *E. Steinilber-Oberlin, The Buddhist Sects of Japan, London, 1938, p. 143에 인용된 말

부정不淨을 씻는 휴지다." 그것을 연구해서 이익이 없는 것은 아니지만, 자기 영혼 속에서 전광이 한 번 번쩍 빛나는 것과는 아무런 관계가 없다. 그런데 전광이 한 번 번쩍 빛나는 것이 깨달음을 준다. 이것은 어떤 선의 문답집 속에 나오는 이야기다. 제자가 선승에게 『법화경法華經』의 해설을 요구한다. 선승은 실로 훌륭한 해설을 해 준다. 그런데 그 설명을 듣고 있던 제자는 낙심한 듯이 말했다. "놀랍습니다. 저는 선승은 경전이나 이론이나 논리적 설명 체계 따위는 경멸하고 계시는 줄로만 알고 있었는데요." 그러자 선승은 이렇게 대답했다. "선은 아무것도 모른다는 것이 아니고, '아는 것(깨달음)'은 모든 경전, 모든 문헌의 밖에 있다고 믿는 것이다. 너는 아는 것(깨달음)을 원한다고는 말하지 않았다. 다만 경전의 설명을 듣고 싶다고 말하지 않았는가?"[13]

선의 스승들의 전통적 훈련은, 제자에게 '깨닫는' 방법을 가르치는 것을 목적으로 한다. 훈련은 육체적인 경우도 있고 정신적인 경우도 있으나, 어느 경우든 마지막은 학습자의 내면적 의식에서 그 효력이 확인되어야 한다. 검술가의 선 수행은 이에 대한 좋은 예증이다. 물론 검객은 칼의 올바른 사용법을 배우고, 그것을 끊임없이 연습해야

---

12. 三乘: 불교에서 중생을 태우고 생사의 바다를 건널 때의 세 가지 교법인 성문승聲聞乘, 연각승緣覺乘, 보살승菩薩乘을 뜻함. 十二分經: 불교에서 모든 경전을 수다라修多羅, 기야祇夜, 가타伽陀, 이타나尼陀那, 이제목다가伊帝目多伽, 사타가門陀迦, 아부다달마阿浮多達磨, 아파타나阿波陀那, 우바제사優婆提舍, 우타나優陀那, 비불략毘佛略, 화가라나和伽羅那의 열둘로 나눈 것을 뜻함

13. *E. Steinilber-Oberlin, op. cit., p. 175.

한다. 그렇지만 아무리 검술을 잘하더라도, 그것은 단순한 '능력'의 영역에 속하는 사항이다. 그는 그 위에 다시 무가無我'가 되는 것을 배워야 한다. 그는 우선 처음에는 평평한 바닥 위에 서서, 그의 몸을 받치는 겨우 몇 인치의 바닥에 정신을 집중하도록 명령받는다. 그는 아주 좁은 발판을 점점 높여 마침내 1미터 높이의 기둥 위에 서 있어도, 마치 뜰에 서 있는 것처럼 태연히 서 있을 수 있게 된다. 이렇게 되었을 때 그는 '깨달음'을 얻는다. 그때 비로소 그의 마음은 현기증을 느끼거나 추락의 공포를 품어 그를 배반하는 일이 없게 된다.

이 기둥 위에 서는 일본의 수행은, 서구 중세의 성 시메온[14]파 기둥 행자의 고행을 의도적인 자기 훈련으로 변형한 것이다. 그것은 이미 고행이 아니다. 선의 수행이든 농촌에서 일반적으로 행해지는 관습이든, 일본에서 모든 육체적 훈련은 이런 종류의 변형을 거친다. 세계의 많은 곳에서 행하는, 얼음처럼 차가운 물속으로 뛰어 들어가거나 산속의 폭포수를 맞는 일은, 어떤 경우에는 육체를 극복하기 위한, 어떤 경우에는 신의 자비를 얻기 위한, 어떤 경우에는 황홀 상태를 맛보기 위한 아주 평범한 고행이다. 일본인이 애호하는 간교寒行[15]는 동이 트기 전에 살을 에는 듯이 차가운 폭포 속에 서거나 앉는 일, 혹은 겨울밤에 냉수를 세 번 뒤집어쓰는 일이다. 그 목적은 마침내 고통을 느끼지 않을 때까지, 의식적 자아를 훈련하는 일이다. 물의

---

14. Saint Simeon. 3~4세기의 수도승. 북시리아 출신으로 30년간 기둥 위에서 살았다고 한다. 그 기둥은 처음에는 1미터 80센티미터 높이였으나 점차 높아져 18미터까지 올라갔다고 전해지며, 그는 그 기둥 위에서 설교했다 한다.
15. 추울 때 추위를 참고 하는 여러 가지 수행

차가움도 추운 미명의 떨림도 의식 위에 떠오르지 않을 때, 그 사람은 '달인'의 경지에 도달한 것이다. 그 밖에는 아무런 보답도 요구하지 않는다.

정신적 훈련 또한 이와 마찬가지로 스스로 깨달아야 한다. 스승을 모시는 일은 있어도, 스승이 서양적인 의미로 '가르치는' 일은 없다. 왜냐하면 제자가 자기 이외의 원천으로부터 배우는 것은 아무런 가치도 없기 때문이다. 스승이 제자와 토론하는 일은 있지만, 상냥하고 친절히 제자를 지도하여 새로운 지식의 영역으로 유도해 주지는 않는다. 오히려 제자를 난폭하게 다루는 스승이 도움이 되는 스승이라고 여겨진다. 스승은 갑자기 제자가 입으로 가져가는 찻잔을 쳐서 깨버리거나, 다리를 걸어차 자빠지게 하거나, 독경할 때나 설법할 때 손에 쥐는 여의如意로 제자의 손가락 관절을 때린다. 그러면 제자는 그 충격을 받는 찰나 갑자기 마치 전류에 닿은 것처럼 깨달음을 얻기도 하는 것이다. 그것은 그의 자기 만열滿悅을 깨부수는 것이다. 승려의 언행을 기록한 책은 이런 종류의 삽화로 가득 차 있다.

제자가 '깨달음'을 얻도록 하기 위해 가장 애용되는 방법은 '고안公案'[16]이었다. 고안은 글자 그대로는 '문제'라는 뜻으로, 그 종류가 1,700종이나 된다고 한다. 선승의 일화집을 보면 하나의 고안을 풀기 위해 7년의 세월을 소비한 사람쯤은 예사였다. 고안은 합리적 해답을 얻는 것을 목적으로 하지 않는다. 예를 들면 "두 손의 소리를 듣는다"든지, "태어나기 전의 어머니가 그립다"[17]라는 것이 있다. 또 다른

---

16. 선종에서 도를 터득하게 하기 위해 생각하게 하는 문제

예를 들면 "시신을 업고 걷고 있는 자는 누구인가?"라든지, "나를 향해 걸어오는 자는 누구인가?"라든지, "만물은 하나로 돌아온다. 하나는 어디로 돌아가는가?"라는 것이 있다. 이와 같은 선의 고안은 12세기 혹은 13세기 이전의 중국에서 사용되었다. 그리고 일본은 선종과 함께 이 수단을 받아들였다. 고안은 중국 대륙에서는 없어졌지만 일본에서는 '숙달'의 가장 중요한 요소가 되었다. 선의 입문서에서는 고안을 매우 중요시하여 다루고 있다. "고안은 인생의 딜레마를 포장하고 있다." 고안을 생각하고 있는 사람은 '궁지에 몰린 쥐'처럼 진퇴양난의 막다른 골목에 몰리면, 마치 '뜨거운 쇳덩어리를 삼키려는' 사람과 비슷하다고 그들은 말한다. 그는 '철괴(禪書에는 鐵牛)를 물어뜯으려는 모기'다. 그는 정신없이 더욱 노력을 거듭한다. 마지막으로 그의 마음과 고안 사이를 가로막고 있던 '보는 나'의 장벽이 제거된다. 전광의 섬광처럼 재빨리 양자 — 마음과 고안 — 가 융합한다. 그는 '깨달음'을 얻는다.

　이와 같이 극도로 긴장된 심적 노력의 묘사를 읽은 후, 선승의 언행록을 펼쳐 각고의 노력을 기울여 얻은 위대한 진리를 찾아보면 약간 허탈해지는 느낌을 갖는다. 이를테면 남악南嶽[18]은, "나를 향해 걸어오는 자는 누구인가?"라는 문제를 8년 동안 생각하고 또 생각했

---

17. 위 구절은 "어두운 밤에 울지 않는 까마귀의 소리를 들으면"이다. 이른바 "父母未生以前本來面目"을 말한다.

18. 육조대감혜능선사六祖大鑑慧能禪師의 법사法嗣. 금주金洲 사람, 당나라 현종 천보天寶 3년 (1404) 68세로 시적示寂, 대선혜사大禪慧師라는 시호를 받았다. 그 법맥에서 임제臨濟, 위앙僞仰이라는 두 종파가 나왔다.

다. 그 결과 마침내 그는 깨달았다. 그의 답은 "여기에 한 물건이 있다고 생각하는 순간 전체가 도망쳐 버린다"[19]라는 것이었다. 그렇지만 선의 계시에는 전반적으로 일정한 틀이 있다. 그것은 다음 몇 줄의 문답을 통해 알 수 있다.

> 승 : 어떻게 하면 생사의 윤회를 면할 수 있을까요?
> 사 : 너를 속박하고 있는 자(즉, 이 윤회에 너를 얽매어 놓은 자)는 누구인가?

그들이 배우는 것은 중국의 유명한 표현을 빌리면, 그때까지 그들은 '소에 탄 채 소를 찾고' 있었다는 것이다. 그들은 "필요한 것은 그물이나 덫이 아니라, 그런 도구로 잡을 물고기나 짐승"이라는 것을 배운다. 이것을 서양식의 표현으로 고쳐서 말하면, 그들은 딜레마의 양 각角이[20] 모두 본질과는 상관이 없다는 것을 배운다. 그들은 만일 심안心眼이 열리기만 하면, 목전에 있는 손쉬운 수단으로 목표에 도달할 수 있다는 것을 배운다. 어떤 일이라도 가능하다. 그것도 자기 이외의 누구의 도움도 빌리지 않고 말이다.

일본에서 행해지는 고안의 의의는 진리 탐구자가 발견하는 진리에 있지 않다. 그 진리는 전 세계 도처의 신비주의자가 발견하는 진

---

19. 선어자휘禪語字彙에 의하면 "저개본저這箇本分底의 일을 한 마디라도 말하면 맞지 않는다"라는 뜻

20. 가언적假言的·선언적選言的 삼단 논법(그 대표적인 것은 딜레마), 즉 양도논법兩刀論法에서 소전제小前提에 의해 긍정 또는 부정되는 사항을 '각角'이라고 부른다.

리와 조금도 다를 바가 없다. 고안의 의의는 그것이 일본인이 진리 탐구를 어떻게 생각하고 있는가를 나타낸다는 점에 있다.

고안은 '문을 두드리는 벽돌'이라고 불린다. '문'은 눈앞에 있는 수단만으로 과연 충분할까 지레 걱정을 한다. '문은' 자기의 행동을 칭찬하고 비난하는 수많은 사람이 감시의 눈을 번쩍이고 있다고 망상하는, 어리석고 우매한 인간성의 주위에 둘러쳐진 벽에 붙어 있다. 이 벽은 모든 일본인이 절실하게 느끼는 하지恥(치욕)의 벽이다. 벽돌로 문을 부수고 문이 열리는 순간 사람은 자유의 천지로 해방되어 벽돌을 내던진다. 이제 더 이상 고안을 풀지 않는다. 수행은 완료되고 일본인의 덕의 딜레마는 해결되었다. 그들은 필사적으로 막다른 골목에 부딪혀 갔다. '수행을 쌓기 위해' 그들은 '철우鐵牛를 무는 모기'가 되었다. 그 결과 드디어 그들은 막다른 골목은 존재하지 않는다는 것 — 기무와 기리 사이, 기리와 인정 사이, 정의와 기리 사이에도 역시 막다른 골목이 없다는 것 — 을 알았다. 그들은 한 갈래의 길을 발견했다. 그들은 무가의 경지에 도달했다. 그들의 '숙달' 훈련은 훌륭하게 목적을 달성했다.

선불교 연구의 권위자인 스즈키鈴木는 무가를 '지금 내가 하고 있다는 의식이 전혀 없는 삼매경', '무노력'이라고 설명한다.[21] '보는 나'는 배제된다. '사람은 나를 잃는다.' 즉, 이미 자기 행위의 방관자가 아니게 된다. 스즈키는 이렇게 말한다. "의식이 눈을 뜨자마자 의지

---

21. *Suzuki, Professor Daisetz Teitaro, Essays in Zen Buddhism, vol. 3, p. 318(Kyoto, 1927, 1933, 1934.)

는 행위자와 방관자의 둘로 분열된다. 그리고 반드시 모순이 일어난다. 행위자(로서의 나)는 방관자로서의 나의 구속에서 벗어나기를 원하기 때문이다." 따라서 '깨달음'에서 제자는 '보는 나'가 존재하지 않는다는 것, "미지의 혹은 불가지不可知의 영적 실체가 존재하지 않는다는 것"²²을 발견한다. 존재하는 것은 단지 목표와 그 목표를 달성하는 행위뿐이다. 인간의 행동을 관찰하는 연구자들은, 이 표현을 조금 고치면 일본 문화의 특성을 가리키는 말이라는 것을 알 수가 있다. 어린아이 때부터 일본인은 자기의 행위를 관찰하고, 타인이 무슨 말을 할까를 기준으로 옳고 그름을 판단하도록 철저히 훈련받는다. 그의 '보는 나'는 매우 상처 입기 쉽다. 영靈의 삼매경에 몰입할 때, 그는 이 상처 입기 쉬운 자아를 배제한다. 그는 이제 '지금 내가 하고 있다'는 사실을 느끼지 않게 된다. 그때 그는 이로써 자기는 마음을 수양했다고 느낀다. 그것은 검술을 배우는 사람이 이제 자신은 겁먹지 않고 1미터의 기둥 위에 서는 훈련이 되었다고 느끼는 것과 마찬가지다.

화가도 시인도 연설가도 무사도 무가의 훈련을 이용한다. 그들이 습득하는 것은 무한이 아니라 유한한 미를 명료하게 방해받지 않고 지각하는 것이다. 혹은 목표에 도달하기 위해 '지나치지도 부족하지도 않게' 꼭 알맞은 정도의 노력을 하도록 수단과 목적을 조화시키는 일이다.

전혀 훈련받지 않은 사람이 일종의 무가 체험을 하는 경우도 있다.

---

22. *Sir Charles Eliot, op. cit., p. 401에 인용되어 있는 어구

노能나 가부키歌舞伎를 구경하는 사람이 무대에 빨려 들어가 완전히 자신을 잃어버릴 때에도 '보는 나'를 잃는다고 말한다. 그는 손에 땀을 쥔다. 그는 '무가의 땀'을 느낀다. 목표에 근접하는 폭격기 조종사도 폭탄을 투하하기 직전에 '무가의 땀'을 흘린다. 그는 '내가 하고 있다'는 것을 의식하지 않는다. 그의 의식에서 방관자로서의 자아는 완전히 모습을 감춘다. 일체 한눈을 팔지 않고 오로지 적기의 동태를 살피는 고사포의 사수 또한 마찬가지로, '무가의 땀'을 흘리며 '보는 나'를 잃었다고 말한다. 이런 상태에 놓여 있는 사람은 이상의 어느 경우에도 최상의 컨디션에 있다고 생각된다.

이런 생각은 일본인이 자기 감시와 자기 감독에 얼마나 중압감을 느끼는가를 말해 준다. 그들은 이런 제약이 없어졌을 때 자유로워지고 마음껏 일할 수가 있다고 말한다. 미국인은 '보는 나'를 자기 안에 있는 이성적 원리로 간주하고 위기에 처해서도 빈틈없이 이에 주의를 기울이면서 행동하는 것을 자랑으로 삼는다. 반면 일본인은 영혼의 삼매경에 몰입하여 자기 감시가 부과하는 제약을 잊을 때, 지금까지 목둘레에 매여 있던 무거운 맷돌이 떨어져 나간 것 같은 느낌을 갖는다. 앞에서 말한 바와 같이 그들의 문화는 그들의 영혼에, 신중하게 행동해야 한다는 말을 귀가 따갑게 들려준다. 그런데 일본인은 이런 무거운 짐을 내팽개칠 때 한층 유효한 일을 할 수 있는 의식이 나타난다고 선언함으로써, 미국인의 논리에 대항해 왔다.

이 신조를 표명하는 가장 극단적인 ─ 적어도 서양인의 귀에는 그렇게 들린다 ─ 표현은, '죽은 셈치고'다. 그들은 '죽은 셈치고 사는' 사람을 매우 높이 평가한다. 이 말을 글자 그대로 표현하면 '산송장'

이라 할 수 있는데, 서양 어느 나라의 언어에서도 '산송장'이라는 말은 혐오의 표현이다. 이 말은 어떤 인간의 자아가 사멸하여, 이 지상에 오직 귀찮은 존재로 남아 있는 육신에서 떠나 버린 것을 나타낸다. 이미 그 육신 속에는 생명력이 남아 있지 않다. 그런데 일본인은 '죽은 셈치고 산다'는 표현을 말없이 열심히 살아간다는 의미로 쓴다. 이 말은 극히 보편적 일상에서 누군가를 격려할 때 흔히 쓰인다. 중학교 졸업 시험을 고민하는 소년을 격려할 때, 사람들은 흔히 "죽은 셈치고 치러봐. 쉽게 합격한다"라고 말한다. 중대한 상거래를 앞둔 사람을 격려할 때, 그의 친구는 흔히 "죽은 셈치고 해 보라고" 하고 말한다. 중대한 정신적 위기에 직면하여 앞으로 어떻게 해야 할지 모르는 처지에 빠져 있을 때에도, 사람들은 '죽은 셈치고' 살 결심을 하여 그 궁지에서 벗어난다. 종전 후 귀족원 의원으로 선출되었던 위대한 기독교 지도자 가가와 도요히코賀川豊彦[23]는 자전 소설 속에서 다음과 같이 말했다. "마치 악마에 이끌린 사람처럼 그는 매일 자기 방에서 울면서 지냈다. 발작적으로 흐느끼는 그의 울음소리는 히스테리에 가까웠다. 고뇌는 1개월 반이나 계속되었으나 마침내 마지막에 생명이 승리를 얻었다. (중략) 나는 죽음의 힘을 몸에 지니고 살아가리라. (중략) 나는 죽은 셈치고 싸움 속으로 뛰어 들어가자. (중략) 나는 크리스천이 될 결심을 했다."[24] 전쟁 중 일본군은 흔히 "나는 죽은 셈치고 살아, 황은皇恩에 보답할 각오다"라고 말했다. 그리고 이

---

23. 1888~1960. 기독교 사회 운동가. 제2차 세계대전 후에 기독교 전도와 생활협동조합 운동에 진력함. 자전 소설 『사선을 넘어서 *Before the Dawn*』가 있음

24. *Toyohiko Kagawa, Before the Dawn, p. 240.

말은 출정 전에 자신의 장례식을 집행하거나, 자신의 몸은 "이오지마硫黃島의 흙이 되게 하겠다"라고 맹세하거나, "미얀마의 꽃과 더불어 지겠다"라는 각오를 다지는 행동을 모두 가리킨다.

무가의 밑바탕에 있는 철학이 '죽은 셈치고 산다'는 태도의 밑바탕에도 숨어 있다. 이 상태에 있을 때 사람은 일체의 자기 감시, 일체의 공포심이나 경계심을 버린다. 그는 죽은 자, 즉 이미 올바른 행동 방침에 대해 걱정할 필요를 초월한 사람이 된다. 죽은 자는 이제는 은을 갚을 필요가 없다. 죽은 자는 자유롭다. 따라서 '나는 죽은 셈치고 산다'는 표현은 모순으로부터의 궁극적 해방을 의미한다. 그것은 다음과 같은 것을 의미한다. "나의 활동력과 주의력은 아무런 속박도 받지 않고, 목적의 실현을 향해 똑바로 나아갈 수 있게 되었다. 이제는 여러 가지 불안의 무거운 짐을 가진 '보는 나'는, 나와 내 목표 사이에 가로막고 서 있지 않다. '보는 나'와 더불어 지금까지 내 노력에 방해가 되어 왔던 긴장과 노력의 의식 및 의기소침에 빠지는 경향 역시 없어졌다. 이제 앞으로 나는 무슨 일이라도 할 수 있다."

서양식으로 말하면 일본인은 무가의 습관이나 죽은 셈치고 산다는 습관에서 의식을 배제하는 것이다. 그들이 말하는 이른바 '보는 나', '방해하는 나'란 인간 행위의 시비선악을 판단하는 감시자를 말한다. 서양인과 동양인의 심리적 차이를 실로 명료하게 엿볼 수 있는 예를 들어보자. 미국인이 양심[25]이 없는 인간이라고 말하는 것은, 비행에 당연히 수반되는 죄의식을 느끼지 못하는 인간을 말한다. 그런

---

25. 영어의 '양심conscience'은 원래 '의식consciousness'의 의미라는 데 주의할 것

데 일본이 동일한 표현('무심', '무념무상' 등)을 사용할 때는, 이미 굳어지지 않고 방해받지 않는 인간을 의미한다. 미국에서는 악인의 뜻이지만, 일본에서는 선인, 즉 수행을 쌓은 인간이나 그 능력을 최대한으로 활용할 수 있는 인간을 뜻한다. 그것은 가장 어렵고 헌신적인 무사無私의 행위를 할 수 있는 인간이라는 뜻이다. 미국인에게 선행을 요구하는 강제력은 죄의식이다. 양심이 마비되어 이미 죄를 느낄 수 없는 인간은 반사회적 인간이다. 일본인은 문제를 전혀 다른 식으로 해석한다. 그들의 철학에 따르면, 인간은 마음의 바탕에서는 선善이다. 만일 일시적 충동이 즉시 행위가 되어 나타난다면 인간은 쉽게 선행을 할 수가 있다. 그래서 그는 '숙달'의 수행을 쌓아 하지의 자기 감시를 배제하려 한다. 그렇게 했을 때 비로소 그의 '육관'은 장애가 제거된다. 그것은 자의식과 모순으로부터의 궁극적 해방이다.

일본인의 자기 훈련의 철학은, 일본 문화 속에서 살고 있는 개별적 일본인의 생활 체험을 떼어 내 고찰해 보면 불가사의한 수수께끼다. 그들이 '보는 나'로 귀속시키는 하지의 의식이 얼마나 무겁게 일본인을 억누르고 있는가는 이미 말한 바와 같다. 그러나 일본인의 정신통어 철학의 참된 의미는 육아법을 설명하지 않는 한 여전히 불확실하다. 어느 문화에서도 전통의 도덕적 규율은, 단순히 말뿐 아니라 자식에 대한 연장자의 모든 태도에 의해 새로운 세대에 차례로 전해진다. 육아법을 연구하지 않고서는 어떤 나라의 국민이 인생에서 중요하게 여기는 것이 무엇인지 이해하는 것은 불가능하다. 일본의 육아법을 살펴보면 지금까지 성인에 국한한 분석의 많은 부분이 더욱 분명해질 것이다.

제 12 장
어린아이는 배운다

일본의 갓난아이는 서양인이 상상하는 것과는 아주 다른 방법으로 양육되고 있다. 미국의 부모는 일본에 비해 신중함과 극기를 훨씬 덜 요구하는 생활에 맞추어 아이들을 양육하고 있다. 그럼에도 불구하고 미국인은 아이가 태어나는 순간부터 그의 작은 소망이 이 세상에서 최고지상의 것이 아니라는 점을 가르쳐 준다. 우리는 일정한 시간을 정해 젖을 주고 일정한 시간에 재운다. 어떤 경우에도 갓난아이는 젖을 먹거나 자는 일정한 시간이 될 때까지 기다려야 한다. 얼마 후 어머니는 손가락을 빨거나 그 밖의 신체 부분을 만지지 못하도록 아이의 손을 때린다. 어머니는 가끔 아이들로부터 모습을 감추어 보이지 않는다. 그리고 어머니가 외출한 동안 갓난아이는 집에 홀로 머물러 있어야 한다. 또한 갓난아이는 다른 음식물보다 젖을 더 먹고 싶을 때 젖을 떼이고, 분유로 자란 아이는 우윳병을 빼앗긴다. 몸에 좋다는 일정한 음식이 정해지고 아이는 그것을 먹어야 한다. 정해진 대로 하지 않으면 벌을 받는다. 미국에서조차 이러하므로 미국인은, 어느 정도 자랐을 때 자신의 소망을 억제하고 주의 깊게 엄격한 도덕을 실천하는 일본의 아이들이 분명히 몇 배나 엄격한 교육을 받을 것이라고 상상한다.

그러나 일본인의 육아법은 이것과는 전혀 다르다. 일본의 생활 곡선은 미국의 생활 곡선과 정반대다. 그것은 큰 U자형 곡선으로, 갓난아이와 노인에게 최대의 자유가 허락된다. 유아기를 지나면서부터 서서히 구속이 커지고, 결혼 전후의 시기에 이르면 자신의 의지대로 할 자유는 최저에 달한다. 이 최저선은 장년기를 통해 몇십 년 동안 계속된다. 그 후 곡선은 다시 점차 상승하여 60세가 지나면 유아와 마찬가지로 수치나 외부의 시선에 구애받지 않는다. 미국에서는 이 곡선이 정반대다. 갓난아이 때에는 엄한 교육을 하지만 아이가 성장함에 따라 차츰 완화되고, 드디어 직업을 가지고 가족을 거느리고 자력으로 생활을 영위하는 나이가 되면 타인의 간섭을 거의 받지 않는다. 우리는 장년기가 자유와 자발성의 정점이 된다. 나이가 들고 늙어서 기력이 쇠하거나 남의 신세를 지게 되면 다시 구속의 그림자가 나타난다. 미국인은 일본인과 같은 형으로 조직된 생활은 상상하기 어렵다. 그와 같은 일생은 우리에게는 사실과 상반되는 것처럼 여겨진다.

그러나 미국인이나 일본인은 그들의 생활 곡선을 이렇게 규정함으로써, 사실상 각각의 나라에서 개인이 장년기에 마음껏 활약하여 그들의 문화에 참가하는 길을 확보해 왔다. 미국에서는 이 목적을 위해 장년기에 개인적 선택의 자유를 증대하는 것이 중요하다고 생각한다. 그런데 일본인은 이 시기에 개인에게 가해진 속박을 최대화할 필요가 있다고 생각한다. 이 시기에 인간은 체력이나 돈 버는 능력이 정점에 달하지만, 일본인은 자신의 생활을 취향대로 누릴 권리를 인정받지 못한다. 그들은 속박은 가장 좋은 정신적 훈련(슈요)이고, 자유로는 달성할 수 없는 결과를 만들어 낸다고 굳게 믿는다. 이처럼 일본인은 가장 활동적이고 생산적인 시기에 도달한 남녀에게 최대의 속박을 가하는데, 이것은 속박이 일생 동안 지속적으로 가해진다는 의미는 아니다. 유년기와 노년기는 '자유로운 영역'이다.

이처럼 아이들에게 관대한 국민은 아이를 원하는 경향이 매우 강하다. 일본이 바로 그렇다. 그들이 아이를 원하는 첫 번째 이유는 미국의 부모가 그런 것처럼 아이를 사랑하는 일이 즐겁기 때문이다. 그러나 일본인이 아이를 바라는 것은 그뿐 아니라, 미국에서는 훨씬 작은 비중을 차지하는 다른 여러 이유 때문이다. 일본인이 아이를 원하는 가장 큰 이유는 정서적인 만족을 얻기 위해서가 아니라 자신의 대를 잇기 위해서다. 만일 대가 끊기면 그들은 인생의 실패자가 된다. 모든 일본 남자는 아들을 얻어야 한다. 그는 자신이 죽은 후 매일 불단의 위패 앞에서 명복을 빌어 줄 자식을 필요로 한다. 그는 가계를 영원히 이어가기 위해, 또는 가문의 명예와 재산을 유지하기 위해 아들을 필요로 한다. 전통적인 사회적 이유로서 아버지가 아들을 필요로 하는 것은, 어린 자식이 아버지를 필요로 하는 경우와 다름이 없다. 아들은 장래에 아버지의 위치를 이어받는데, 그것은 아버지를 밀어내는 것이 아니라 안심시키는 일이라고 생각한다. 얼마 동안 아버지가 '집'의 관리자 역할을 맡고, 그 후에는 자식이 이어받는다. 만일 아버지가 자식에게 호주 상속을 이어 주지 못하면, 그가 관리자 역할을 해 온 일이 헛일이 되어 버린다. 이런 뿌리 깊은 연속성의 의식 때문에 성인이 된 자식이 아버지에게 신세를 지는 일이 미국에 비해 훨씬 오래 계속되어도, 서양 여러 나라에서와 같이 부끄러운 일, 면목 없는 일이라는 느낌을 갖지 않는다.

여자도 아이를 원하지만, 그것은 정서적 만족을 얻기 위해서만이 아니다. 여자는 어머니가 됨으로써 비로소 가정에서 지위를 확고히 할 수 있다. 아이가 없는 여자가 가정 안에서 갖는 지위는 대단히 불안정하다. 비록 이혼당하지 않더라도 앞으로 시어머니가 되어 아들의 결혼에 발언권을 가지고 며느리에게 권력을 휘두르는 날이 오는 걸 즐겁게 기다릴 수 없다. 여자의 남편은 대가 끊어지지 않도록 사내아이를 양자로 들인다. 그런 경우에 여자는 일본인의 관념에 따르면 패자가 된다. 일본의 여자들은 아이를 많이 낳기를 바란다. 1930년대 전반의 평균 출생률은 인구 1천 명당 31.7명인데, 이것은 동부 유럽의 다산국과 비교해 보더라도 높은 비율이다. 1940년의 미국의 출생률은 인구 1천 명당 17.6명이었다. 더구나 일본의 여자는 일찍부터 아이를 낳기 시작한다. 그리하여 19세의 여자는 다른 연령의 여자에 비해 가장 많이 아이를 낳는다.

일본에서 분만은 성교와 마찬가지로 은밀히 행해야 하는 것으로 여겨진다. 진통으로 괴로워하는 여자는 큰 소리로 소란을 피워서는 안 된다. 그것은 아이를 낳는다는 사실을 이웃에 광고하는 셈이 된다. 갓난아이를 위해서는 미리 이불을 갖춘 작은 침상을 준비한다. 태어나는 아이의 침상은 새로 장만하지 않으면 불길하다고 행각한다. 새것을 살 여유가 없는 가정에서도 이불보와 솜을 세탁하여 '새롭게' 꾸민다. 작은 이불은 어른의 이불처럼 딱딱하지 않으며 훨씬 가볍다. 따라서 갓난아이는 자기의 침상에서 자는 것을 편안하게 여긴다. 그러나 그들이 갓난아이 침상을 따로 만드는 이유는, 새 사람에게는 새 침상을 주어야 한다는 일종의 공감주술에 기초한 것이라 생각된다. 갓난아이의 침상은 어머니의 침상 옆에 붙어 있지만, 갓난아이가 어머니와 같이 자는 것은 스스로 어머니와 자고 싶다는 몸짓을 할 정도로 자란 다음의 일이다. 첫돌이 지나면 갓난아이는 양손을 뻗어 자신의 요구를 전한다. 그러면 갓난아이는 어머니의 이불 속에서 어머니의 품에 안겨 잔다.

태어난 뒤 3일간은 갓난아이에게 젖을 먹이지 않는다. 일본인은 산모의 모유가 나올 때까지 기다린다. 그 뒤부터 갓난아이는 때를 가리지 않고 언제나 젖을 먹기 위해, 또는 장난감처럼 가지고 놀기 위해 엄마의 젖을 만지는 것이 허락된다. 어머니도 아이에게 젖을 먹이는 것을 즐긴다. 일본인은 젖을 먹이는 것이 여자의 가장 큰 생리적 쾌락의 하나라고 믿는다. 그리하여 갓난아이는 쉽게 어머니의 즐거움에 동참하는 것을 배운다. 유방은 영양을 줄 뿐만 아니라 기쁨과 즐거움도 준다. 출생 후 1개월 동안 갓난아이는 작은 침상에 눕든가 어머니의 팔에 안긴다. 태어난 지 30일 정도 지나면 아이를 그 지방의 신사에 데리고 가 참배한다. 신사참배가 끝난 후에야 비로소 생명이 갓난아이의 몸에 단단히 뿌리를 내리므로, 이제부터는 밖에 데리고 다녀도 좋다고 생각한다. 1개월이 지나면 갓난아이는 어머니의 등에 업힌다. 이중으로 된 띠로 아이의 겨드랑이 밑과 궁둥이를 받친 다음 어머니의 어깨를 거쳐 앞으로 돌려 허리 앞에서 맨다. 추운 날에는 어머니가 자신의 솜옷을 갓난아이에게 뒤집어씌운다. 그 집안의 남자아이든 여자아이든 큰아이가 갓난아이를 업기도 하는데, 그들은 놀 때에도 갓난아이를 업은 채로 뛰어다니고 돌차기를 하기까지 한다. 특히 농가나 가난한 가정에서는 큰아이에게 아기를 맡기는 경우가 많다.

이처럼 "일본의 갓난아이는 사람들 가운데서 생활하기 때문에, 빨리 영리해지고 흥미 있는 표정을 짓는다. 그리고 자기를 등에 업고 있는 연상의 아이들의 놀이를, 실제로 놀고 있는 당사자처럼 즐기는 듯한 모습을 나타낸다."[1] 일본에서 갓난아이를 사지를 벌린 듯한 자세로 업는 풍습은, 태평양 여러 섬과 그 밖의 곳에서 일반적으로 행해지는 갓난아이를 숄로 어깨에 걸어 데리고 다니는 풍습과 많은 공통점을 지니고 있다. 그것은 아이를 수동적으로 만든다. 그리고 이렇게 데리고 다닌 갓난아이는 자라면 대부분의 일본인이 그렇듯이, 어디서든 어떤 자세로든 잘 수 있는 능력을 갖는다. 그런데 띠를 매어 아이를 업는 일본의 습관은 숄이나 자루 속에 넣어 다니는 것처럼 완전한 수동성을 기르지 않는다. 갓난아이는 "자기를 업어 주는 사람의 등에 새끼고양이처럼 매달리는 법을 배운다. (중략) 띠로 등에 묶기 때문에 그것으로 충분하며 떨어질 염려는 없다. 그런데 갓난아이는 (중략) 편한 자세를 취하려 스스로 여러 노력을 한다. 그리하여 얼마 가지 않아 어깨에 묶인 보따리가 아니라, 대단히 교묘하게 업는 사람의 등을 타는 법을 익힌다."[2]

---

1. *Alice Mabel Bacon, Japanese Women and Girls, p. 6.
2. *Ibid., p. 10.

어머니는 집에서 일할 때는 갓난아이를 침상에 놓아두고, 외출할 때는 등에 업고 간다. 어머니는 갓난아이에게 말을 붙이고 콧노래를 들려주고 여러 가지 의례적인 동작을 시킨다. 어머니는 자신이 누구에게 인사를 할 때마다 갓난아이의 머리와 어깨를 앞으로 숙여 갓난아이에게도 인사를 시킨다. 갓난아이는 항상 한 사람으로 취급된다. 매일 오후 어머니는 갓난아이와 함께 목욕탕에 가서 아이를 무릎 위에 올려놓고는 장난을 치며 논다.

3, 4개월 동안 갓난아이는 기저귀를 찬다. 이 기저귀는 대단히 무겁다. 일본인 가운데 더러 안짱다리가 있는 것을 기저귀 탓이라고 하는 사람도 있다. 갓난아이가 3, 4개월이 되면 어머니는 용변 훈련을 시작한다. 어머니는 적당한 때를 가늠하여 갓난아이를 문 밖으로 데리고 나가 아이의 몸을 손으로 받치고 보통 단조로운 휘파람을 불면서 아이가 용변을 마치기를 기다린다. 그리하여 아이는 이 청각 자극의 목적을 배운다. 이렇게 하여 중국처럼 일본에서도 아이가 대단히 빨리 용변을 가리는 걸 배운다. 오줌을 싸면 아이의 궁둥이를 때리는 어머니도 있으나 대개는 꾸지람을 하는 정도로 그치고, 그 아이를 더욱 훈련시키기 위해 자주 밖으로 데리고 가서 용변을 보게 한다. 어머니들이 이처럼 용변 가리는 법을 가르쳐 주는 것은 갓난아이를 기분 좋게 하기 위해서다. 그래서 용변의 습관이 붙으면 더 이상 두껍고 불쾌한 기저귀를 채우지 않는다. 어머니들은 용변 가리는 법을 아이들에게 가차 없이 가르친다. 이와 같은 가차 없는 훈련을 통해 갓난아이는 성인이 된 다음에도 일본 문화의 보다 복잡 미묘한 강제에 따를 소지를 만든다.[3]

일본의 갓난아이는 보통 걷기보다는 말을 먼저 한다. 기어 다니는 것은 보통 좋지 않다고 여겨진다. 갓난아이는 만 한 살이 될 때까지는 서거나 걷게 해서는 안 된다는 생각이 전통적으로 있어서, 어머니는 그 이전에 갓난아이가 그런 시도를 하는 것을 일체 금지했다. 그런데 요즘 십여 년간 정부는, 많은 독자 수를 가진 정부 발행의 값싼 『어머니 잡지』에서 보행을 장려해야 한다고 가르쳐 왔다. 그리하여 지금은 이를 따르는 것이 일반적이다. 어머니는 갓난아이의 겨드랑이 밑에 띠를 둥글게 매어 끌거나 손으로 받쳐 주어 보행 연습을 시킨다. 그럼에도 불구하고 갓난아이는 걷기보다는 말을 먼저 하는 경향이 있다. 어른들은 늘 갓난아이와 이야기하고 갓난아이의 흥을 돋우어 준다. 아이의 이야기는 그가 단어를 쓰기 시작하면서 점차 분명한 목적을 지닌다. 일본인은 갓난아이의 언어 습관을 우연한 모방에 맡겨 두지 않는다. 그들은 아이에게 단어를 가르치고 문법을 가르치고 경어를 가르친다. 또한 아이도 어른과 함께 그 유희를 즐긴다.

일본 가정에서 아이들은 걷기 시작하면서 여러 가지 장난을 한다. 손가락으로 문의 창호지를 뚫는다든가, 방바닥 한가운데 있는 이로리囲爐裏[4] 속으로 떨어지기도 한다. 그러나 아이들의 장난은 이에 그치지 않는다. 그 때문에 일본인은 아이들 장난 때문에 집이 무너진다고 과장한다. 문지방을 밟는 것은 '위험하다'는 이유로 터부시되어

---

3. *Geoffrey Gorer도 Themes in Japanese Culture, Transactions of the New York Academy of Sciences, vol. 5, 1943, pp. 106~124에서 일본인의 용변 훈련의 역할을 강조하고 있다.

4. 농가 등에서 마룻바닥을 사각형으로 도려내고 방한용 또는 취사용으로 불을 피우는 장치다.

있다. 일본의 집은 지하실이 없고 주춧돌 위 지면에 세워져 있다. 그래서인지 아이일지라도 문지방을 밟으면 집 전체가 기운다고 진짜로 믿고 있다. 그뿐 아니라 아이들은 다다미를 이은 데를 밟는다든지 그곳에 앉지 않도록 조심해야 한다. 다다미는 크기가 일정하여, 방은 '다다미 석 장 방', '다다미 열두 장 방' 하는 식으로 불린다. 아이들은 때때로, 옛날에 사무라이가 방 밑으로 기어 들어와서 다다미의 이음새 틈에 칼을 꽂아 방 안에 있는 사람을 찔렀다는 이야기를 듣는다. 다다미의 두껍고 부드러운 부분은 안전하고 이음새 틈은 위험하다. 어머니가 어린아이를 꾸짖을 때 쓰는 '위험해'와 '안 돼'라는 말 속에는 이와 같은 감정이 들어 있다. 세 번째로 늘 쓰이는 훈계의 말은 '더럽다'는 말이다. 일본의 집은 정연하게 정돈되고 깨끗하게 청소되어 있는 것으로 유명하며, 어린아이는 그것을 존중하도록 배운다.

일본의 아이는 대체로 다음 아이를 낳을 때까지 젖을 떼지 않는다. 그런데 근래에 와서 정부 발행의 『어머니 잡지』는 갓난아이는 생후 8개월에 젖을 떼는 것이 좋다고 주장하고 있다. 중류계급의 어머니 중에 이 말을 그대로 실행하고 있는 사람도 있긴 하지만, 일본인에게 일반화되려면 아직 멀었다. 젖을 먹이는 것은 어머니의 큰 즐거움이라고 생각하는 일본인의 감정에는 변함이 없다. 그러나 서서히 새로운 습관을 따르는 사람들은 수유 기간을 줄이는 것이 아이의 행복을 위해 참아야 하는 어머니의 희생이라고 생각하고 있다. "오랫동안 젖을 먹는 아이는 몸이 약해진다"는 새로운 설을 믿는 사람들은, 젖을 떼지 않는 어머니를 자제심이 없다고 비난한다. "저 사람은 젖을 뗄 수 없다고 말하지만, 그건 그럴 결심이 서지 않았기 때문이다. 단지 언제까지나 젖을 먹이고 싶은 거다. 저 사람은 스스로가 즐기려고만 한다." 이런 태도이므로 생후 8개월 만에 젖을 떼는 풍습이 일반적으로 보급되지 않는 것도 당연하다. 또 하나 젖을 늦게 떼는 실질적 이유가 있다. 일본인은 젖을 뗀 유아에게 먹이는 이유식을 준비하는 관습이 없다. 빨리 젖을 뗀 갓난아이에게는 미음을 먹이지만 보통은 모유에서 갑자기 성인의 음식으로 옮겨진다. 우유는 일본인의 식사 속에 포함되어 있지 않다. 또한 그들은 유아에게 먹이는 특별한 채소가 없다. 이런 실정이기 때문에 "오랫동안 젖을 먹는 아이는 몸이 약해진다"고 가르치는 정부의 지도가 과연 옳은 것인가 하는 의심을 품는 것도 무리는 아니다.

젖은 아이가 말을 알아들을 수 있게 된 다음에 떼는 것이 보통이다. 그 이전부터 아이들은 식사 때에 어머니의 무릎에 앉아서 조금씩 입에 떠 넣어주는 음식을 받아먹지만, 젖을 뗀 후에는 많은 양을 먹는다. 아이에 따라서는 이 시기에 모유 이외의 것을 먹으려 하지 않아서 어려움을 겪기도 한다. 그러나 이런 일은 새로운 아이가 태어났으니까 젖을 떼야 한다고 강요하면 훨씬 쉽게 아이를 납득시킬 수 있다. 어머니는 과자를 주어 젖을 찾는 아이를 달랜다. 때로는 젖꼭지에 후춧가루를 바르기도 한다. 그러나 대부분의 어머니가 쓰는 수단은 젖을 찾는 아이에게 아직도 갓난아이를 벗어나지 못했다고 놀리는 것이다. "사촌인 아무개를 봐라. 그 애는 정말 어른 같다. 너처럼 작은데도 젖 달라고는 안 한다"라든가, "이것 봐, 저 애가 보고 웃어요. 너는 형인데 아직도 젖을 찾다니" 하고 놀린다. 두 살이 되고 세 살이 되고 네 살이 되어도 아직 어머니의 젖을 찾는 아이는, 자기보다 큰 아이가 가까이 오는 발소리를 들으면 급히 엄마를 떠나 딴전을 피운다.

　이처럼 아이를 놀려 빨리 어른이 되도록 재촉하는 것은 젖을 떼는 경우에 한한 일은 아니다. 아이들이 말귀를 알아들을 무렵부터는 어떤 경우에도 이 방법을 잘 쓴다. 사내아이가 울면 어머니는 그 아이에게 "너는 여자아이가 아니야"라든가 "너는 남자다"라고 말한다. 또는 "저 애를 봐. 저 애는 울지 않잖아"라고 말한다. 손님이 갓난아이를 데리고 온 경우 어머니는 자기 아이 앞에서 손님이 데리고 온 아이를 귀여워하는 척하며, "이 애를 엄마의 아이로 삼아야겠다. 엄마는 이처럼 똑똑하고 착한 애가 좋아. 너는 다 컸는데도 바보짓만 하고 있는걸" 하고 말한다. 그러면 아이는 어머니에게 뛰어가 주먹으로 계속 때리면서 "싫어요, 싫어. 이젠 갓난아이 같은 건 싫어요. 나도 엄마 말씀 잘 들을게요" 하고 운다. 한두 살 된 아이가 떠들거나 말을 잘 안 들으면, 어머니는 남자 손님에게 "이 애를 데려가세요, 우린 이런 애가 필요 없어요" 하고 말한다. 손님은 짐짓 그 역할을 맡아 그 애를 집 밖으로 데리고 나간다. 아이는 울부짖으면서 어머니의 도움을 청한다. 이제 충분하다고 생각되면 어머니는 태도를 부드럽게 하여 아이를 불러들이고, 심하게 울고 있는 아이에게 이제부터 말 잘 들으라고 타이른다. 이 조그만 연극은 때로는 대여섯 살 된 아이에게도 연출된다.

　또 다른 형태로 아이를 놀리는 경우도 있다. 어머니는 남편 곁으로 가서 아이를 향해, "나는 너보다 아빠가 더 좋단다. 아빠는 좋은 사람이니까" 하고 말한다. 아이는 질투가 나서 아빠와 엄마 사이로 뛰어

들려 한다. 어머니는 "아빠는 너처럼 집 안을 시끄럽게 하거나 방 안에서 뛰어다니지 않으신다"라고 한다. 그러면 아이는 "아니, 아니야. 나도 이제 그런 짓은 하지 않아요. 나는 좋은 아이가 될 거예요. 자, 이제 예뻐해 주는 거죠?" 하고 말한다. 이제는 충분하다고 생각될 정도로 연극이 진행되면, 부모는 서로 얼굴을 맞대고 빙긋이 웃는다. 그들은 사내아이뿐 아니라 여자아이도 이렇게 놀린다.

이런 경험은 성인이 된 일본인이 조소와 배척에 대한 공포심을 느끼는 토대가 된다. 자신이 놀림을 받고 있다는 것을 언제 아느냐는 단정할 수 없지만, 늦든 빠르든 아이는 그 사실을 알게 된다. 그렇게 되면 이번에는 조롱받고 있다는 의식과 함께 일체의 안전한 것, 익숙해 있던 모든 것을 잃어버리지 않을까 하는 두려움이 찾아온다. 어른이 된 뒤 타인에게 조롱을 당할 경우에도 유아기의 공포가 어디엔가 남아 있게 된다.

이런 놀림이 두 살에서 다섯 살까지 아이들의 마음속에 큰 공포를 일으키는 이유는, 가정이 안정을 보증하며 아이의 어리광이 허용되는 안식처이기 때문이다. 아버지와 어머니는 육체적으로 감정적으로 완전한 분업이 이루어져 있기 때문에, 부모가 아이들의 눈에 경쟁자로 비치는 일은 거의 없다. 어머니나 할머니가 집안일을 담당하고 아이를 훈육한다. 어머니와 할머니는 아버지를 받들어 올려 숭배하는 위치로 모신다. 가정의 계층제에서 자리의 서열은 명확히 정해져 있다. 아이는 이미 연장자에게 특권이 부여되고 있다는 것, 남자는 여자에게 없는 특권을 가지고 있고, 형은 동생에게 없는 특권을 가지고 있다는 사실을 알고 있다. 그러나 아이는 유아기 동안 가족 누구로부터도 관대한 취급을 받는다. 사내아이의 경우에는 더욱 그러하다. 어머니는 사내아이든 여자아이든 언제나 어떤 일이든 원하는 걸 받아 주는 사람이지만, 세 살 난 남자아이는 맹렬한 분노까지도 마음대로 어머니에게 퍼부을 수 있다. 아버지에게는 반항하지 못해도 어머니나 할머니에게는 짜증을 폭발시켜, 부모에게 놀림받았을 때 느꼈던 일체의 감정, 또는 "다른 사람에게 주어 버린다"라는 말을 들었을 때 느꼈던 울분을 발산한다. 물론 어린 사내아이 모두가 짜증을 낸다고는 할 수 없다. 그러나 시골이든 상류계급 가정이든 짜증은 세 살에서 여섯 살 난 아이들의 공통적 성질이다. 어린아이는 어머니를 때리기도 하고 울부짖기도 하는 등 난폭하기 짝이 없고, 예쁘게 빗어 올린 어머니의 소중한 머리카락을 형편없이 만들고 만다. 어머니는 여자이고, 그는 비록 세 살이지만 틀림없는 남자다. 아이는 어머니를 제멋대로 공격하기도 한다.

　아이는 아버지에게 언제나 존경의 태도를 나타낸다. 아버지는 아이에게 높은 계층적 지위를 대표하는 훌륭한 모범이다. 항상 쓰이는 일본식 표현을 빌리면, 아이는 '예의범절을 익히기 위해' 아버지에게 적절한 경의를 표하는 방법을 배운다. 아버지는 서양 어느 나라의 아버지보다도 자녀의 훈육에 간섭하는 일이 드물다. 아이의 훈육은 여자의 손에 맡겨진다. 아버지가 자신의 의지를 아이에게 전하려고 할 때는, 잠자코 노려보든가 간단한 훈계를 할 뿐이다. 그런 일은 드물기 때문에 아이는 곧 아버지가 하는 말을 듣는다. 아버지는 아이가 걸을 수 있게 된 뒤에도 오랫동안 아이를 안거나 업고 돌아다닌다. 이 점은 어머니도 마찬가지다. 아버지는 어린아이를 위해 미국의 아버지라면 보통 어머니에게 맡길 만한 육아상의 임무를 다하기도 한다.

아이는 할머니 할아버지에게는 어리광을 피울 수 있다. 조부모는 아이에게 존경의 대상이 되기도 하지만, 실제로 조부모가 아이를 훈육하는 역할은 하지 않는다. 부모의 양육 방법을 못마땅하게 여기고 조부모가 그 역할을 떠맡는 경우도 있는데, 그것은 고부 갈등을 일으키는 원인이 된다. 할머니는 통상 하루 24시간 동안 아이 옆에 있다. 그리하여 아이를 둘러싼 시어머니와 며느리의 다툼은 일본 가정에서는 보편적인 일이다. 아이의 입장에서는 양쪽에서 귀여움을 받는 결과가 된다. 할머니는 며느리를 제압하기 위해 가끔 손자를 이용한다. 그러나 아이의 어머니인 며느리는 시어머니에게 순종하는 것이 인생 최대의 의무이기 때문에 시어머니가 아이를 버릇없이 키워도 이의를 제기할 수 없다. 어머니가 아이에게 더 이상 과자를 주지 않겠다고 말하면, 할머니는 바로 아이에게 과자를 준다. 그리고 "할머니가 준 과자는 독약이 아니에요"라고 빈정거린다. 많은 가정에서 할머니는 어머니가 손에 넣을 수 없는 물건을 아이에게 준다. 또한 어머니보다 아이와 놀 수 있는 시간이 더 많다.

형이나 누나는 동생의 비위를 건드리지 않도록 가르침을 받는다. 일본인은 다음 아기가 태어나면, '코가 납작해진다nose being put out of joint(누군가에게 자기가 지금까지 차지하고 있던 지위에서 밀려나는 것)'는 상태의 위험을 충분히 알고 있다. 소외된 아이는 새로 태어난 아기와, 어머니의 젖과 잠자리를 단념해야 한다는 사실을 관련지어 생각한다. 아기가 출생하기 전에 어머니는 아이에게 "이번에는 가짜

아기가 아니라 진짜 살아 있는 인형이 나온다"라고 말해 준다. 또한 아이에게 이제부터 어머니가 아니라 아버지와 같이 자야 한다고 일러 주고, 그것이 상당한 특권이나 되는 듯이 말한다. 아이는 아기를 위한 여러 가지 준비에 흥미를 느낀다. 아이는 보통 아기가 태어나면 진정으로 흥분하고 기뻐하지만 얼마 지나지 않아 그 흥분과 기쁨은 식어 버린다.

그러나 그것은 충분히 예상했던 일이므로 걱정할 필요는 없다. 소외된 아이는 아기를 끌어안고 어디론가 데려가려 하면서 어머니에게 "이 아기는 누구에게 줘 버려요" 한다. 그러면 어머니는 "아니야, 우리 아기야. 그러니까 모두 귀여워해야 해. 아기는 너를 좋아해. 너도 아기를 돌봐 줘야 한단다"라고 대답한다. 때로는 이런 말다툼이 꽤 오래 몇 번이고 되풀이되기도 하지만, 어머니는 별로 신경을 쓰지 않는다. 아이가 많은 가정에서는 이런 사태를 해결하는 하나의 대책이 자동적으로 나타난다. 그것은 아이들이 각각 하나 건넌 형제와 친밀한 유대로 맺어지는 일이다. 제일 큰아이는 세 번째 아이와, 두 번째 아이는 네 번째 아이와 마음이 통하는 상대가 되어 보호자가 된다. 동생들은 하나 건넌 형이나 누나를 잘 따른다. 아이들이 7, 8세가 될 때까지 남녀의 차이는 이 풍습에 아무런 영향을 끼치지 않는다.

일본의 아이는 누구나 장난감을 가지고 있다. 부모나 많은 친척, 친지가 아이를 위해 인형과 다른 물건을 만들어 주든지 사 준다. 가난한 사람은 장난감 사는 데 돈을 쓰지 않는다. 어린아이는 인형과 그 외의 장난감을 가지고 소꿉놀이라든가 결혼놀이, 명절놀이 등을 한다. 놀이를 시작하기 전에 어떻게 하는 것이 어른들이 하는 '올바른' 방법인가를 철저하게 의논한다. 의논으로 정리되지 않는 문제는 어머니에게 가서 판단을 부탁한다. 싸움이 시작되면 어머니는 곧잘 'noblesse oblige(높은 신분에 따르는 도덕상의 의무)'에 호소하여, 큰아이에게 작은아이가 하는 말을 들어주라고 말한다. 그때 잘 사용하는 표현은 "지는 것이 이기는 거라고 하지 않아?"이다. 어머니의 말의 의미는 세 살 난 아이도 곧 터득한다. 큰아이가 작은아이에게 자신의 장난감을 양보하면, 어린아이는 금방 그것에 싫증을 느끼고 다른 것에 마음을 돌린다. 그러면 큰아이는 일단 주었던 장난감을 되찾을 수 있다. 또는 어머니의 말은, 이제부터 시작할 주인과 머슴놀이에서 설령 인기 없는 역을 맡더라도, 그렇게 해서 모두가 재미있게 놀고 자신도 즐겁기 때문에 결코 손해가 아니라는 의미다. '지는 것이 이기는 것'이라는 논리는 어른이 된 후에도 일본인의 생활 속에서 크게 존중된다.

훈계와 놀림 외에 아이의 훈육에 중요한 위치를 차지하는 수단은, 아이의 마음을 달래 주의를 목적물에서 다른 데로 옮기는 방법이다. 일본인은 때를 가리지 않고 아이에게 과자를 주는데, 그것도 일반적으로 관심을 돌리는 수단의 일부가 된다. 아이가 취학 연령에 가까워지면 여러 가지 '치료법'이 이용된다. 아이가 짜증을 내든지 말을 잘 듣지 않는다든지 소란스럽다든지 하면, 어머니는 아이를 신사나 절에 데리고 간다. 어머니는 "자, 함께 참배해서 치료를 받자"라고 한다. 아이에게 그것은 즐거운 소풍과도 같다. 치료를 행하는 신관이나 승려는 엄숙한 어조로 아이와 이야기하고 아이의 생일과 나쁜 점을 묻는다. 그런 뒤 그는 안으로 들어가 기도를 하고 다시 돌아와 병이

나았다고 말한다. 때로는 아이가 버릇없는 것은 벌레가 있었기 때문인데, 벌레를 잡았으므로 이제 다 나았다고 하는 경우도 있다. 그는 아이를 정화시키고 병에서 완전히 해방시켜 집으로 돌려보낸다. 일본인은 이 방법이 얼마 동안은 효력이 있다고 말한다. 일본의 아이가 받는 가장 엄한 벌은 '뜸'이다. 그것은 아이의 피부 위에 모구사艾(약쑥)라는 분말을 원추형으로 쏟아 놓고 태우는 것이다. 그 흔적은 일생 동안 지워지지 않는다. 뜸은 예부터 동아시아 일대에서 널리 행해진 민간요법으로, 일본에서도 전통적으로 여러 가지 병을 고치기 위해 쓰였다. 뜸은 화를 내기 쉬운 성격이나 고집 센 아이를 고칠 수 있다. 6, 7세의 소년은 어머니나 할머니로부터 이런 치료를 받는다. 증세가 심한 경우에는 두 번 되풀이하여 치료하는 경우도 있으나, 아이의 버릇을 고치려고 세 번 쓰는 일은 별로 없다. 뜸은 이를테면 미국에서 "그런 짓을 하면 뺨을 때리겠다"라는 말과 같은 벌이 아니다. 그것은 뺨을 맞는 것과는 비교할 수 없을 정도로 심한 고통을 준다. 그리하여 아이는 장난을 치면 반드시 처벌받는다는 것을 깨닫는다.

다루기 힘든 아이를 다스리는 이상의 수단 이외에도 필요한 신체상의 기능을 가르치는 여러 가지 관습이 있다. 이 경우 가르치는 사람이 자신의 손으로 아이의 몸을 붙잡고 그 동작을 시킨다. 아이는 수동적으로 그대로 따라야 한다. 아이가 두 살이 되기 전에 아버지는 아이에게 무릎을 굽히고 발등을 바닥에 대고 앉는 정좌正坐 자세를 취하게 한다. 처음에 아이가 뒤로 넘어지지 않도록 하는 것은 상당히 어렵다. 정좌 훈련에서 빠뜨릴 수 없는 요소, 즉 몸을 움직여서는 안 된다는 것 때문에 더욱 그러하다. 아이는 안달을 하거나 자세를 흩뜨리면 안 된다. 앉는 법을 배우려면 몸의 힘을 완전히 빼고 수동적인 자세가 되어야 한다고 일본인은 말한다. 그리고 이 수동성은 아버지가 아이의 다리를 쥐고 올바른 위치에 놓아 줌으로써 더욱 강조된다.

아이는 앉는 방법뿐만 아니라 자는 방법도 배워야 한다. 일본 여인이 자는 모습을 보이기를 꺼려하는 것은, 미국 여인이 나체를 보이는 것을 부끄러워하는 것과 마찬가지다. 일본인은 정부가 외국의 승인을 받기 위한 운동의 일환으로 선전하기 전까지는, 나체로 목욕하는 모습을 사람들에게 보이는 것을 조금도 부끄럽게 여기지 않았다. 그러나 자는 모습을 남에게 보이는 것은 매우 부끄러워했다. 사내아이는 아무렇게나 잠을 자도 괜찮지만, 여자아이는 두 발을 가지런히 모으고 몸을 곧바로 편 채 자야 한다. 이것이 사내아이의 예의범절과 여자아이의 예의범절을 구별하는 최초의 규칙 중 하나다. 다른 모든 면에서도 마찬가지지만, 이 요구도 하층계급보다 상류계급이 더 엄격했다.

스기모토杉本 부인은 자신이 경험했던 사무라이 가정의 예의범절에 대해 다음과 같이 썼다. "철이 든 이후로 나는 항상 밤에는 작은 목침 위에 조용히 눕도록 신경을 썼다. 사무라이의 딸들은 어떤 경우에도, 가령 잠잘 때에도 몸과 마음을 흐트러뜨려서는 안 된다는 가르침을 받았다. 사내아이는 큰 대大자로 몸을 벌리고 자도 괜찮지만, 여자아이는 조심성 있고 품위 있게 きゝ(기) 자처럼[5] 몸을 구부리고 자야 했다. 그것은 '자제의 정신'을 나타낸다."[6] 나는 일본 여성들에게,

---

5. '기(ki, き) 자처럼'이라고 표현한 것은 '구(く)'를 착오한 것이 아닌가 생각된다.

잠자는 훈련을 할 때 어머니나 유모가 손발을 가지런히 모아 주었다는 이야기를 들었다.

전통적인 서도書道 학습에서도 선생은 아이의 손을 잡고 글자를 쓰게 했다. 그것은 아이에게 '감각을 깨닫게 해 주기 위해서'다. 아이는 글을 쓰기는커녕 아직 읽을 수도 없을 때, 통제된 리듬 있는 운필법運筆法을 체득한다. 현대에 이르러 많은 학생을 동시에 교육하게 된 후부터 이 교수법은 전보다는 줄었으나 아직도 때때로 행해지고 있다. 절하는 법이나 젓가락 쓰는 법, 활 쏘는 법, 베개를 등에 업고 아기 업는 법 배우는 것 등은 모두 아이의 손을 잡고 움직이거나 아이의 몸을 잡고 바른 자세를 취하도록 하여 가르친다.

상류계급의 경우를 제외하고 아이는 학교에 가기 전부터 근처에 사는 아이들과 자유롭게 논다. 시골에서 아이는 세 살이 되기 전부터 무리를 지어 친구와 논다. 또한 읍이나 도시에서도 아이는 차가 다니는 곳이든 다니지 않는 곳이든 사람이 많이 다니는 큰길에서 아슬아슬할 정도로 자유분방하게 뛰어논다. 그들은 특권이 부여된 인간이다. 상점 앞에 붙어 서서 어른의 말을 엿듣기도 하고 돌이나 공을 차며 놀기도 한다. 그들은 시골 신사에 모여 안전하게 수호신의 보호를 받으며 논다. 학교에 들어가기까지, 또 학교에 들어간 후에도 2, 3년간 사내아이와 여자아이는 함께 논다. 그러나 동성끼리, 특히 같은 나이끼리 가장 친밀한 관계가 맺어진다. 이런 동갑(도넨同年) 집단은 특

---

6. * Etsu Inagaki Sugimoto, A Daughter of the Samurai, Doubleday Page and Company, 1926, pp. 15, 24.

히 농촌에서는 일생 동안 계속되며 다른 모든 집단보다 오래 간다. 『스에무라須惠村』에서 엠브리는, "성적인 관심이 감퇴함에 따라 동갑의 모임이 일생에 남는 진짜 즐거움이 된다. 스에(그 마을) 사람들은 '동갑은 아내보다 인연이 깊다'고 말한다"라고 적고 있다.[7]

이와 같이 취학 전 아이들은 서로 터놓고 지낸다. 그들이 하는 놀이는 서양인의 눈으로 보면 저속한 것도 많은데, 그들은 이런 상스러운 놀이를 태연하게 드러내 놓고 한다. 아이가 성 지식을 가지고 있는 것은 어른들이 보통 음란한 말을 주고받기 때문이기도 하고, 좁은 집안에서 가족이 함께 생활하기 때문이기도 하다. 더구나 그들의 어머니는 아이를 목욕시킬 적에 장난삼아 아이의 성기, 특히 사내아이의 성기에 대한 이야기를 한다. 일본인은 좋지 않은 장소나 좋지 않은 친구와 함께 행하는 경우가 아니면, 아이의 성적 유희를 꾸짖지 않는다. 수음도 위험한 일이라고는 생각하지 않는다. 더구나 아이들은 심한 욕 — 어른이라면 모욕이 될 만한 욕 — 을 서로 주고받고, 자기 자랑 — 어른이라면 심한 치욕감을 느낄 만한 자기 자랑 — 을 한다. 이럴 때 일본인은 잔잔한 미소를 지으면서 "아이들은 부끄러움(하지)을 모르기 때문이죠" 하고 말한다. 그리고 "그래서 저렇게 행복한 것입니다"라는 말을 덧붙인다. 이것은 어린아이와 어른의 근본적인 차이이다. 왜냐하면 어른에게 "저 녀석은 부끄러움을 모른다"라고 하면, 완전한 파렴치한이라는 말이 되기 때문이다.

이 나이 또래의 아이들은 서로 상대방의 가정과 재산에 대해 욕을

---

7. *John F. Embree, Suye Mura, p. 190.

주고받으며 곧잘 자기 아버지 자랑을 한다. "우리 아버진 너의 아버지보다 힘이 세다"라든지, "우리 아버진 너의 아버지보다 머리가 좋다"라는 말을 흔히 한다. 그들은 각각 자기 아버지 편을 들다가 주먹다짐을 하기도 한다. 이런 행동은 미국인에게는 마음에 새겨둘 가치도 없는 일이지만, 일본에서는 아이가 주위에서 듣는 어른의 대화와는 큰 대조를 이룬다. 어른들은 모두 자신을 낮추고 타인을 존중한다. 자기 집을 말할 때는 '졸택拙宅', 남의 집을 말할 때는 '어존택御尊宅'이라고 하고, 자기 가족을 말할 때는 '졸가拙家', 남의 가족을 말할 때는 '어존가御尊家'라고 한다. 일본인은 누구나 유아기의 몇 년 동안 — 같이 노는 친구가 생길 때부터 초등학교 3학년, 즉 아홉 살이 될 때까지 — 은 이런 자기본위의 주장을 한다는 것을 인정한다. 어떤 때에는 "내가 도노사마殿様(영주)가 될 테니 너는 부하가 되어라", "싫어, 부하는 싫어. 내가 도노사마다"라는 말을 주고받는다. 아이들은 때로는 자신을 자랑하고 다른 사람을 깔보기도 한다. "아이들은 무엇이든 말하고 싶은 대로 말한다. 그러나 점점 사람에 따라 그들은 자신이 말하고 싶은 것을 전부 말할 수는 없음을 깨닫는다. 그렇게 되면 그들은 누구에게 질문을 받기 전까지는 자신의 의견을 말하지 않고, 또 자기 자랑도 하지 않는다."

아이는 가정에서 초자연적인 것에 대한 태도를 배운다. 신관이나 스님은 아이를 '가르치는' 일은 하지 않는다. 따라서 아이가 조직적으로 종교와 접하는 것은, 철 따라 행해지는 명절놀이에 가서 참배자들과 함께 간누시神主로부터 정화수를 뿌려 받는 경우에 한한다. 어떤 아이는 절에 따라가기도 하지만, 이것 또한 특별한 축제가 행해질 경우에 국한된다.

아이가 끊임없이 뿌리 깊은 종교적 경험을 하는 것은, 자기 집의 불단과 신토의 신단(가미다나神棚)을 중심으로 행해지는 가정 예배다. 그중에서도 가장 눈에 띄는 것은 가족의 위패를 모신 불단으로, 그 앞에 꽃이나 특정한 나뭇가지, 향을 바친다. 거기에는 매일같이 음식을 공양한다. 가족의 연장자가 집안에 일어난 모든 일을 선조에게 고하고 매일 불단 앞에 머리를 숙여 절한다. 저녁에는 작은 촛불을 켠다. 일본인은 다른 곳에 가서 머물면 이처럼 집을 지켜주는 존재가 없기 때문에 불안하다고 말한다.

가미다나는 보통은 이세진구伊勢神宮의 표찰을 모신 간단한 선반이다. 그 외에 여러 종류의 공물供物을 여기에 바친다. 또한 부엌에는 그을음으로 덮여 있는 부엌 귀신이 있고, 창과 벽에는 많은 부적이 붙어 있다. 이것은 모두 보호를 베풀어 집안의 안전을 지켜 준다. 마을에서는 동네 절이 마찬가지로 안전한 장소다. 그곳은 자비심 많은 신들이 앉아서 수호해 주기 때문이다. 어머니는 아이를 안전한 절에서 놀게 하기를 좋아한다. 어린아이의 경험 속에는 신을 두려워한다거나, 공정한 감시자로서의 신을 만족시키려고 자기 행위를 규제하는 일은 없다. 아이는 신의 은총을 마음껏 누릴 수 있다. 신은 권위주의자가 아니기 때문이다.

아이를 일본 성인 생활의 세밀한 틀에 적응시키는 중대한 과업이 시작되는 것은, 학교에 들어가고 2, 3년이 지난 다음이다. 그때까지 아이는 자신의 몸을 알맞게 조절하고 통제하는 법을 배운다. 말썽꾸러기인 경우 버릇없음은 '치료'되고, 산만한 주의력은 전환된다. 아이는 은근히 훈계나 놀림을 받는다. 그러나 아이의 응석은 허용되고 어머니에게 폭력을 휘두르는 것조차 용서받는다. 아이의 작은 자아는 의도적으로 조장되어 온 것이다.

아이가 학교에 입학한 후 큰 변화는 일어나지 않는다. 처음 3년은 남녀공학이다. 교사는 남자든 여자든 모두 아이들을 사랑하고 그들과 하나가 된다. 그러나 가정에서건 학교에서건 지금보다 자주 '곤란한' 상황에 빠질 위험이 강조된다. 아이는 아직 어려서 '부끄러움'을 느끼는 정도까지는 이르지 않았으나, 자신이 '곤란한' 상황에 빠지는 것을 피하는 방법을 배워야 한다. 이를테면 늑대가 없는데도 "늑대가 나타났다"라고 외치는 이야기 속 소년은, "사람을 속인 것이다. 만일 네가 그런 일을 하면 누구도 너를 신용하지 않는다. 그것은 정말 곤란한 일이다"라고 가르친다. 일본인은 대개 그들이 잘못했을 때 최초로 그들을 조롱한 사람은 학교 친구지 교사나 양친은 아니었다고 말한다. 사실 이 시기에 어른이 하는 일은 아이를 조소하는 것이 아니라, 다른 사람에게 비웃음을 당한다는 사실과 세상에 대한 기리에 따라 행동해야 한다는 도덕적 교훈을 서서히 연결해 나가는 것이다.

아이가 여섯 살일 때 충견의 헌신적 충성 이야기로 설명되었던 기무가 — 앞에서 인용한 어떤 착한 개가 주인의 온에 보답하는 이야기는 여섯 살 아이가 읽는 책에 나온다 — 이제부터는 점차 갖가지 종류의 구속이 되어 간다. 연장자는 아이에게 "이런저런 일을 하면 세상 사람들에게 비웃음을 산다"고 말해 준다. 그 규칙은 독립적으로 각각의 경우에 따라 달라진다. 대부분의 규칙은 우리가 에티켓이라고 부르는 일이다. 이 규칙은 점차 증대되어가는 가족, 이웃 사람, 나아가서는 국가에 대한 의무에 자신의 의지를 복종시킬 것을 요구한다. 아이는 자기를 억제해야 한다. 그는 자신이 채무를 지고 있다는 것을 인정해야 한다. 그는 부채를 갚기 위해 주의 깊게 세상을 살아가야 하는 채무자의 지위로 서서히 옮겨 간다.

유년기에 아이를 놀리던 가족은, 이 지위의 변화로 새롭게 진지한 자세로 바뀌어 성장기 소년을 교육한다. 아이는 8, 9세가 되면 가족으로부터 배척받을 수도 있다. 교사가 아이의 불복종이나 불손한 태도를 보고하고 품행에 낙제점을 주면, 가족은 아이를 따돌린다. 상점 주인에게 무언가 장난을 쳤다고 비난받으면 '가문의 명예를 더럽힌' 것이 된다. 가족은 한편이 되어 그 아이에게 비난과 공격의 화살을 돌린다. 내가 알고 있는 두 명의 일본인은 열 살이 되기 전에 두 번 다시 집의 문지방을 넘지 말라며 아버지에게 쫓겨난 적이 있는데, 부끄러워서 친척집에 갈 수도 없었다고 한다. 그들은 교실에서 교사에게 벌을 받았던 것이다. 이 두 사람은 모두 집 밖에 있는 창고에서 잤다. 결국 어머니에게 발견되어 가까스로 집으로 돌아갔다고 한다.

초등학교의 상급반 아이들은 긴신謹愼, 즉 '회개'하기 위해 집에 갇혀, 일본인에게 고정관념이 되어 있는 일기를 쓰는 일에 전념하기도 한다. 어떤 경우든 가족은 그 소년이 이 세상에서 그들의 대표자라도 되는 듯한 태도를 취한다. 그리하여 소년이 세상의 비난을 받았다는 이유로 그를 책망한다. 그는 세상에 대한 기리를 등졌다. 그는 가족의 지지도, 친구의 지지도 받을 수 없다. 학교 친구들은 과오를 범한 그를 같은 집단에서 제외한다. 그는 앞으로는 그런 일을 하지 않겠다고 사죄하고 맹세함으로써 다시 친구가 된다.

　제프리 고러Geoffrey Gorer는 이런 사실을 다음과 같이 말했다. "특기할 만한 일은, 이상의 일이 사회학적으로 유례를 찾아보기 어려울 정도로 철저히 행해진다는 점이다. 대가족 제도나 기타 부분적 사회 집단이 활동하고 있는 대부분의 사회에서는, 어떤 집단의 구성원 한 사람이 다른 집단의 구성원으로부터 비난이나 공격을 받을 경우, 그 집단이 일치단결하여 보호에 나서는 것이 보통이다. 그가 자기 집단으로부터 정당성을 인정받고 있는 한, 곤경에 처하거나 공격을 받을 경우 자기 집단의 전면적인 지지를 얻을 수 있다는 확신을 가지고, 자기 집단 이외의 모든 사람에게 대항할 수가 있는 것이다. 그런데 일본에서는 정반대의 일이 벌어진다. 즉, 자기 집단의 지지를 얻을 수 있다는 확신을 가지는 것은 다른 집단으로부터 정당성을 인정받는 동안에 한정된다. 만일 외부 사람이 찬성하지 않거나 비난했다면, 다른 집단이 그 비난을 철회할 때까지 그가 속한 집단은 그에게 등을 돌려 징벌을 가한다. 그렇기 때문에 '외부 세계'에서 인정을 받는 것은, 다른 어떤 사회에서도 유례를 찾아볼 수 없을 정도로 중요성을 지니고 있다."[8]

　여자아이의 예의범절에 대한 훈련도 그 나이에 이르기까지는 사내아이와 별 차이가 없다. 다만 지역적으로 다소의 차이가 존재한다. 여자아이는 가정 안에서 사내아이보다 많은 제약을 받는다. 해야 할

---

8. *Geoffrey Gorer, Japanese Character Structure, The Institute for International Studies, 1943, p. 27(등사판).

일도 더욱 많다. 어린 사내아이도 아이 보는 일을 하는 경우가 있기는 하다. 그러나 여자아이는 늘 사내아이만큼 선물이나 배려 등의 대접을 받지 못한다. 여자아이는 또한 사내아이의 특권인 울화통을 터뜨리지 못한다. 그러나 그녀는 아시아의 소녀치고는 놀랄 만큼 자유롭다. 새빨간 옷을 입고 사내아이와 함께 길거리에서 놀고, 사내아이와 싸우는 경우에도 지지 않고 목적을 끝까지 관철시키는 경우가 많다. 그녀 또한 어린아이 때는 '부끄러움'을 모른다.

대체로 여자아이는 6세에서 9세에 이르는 사이에 사내아이와 같은 경험을 하면서 점차적으로 '세상'에 대한 기리를 배운다. 9세가 되면 학급은 여자반과 남자반으로 나뉘고, 사내아이들은 새로 생긴 사내아이끼리의 단결을 중요시한다. 그들은 여자아이를 제외시키고 여자아이와 말하는 걸 사람들에게 보이는 것을 꺼린다. 여자아이도 어머니로부터 사내아이와 접촉해서는 안 된다는 말을 듣는다. 이 나이 때의 소녀들은 곧잘 새침해지고 자기 안으로 움츠러들어 가르치기 힘들다고 말한다. 일본의 부인들은 그때가 '어린이다운 장난'을 할 수 있는 마지막 시기라고 말한다. 여자아이의 유년기는 사내아이의 생활에서 배척됨으로써 끝난다. 앞으로 몇 년, 아니 몇십 년의 세월 동안 그녀들이 걸어가야 할 길은 오직 '자중에 자중을 거듭하는' 것 말고는 없다. 이 교훈은 약혼이나 결혼한 이후에도 언제까지나 계속된다.

그러나 사내아이는 '자중'과 세상에 대한 '기리'를 배운 것만으로는, 일본 성인 남자의 의무를 모두 습득한 것으로 볼 수 없다. 일본인은 "사내아이는 열 살 무렵부터 이름에 대한 기리를 배운다"라고 말한다. 그것은 물론 모욕을 당했을 때 분노하는 것이 덕이라는 것을 배운다는 의미이다. 그는 또한 어떤 경우에 적에게 직접 공격을 가하고, 어떤 경우에 간접 수단을 써서 오명을 씻는가에 대한 규칙을 배운다. 이름에 대한 기리를 배운다는 것은 모욕을 당했을 때 반드시 상대를 공격하는 것을 배워야 한다는 의미는 아니라고 나는 생각한다. 어린 시절부터 이미 어머니에게 심한 폭력을 가하는 것이 허락되었고, 또한 같은 또래의 아이들과 싸우면서 여러 비방과 항변을 해결해 왔던 소년들이, 열 살이 되어 새삼스럽게 공격하는 방법을 배울 필요는 없다. 그러므로 이름에 대한 기리의 법도는, 소년이 열 살 이후에는 이 조항의 적용을 받는다는 것과, 그들의 공격을 일정한 틀 속에서 처리하는 방법을 알려 주는 것이다. 앞에서 서술한 바와 같이, 일본인은 때때로 타인에게 폭력을 행사하는 대신 자기 자신에게 행사한다. 학교에 다니는 소년도 예외가 될 수 없다.

6년제 초등학교를 마친 후 학업을 계속하는 소년 — 그 수는 인구의 약 15퍼센트인데 남자의 비율이 높다 — 은 차츰 이름에 대한 기리를 발휘해야 하는 시기가 온다. 그것은 중학교 입학시험의 치열한 경쟁과 모든 과목에서 석차 경쟁이 갑자기 닥쳐오는 시기와 일치한다. 그들은 한 걸음 한 걸음 단계적 과정을 거쳐 이와 같은 사태에 부딪히는 것이 아니다. 초등학교에서나 가정에서나 경쟁은 가능한 한 피하게 되어 있어 없는 것과 마찬가지였다. 따라서 경쟁은 돌연 닥쳐오는 완전히 새로운 경험이기 때문에 더욱 걱정거리가 된다. 석차 경쟁과 함께 시기 질투가 성행한다.

그러나 일본인의 추억에 선명하게 남아 있는 것은, 경쟁이 아니라 상급생이 하급생을 괴롭히는 관습이다. 중학교 상급생은 하급생을 여러 방법으로 괴롭힌다. 그들은 하급생에게 굴욕적인 일을 시킨다. 이런 일을 당한 하급생은 십중팔구 원한을 품는다. 일본의 소년은 이런 일을 결코 재미로 받아들이지 않는다. 상급생 앞에서 '엎드려뻗쳐'를 당하거나 야비한 심부름을 당한 하급생은, 자신을 괴롭힌 상대에게 원한을 품고 복수를 계획한다. 당장 보복할 수 없는 복수이기에 더욱 복수에 열중한다. 복수는 이름에 대한 기리를 실행하는 것이므로, 그들은 그것을 덕행이라고 생각한다. 때로는 가족적 연고를 이용하여, 몇 년이 지난 후에 자신을 괴롭힌 상대가 어렵게 잡은 직장에서 해고당하도록 술책을 쓰는 경우도 있다. 또한 때로는 유도나 검도 실력을 닦아 졸업 후에 도시의 길거리에서 공공연하게 상대에게 창피를 주는 경우도 있다. 그러나 어쨌든 언젠가 갚지 않으면 '무언가 아직 할 일이 남아 있는 것 같은 느낌'을 받는다. 그런 느낌이야말로 일본인의 복수의 핵심이 된다.

중학교에 진학하지 않은 소년은 군대 교육에서 같은 경험을 한다. 평화시에 청년들은 네 명에 한 명꼴로 군인으로 징집되었다. 고참병이 신참병을 괴롭히는 것은 중학교나 상급 학교에서 상급생이 하급생을 괴롭히는 것보다 훨씬 심했다. 장교는 그것에 전혀 관여하지 않았고, 하사관도 특별한 경우를 제외하고는 관여하지 않았다. 일본 군대에서 제1법도는 "장교에게 일러바치는 것은 자신의 체면을 잃는 일이다"라는 것이다. 모든 일은 병사들 사이에서 해결한다. 장교는 그것을 병사를 '단련시키는' 방법의 하나로서 용인하고 관여하지 않는다. 1년이 지난 고참병은 지난 1년간 쌓이고 쌓인 갖가지 원한을 신참병을 괴롭힘으로써 해소한다. 고참은 여러 가지 교묘한 방법을 만들어 신참을 '단련'시킨다.

징집병이 군대 훈련을 받고 나오면 완전히 변해 '진짜 저돌적인 국가주의자'가 된다는 말이 있다. 이 변화는 그들이 전체주의적 국가이론을 배웠거나 천황에 대한 주가 주입되었기 때문이 아니다. 가장 큰 원인은 굴욕적인 기합을 당한 경험이다. 일본식 가정교육을 받고 자라 '자존심amour-propre'에 집착하는 청년은, 그런 사태에 직면하면 이성을 잃고 짐승처럼 변하기 쉽다. 그들은 조롱당하는 것을 참을 수 없다. 이런 일을 경험한 사람은 입장이 바뀌면 더욱 극렬한 고문자가 된다.

근대 일본의 중학교나 군대에서 볼 수 있는 이런 경향이 옛날부터 일본에 내려오는 조소와 모욕의 습관에 기인한다는 것은 말할 필요도 없다. 중학교나 여러 상급 학교, 또는 군대에서 이런 관습을 처음으로 만들어 낸 것은 아니다. 일본의 전통적인 이름에 대한 기리의 법도는, 아랫사람을 괴롭히는 관습을 미국보다 훨씬 심한 고통을 주는 것으로 만들었다. 또한 선배에게 괴롭힘을 당한 집단은 뒤이어 다음 피해자의 무리에게 학대를 가한다. 그럼에도 불구하고 괴롭힘을 당한 소년은 어떻게 하든지 자신을 실제로 괴롭힌 당사자에게 복수하고자 열중한다. 이것은 예부터 내려오는 유형과 일치한다. 울분을 다른 사람에게 전가하는 것은 서양 여러 나라에서 끝없이 반복되는 풍습인데, 일본에서는 그렇지 않다. 예를 들면, 폴란드에서는 새로운 도제徒弟나 젊은 일꾼을 심하게 학대하는데, 그 원한을 학대한 당사자가 아니라 나중에 들어온 도제나 일꾼에게 갚는다. 물론 일본의 소년도 이런 방법으로 원한을 풀기도 하지만, 그들이 가장 관심을 갖는 것은 직접적인 복수다. 괴롭힘을 당한 사람은 괴롭힌 사람에게 복수해야만 '시원한 기분'을 느낀다.

일본의 재건 과정에서 나라의 장래를 염려하는 지도자는, 국민이 청춘을 보내는 여러 학교와 군대에서의 학대와 괴롭힘의 관습에 특히 주의할 필요가 있다. 그들은 상급생과 하급생의 차별을 뿌리 뽑기 위해 애교심을 강조하고, '그리운 동창의 인연'을 강조해야 한다. 군대에서도 신참병 학대를 금지해야 한다. 가령 고참병이 신참병에게 이전에 모든 계급의 일본 장교가 행했던 것처럼 스파르타식 훈련을 시킨다 하더라도, 그런 강제적 훈련은 일본에서 모욕이 되지 않는다. 그러나 신참병을 괴롭히는 행동은 모욕이 된다. 만일 학교나 군대에서 나이 많은 소년이 어린 소년에게 개처럼 꼬리를 흔들게 하거나, 매미 흉내를 내게 하거나, 다른 사람이 식사를 하는 동안 물구나무서기를 시키는 것을 방지할 수 있다면, 천황의 신성 부정이나 교과서에서 국가주의적 내용을 없애는 것보다도 일본의 재교육에 더욱 효과적일 것이다.

여자는 이름에 대한 기리의 법도를 배우지 않으며, 사내아이처럼 중학교나 군대 교육이라는 근대적인 경험을 하지 않는다. 또한 그녀들은 그와 비슷한 경험조차 하지 않는다. 여자아이의 생애는 사내아이에 비해 훨씬 변화가 적다. 철이 든 시기부터 여자아이는 어떤 일에서도 사내아이가 우선적이며, 사내아이에게는 여자아이에게 부여되지 않는 보살핌과 선물이 주어진다는 사실을 인정하도록 훈련받는다. 여자아이가 존중해야 할 처세술은 공공연히 자기주장을 할 특권이 없다는 사실을 인정하는 것이다. 그러나 갓난아이나 유년시절에는 여자아이도 사내아이와 함께 일본 어린아이의 특권적 생활을 즐길 수 있다. 특히 어린 소녀기에는 빨간색 옷을 즐겨 입는다. 어른이 되면 그런 색깔의 옷은 제2의 특권적 시기가 시작되는 60세까지는 입을 수 없다.

가정에서 여자아이는 사내아이와 마찬가지로 반목하는 어머니와 할머니에게 귀여움을 받기도 한다. 또한 동생들은 가족 누구에게나 그렇게 말하기는 하지만, 언니나 누나에게 '제일' 잘해 달라고 조른다. 아이들은 사이가 좋다는 증거로 그녀와 같이 자게 해 달라고 부탁한다. 때때로 그녀는 할머니에게 받은 물건을 두 살 난 동생에게 나눠 주기도 한다. 일본인은 혼자서 자는 걸 좋아하지 않는다. 따라서 밤이 되면 아이는 이불을 친한 연장자 옆에 이불을 펴기도 한다. 그들은 '누구누구와 내가 사이가 좋다'는 증거로 두 사람의 잠자리를 붙이는 경우가 많다. 여자아이는 아홉 살이나 열 살이 되어 사내아이의 놀이 친구로부터 제외당하는 시기가 오면 그 대용물이 부여된다.

여자아이는 새로운 헤어스타일로 머리를 땋기를 좋아한다. 그리고 14세부터 18세까지의 여자아이의 머리 땋는 방식은 일본에서 가장 공들인 것이다. 여자아이는 무명옷 대신 명주옷을 입는 것이 허용되는 연령, 즉 용모가 돋보이도록 옷을 입는 데 갖은 노력을 다하는 연령에 도달한다. 이렇게 하여 여자아이에게도 어느 정도의 만족은 주어진다.

여자아이는 갖가지 구속에 따라야 한다. 그러나 그 의무를 이행하는 책임은 바로 여자아이 자신에게 있지, 마음대로 권력을 휘두르는

부모의 손에 있는 것은 아니다. 부모는 딸에게 체벌을 가하지 않는다. 그저 훌륭하게 부모가 원하는 대로 인생을 살아가리라는 조용하고 흔들림 없는 기대를 가질 뿐이다. 다음은 그런 가정교육의 극단적인 예다. 자녀의 특권을 인정하고 비교적 관대한 태도로 자녀를 교육하는 비권위주의적 압력이 대략 어떤 성격인지를 보여 주는 예로서, 충분히 인용할 만한 가치가 있다. 여섯 살 때부터 어린 이나가키 에쓰稻垣ェッ(스기모토 부인의 결혼 전 이름)는, 어느 학식 풍부한 유학자에게 한문 고전 읽기를 교육받았다.

두 시간의 수업 동안 선생님은 손과 입술을 제외하고는 미동도 하지 않았다. 그리고 나는 선생님을 마주 보고 다다미 위에 선생님과 마찬가지로 부동자세로 앉아 있었다. 나는 딱 한 번 몸을 움직인 일이 있었다. 그것은 수업 도중이었다. 웬일인지 나는 가만히 앉아 있을 수가 없어 약간 몸을 움직여 굽힌 무릎을 올바른 각도에서 조금 옆으로 비켰다. 어렴풋이 놀란 표정이 선생님의 얼굴 위를 스쳐갔다. 그러고 나서 조용히 책을 덮고 잔잔하게 그러나 엄한 태도로 이렇게 말씀하셨다. "아가씨 오늘은 아무래도 공부가 하기 싫은 모양이죠. 방으로 돌아가서 잘 생각해 보세요." 나의 작은 심장은 너무나 부끄러워서 멈출 것만 같았다. 나는 어떻게 할 수가 없었다. 나는 먼저 공자님의 영정에, 다음에 선생님께 공손히 절을 했다. 그리고 조용히 그 방에서 나와 늘 공부가 끝났을 때 하던 것처럼 아버지에게 보고하러 갔다. 아버지는 아직 공부가 끝날 시간이 아니었기 때문에 놀라셨다. 그리고 아무 뜻도 없는 듯이 말씀하셨다. "공부가 빨리 끝났구나." 이 말씀은 마치 죽음을 알리는 종소리처럼 울렸다. 그

때 일을 생각하면 지금도 상처가 쑤시듯이 가슴이 아프다.⁹

그리고 스기모토 부인은 다른 대목에서 할머니에 대해 다음과 같이 쓰고 있다. 여기에는 일본의 가장 특징 있는 부모의 태도 하나가 간결하게 표현되어 있다.

> 할머니는 조용히 차분하게, 모든 사람이 할머니의 생각대로 행동할 것으로 기대하고 있었다. 나무라거나 반박하는 일은 없었지만, 할머니의 솜털같이 부드러우면서도 아주 강인한 기대가 항상 가족을 그녀가 옳다고 생각하는 길로 인도하고 있었다.

이 '솜털같이 부드러우면서도 아주 강인한 기대'가 그만큼의 효과를 거둘 수 있는 한 가지 이유는, 가정교육이 그 어떠한 기술이나 방법보다도 철저하기 때문이다. 가정교육은 '습관'이지 규칙이 아니다. 유아기에 익히는 젓가락 사용법이나 방에 들어갈 때의 예의범절, 조금 뒤에 배우는 다도茶道나 안마법 등, 모든 동작은 글자 그대로 어른의 직접 지도하에 익숙해질 때까지 반복 실습을 통해 익혀진다. 어른들은 때가 되면 아이가 올바른 습관을 '스스로 익힐 것'이라고는 생각하지 않는다. 스기모토 부인은 14세 때 약혼한 뒤, 약혼자를 위해 가게젠陰膳(객지에 나가 있는 사람의 무사함을 빌기 위해 집에 있는 사람이 조석으로 차려 놓는 밥상)을 차린 일을 설명한다. 그녀는 그때까지

---

9. *Etsu Inagaki Sugimoto, op. cit., p. 20.

한 번도 미래의 남편을 만나 본 적이 없었다. 그는 미국에 있었고 그녀는 에치고越後[10]에 있었다. 그럼에도 불구하고 여러 차례 어머니와 할머니의 감독하에 "나는 오빠가 우리에게 마쓰오松雄(약혼자의 이름)가 좋아하는 음식이라고 일러 준 요리를 내 손으로 만들었다. 남편 밥상을 내 밥상 옆에 놓고 항상 내 밥보다 먼저 그의 밥을 퍼서 올렸다. 이렇게 하여 나는 미래의 남편에게 기쁨을 주도록 끊임없이 마음을 쓰는 법을 배웠다. 할머니와 어머니는 항상 마치 마쓰오가 눈앞에 앉아 있는 것처럼 말을 걸었다. 그리고 나도 남편이 실제로 그 방에 있는 것처럼 옷차림이나 행동거지를 조심했다. 이렇게 하여 나는 차츰 남편을 존경하고, 스스로 그의 아내로서의 지위를 존경하게 되었다."

사내아이도 실례와 모방을 통해 공들인 습관의 훈련을 받는다. 그것은 여자아이의 가정교육만큼 엄격한 것은 아니지만, 습관을 '익힌' 후 일체의 변명은 받아들여지지 않는다. 그러나 청년기 이후 생활의 중요한 한 가지 분야는 대부분 자신의 자발성에 맡겨진다. 연장자는 그에게 구애의 습관을 가르쳐 주지 않는다. 가정은 공공연히 성애를 표현하는 일체의 행동이 금지되어 있는 세계다. 그리고 9세 또는 10세 때부터는 연고관계가 없는 사내아이와 여자아이는 극단적으로 격리되었다. 일본인이 이상적으로 생각하는 것은 사내아이가 성에 대해 흥미를 갖기 이전에 양친이 그를 위해 결혼을 결정하는 일이다. 따라서 사내아이가 여자아이를 대할 때는 '수줍어'하는 것이 바

---

10. 지명. 지금의 니가타新潟현

람직한 태도다. 시골에서는 이 문제를 놀림거리로 삼기 때문에 소년을 더욱 '수줍어'하게 만든다. 그래도 소년들은 어떻게 해서든지 그것을 알려고 한다. 예나 지금이나 일본의 시골 마을에서는 많은 처녀가, 때로는 대부분의 처녀가 시집가기 전에 임신했다. 이들에게 이런 결혼 전의 경험은 인생의 심각한 문제가 되지 않는 '자유로운 영역'이었다. 부모는 이런 사건을 안중에 두지 않고 혼담을 결정하는 것이 관례였다. 그러나 오늘날에는 『스에무라』에서 어떤 일본인이 엠브리 박사에게 말한 것처럼, "하녀조차도 처녀성을 지켜야 한다는 것을 알 만큼 교육을 받고 있다." 중학교에 진학하는 소년이 받는 훈육 또한 이성과의 교제는 어떤 종류라도 일체 엄금하고 있다. 일본의 교육도 여론도 결혼 전 이성 간의 친밀한 교제를 방지하려고 노력한다. 일본 영화에서 젊은 여성에게 허물없는 태도를 보이는 청년은 '불량' 청년이다. '선량한' 청년은 예쁜 소녀에게, 미국인의 눈으로 보면 무뚝뚝하다 못해 예의에 어긋나는 듯한 태도를 취하는 청년이다. 여자에게 허물없이 군다는 것은 그 청년이 '놀아 봤다'는 것, 곧 게이샤나 창부나 술집 여자의 뒤꽁무니를 쫓아다녔다는 것을 의미한다. 게이샤 집에 다니는 것은 색정을 배우는 '가장 좋은' 방법이다.

"게이샤는 여러 가지를 가르쳐 준다. 남자는 편안한 마음으로 그저 보고 있기만 하면 된다." 그는 자기의 꼴사나운 모습이 남에게 드러날 것을 두려워할 필요가 없다. 또 게이샤와 성적인 관계를 맺는 것은 예기되어 있지 않다. 그러나 일본 청년 중에서 게이샤 집에 갈 만한 여유가 있는 사람은 그리 많지 않다. 많은 청년은 술집에 가서 남자가 여자를 허물없이 다루는 모습을 보고 배운다. 그러나 그런 관찰은 그들이 다른 분야에서 당연히 받는 훈련과는 그 종류가 다르다. 사내아이는 서투른 솜씨에 대한 두려움을 오랫동안 갖는다. 성행위는 그들의 생활 속에서 새로운 종류의 행동을 배울 때, 신뢰할 수 있는 연장자가 몸소 손을 잡고 지도해 주지 않는 드문 영역이다. 격식이 있는 집안에서는 젊은 부부가 결혼할 때 '마쿠라조시枕草紙(일종의 춘화책)'와 갖가지 체위를 상세하게 그린 두루마리를 준다. 한 일본인이 말한 것처럼 "책을 보고 배울 수 있다. 그것은 마치 정원 만드는 법을 배우는 것과 같다. 아버지는 일본식 정원 만드는 법을 가르쳐 주지는 않는다. 그것은 나이가 들면 스스로 배우는 취미다." 책을 보고 배울 수 있는 사항으로 성행위와 정원 만들기를 결부시킨 것은 매우 흥미롭다. 대개의 일본 청년은 책 이외의 방법으로 성행위를 배우지만, 어쨌든 어른에게 자상한 지도를 받고 배우지는 않는다. 이런 차이로 청년의 마음속에는 성은 연장자가 지휘 통괄하는 대상이 아니라는 인식이 싹튼다. 또한 그것은 청년이 힘들여 훈련하는 인생의 중대한 일과 관계없는 별개의 영역이라는 신조를 깊이 심어 준다. 그것은 청년이 다분히 당혹스런 두려움을 가지면서 차츰 정통해 가는 자기 욕정의 영역이다. 이 두 가지 영역은 서로 다른 법도를 가지고 있다. 남자는 결혼 후 공공연히 밖에서 성적 쾌락에 빠지는 일이 있는데, 그것은 조금도 아내의 권리를 침해하거나 결혼생활의 안정을 위협하지 않는다.

아내는 이와 동등한 특권을 가지고 있지 않다. 그녀의 의무는 남편에게 정숙해야 한다는 것이다. 만일 남편 이외의 남자와 정을 통하고자 한다면 남몰래 눈에 띄지 않도록 해야 한다. 그리고 설령 유혹을 받았다 해도 남몰래 정사를 할 만한 생활을 하는 부인은 일본에 극소수에 불과하다. 신경과민에 빠져 있거나 침착성을 잃은 부인은 '히스테리'로 여겨진다. "가장 흔한 부인의 장애는 사회생활이 아니라 성생활과 관련이 있다. 많은 정신 이상이나 대다수의 히스테리(신경과민, 침착성의 상실)는 속궁합이 맞지 않는 데서 기인한 것이다. 여자는 남편이 주는 성적 만족만을 감수해야 한다."[11] 스에무라의 농민은 여자의 질병 대부분은 '자궁에서 시작되어' 머리로 올라간다고 말한다. 남편이 다른 여자에게 빠져서 조금도 자기를 돌봐주지 않을 때, 아내는 일본인이 일반적으로 용인하는 자위행위에 호소하기도 한다. 그리하여 밑으로는 농촌에서 위로는 고귀한 사람의 가정에 이르기까지, 부인은 이 목적을 위해 만든 전통적인 도구를 숨겨 놓고 있다. 시골에서는 아이를 낳은 여자에게는 상당히 에로틱한 언동을 하는 것이 허용된다. 어머니가 되기 전에는 성에 관한 농담을 한마디도 하지 않지만, 어머니가 되고 점점 나이가 들면 남녀가 합석한 연회에서 그런 농담을 많이 한다. 그녀는 또 외설스러운 노래에 맞춰 허리를 앞뒤로 흔드는 개방적인 성적 무용으로 그 자리의 흥을 돋운다. "이런 여흥은 반드시 폭소를 유발한다." 스에무라에서는 군대에 갔던 사람이 제대해 돌아올 때, 마을 사람들이 총출동하여 마을 어귀까지 마중을 나간다. 그때는 남장한 여자들이 음란한 농담을 던지고 젊은 처녀를 욕보이는 흉내를 낸다.

이와 같이 일본의 여성은 성적인 사항에 관해 일종의 자유가 허용

---

11. *J. E. Embree, Suye Mura, p. 175.

되어 있다. 더구나 신분이 낮으면 낮을수록 더욱 많은 자유가 인정된다. 그녀들은 생애 대부분을 통해 많은 금제를 지키지만, 성적인 사항을 모르는 체할 것을 요구하는 금제는 없다. 그녀들은 남자를 기쁘게 해 줄 수 있다면 음탕해지기도 한다. 마찬가지로 남자를 기쁘게 해 줄 수 있다면 남성도 여성도 아닌 무성無性이 되기도 한다. 여성으로서 무르익는 나이가 되면 금제를 내던진다. 만일 신분이 낮은 여자라면 남자에 뒤지지 않을 정도로 음탕해지기도 한다. 일본인은 서양에서 말하는 '순결한 부인' 또는 '음탕한 여자'와 같은 고정적 관념이 없다. 나이에 따라 그때그때의 상황에 적합한 행동을 취한다.

남자에게도 크게 삼가 할 영역과 마음대로 행동해도 좋은 영역이 있다. 남자 친구와 함께 게이샤를 옆에 앉히고 술을 마시는 것은 남자가 가장 좋아하는 즐거움이다. 일본인은 술에 취하는 것을 즐긴다. 그리고 술을 마시고 주정을 부려서는 안 된다는 법도도 없다. 그들은 두세 잔의 사케酒(일본의 정종)를 마시면 딱딱한 자세를 풀고 편안히 앉는다. 그리고 서로 기대 아주 친근하게 구는 것을 좋아한다. 술에 취해도 소수의 '상종하기 힘든 인간'을 제외하고는 난폭한 행동을 하거나 시비를 거는 일은 좀처럼 없다. 음주와 같은 '자유로운 영역'을 제외하고는, 사람은 절대로 기대에 어긋나는 행동을 해서는 안 된다. 누군가가 생활의 중요한 면에서 기대에 어긋난 행동을 했다는 말은, '바보'라는 말을 제외하고는 일본인이 사용하는 가장 심한 악담이다.

종래 모든 서양인이 묘사한 일본인의 성격적 모순은 일본인이 아이를 교육하는 방법을 보면 납득이 간다. 그것은 일본인의 인생관에 이원성을 가져다준다. 그들은 유아기의 특권과 마음 편한 경험에 의해, 그 후 여러 가지 훈련을 받은 뒤에도 '부끄러움을 몰랐던' 때의 편한 생활이 기억에 남는다. 그들은 미래에 천국을 그릴 필요가 없다. 그들은 과거에 천국을 가지고 있다. 그들이 인간은 본디 선하고 신들은 자애로우며 일본인이라는 사실은 더없이 자랑스러운 일이라고 주장하는 것은, 유년 시대를 다른 말로 표현한 것이다. 유아기의 경험은 모든 인간은 부처가 될 가능성이 있다든가, 인간은 누구든 죽음과 동시에 가미神가 된다는 극단적 윤리 해석의 바탕이 된다. 그것은 그들에게 자신의 주장을 끝까지 내세우게 하고 자신감을 부여한다. 그것이 그들의 능력을 훨씬 능가하는 어려운 일인 경우에도, 앞장서서 부딪혀 나가는 태도의 기초가 된다. 그것은 또한 그들이 자국 정부에게 반대 입장을 취해 싸우고, 자살로 자신의 입장을 내세우는 태도의 기초가 된다. 때로 그것은 그들에게 집단적 과대망상에 빠지게 할 가능성을 부여한다.

예닐곱 살이 지나서부터 차츰 주의 깊은 행동과 '부끄러움을 아는' 책임이 부과된다. 그것은 만일 그 책임을 다하지 않으면 자신의 가족에게 배척받는다는 강력한 강제성이 따른다. 이것은 프로이센적 기율紀律의 압력은 아니지만 피할 수 없다. 이렇게 발전해 갈 수 있는 기반은 특권적 유아기부터 집요하게 되풀이된 용변 훈련과 올바른 자세 훈련, 또는 아이를 버리겠다는 부모의 공감 등에 의해 준비되어 왔다.

이런 유아기의 경험은 '세상 사람들'로부터 비웃음을 사서 눈 밖에 난다는 말을 듣게 되었을 때, 아이가 자기에게 부과된 엄청난 구속을 참고 받아들이게 하는 기반을 만든다. 그는 어렸을 때 거리낌 없이 표현했던 충동을 억누르는데, 그것은 그 충동이 좋지 않아서가 아니라 이제는 정당하게 인정되지 않기 때문이다. 그는 이제 진지한 생활을 해야 한다. 그는 점차 유아기의 특권을 잃고 어른들의 재미를 허락받는다. 그러나 유아기의 경험이 정말로 사라져 없어지는 것은 아니다. 그들은 인생철학에서 그 경험에 크게 의지한다. 그들이 '인정人情'을 시인하는 태도를 취하는 것은, 유아기의 경험에 복귀하려는 것을 의미한다. 그는 성년기 생활의 '자유로운 영역'에서 그것을 다시 체험한다.

유년 시절의 전반기와 후반기 모두 친구에게 인정받는 것을 대단히 중요시한다. 아이들의 마음에서 이 점은 큰 비중을 차지하지만 절대적인 덕의 표준은 아니다. 유년 시절 전반기에 어머니에게 떼를 써서 뭔가 요구할 수 있는 나이가 되면, 어머니는 그를 자기 잠자리에서 함께 재워 주었다. 그는 자신과 형제자매가 받는 과자를 비교해 보고, 자신이 어머니에게 몇 번째로 사랑을 받는가를 판단한다. 그는 관심을 받지 못한다는 사실을 민감하게 알아차리고 누나에게도 "누나는 날 '제일' 귀여워해?"라고 묻는다.

그러나 유년 시절 후반기에 들면 아이는 점차로 많은 개인적 만족을 포기할 것을 요구당한다. 약속되는 보상은 '세상 사람들'에게 인정을 받아 받아들여지는 것이고, 벌은 '세상 사람들'에게 웃음거리가 되는 것이다. 이것은 물론 어린아이를 훈육할 때 대부분의 문화에서 의지하는 강제력이지만, 일본에서는 유례가 없을 정도로 중요시된다. '세상 사람들'에게 버림을 받는다는 것이 무엇인지는, 부모가 아이를 밖에 내다버리겠다고 협박했을 때 아이들의 뇌리에 생생하게 남아 있다. 그의 일생에서 친구들 사이에서 배척당하는 것은 폭력보다 무서운 일이다. 그는 조소나 배척의 위협을 머릿속에서 상상하는 것만으로도 이상하게 민감하게 반응한다. 또한 실제로 일본 사회에서는 사생활이 보호되지 않아 그가 하는 일이 '세상'에 모두 알려지기 때문에, 만일 나쁜 일을 했다는 낙인이 찍히면 배척당할 가능성이 매우 크다. 우선 일본의 가옥 구조 — 소리가 새어 나가고, 대낮에는 훤히 열리는 얇은 장지문 — 만 보더라도, 담과 뜰만을 둔 가난한 사람들의 사생활은 널리 공개되어 있는 것이나 다름없다.

일본인이 사용하는 두세 개의 상징적인 물건은 자녀 훈육의 불연속성에 근거를 두고 있는 그들의 양면적 성격을 분명히 하는 데 도움을 준다. 가장 빠른 시기에 형성된 측면은 '부끄러움 없는 자아'다. 그들은 그 '부끄러움 없는 자아'를 어느 정도 보존하고 있는가를 살펴보기 위해 자신의 얼굴을 거울에 비추어 본다. 그들은 "거울은 영원한 순결성을 비춘다"라고 말한다. 그것은 허영심을 기르는 것도 아니고, '방해하는 자아'를 비추는 것도 아니다. 그것은 혼이 깊은 곳을 비춘다. 인간은 그곳에서 자신의 '부끄러움 없는 자아'를 보아야 한다.

사람들은 거울 속에서 영혼의 문인 자신의 눈을 본다. 그리고 이것이 '부끄러움 없는 자아'로서 살아가는 데 도움을 준다. 이 목적을 위해 언제나 몸에 거울을 지니고 다니는 사람도 있다. 그중에는 자신의 모습을 비춰 보고 자신의 영혼을 반성하기 위해 집안의 불단에 특별한 거울을 놓아두는 사람도 있다. 그는 '자기 자신'을 받들어 모시고, '자기 자신'에게 참배한다. 그것은 분명히 이례적이다. 그러나 이런 일은 일본인이 보통 행하는 것을 조금 더 발전시킨 것뿐이다. 대부분의 가정에는 불단에 거울이 참배의 대상으로 모셔져 있다. 전쟁 중 일본의 라디오 방송은 돈을 모아 거울을 사서 교실에 비치한 여학생을 칭찬하는 노래를 일부러 제작하여 방송하기까지 했다. 그것은 전혀 허영심의 표현이 아니었다. 그것은 끊임없이 그녀의 마음속 깊이 있는 잔잔한 목적을 위해 몸을 바치는 것으로 평가받았다. 거울을 보는 것은 그녀의 정신적 기품이 높다는 것을 증명하는 외면적 행사였다.

일본인의 거울에 대한 감정은 아직 아이들의 마음속에 '관찰하는 나'가 심어지지 않았던 시기부터 만들어졌다. 그들은 거울 속에서 '보는 나'를 보는 것이 아니다. 그 속에 비추어지는 자아는 옛날 유아기에 그랬던 것처럼, '부끄러움'이라는 스승이 필요 없는 본원적으로 선량한 것이다. 그들이 거울에 부여하는 상징적 의미는, '숙달'이라는 자기 훈련에 관한 사고방식의 기초가 된다. 그들은 '보는 나'를 제거하고 어린아이의 직접성으로 복귀하기 위해 끊임없이 자기를 훈련한다.

이처럼 유아기의 특권적 생활이 일본인에게 여러 가지 영향을 미치고 있음에도 불구하고, 부끄러움이 도덕의 기초가 되는 성년기의 구속은 특권의 박탈이라고는 느껴지지 않는다. 앞에서 서술한 바와 같이 자기희생은 일본인이 때때로 공격해 온 기독교적 개념의 하나다. 그들은 자기를 희생시키고 있다는 생각을 거부한다. 극단적인 경우에도 일본인은 주忠나 고孝, 기리의 부채를 갚기 위해 '자진해서' 죽는 것이라고 말한다. 그리고 이런 일은 자기희생의 범주에 든다고 생각하지 않는다. 이렇게 스스로 죽음으로써 그들은 자기가 원하는 목적을 성취할 수 있다고 말한다. 만일 그렇지 않다면 그것은 '개죽음'이 된다. 그런데 '개죽음'이란 그들에게는 가치 없는 죽음이라는 의미로서, 영어의 'dog's death'처럼 사회의 밑바닥에 떨어져 죽는 것을 의미하지 않는다. 그처럼 극단적이지는 않은 행위로서, 영어의 'self-sacrificing(자기희생)'도 일본어에서는 오히려 자중의 범주에 속한다. '자중'은 보통 자제를 의미하는데, 자제는 자중과 마찬가지로 매우 소중하다. 큰일은 자제함으로써만 달성할 수가 있다.

미국인은 목적 달성을 위한 필요조건으로 자유를 강조하지만, 생활 체험이 다른 일본인은 그것만으로는 결코 충분치 않다고 여긴다. 그들은 자제에 의해 자아가 한층 가치 있는 것이 된다는 생각을 도덕률의 중요한 신조로 여겨 왔다. 그렇지 않다면 어떻게, 시도 때도 없이 속박에서 벗어나 올바른 생활을 무너뜨릴지도 모르는 여러 가지 충동을 숨기고 있는 위험천만한 자아를 통제할 수 있겠는가? 어느 일본인은 다음과 같이 서술했다.

몇 년이나 걸려 나뭇결 위에 칠하는 옷칠의 층이 두터우면 두터울수록 완성된 칠기는 고가품으로 취급된다. 민족도 마찬가지다. (중략) 러시아인에 대해서 "러시아인의 껍질을 벗겨 보면 타타르인이 나타난다"고 말하지만, 일본인에 대해서도 마찬가지로 "일본인을 깎아서 칠을 벗기면 해적이 나타난다"라고 말할 수 있다. 그러나 잊어서는 안 되는 것은 일본에서 옷칠은 값비싼 제작품으로서 수공업의 보조 수단이라는 사실이다. 옷칠에는 속임수가 조금도 없다. 그것은 흠을 감추기 위한 덧칠이 아니다. 그것은 적어도 아름답게 만든 나뭇결과 같은 가치를 가지고 있다."[12]

서양인을 놀라게 하는 일본 남성의 행동적 모순은, 그들이 어린 시절에 받았던 훈육의 불연속성에서 생겨난 것이다. '덧칠'을 한 다음에도 그들의 의식에는 그들이 자신의 작은 세계에서 작은 신이었던 시절, 마음대로 투정을 부릴 수 있었던 시절, 어떤 소망이든 이루어질 수 있다고 생각했던 시절의 깊은 흔적이 남아 있다. 이처럼 마음속 깊은 곳에 이원성이 심어져 있기 때문에, 그들은 어른이 된 후 로맨틱한 연애에 빠지는가 하면 갑자기 손바닥을 뒤집듯 가족의 의견에 무조건 복종한다. 쾌락에 빠져들고 안일을 탐하는가 하면, 극단적으로 의무를 다하기 위해 어떤 일도 해치운다. 신중의 필요성을 강조하는 가정교육이 그들을 때때로 겁 많은 국민으로 만들고 있지만, 또한 그들은 때로는 저돌적으로 보일 만큼 용감하다. 그들은 계층제도에 근거하여 복종이 요구되는 상황에서는 철저히 순종하는 태도를 나타내면서도, 위로부터의 통제에 쉽게 따르지 않는다. 그들은 대단히 은근하면서도 오만 불손한 태도를 지닌다. 그들은 군대에서 광신적인 훈련에 복종하면서도 순종하지 않는다. 그들은 열렬한 보수주의자이면서도, 중국의 습관이나 서양의 학문을 채용하는 데서 볼 수 있듯이 새로운 생활양식을 쉽게 받아들인다.

성격의 이원성은 긴장을 수반한다. 그리하여 이 긴장에 대해 일본

---

12. *Komakichi Nohara, The True Face of Japan, London, 1936, p. 50.

인은 사람에 따라 각각 다른 반응을 나타내지만, 본질적인 문제는 동일하다. 그것은 무엇이든 자신이 원하는 대로 해도 그것이 받아들여졌던 유아기의 경험과, 그 후 성년기의 속박에 제각기 반응한 것에 지나지 않는다. 많은 사람이 이 문제를 해결하는 데 곤란을 느낀다. 어떤 사람은 도학자道學者처럼 자신의 생활을 규칙에 맞게 규율화하는 데 급급하여 자발적 행동을 취하기를 극도로 두려워한다. 자발성은 가공의 환상이 아니라 그들이 전에 실제로 경험한 것이기 때문에, 그 공포는 더욱 크다. 그들은 높은 위치에 서서 그들이 스스로 만든 규칙을 엄수하는 것으로, 마치 자신이 권위를 가지고 사람들에게 명령하는 인간이 된 듯이 생각한다.

어떤 사람은 인격 분열에 빠진다. 그들은 마음속에 숨을 죽이고 있는 반항심에 두려움을 품고, 겉으로 부드러운 태도를 가장하여 그것을 숨긴다. 그들은 때때로 그들의 진짜 감정을 의식하지 않기 위해 쓸데없는 일에 몰두한다. 그들은 훈련에 의해 배운, 그들에게는 실제로 전혀 무의미한 일상적 일을 단지 기계적으로 수행한다. 또한 어떤 사람은 너무 깊게 유아기의 생활 경험에 사로잡혀서, 어른이 되어 무엇이든 임무를 수행해야 할 때 몸을 깎아내는 듯한 불안을 느낀다. 그리하여 더 이상 다른 사람에게 의지할 수 없는 나이인데도 불구하고 타인에게 더욱 더 많이 의지하려 한다. 그들은 실패하면 그것은 권위에 대한 반역이 된다고 느낀다. 그래서 그들이 하는 행동 하나하나는 그들을 극심한 동요 속으로 몰아넣는다. 정해진 순서에 의해 기계적으로 처리할 수 없는 뜻밖의 사태는 그들에게는 대단한 공포가 된다.[13]

이상은 배척이나 비난을 지나치게 염려하는 경우에 일본인이 빠지기 쉬운 특유한 위험들이다. 지나친 압박을 느끼지 않을 경우, 그들은 생활을 즐기는 능력과 함께 어릴 적 훈육으로 심어진 능력을 이용하여 타인의 감정을 해치지 않는 용의주도한 면모를 보인다. 이것은 대단한 일이다. 그들은 유아기에 자기주장을 관철하는 태도를 배웠다. 마음을 괴롭히는 죄의식은 각성되지 않았다. 그 후 여러 가지 속박이 가해지지만, 그것은 친구들과의 연대성을 지키기 위한 것으로서 의무는 상호적이었다. 어떤 일에서는 자기의 희망이 타인에게 저지되기도 하지만, 아직도 여전히 생각한 대로 충동적 생활을 영위할 수 있는 '자유로운 영역'이 정해져 있다.

일본인은 예부터 늘 천진한 즐거움 ─ 벚꽃이나 달, 국화, 첫눈을 바라보든지, 집 안에 벌레장蟲籠을 달고 벌레의 노래를 듣든지, 짧은 시구를 쓰든지, 정원을 가꾸든지, 꽃꽂이나 차茶를 탐닉하든지 ─ 을 누리는 것으로 유명하다. 이런 즐거움을 누리는 것은 깊은 불안감과 반항심을 품고 있는 국민의 행동이 아니다. 그들은 또한 슬픈 얼굴을 하고 즐기는 것도 아니다. 일본이 아직 그 비참한 '사명'에 매진하기 전의 행복한 시대에는 일본의 농촌 사람들은 현대의 어느 국민에 비해도 뒤지지 않을 정도로 기분 좋게, 그리고 쾌활하게 여가를 즐겼

---

13. *이들 사례는 전시 격리 수용소의 일본인을 대상으로 Dorothea Leighton 박사가 실시하여 Frances Holter가 분석한 로르샤흐Rorschach 검사에 기초를 둔 것이다. 로르샤흐 검사는 스위스의 정신 의학자 로르샤흐Hermann Rorschach가 시작한 검사법으로, 피험자에게 흑백 또는 채색을 한 여러 가지 좌우 대칭의 도형을 보여 주고 해석을 물어, 그 해석에 의해 성격을 판단하는 것

다. 그리고 일을 할 때에는 어느 국민보다 열심히 했다.

그러나 일본인은 스스로에게 많은 요구를 한다. 세상 사람들로부터 배척당하여 비방을 받는 큰 위협을 피하기 위해, 그들은 모처럼 맛을 알게 된 개인적 즐거움을 포기해야 한다. 그들은 인생의 중대사에서는 그런 충동을 억제해야 한다. 이와 같은 패턴을 위반하는 소수의 인간은 스스로에 대한 존경을 상실하는 위험에 빠진다. 스스로를 존중하는(자중하는) 인간은 '선'이냐 '악'이냐가 아니라, '기대에 부응하는 인간'이 되느냐 '기대에 어긋나는 인간'이 되느냐를 목표로 삼아 진로를 정한다. 그들은 세상 사람의 '기대'에 부응하기 위해 자신의 개인적 요구를 포기한다. 이런 사람이야말로 '부끄러움(하지)을 알고' 한없이 신중하고도 훌륭한 인간이다. 이런 사람이야말로 자기 가정에, 자기 마을에, 또한 자기 나라에 명예를 가져오는 사람이다. 이렇게 하여 빚어지는 긴장은 대단히 커서, 일본을 동양의 지도자이자 세계의 일대 강국으로 만들고자 하는 고상한 대망大望으로 나타난다.

그러나 이와 같은 긴장은 개인에게는 무거운 부담이다. 그는 실패하지 않도록, 또한 많은 자기희생을 감수하는 일련의 행위를 누구도 업신여기지 않도록 주의를 기울여야 한다. 때로는 참고 참았던 울분을 폭발시켜 극도로 공격적인 행동을 취하는 경우도 있다. 그들이 그렇게 공격적 행동을 취하는 경우는 미국인처럼 자신의 주의 주장이나 자유가 도전을 받았을 때가 아니라, 모욕당했거나 비방당했다고 느꼈을 때이다. 그때 그들의 위험한 자아는 만일 가능하다면 그 비방자에게, 그렇지 않으면 자기 자신에게 폭발한다.

일본인은 그들의 생활양식 때문에 값비싼 대가를 치러 왔다. 그들은 미국인이 공기처럼 매우 당연한 것으로 여기고 있는 단순한 자유를 스스로 거부해 왔다. 이제 일본인은 패전 이래 민주화로 향하고 있다. 우리는 순진하게, 또한 천진난만하게 자신이 원하는 대로 행동하는 것이 얼마나 일본인을 미치도록 기쁘게 하는 것인가를 상기해야 한다. 이 기쁨을 누구보다 잘 표현한 사람은 스기모토 부인이다. 그녀는 영어를 배우기 위해 입학한 도쿄의 미션스쿨에서, 무엇이든 자신이 좋아하는 것을 심을 수 있는 정원을 배당받았을 때의 감명을 기술하고 있다. 교사는 학생 한 사람 한 사람에게 약간의 황폐한 땅과 학생이 원하는 씨앗을 주었다.

> 무엇이든 심어도 되는 이 정원은 나에게 개인의 권리라는, 아직까지 경험한 일이 없는 전혀 새로운 감정을 맛보게 했다. (중략) 그런 행복이 인간의 마음속에 존재할 수 있다는 것 자체가 나에겐 놀라움이었다. (중략) 지금까지 한 번도 법도를 어긴 일도 없고, 가문의 명예를 더럽힌 일도 없고, 부모나 선생님이나 마을 사람의 빈축을 산 일도 없는, 이 세상 누구에게도 어떠한 피해도 끼친 적이 없는 내가 내 마음대로 할 수 있는 자유를 얻은 것이다.[14]

다른 학생들은 모두 꽃을 심었다. 그런데 그녀가 심고자 했던 것은 감자였다.

---

14. *Etsu Inagaki Sugimoto, op. cit., pp. 135~136.

이 바보 같은 행위로 내가 얻을 수 있었던 무모한 자유의 감정은 누구도 알 수 없다. (중략) 자유의 정신은 나의 문을 노크했다.

그것은 새로운 세계였다.

나의 집에는 정원 한쪽에 자연 그대로 방치된 듯이 보이는 장소가 있었다. (중략) 그런데 언제나 누군가가 소나무를 부지런히 손질하고 생나무 울타리를 잘 다듬곤 했다. 또한 매일 아침 지야(늙은 하인)는 디딤돌을 닦아 내고 소나무 밑을 청소한 뒤, 숲에서 모아 온 솔잎을 조심스럽게 뿌렸다.

이 위장된 자연은 그녀에게는, 그녀가 그때까지 교육받아 왔던 위장된 의지의 자유를 상징하는 것이었다. 그리고 일본 곳곳에 이와 같은 위장이 가득 차 있었다. 일본 정원의 땅 속에 반쯤 파묻혀 있는 큰 바위들은 모두 신중하게 골라 운반해 온 다음 땅 밑에 작은 돌을 깔고 그 위에 놓아둔 것이다. 돌의 배치는 연못·건물·나무들과의 관계를 고려하여 신중하게 정해진다. 국화도 마찬가지로, 화분에 심어 매년 일본 각지에서 개최되는 품평회에 출품하기 위해 가꾼다. 볼 만한 꽃잎은 한 잎 한 잎 재배자의 손으로 정돈되고, 또 때때로 살아 있는 꽃 속에 작고 눈에 띄지 않는 철사로 만든 고리를 끼워서 올바른 위치를 지키게 한다.

이 고리를 뗄 기회를 얻은 스기모토 부인의 흥분은 행복하고도 순수한 것이었다. 그녀는 지금까지 작은 화분 속에서 꽃잎 하나하나까지 정성껏 가꿔진 국화가 자연으로 돌아가는 데 대한 순수한 즐거움을 발견했다. 그러나 오늘날의 일본인에게 '기대에 어긋나는' 행동을 하며 '하지(부끄러움)'의 강제력에 의혹을 품는 자유는, 그들의 생활양식의 미묘한 균형을 깨뜨릴 우려가 있다. 그들은 새로운 상황에서 새로운 강제력을 습득해야 할 것이다. 그러나 변화는 값비싼 것이다. 새로운 가정을 만들어 내고 새로운 도덕을 수립하는 것은 쉬운 일이 아니다.

서양 여러 나라는 일본 국민이 서양의 도덕을 단번에 채용하여 진정한 자기 것으로 만들 수 있다고 생각해서는 안 된다. 또한 일본은 결국 좀 더 자유롭고 좀 더 관용적인 윤리를 세울 수 없다고 생각해서도 안 된다. 미국에 사는 일본인 2세들은 일본 도덕의 지식이나 실천을 이미 잃어버리고 있다. 그들의 핏속에는 부모의 조국인 일본의 관습을 지켜 가려는 의지가 보이지 않는다. 그와 마찬가지로 일본 본국에 있는 일본인도 새로운 시대를 맞아 옛날처럼 개인의 자제를 요구하지 않는 생활양식을 수립할 가능성을 지니고 있다. 국화는 철사 고리를 떼어 내고 그처럼 정성껏 손질을 하지 않아도 충분히 아름답게 피어 자랑스러울 수 있다.

이제 일본인은 정신적 자유를 증대할 수 있는 과도기에 서 있다. 그들은 두세 가지의 오랜 전통적 덕에 의지하여 평형을 잃지 않고 무사히 거센 파도를 넘을 수 있을 것이다. 그 하나는 그들이 '몸에서 나온 녹'은 그들 자신이 처리한다는 말로 표현하고 있는 자기 책임의 태도다. 이 비유는 자신의 신체와 칼을 동일시하는 것이다. 칼을 찬 사람에게 칼이 녹슬지 않고 번쩍이게 할 책임이 있는 것과 마찬가지로, 사람은 각자 자기 행동의 결과에 책임을 져야 한다. 사람은 자신의 약점, 지속성의 결여, 실패 등에서 오는 당연한 결과를 승인하고 받아들여야 한다. 일본에서 자기 책임은 자유로운 미국에서보다도 훨씬 철저하게 해석된다. 이런 일본적인 의미에서 칼이란 공격의 상징으로서가 아니라, 이상적이고도 훌륭하게 자기 행동에 책임을 지는 사람의 비유다. 개인의 자유를 존중하는 시대에서 이 덕은 가장 평형의 역할을 한다. 더구나 이 덕은 일본 아이의 훈육과 행동 철학을 통해 일본 정신의 일부로서 일본인의 마음에 심어져 온 덕이다. 오늘날 일본은 서양적 의미에서 '칼을 버리고 항복할' 것을 제의했다. 그런데 일본적 의미에서 일본인은 여전히 자칫하면 녹이 슬기 쉬운 마음속의 칼을 녹슬지 않게 하는 일에 마음을 쓰고 있다. 그들의 도덕적인 어법에 의하면, 칼은 더욱 자유롭고 더욱 평화로운 세계에서도 그들이 보존할 수 있는 상징이다.

제 13 장

패전 후의 일본인

대일 전승일VJ-Day 이래 미국인은 그들이 일본을 관리하면서 수행했던 역할을 자랑스럽게 여길 만한 충분한 이유를 가지고 있다. 미국의 정책은 8월 29일 라디오로 발표된 국무, 육군, 해군 3부의 공동 지령으로 정해졌다. 그 후 맥아더MacArthur 장군은 이 정책을 기술적으로 실시했다. 그러나 이런 자랑스러움의 근거가 미국의 신문지상과 라디오에서 정략적 칭찬이나 비난으로 자주 거론되자 매우 애매한 상황에 놓이게 되었다. 그리고 과연 어떤 정책이 바람직한가를 판단할 만큼 일본 문화에 대한 지식을 가진 사람은 매우 드물었다.

일본 항복 당시 중대한 문제는 어떤 방식으로 점령을 할 것인가에 있었다. 전승국은 천황을 포함한 기존의 정부를 이용해야 하는가, 아니면 타파해야 하는가? 미군정 관리의 지도하에 각 시, 현 단위로 행정기구를 둘 것인가? 이탈리아나 독일에서는 전투 부대의 필수 요건으로서 각지에 AMG(연합군 군정부) 본부를 설치하여 지방 행정권을 연합국 행정관의 수중에 장악하는 정책을 썼다. 대일 전승일 당시에 태평양 지역의 AMG 담당자는 일본에서도 그런 지배 체제를 설치할 것으로 예견하고 있었다. 일본 국민은 행정상의 책임이 어느 정도까지 허락될 것인가를 알지 못했다. 포츠담 선언에는 단지 "연합국에 의해 지정되는 일본국 영역 내의 모든 지점은 우리가 여기에서 밝힌 근본적 목적을 확보하기 위해 점령되어야 한다"라고 되어 있다. 또한 "일본 국민을 기만하고 오도하여 세계 정복을 감행하려는 과오를 범한 권력과 세력은 영구히 제거되어야 한다"라고 규정되어 있을 따름이다.

맥아더 장군에게 내린 국무, 육군, 해군 3부의 공동 지령은 이런 일에 관한 중대한 결정을 구체적으로 표시한 것이었다. 그 결정은 맥아더 사령부의 전면적 지지를 얻었다. 그 내용은 일본 국민이 자국의 행정과 재건을 책임진다는 것이었다. "최고 사령관은 미합중국의 목적을 만족시키는 한 일본국 정부의 기구와 천황을 포함한 여러 기관을 통해 그 권력을 행사한다. 일본국 정부는 최고 사령관(맥아더 장군)의 지령하에 내정에 관해서는 정상적 정부 기능을 행사할 수 있다." 따라서 맥아더 장군에 의한 일본 관리는 독일이나 이탈리아와는 전혀 성질을 달리한다. 그것은 위에서 아래까지 일본인 관리를 이용하는 하나의 사령부 조직에 불과했다. 그 때문에 일본국 정부에 통첩을 할 뿐, 일본 국민, 즉 어떤 시, 어떤 지방의 주민에게 직접 명령을 내리는 형태는 아니었다. 그 임무는 일본국 정부의 활동 목표를 정하는 것이었다. 만일 어떤 일본 대신이 그 목표를 실현할 수 없다고 판단할 경우 그는 사직할 수 있었으며, 또 그의 의견이 정당하다면 지령이 수정될 수도 있었다.

이런 관리 방식은 대담한 조처였다. 미국의 입장에서 이런 정책은 명백한 이득이었다. 당시 힐드링Hilldring 장군은 다음과 같이 말했다.

> 일본국 정부를 이용해서 얻어지는 이익은 막대한 것이다. 만약 일본 정부를 이용할 수 없으면, 우리는 7,000만 국민의 나라를 관리하기 위해 필요하고도 복잡한 기구를 모두 우리 손으로 직접 운영해야 한다. 일본인은 우리와는 언어도 습관도 태도도 다르다. 일본국 정부의 기구를 정화하여 그것을 이용함으로써 우리는 시간과 인력과 재력을 절약할 수가 있다. 바꾸어 말하면, 우리는 일본인에게 스스로의 손으로 자기 나라를 대청소하도록 요구하고 그 방법을 제시하는 것이다.

그런데 워싱턴에서 이런 정책을 수립할 당시 미국인은, 일본인이 복종하지 않고 적대적 태도를 보일 것이며, 호시탐탐 복수할 기회를 엿보며 일체의 평화적 계획을 방해할지도 모른다는 두려움을 가지고 있었다. 이후의 상황으로 보면 이것은 근거 없는 두려움이었다. 그 이유는 패전 국민이나 패전국의 정치 경제에 관한 보편적 진리에 있다기보다 오히려 일본의 특수한 문화 속에 존재했다. 일본 이외의 다른 나라 국민이었다면, 아마도 이런 신의에 바탕을 둔 정책이 성공을 거둘 수 없었을 것이다. 일본인의 안목으로 보면 이 정책은 패전이라는 냉혹한 현실에서 굴욕적 상징을 제거하고, 그들에게 새로운 국책의 실시를 촉구하는 것이었다. 그들이 이 새로운 정책을 수용할 수 있었던 이유는, 바로 특수한 문화에 의해 형성된 일본인 특유의 성격에 있었다.

미국에서 우리는 강화조약을 엄격하게 할 것인가, 관대하게 할 것인가에 대해 끊임없는 논의를 되풀이했다. 진정한 문제는 엄격함이냐 관대함이냐에 있지 않았다. 문제는 낡고 위험한 침략적 성격의 틀을 타파하고, 새로운 목표를 세우는 데 꼭 알맞은 적당한 엄격함을 구사하는 데 있었다. 어떤 수단을 선택할 것인가는 그 국민의 성격이나 그 나라의 전통적 사회질서에 의해 정해진다. 프로이센적 강권주의가 가정생활 속에, 또 일상의 시민생활 속에 깊이 뿌리박힌 독일에는 독일에 알맞은 강화 조건이 필요하다. 현명한 평화 정책이라면 일본의 경우에는 독일과는 다른 조건이 정해져야 한다. 독일인은 일본인처럼 자기를 세상과 조상의 채무자로 생각하지 않는다. 독일인은 무한한 부채를 갚기 위해 노력하지 않을 뿐만 아니라 희생자가 되기를 싫어한다. 아버지는 우월한 지위를 차지한 인간이 흔히 그렇듯이 강압적이어서, 독일인의 표현과 같이 '존경을 강제한다.' 사람들로부터 존경을 받지 못하면 그는 불안해한다. 독일인의 생활에서 아들 세대는 청년기에는 강압적인 아버지에게 반발한다. 그 아들은 자신도 어른이 되면 아버지의 생활과 같은 무미건조하고 아무런 감동도 없는 생활에 굴복할 것이라고 생각한다. 독일인의 일생을 통해 생활이 가장 활기를 띠는 것은 청년기적 반항기인 질풍노도기Sturm und Drang의 몇 년간이다.

일본 문화에서는 심한 강권주의는 문제가 되지 않는다. 아버지는 대부분의 서양인 관찰자가 느껴 온 것처럼, 서양의 경험 속에서는 볼 수 없는 배려와 사랑으로 자식을 대한다. 일본의 아이들은 아버지와의 사이에 참된 우애관계가 존재하는 것을 당연하게 생각한다. 또한 아버지를 공공연히 자랑스럽게 여기므로 아버지는 다만 한 번 목청을 높이는 것만으로도 아이를 자기 뜻대로 행동하게 할 수 있다. 그러나 아버지는 어린 아들에게 가차 없이 엄격한 훈련을 가하는 인물이 아니며, 또 청년기는 결코 부모의 권위에 반항하는 시기가 아니다. 오히려 청년기는 아이들이 일가一家의 책임을 무겁게 여기고 순종하며 세상의 비판 앞에 서는 시기다. 그들은 일본인이 흔히 말하듯이 '훈련을 위해서', '연습을 위해서' 아버지에게 경의를 표한다. 즉, 아버지는 현실의 인격을 떠난 계층제와 올바른 처세의 상징이다.

아이가 아직 어릴 때 아버지와 접한 경험으로 배운 이런 태도는 일본 사회의 모든 면에 통하는 하나의 틀이 된다. 계층적 지위에서 최고의 경의를 받는 사람조차도 그가 하고 싶은 대로 권력을 행사하지 않는다. 또한 계층제의 수뇌부를 차지하는 관리가 실권을 행사하지 않는다는 것이 일본의 특성이다. 천황을 위시하여 아래에 이르기까지 조언자나 숨겨진 세력이 배후에서 그것을 조종한다. 흑룡회黑龍會[1]와 같은 초국수超國粹 단체의 한 지도자가 1930년대 초기에 도쿄의 영자신문 기자에게 한 말은 일본 사회의 이런 일면을 가장 정확하게 설명하고 있다. "사회는(물론 이것은 일본을 의미한다) 한쪽 구석을 핀 하나로 눌러 놓은 삼각형이다."[2] 달리 말하면 삼각형은 책상 위에 있으며 누구나 볼 수가 있다. 핀은 보이지 않는다. 어떤 때는 삼각형

---

1. 1901년에 결성된 과격한 애국 단체. 한일합병·중국 침략 등에 로닌으로 활동한 무리. 어느 정당에도 속하지 않는 오직 일본만을 위한 맹목적 단체였다. 1931년대 일본생산당에 흡수되었다.

2. *Upton Close, Behind the Face of Japan, 1942, p. 136에서 인용

이 오른쪽으로 혹은 왼쪽으로 기울기도 한다. 그것은 결코 그 정체를 드러내지 않는 축을 중심으로 하여 움직인다. 서양인이 가끔 사용하는 표현을 빌리면, 모든 일이 '거울을 사용하여' 행해진다. 전제적 권력이 표면에 드러나는 것을 철저히 방지하고, 일체의 행위는 언제나 실제 권력 행사에서는 분리된 상징적 지위에 대한 충성의 표시로 보이도록 온갖 노력이 기울여진다. 그런데도 가면이 벗겨져 권력의 근원이 드러날 때는, 일본인은 그것을 고리대금업자나 나리킨[3]처럼 사리私利를 채운 자로 규정하여 그들의 제도에 알맞지 않은 것으로 생각한다.

일본인은 그들의 세계를 이런 식으로 보기 때문에 사리나 부정에 대해 반항하는 일은 있지만 결코 혁명가는 되지 않는다. 그들은 그들 세계의 조직을 파괴하려 하지 않는다. 그들은 일찍이 메이지 시대에 행한 것처럼 제도 그 자체에는 조금도 비난을 퍼붓지 않고도 가장 철저한 변혁을 실현할 수가 있었다. 그들은 그것을 복고, 즉 과거로 '복귀하기'라고 이름 붙였다. 그들은 혁명가가 아니다. 일본에서 이데올로기적 대중 운동에 희망을 걸고 있던 서양의 저술가들, 전쟁 중 일본의 지하 세력을 과대평가하여 항복 직후에는 그 지하 세력이 실권을 쥘 것으로 기대한 학자들, 또 대일 전승일 이래 선거에서 급진적 정책이 승리할 것으로 예언한 저술가들은 크게 사태를 오해하고 있었던 것이다. 그들의 예언은 적중하지 않았다. 보수파 총리 시데하라 幣原[4] 남작이 1945년 10월, 조각 당시 행한 다음의 연설은 일본인의

---

3. 제4장의 주 27) 참조

모습을 정확히 전하고 있다.

> 새로운 일본 정부는 국민의 총의를 존중하는 민주주의적 형태를 취
> 한다. (중략) 우리나라에서는 예부터 천황께서 국민의 의사를 당신
> 의 의사로 삼아 오셨다. 이것이 메이지 천황의 헌법 정신이며, 내가
> 여기서 말하는 민주적 정치는 바로 이 정신의 표현이라고 생각할
> 수 있다.

민주주의에 대한 이런 설명은 미국인에게는 무의미하게 보이지
만, 일본이 서양적 이데올로기 위에 서기보다는 과거와의 연속성에
기초하는 편이 훨씬 쉽게 시민적 자유의 범위를 확장하고 국민 복지
를 이룩할 수가 있다는 사실은 의심할 여지가 없다.

물론 일본은 서양식 민주주의 정치 제도를 실험하겠지만, 서양적
제도가 미국에서처럼 더 좋은 세상을 만드는 최선의 도구라고 기대
할 수는 없다. 보통선거와 그 선거로 뽑힌 사람들로 구성된 입법기관
의 권위는 많은 곤란한 문제를 해결하는 반면 많은 새로운 곤란을 가
져올 것이다. 이런 곤란이 발전할 때 일본인은 아마도 우리가 민주주
의를 달성하기 위해 의지하는 방법을 고치려 할 것이다. 그러면 미국
인은 떠들썩하게 도대체 무엇 때문에 전쟁을 했는가라고 불평할 것
이다. 우리는 우리 도구의 정당성을 믿는다. 그러나 최선의 경우에
도, 보통선거는 장래 영원히 일본을 평화 국가로 재건하는 데 그다

---

4. 시데하라 기지로幣原喜次郎(1872~1951). 외교가, 정치가. 1945년 총리에 이어 진보당 총재
　를 지내고 후에 민주당, 자유민주당에 참가

지 중요한 지위를 차지하지 않을 것이다. 일본은 처음 선거를 실시한 1890년대 이래 지금까지 근본적 변화가 없었다. 당시 라프카디오 헌 Lafcadio Hearn[5]이 기술한 것과 같은 낡은 곤란이 다시 되풀이될 우려가 없다고는 할 수 없다.

> 많은 생활을 희생하며 벌이는 치열한 선거전에는, 개인적 증오는 조금도 없었다. 또한 가끔 폭력을 써서 외국인을 놀라게 하는 의회에서의 저 맹렬한 토론에도 개인적 반목이 전혀 보이지 않았다. 정쟁政爭은 실은 개인 대 개인의 싸움이 아니라, 번藩 상호 간의, 혹은 당파 상호 간의 이해 투쟁이었다. 각 번의, 혹은 각 정당의 열렬한 추종자는 새로운 정치를 단지 새로운 형태의 싸움 — 지도자의 이익을 위해 싸우는 충성의 싸움 — 으로밖에는 이해하고 있지 않았다.[6]

비교적 최근인 1920년대의 선거에서도 시골 사람들은 투표에 앞서 "내 목을 깨끗이 씻어 잘릴 각오를 하고 있다"라고 말하는 것이 일반적이었다. 이 말은 선거권을 옛날에 특권적 사무라이가 서민에게 가하는 공격과 동일시한 데서 연유한다. 일본의 선거에 포함된 여러 가지 의의는 오늘날 미국과는 다를 것이다. 이것은 일본이 위험한 침략 정책을 수행하고 있는가 그렇지 않은가와는 전혀 관계없이 진실이다.

---

5. 1850~1904. 일본문학가. 원래 영국인이었으나 일본으로 귀화하여 고이즈미 야구모 小泉 八雲라고 개명하고 대학에서 영문학을 강의하면서 일본에 관한 많은 글을 남겼다.
6. *L. Hearn, Japan : An Attempt at Interpretation, 1904, p. 453.

일본이 평화 국가로 재출발하는 데 이용할 수 있는 참된 장점은, 어떤 행동 방침이 "실패로 끝났다"라고 인정한 뒤부터는 다른 방향으로 노력한다는 점에 있다. 일본인은 양자택일적인 윤리를 가지고 있다. 그들은 전쟁으로 '알맞은 위치'를 얻으려 했으나 실패했다. 그들은 이제 그 방침을 포기할 수가 있다. 여태껏 받아 온 일체의 훈련이 그들을 방향 전환에 응할 수 있는 인간으로 만들어 냈기 때문이다. 가장 절대주의적인 윤리를 가진 국민이라면, 자신들은 이데올로기를 위해 싸우고 있다는 신념이 있어야 한다. 승자에게 항복했을 때 그들은 "우리의 패배와 함께 정의는 사라졌다"라고 말한다. 그들의 자존심은 그들이 다음 기회에 이 '정의'가 승리를 얻을 수 있도록 노력할 것을 요구한다. 그렇지 않으면 그들은 가슴을 치면서 자기 죄를 참회한다. 그런데 일본인은 그 어느 것도 할 필요를 느끼지 않는다. 항복한 지 닷새 후, 아직 미군이 상륙하기 전 도쿄의 유력한 신문인 「마이니치신문」은 패전과 패전이 몰고 올 정치적 변화를 논하며, "그러나 이 패전은 일본의 궁극적 구원에 도움이 되었다"라고 말했다. 이 논설은 일본이 완전히 패했다는 것을 잠시도 잊어서는 안 된다고 강조했다. 일본이 무력 면에서 쌓아올린 노력이 완전히 실패로 돌아갔기 때문에, 앞으로 일본인은 평화 국가의 길을 걸어가야 한다는 것이다. 또 하나의 유력한 신문인 「아사히신문」 또한 근년의 '군사력 과신'은, 일본 국내 정책과 국제 정책에서 '중대한 오류'이며, "얻은 것은 적고 잃은 것은 너무 많은 지금까지의 태도를 버리고 국제 협조와 평화 애호에 뿌리를 두는 새로운 태도를 채택해야 한다"라고 논평했다.

서양인은 그들의 안목으로 보면 주의의 변경으로밖에 생각되지 않는 이런 변화에 의문을 갖는다. 그러나 그것은 개인적 관계에서나 국제적 관계에서나 일본인의 처세법에서 빼놓을 수 없는 한 가지 요소일 뿐이다. 일본인은 일정한 행동 방침을 취하고 그 목표 달성이 불가능해지면 '잘못'을 범했다고 판단한다. 그는 어떤 행동이 실패로 끝나면 실패한 주장을 버린다. 실패로 끝난 주장을 집요하게 계속 고수하지는 않는다. 일본인은 "배꼽을 깨물어도 아무 소용없다"고 말한다. 1930년대에 군국주의는 일반적으로 용인된 수단이어서, 그들은 그것에 의해 세계의 칭찬(그들의 무력에 근거한 칭찬)을 얻을 수 있다고 판단했다. 그래서 이런 계획이 요구하는 일체의 희생을 견뎌냈다. 1945년 8월 14일에 일본의 최고 지상인 천황이 그들에게 패전을 알렸다. 그들은 패전한 사실이 의미하는 일체의 일을 받아들였다. 그것은 미군의 진주를 의미한다. 그들은 자진하여 전쟁을 포기하는 헌법의 입안에 착수했다. 항복한 지 열흘 후 일본의 대신문인 「요미우리호치讀賣報知」는 "새로운 예술과 새로운 문화의 발족"이라는 사설을 통해 다음과 같이 논평했다. "우리는 마음속에 군사적 패배가 한 나라의 문화의 가치에 아무런 영향도 주지 못한다는 확고한 신념을 가져야 한다. 군사적 패배는 하나의 전기로서 필요하다고 생각해야 한다. (중략) 일본 국민의 사고가 진정으로 세계로 뻗어 나가고 사물을 있는 그대로 객관적으로 볼 수 있기 위해서는 국가적 패배라는 막대한 희생이 필요했다. 지금까지 일본인의 사고를 왜곡한 일체의 비합리성은 솔직하게 분석하여 제거해야 한다. (중략) 이 패전을 냉엄한 사실로 직시하기 위해서는 용기가 필요하다. 그렇지만 우리는 내일의 일본 문화에 신뢰를 두어야 한다." 그들은 하나의 행동 방침을 시도하다가 패했다. 이제부터는 다른 하나의 평화적인 처세술을 실행해 보자는 것이다. 일본 각 신문의 논설은, "일본이 세계 각국과 어깨를 나란히 하고 존경받는 나라가 되어야 한다"라는 것을 거듭 주장했다. 이런 새로운 기초 위에서 존경할 만한 인간이 되는 것이 일본 국민의 의무라는 것이다.

이런 신문 사설은 단지 소수 인텔리 계층만의 목소리가 아니었다. 도쿄의 거리, 또 벽지의 황량한 마을의 일반 대중에게도 이와 같은 180도의 전환이 있었다. 일본 점령 부대의 미군 장병은 이처럼 우호적인 국민이 죽을 때까지 죽창으로 싸울 것을 맹세했었다는 사실을 믿기 어려웠다. 일본인의 윤리에는 미국인이 배척하는 많은 요소가 포함되어 있다. 그러나 여태껏 일본 점령의 임무를 수행하면서 미국인이 얻은 여러 경험은 이질적 윤리 속에도 많은 좋은 점이 있다는 것을 증명해 주었다.

맥아더 원수의 지도하에 행해진 미국의 일본 관리는 일본인의 새로운 진로를 받아들였다. 그는 적어도 일본인에게 굴욕을 주는 수단을 강행하여 이 진로를 저해하지 않았다. 서양의 윤리에 따르면, 그런 굴욕을 주는 수단을 강행했더라도 문화적으로 용인될 수 있을 것이다. 왜냐하면 모욕이나 형벌을 가하는 것은 나쁜 짓을 한 사람에게 죄를 자각하도록 하기 위해 사회적으로 유효한 수단이기 때문이다. 또한 이런 죄의 자인이 그 사람에게 갱생의 첫걸음이 될 수도 있다. 그러나 일본인은 앞에서 말한 대로 이 점을 다르게 생각하고 있다. 그들의 윤리는 사람은 자기 행위의 결과로 생기는 모든 사태에 책임을 져야 하며, 어떤 과오의 결과에 의해 그 행위의 잘못을 알아야 하는 것이다. 이런 당연한 결과 속에는 총력전에서의 패배와 같은 참혹한 사건까지 포함된다. 그러나 이런 당연한 결과는 일본인이 굴욕이라고 분개할 만한 사태는 아니다. 일본인은 어떤 개인이나 국가가 다른 개인이나 국가에 모욕을 주는 것은 비방, 조소, 모욕, 경멸, 불명예의 징표를 강요할 때라고 인식한다. 일본인은 자신이 모욕을 받았다고 생각했을 때는 복수하는 것이 하나의 미덕이다. 서양의 윤리가 이런 신조를 아무리 맹렬히 비난하더라도 미국의 일본 점령이 효과를 거두느냐 거두지 못하느냐 하는 것은, 미국이 이 점을 신중히 처리하느냐 않느냐에 달려 있다. 왜냐하면 일본인은 그들이 모욕당하는 것과, 항복 조건에 따라 일체의 군비를 빼앗기고 더욱 가혹한 배상 의무를 담당한다는 내용을 포함한 '당연한 결과'를 확실히 구별하기 때문이다.

일본은 일찍이 강대국을 이긴 바 있다. 일본은 전승국이 되었을 때 항복한 적이 일본을 조소하지 않았다고 판단되면, 세심한 주의를 기울여 패배한 적에게 모욕을 주지 않으려 애썼다. 일본인이라면 누구나 아는, 1905년 뤼순旅順에서 러시아군이 항복했을 때[7]의 유명한 사진을 보면 러시아군이 칼을 차고 있다. 러시아 군인이 무기를 박탈당하지 않았기 때문에 승자와 패자는 군복의 차이로 구분할 수 있을 뿐이다. 일본의 유명한 뤼순 함락 전투 일화에 의하면, 러시아군 사

---

7. 러일전쟁을 뜻한다. 일본 해군은 진해 앞바다에서 발틱 함대를 격침시켰고, 육군은 랴오둥 반도의 뤼순에서 승리했다.

령관 스토예셀Stoessel 장군이 일본 측에서 제시한 항복 조건을 수락할 뜻을 표명했을 때, 한 일본군 대위와 통역 장교는 스토예셀 장군의 사령부로 음식을 가지고 갔다. "스토예셀 장군의 말만을 남기고 모든 말을 잡아먹기로 결정한 순간이었으므로, 일본인이 가지고 간 50마리의 닭과 100개의 계란은 크게 환영받았다." 스토예셀 장군과 노기乃木 장군의 회견은 그 다음날로 결정되었다. "두 장군은 악수했다. 스토예셀 장군은 일본군의 무예와 용맹을 칭찬했다. (중략) 노기 장군은 장기간에 걸친 러시아군의 용감한 방어를 찬양했다. 스토예셀 장군은 노기 장군이 이번 전투에서 두 아들을 잃었다는 점에 대해 동정의 말을 했다. (중략) 스토예셀 장군은 노기 장군에게 자기가 타는 아라비아 종의 훌륭한 백마를 증정했다. 노기 장군은 말할 수 없이 감사하지만 먼저 그것을 천황에게 헌상해야 한다고 말했다. 그러나 반드시 천황이 다시 자기에게 하사할 것이므로 만일 자기 손에 돌아오면 자신의 애마로서 소중히 할 것이라고 약속했다."[8] 일본인은 누구나 노기 장군이 스토예셀 장군의 애마를 위해 자택 앞뜰에 세운 마구간을 알고 있다. 그 마구간은 노기 장군의 집보다 더 훌륭했다고 전해진다. 노기 장군이 죽은 후 그것은 노기신사乃木神社의 일부가 되었다.[9]

---

8. *Upton Close, op. cit., p. 294에 있는 일본 이야기에서 인용. 러시아군의 항복 이야기는 진실인지는 모르지만 문화적으로 중요한 가치를 지닌 점에는 틀림없다.

9. 노기 마레스케乃木希典(1849~1912) 대장은 그 전쟁 후 군에서 물러나 일본의 귀족 학교인 가쿠슈인學習院 교장으로 여생을 보내다가, 그가 충성한 메이지 천황이 죽자 그 뒤를 따라 스스로 목숨을 끊었다. 이에 국가에서 신사를 지었다.

일본인은 러시아 항복 당시부터 세계가 다 아는 것처럼 파괴와 잔학을 멋대로 자행한 필리핀 점령에 이르는 몇 년 동안, 그 성격이 완전히 변했다고 말하는 사람이 있다. 그러나 일본인같이 극단적으로 기회주의적 윤리를 가진 국민에게 그런 결론은 바람직하지 않다. 첫째, 일본의 적은 바타안 반도[10] 전투 후에도 항복하지 않았다. 단지 국지적인 항복이 있었을 따름이다. 그 후 필리핀에서 항복했을 때에도 일본군은 여전히 전투를 계속하고 있었다. 둘째, 일본인은 결코 러시아인이 그들을 '모욕했다'고는 생각하지 않았다. 이에 반해 1920년대와 1930년대에 일본인은 한 사람도 빠짐없이 미국의 정책을 '일본을 깔보는 것', 혹은 그들의 표현을 빌리면 "일본을 배설물로 취급한다"라고 생각하기에 이르렀다. 이는 포츠머스 조약[11] 및 두 번째 군축 조약에서 미국이 행한 역할에 대한 일본의 반응이었다. 일본인은 극동에서의 미국의 경제적 역할 증대나, 세계 속의 유색 인종에 대한 우리의 인종적 편견의 태도까지도 같은 식으로 생각하기에 이르렀다. 따라서 러시아에 대한 승리와 필리핀에서의 미국에 대한 승리는, 모욕이 개재하는 경우와 그렇지 않은 경우의 일본인 행동의 가장 극단적인 양면을 명확히 보여 준다.

미국의 최종적 승리는 일본인의 사태를 다시 변화시켰다. 일본인은 궁극적 패배에 직면하여 그들의 생활 관습에 따라 여태껏 취해 온 방침을 포기했다. 그 독특한 윤리 덕분에 일본인은 장부에서 일체의

---

10. 필리핀의 주도主島를 뜻한다. 태평양 전쟁 중 바타안 반도가 중요했던 것은 맥아더의 패배와 승리가 이 지명과 관계되었기 때문이다.
11. 미국, 일본을 포함한 군축 조약을 뜻함

숙원 기록을 지워 버릴 수 있었다. 미국의 정책과 함께 맥아더 장군의 점령 정책은 모처럼 깨끗해진 새로운 장부에 새롭게 모욕을 기입하는 일을 피하고, 단지 일본인의 눈에 패전의 '당연한 결과'로 비춰지는 일만 이행하도록 하는 태도를 견지했다. 이것은 효과적이었다.

천황제의 보존은 매우 중대한 의의가 있었다. 그것은 교묘히 처리되었다. 처음에 맥아더 장군 쪽에서 천황을 방문한 것이 아니라 천황이 맥아더 장군을 방문했다. 이 일은 서양인으로서는 이해하기 힘든 효과를 일본인에게서 거둘 수 있는 일종의 실물 교육이었다. 신성神性을 부인하라고 권고하자 천황은 처음에는 이를 거절했다. 그 이유는 그가 처음부터 가지고 있지 않은 신성을 포기하라는 것은 난처하다는 것이었다. 천황은 일본인은 천황을 서양인이 생각하는 것처럼 신으로는 생각하지 않는다고 말했다. 과연 그러했다. 그러나 맥아더 사령부는 서양인은 아직도 천황이 신성을 가지고 있다고 믿기 때문에 일본의 국제적 평판이 좋지 않다고 설명했다. 천황은 쑥스러움을 참고 신성부인 성명을 낼 것을 승낙했다. 천황은 정월 초하룻날에 성명을 발표했다. 그리고 그의 메시지에 대한 세계 각국의 신문 논평을 빠짐없이 번역하여 보여 달라고 했다. 그 논평을 읽은 천황은 맥아더 사령부에 메시지를 보내 만족의 뜻을 표했다. 외국인으로서는 분명히 이해하지 못할 일이었다. 천황은 성명을 발표한 것이 잘된 일이라고 생각했다.

미국의 정책은 또한 일본인에게 일종의 만족을 허용하고 있었다. 국무, 육군, 해군 3부의 공동 지령은, "노동, 공업, 농업에서 민주적 기초 위에 조직되는 모든 단체의 발달을 장려하고 호의를 표시할 것이다"라고 명기했다. 일본 노동자는 많은 산업에서 조직화되었다. 또 1920년대와 1930년대에 활발히 활동한 옛 농민조합이 다시 조직됐다. 많은 일본인은 그들이 지금 이렇게 스스로의 노력으로 생활 상태를 개선할 수 있게 된 것은 일본이 이번 전쟁의 결과로서 무언가를 얻은 증거라고 생각했다. 미국의 한 특파원은 도쿄의 한 파업 참가자가 한 미국인의 얼굴을 보며 만족한 웃음을 띠고 "일본이 이겼다, 그렇지 않은가?(Japan win, no?)" 하고 말했다고 전한다. 지금 일본의 파업은 옛날의 농민 폭동과 많은 유사점을 갖는다. 폭동을 일으킨 농민의 탄원은 항상 그들이 물던 세금과 부역이 생산에 지장이 되었다는 데 있었다. 농민 폭동은 서양적인 의미에서의 계급투쟁이 아니며, 또 제도 자체의 변혁을 기도한 것도 아니었다. 현재 일본 각지에서 일어나고 있는 파업 또한 생산 속도를 둔화시키지는 않는다. "노동자가 공장을 점거하고 계속 일을 해서 생산을 증대하는 것으로 경영자의 면목을 잃게 한다. 파업에 돌입한 어떤 미쓰이三井 계열 탄광의 노동자들은 경영을 담당한 직원을 전부 갱내에서 몰아내고, 1일 생산량을 250톤에서 620톤까지 높였다. '파업' 중 작업을 계속한 아시오足尾동광銅鑛의 노동자들도 생산을 증대시켜 임금을 두 배로 올렸다."[12] 이것이 그들이 즐겨 취하는 파업 형태다.

물론 어느 나라에서도 패전국의 행정은 어려운 일이다. 정책이 아무리 신중하다 하더라도 이 사정은 변하지 않는다. 일본에서도 식량, 주택, 국민 재교육 등이 도저히 피할 수 없는 절실한 문제였다. 이

12. *Time, February 18, 1946.

런 문제는 일본 정부의 직원을 이용하지 않고 미국이 직접 점령 행정을 했을 경우에도 마찬가지였을 것이다. 귀환 군인의 문제는 전쟁 종료 전에 미국의 위정자들이 매우 우려한 일이었다. 이 문제는 일본 관리가 그 지위에 없었더라면 더욱 난처했을 것이다. 이 문제의 해결도 쉽지는 않다. 일본인은 이 어려움을 잘 알고 있다. 1945년 가을 일본 신문은, 갖은 고생 끝에 싸움에 진 군인에게는 패전의 고배가 얼마나 쓰라린가에 관해 감정적인 어조로 말하고 나서, 그들이 그 때문에 '판단'을 잘못하지 않도록 해 달라고 간청하고 있었다. 귀환 군인은 현재까지 매우 훌륭한 '판단'을 하고 있으나, 개중에는 실업과 패전 때문에 국가주의적 목표를 추구하는 옛날 형태의 비밀결사에 몸을 내던지는 자도 있었다. 그들은 자칫하면 그들의 현재 지위에 분노를 느낄 우려가 있다.

일본은 이제는 그들에게 옛날과 같은 특권적 지위를 주지 않는다. 이전에 상이군인은 흰옷을 입었고, 사람들은 길거리에서 상이군인을 만나면 절을 했다. 평화시에 입대하는 사람에게도 마을 사람들은 환송연을 열어 주었다. 술과 음식을 대접하고 춤을 베풀었다. 그 속에서 출정할 청년은 상좌로 모셔진다. 그러나 지금 귀환 군인에게는 아무도 그런 정중한 대우를 해 주지 않는다. 그의 가족이 기쁘게 환영하여 받아들이면 그것으로 끝이다. 그는 많은 도시와 마을에서 냉담하게 취급된다. 이런 태도 변화를 안다면, 일본의 명예가 군인의 손에 맡겨졌던 옛날을 회복하기 위해 이전의 전우들과 도당을 조직하는 데서 그들이 얼마나 만족감을 느끼는가는 쉽게 상상할 수 있다. 또 그의 전우 중에는 그에게 운 좋은 일본군은 이미 자바섬에서, 산시성山西省에서, 만주에서 연합군과 싸우고 있다고 말하는 자가 있을 것이다. 그들은 "절망할 필요는 없다. 너도 곧 다시 전쟁을 할 수 있다"라고 그에게 말하리라. 국가주의적인 비밀결사는 이미 예부터 일본에 있는 단체여서, 이런 단체가 '일본의 오명을 씻었던' 것이다. 완전한 복수를 위해 무언가 할 일이 있을 때에는, '세상이 뒤집어진다'고 느끼는 인간은 늘 이런 비밀결사에 지원할 가능성이 있다. 이런 단체, 예컨대 흑룡회나 현양사玄洋社 따위가 행한 폭력은 일본의 윤리가 명예에 대한 L기리로서 허용하고 있는 폭력이다.[13] 따라서 이런 폭력을 근절하기 위해 일본 정부는 지금까지 오랫동안 계속되어 온 이름에 대한 J 기리를 억제하고 K 기무를 강조하는 노력을, 지금은 물론 앞으로 몇 년간 계속해야 한다.

그러기 위해서는 단지 '판단'에 호소하는 정도로는 부족하다. 일본 경제를 재건하여 현재 20대에서 30대에 이르는 사람들에게 생계의 바탕과 '알맞은 위치'를 마련해 주어야 한다. 또 농민의 상태를 개선해야 한다. 일본인은 언제나 경제적 곤경에 빠졌을 때는 고향인 농촌으로 귀향한다. 그러나 빚에 허덕이고 또 많은 곳에서 소작료에 쪼들리고 있는 협소한 땅으로는 도저히 그 이상의 많은 식구를 먹여 살릴 수 없다. 공업 또한 발전시켜야 한다. 차남 이하에게 재산을 분할하는 것을 반대하는 뿌리 깊은 감정이 있어 마을에 남는 것은 장남뿐이며, 차남 이하는 성공의 기회를 찾아 도시로 나가기 때문이다.

일본인은 확실히 그들 앞에 가로놓인 멀고 험난한 길을 걸어야 한

---

13. 10장 주1) 참조

다. 만약 재군비를 위해 국비를 할당하지 않는다면 그들에게는 국민 생활 수준을 향상할 기회가 주어질 것이다. 진주만 습격에 이르기까지 약 10년간 군비와 군대 유지를 위해 세입의 절반 정도를 써야 했던 일본 같은 나라에서, 만일 그런 지출을 없애고 농민에게 받는 세금을 경감한다면 건전한 경제 기반을 구축할 수 있다. 앞에서 말한 대로 일본의 농산물 분배 방식은 경작자가 60퍼센트를 취하고, 40퍼센트는 세금 및 소작료였다. 미얀마나 태국과 비교하면 세금 및 소작료가 매우 높다. 그런 나라에서는 90퍼센트가 경작자의 몫이다. 경작자에게 부과되는 막대한 세금이 결국 일본 군사기구의 경비 지출을 가능하게 했던 것이다.

유럽이나 아시아의 어느 나라도 앞으로 10년간 군비를 갖추지 않는 나라는 군비를 갖추는 나라를 능가할 가능성이 있다. 군비가 없는 나라는 경제 건설이 가능하기 때문이다. 미국은 아시아 정책과 유럽 정책을 수행할 때 이런 사정을 거의 안중에 두지 않고 있다. 우리는 미국에서 많은 비용을 요하는 국방 계획을 실시한다 해도, 그 때문에 나라가 빈곤해지지 않는다는 것을 알고 있다. 우리나라는 전쟁의 화를 입지 않았다. 우리나라는 농본국이 아니다. 우리의 중대 문제는 공업의 생산 과잉이다. 우리의 대량 생산과 기계 설비는 완전한 경지에 도달했다. 그 결과 만일 정부가 대규모 군비, 사치품 생산, 또는 복지 및 조사 연구 사업 계획을 실시하지 않으면, 국민이 직업을 얻지 못하는 상태에까지 이르게 되었다. 미국 이외의 나라에서는 사정이 전혀 다르다. 서부 유럽에서도 그러하다. 아무리 많은 배상을 요구하더라도 재군비가 허용되지 않는 독일은, 앞으로 10년 내외에 프랑스를 능가할 것이다. 만일 프랑스가 강대한 군사력을 유지하려고 하는한, 프랑스에서는 아마도 불가능하다고 여겨지는 건전하고도 윤택한 경제의 기초를 독일은 쌓을 수 있을 것이다.

일본도 중국에 대해 같은 강점을 충분히 활용할 수 있을 것이다. 중국에서는 군국화가 당면 목표이고, 그 야망은 미국에 의해 지지되고 있다. 일본이 만일 군국화를 예산에 포함하지 않는다면, 그리고 그럴 뜻이 있다면 머지않아 그들 스스로의 번영을 준비할 수 있을 것이다. 그리하여 동양의 통상에서 필수적인 나라가 될 것이다. 이 경제를 평화의 이익 위에 입각한다면 국민생활 수준을 향상할 수 있을 것이다. 평화로운 나라가 되었을 때 일본은 국제적으로 명예로운 지위를 획득할 수 있을 것이다. 미국이 앞으로 계속 그런 세력을 이용하여 이런 계획을 지지한다면 일본에 커다란 도움을 줄 것이다.

미국이 할 수 없는 것 ─ 어느 나라도 할 수 없는 것 ─ 은 명령으로 자유로운 민주적 일본을 만들어 내는 일이다. 그런 방법은 어떠한 피지배국에서도 지금까지 성공을 거둔 일이 없다. 어느 외국인도 자기와 같은 습관이나 가정을 갖지 않은 국민에게 자기와 같은 생각이나 생활방식을 따르라고 명령할 수 없다. 또한 법률의 힘으로 일본인에게 선거로 뽑힌 사람들의 권위를 인정하고, 그들의 계층제도에서 이미 정해져 있는 '알맞은 위치'를 무시하라고 강요할 수 없다. 법률의 힘으로 그들에게 미국인에게는 습관이 되어 버린, 허물없이 사람과 접촉하는 태도, 자유 독립을 요구하지 않고는 못 배기는 마음, 각자가 가지고 있는 친구, 직업, 사는 집, 맡은 의무를 선택하는 정열을 일방적으로 받아들이게 할 수 없다. 그런데 일본인도 매우 이런 방향으로의 변화의 필요성을 명확히 인정하고 있다. 대일 전승일 이래 일본의 공직자들은, 일본 국민은 남녀 할 것 없이 모두 각기 자신의 생활을 누리며 자신의 양심을 신뢰하도록 장려해야 한다고 말해 왔다. 물론 그들은 확실하게 입 밖에 내서 말하지는 않지만, 누구나 일본에서 '부끄러움(M 하지)'의 역할에 의문을 품고 있다. 따라서 그들은 국민에게 새로운 자유, 즉 '세상'의 비난과 추방을 두려워하는 공포로부터의 자유로워지기를 바라고 있다.

왜냐하면 일본에서는 가령 일본인이 스스로 그것을 감수한다 해도, 사회적 압력이 개인에게 너무 많은 희생을 요구하기 때문이다. 일본에서는 개인에게 감정을 감추고 욕망을 버리며 가족, 단체 또는 국민의 대표로 세상의 비판 앞에 서도록 요구한다. 일본인은 그런 방침이 요구하는 일체의 자기 훈련을 감내할 수 있다는 것을 증명해 왔다. 그러나 그들에게 가해지는 부담은 대단히 무겁다. 그들은 과도하게 억제해야 하며, 따라서 도저히 개인의 행복을 얻을 수 없다. 그들은 이런 과도한 희생을 요구하는 생활에서 벗어나는 것을 두려워하면서, 군국주의자에게 이끌려 끊임없이 희생이 쌓이고 쌓이는 길을 걸어왔다. 그런 값비싼 대가를 지불했기 때문에 그들은 독선적인 인간이 되었고, 비교적 관대한 윤리를 가진 사람들을 멸시했다.

일본인은 침략 전쟁을 하나의 오류나 실패한 주장으로 간주함으로써 사회적 변혁을 향한 최초의 큰 걸음을 내딛게 되었다. 그들은 어떻게 해서든 다시 평화로운 나라 사이에서 존경받는 지위를 회복하기를 희망하고 있다. 그러기 위해서는 세계 평화가 실현되어야 한다. 만일 러시아와 미국이 앞으로 몇 년간 공격을 위한 군비 확충 속에 세월을 보낸다면, 일본은 그 군사 지식을 이용하여 그 전쟁에 참가할 것이다. 그러나 그런 확실성을 인정한다고 해서, 일본이 본래 평화 국가가 될 가능성을 가지고 있다는 것을 의심하지는 않는다. 일본의 행동 동기는 기회주의적이다. 일본은 만일 사정이 허락되면 평화로운 세계 속에서 자기 위치를 구할 것이다. 그렇지 않으면 무장 진영으로 조직된 세계 속에서 자기 위치를 찾을 것이다.

현재 일본인은 군국주의를 실패로 끝난 한 줄기의 광명으로 여기고 있다. 그들은 군국주의가 과연 세계의 다른 나라에서도 실패한 것인가를 알기 위해 다른 나라의 동정을 주시할 것이다. 만일 실패하지 않았다고 한다면, 일본은 스스로의 호전적 정열을 다시 불태워 일본이 얼마나 전쟁에 많은 공헌을 할 수 있는가를 보일 것이다. 만일 다른 나라에서도 군국주의가 실패한 것으로 판단된다면, 일본은 제국주의적 침략 기도는 결코 명예에 이르는 길이 아니라는 교훈을 얼마나 뼈저리게 체득했는가를 증명할 것이다.

해설

죄의 문화와 수치 문화

이광규
서울대학교 인류학과 명예교수

루스 베네딕트의 『국화와 칼』을 충분히 이해하기 위해서는 적어도 두 번 이상은 읽어야 한다. 처음 『국화와 칼』을 읽으면 일본이 우리와 아주 비슷하다는 생각을 가지게 될 것이고, 두 번 읽었을 때쯤에는 비로소 일본과 우리의 차이를 극명하게 느낄 수 있다.

국가 간의 전쟁은 개개인이 싸우는 것과 같은 양상을 띤다. A라는 사람이 한 대 때렸는데 상대편이 더 세게 나오면 A는 도망을 가든지 항복을 하게 된다. 전쟁도 마찬가지다. 서양 사람들은 포로가 되면 적에게 가장 먼저 하는 말이 "빨리 국제적십자사에 내가 살았다고 연락을 해 달라"이다.

그러나 전쟁 중에 드러난 일본인의 특징은 더 센 상대를 만나도 끝까지 싸우려고 하고 포로로 잡히면 자결하려고 한다는 것이다. 이것은 한국인에게서도 드러나는 특징이다. 중국은 그렇지 않다. 서양식이다. 중국인은 전쟁 중에 후퇴를 하다가도 지치면 앉아서 쉰다. 그러다가 적에게 발견되면 "지쳐서 쉬고 있는 중이니까 죽이지 말라"라고 말한다. 또한 전쟁 중에 드러나는 서양인들의 공통점은 기독교 사상이 그들을 지배하기 때문에 십자가를 보면 공격하지 않는다는 것이다. 그렇기 때문에 기독교인이 아니라도 신부나 수녀는 공격하지 않는다.

그런 서양인들이 일본과 전쟁을 해 봤더니 일본인들은 그런 곳을 심하게 공격했다. 비유럽인 일본과 전쟁하면서 일본인의 행동을 도저히 이해할 수 없었던 것이 『국화와 칼』의 집필 배경이 되었다.

서양과 다른 동양, 한국과 다른 일본

국화는 일본의 황실을 상징한다. 일본인들은 벚꽃보다도 국화를 좋아하는데, 그 이유는 다른 꽃들이 피지 않는 차가운 가을에 홀로 피는 국화는 깨끗하고 조용하고 엄숙하고 고귀하다는 생각에서다. 『국화와 칼』이라는 제목이 의미하는 바는 그렇게 예의바르고 착하고 겸손하고 고개를 수그리고 있는 일본 사람들 속에 무서운 칼이 숨겨져 있다는 것이다. 따라서 베네딕트는 『국화와 칼』이라는 제목을 통해 일본 사람들의 이중적인 성격을 드러냈다. 일본 사람들 스스로도 자신들은 앞에 내세우는 얼굴과 속마음이 다르다는 점을 인정한다. 『국화와 칼』은 우리 시각으로 볼 때 어떤 긴요한 것을 빠뜨린 것 같아 보이지만 그것을 서양인이 썼다는 점을 감안하면 대단한 저작임에 분명하다. 또한 일본에 대해 상당히 대담하게 이야기했다는 평가도 받고 있다.

인류학의 생명은 연구자가 직접 현지에 가서 현지인들과 어울려

살면서 그곳 사람들의 얘기를 듣고 쓰는 것이다. 반면 베네딕트는 현지 조사를 할 수 없었다. 그래서 베네딕트는 인류학자들이 일반적으로 사용하지 않는 자료들, 예컨대 영화, 소설, 잡지나 일본 포로들과의 대화를 통해 일본을 이해했다. 베네딕트를 계기로 인류학의 연구 대상이 대중문화, 잡지, 신문 영화에까지 미치게 되었다. 그것도 베네딕트가 남긴 중요한 업적이라고 할 수 있다.

우리는 '의리義理'를 쉽게 이해하지만 서양인들은 의義, 충忠 같은 것들을 쉽게 이해하지 못한다. 그리고 서양인들은 일본인이 전쟁을 일으킨 것은 일본 사회가 가진 종적 관계를 세계에도 적용시키기 위해, 즉 세계를 상하 질서의 관계로 재편시키기 위해서라고 보았다. 서양 사람들은 동양의 상하 질서, 종회 구조를 잘 이해하지 못한다. 그러나 우리는 반대로 서양의 평등 사상을 잘 이해하지 못한다. 서양 사람들에게는 형제라는 개념이 없고 우리 역시 서양의 평등 개념이 없다.

물론 서양인들에게도 로열티loyalty라는 것이 있지만 우리의 충忠이란 개념과는 다르다. 서양인들의 인간관계는 완전한 기브 앤 테이크give and take이다. 우리는 이것을 이해하지 못한다. 따라서 베네딕트가 충과 효, 의리, 은혜 사상을 밝혔다는 것은 놀라운 일이다. 동양 사람의 행동을 이해하려면 이 은혜 사상을 이해해야 한다. 바로 이 은혜 사상에서 열녀, 충과 효가 나오는데 동양인들은 은혜 사상을 '부모님의 은혜는 하늘과 같다'는 것으로 쉽게 이해하지만 서양인들은 그렇지 못하다. 동양이 서양의 기독교를 받아들였지만 끝내 받아들일 수 없었던 말은 '자신이 낳은 아이는 자신의 아이가 아니고 하느님이 주신 것으로서 아이를 열심히 기르는 것은 하느님께 기도하는 것과 같다'는 것이다. 이것은 동서양의 차이다.

또한 같은 동양권의 일본은 우리와 많은 것이 같으면서도 다른 점 또한 많다. 그중의 하나가 일본 사람들은 충과 효를 같은 의식선상에 둔다는 점이다. 충과 효가 대치되는 상황이 발생하면 일본인들은 둘 중에 충을 선택하지만, 우리는 효를 선택한다. 좀 더 극단적으로 이야기하면 일본에는 효는 개념이 없다고도 할 수 있다. 혹자들은 "한국인과 일본인이 1 대 1로 있으면 한국인이 훨씬 우세하지만 집단으로 있을 때는 그 반대다"라는 말을 한다. 일본인의 강점은 단결을 잘하고 우리는 국가라는 공적인 개념에 충성하지 못한다는 것이다.

이것을 일본이 무武를 숭상하고 우리는 문文을 숭상하는 것 때문이라고 분석하기도 한다.

어쨌든 우리는 무보다는 문을, 충보다는 효를 숭상했고 일본은 그 반대였다. 따라서 일본인은 우리보다 쉽고 빠르게 대동단결하고 천황을 위해서라면 기꺼이 목숨까지 내놓았다.

일본은 메이지유신 이후에 계속해서 전쟁을 일으켰는데, 전쟁은 국민의 의식을 단결시키고 초점을 한곳에 집중시키는 데 유리한 것이었다.

그런데 "도쿠가와가 한국과의 교류 없이 막부를 유지할 수 있었겠는가"라는 말이 있다. 도요토미 히데요시가 우리 도공들과 학자들같이 기술과 학식이 있는 사람은 모조리 잡아가는 바람에 당시 우리나라는 완전히 초토화되었다. 도쿠가와 막부 이후 일본을 만든 것은 한국에서 잡혀 간 포로들의 공이었다.

일본은 우리보다 먼저 서양 문물을 받아들였고, 또한 메이지유신을 거치면서 성공할 수 있었다. 메이지유신 시기에 임금은 시원치 않았으나 유신을 한 관료들은 충성심을 가지고 임금을 잘 받들었다. 그러나 우리는 그로부터 백년 후에 똑같은 '유신'이라는 말을 쓰게 되는데 내용은 전혀 달랐다.

예를 들어 일본이나 우리나라에는 동네마다 그 마을을 지켜 주는 수호신이 있었는데, 일본은 그것을 그대로 인정하고 수호신이 없었던 면, 군, 읍에까지 새로운 수호신을 만들었다. 그래서 신사를 만들어 정신적인 통일을 했는데 우리는 같은 유신이라는 말을 쓰면서 그런 수호신 같은 것들을 미신이라고 다 철거했다. 그러나 일본은 수천 년 동안 내려온 토착 신앙을 기초로 신토이즘을 만들고, 서양에서 교육 제도를 받아들여 교육칙령을 만들었고, 그 교육칙령을 쓴 사람이 『해석서』를 만들었다. 그런데 그것은 이퇴계 선생의 사상을 그대로 옮겨 놓은 것이었다. 바로 메이지유신 시대의 교육헌장이다. 우리는 그 백년 후에 이퇴계 선생 사상 근처에도 가지 못한 국적 불명의 교육헌장을 만든다.

일본은 거기서부터 우리와 달라지기 시작한다. 우리는 일본보다 백년 늦게 같은 유신이라는 말을 썼지만 우리의 토착 신앙을 다 때려 부수었고, 한문권에서 이탈하고, 차茶의 세계에서 이탈한다.

미국의 대학들에는 동양학 연구소가 있다. 그 동양학 연구소의 선생이 열 명이라면 여섯 명은 중국을 연구하고, 네 명은 일본을 연구한다. 한국을 연구하는 선생은 없다. 또한 미국에서 한국을 전공하는 학생들이 점점 줄어들고 있다. 그 이유는 한국말은 배우기가 어렵고 또다시 한자도 배워야 하는 이중 부담을 안고 있기 때문이다. 당장 조선조 이상의 자료들은 한문으로 되어 있다. 일본어를 배운 학생들은 한자도 읽을 수 있지만 한국어를 배운 학생들은 고전을 읽기 위해 또다시 한자를 배워야만 하는 것이다. 한국이 동양의 한문권에서 완전히 고아가 되어 있다고 한다. 그래서 우리는 점점 더 위축되고 있다.

그리고 또 근래에는 중국의 홍차와 일본의 녹차 사이에 패권 쟁탈전이 한창이다. 일본의 녹차는 한국에서 불교와 함께 가져간 것이다. 그러나 우리는 불교를 억압하면서 차도 억압했다. 우리는 아시아에서 커피를 제일 많이 소비하는 나라다. 이제 우리는 문화의 고아가 되어 버렸다.

일본의 성취 지위와 한국의 생득 지위

길트Guilt 문화, 셰임Shame 문화, 즉 죄의 문화, 수치 문화라는 것이 있다. 베네딕트는 이것을 기초로 서양 문화는 길트 문화라고 하고 일본, 동양은 셰임 문화라고 했다.

서양 사람들에게 행동의 기준이 되는 것은 '양심'이다. 양심에 비추어 가책이 안 되면 행동할 수 있는 것이다. 예를 들어 서양에서는 여든이 넘은 노인이라도 빨간 옷을 입고 싶을 때, 자신의 양심에 비추어 가책이 느껴지지 않으면 입을 수 있고 실제로 입는다. 그것이 길트 문화라는 것이다. 양심이라는 것이 절대 진리요, 기준이 되는 것이다.

그러나 동양 사람들은 '남'이 '나'를 어떻게 볼 것인가에 따라 행동을 결정하기 때문에, 행동의 기준은 다른 사람의 이목이다. 동양의 그런 문화를 셰임 문화라고 한다. 그래서 동양인들은 남을 의식하고 행동하기 때문에 남이 안 볼 때와 볼 때의 행동이 다르고, 길트 문화에서는 남이 보든 그렇지 않든 같은 행동을 한다는 것이다.『국화와 칼』에는 이런 것으로 일본과 미국을 비교 설명하는 대목이 나오는데, 인류학에서는 그것에 대한 반론으로 이런 예를 들기도 한다.

동양에서 입시생은 어머니가 베푼 은혜에 보답해야 한다는 일종의 죄책감 때문에 공부를 열심히 한다. 대학에 가지 못하면 어머니의 은혜에 보답하지 못할 것 같은 죄책감을 느낀다는 것이다. 따라서 이것이 죄의식이지 어떻게 수치심이냐는 것이다. 따라서 서양이 셰임 문화이고 동양이 길트 문화라고 반박한 학자도 있었고 궁극적으로 길트와 셰임은 같은 맥락이라고 본 사람도 있었다.

어쨌든 일본과 미국을 비교한 베네딕트의『국화와 칼』은 나름대로 설득력이 있다. 베네딕트는 동양적인 것, 일본적인 것을 이해하기 위해 대단한 노력을 했다. 또한 그 나름대로 의리, 은혜 사상, 충의 개념이라든지 특히 의리 중에서도 이름에 대한 의리, 친구와 사회에 대한 의리에 대한 복잡하고 다양한 것을 이해하려고 매우 노력했다. 그러나 루스 베네딕트의『국화와 칼』은 일본의 일부분을 이해하는 데 도움을 될 수 있을지언정 일본의 종합적인 면을 파악하는 데는 불충분한 것이 사실이다. 이것은 어쩔 수 없는 서양인의 한계일 것이다.

『국화와 칼』을 통해 일본을 단편적으로나마 이해할 수 있었다면 이제 구체적인 예를 통해 일본과 한국을 좀 더 구체적으로 이해해보자.

삼남일녀를 둔 아버지가 땅 열두 마지기를 가지고 있다고 하자. 이 것을 아이들에게 상속해 줘야 하는데, 전통 한국식은 딸을 제외시키고 큰아들, 둘째아들, 막내아들 순으로 6 : 3 : 3으로 배분한다. 큰아들에게 더 많은 재산을 상속하는 것을 장자 우대 불균등 상속이라고 한다. 장자에게 더 많은 재산을 상속하는 이유는 부모를 모시고 살 의무가 큰아들에게 있기 때문이다. 또한 중요한 봉제사奉祭祀와 접빈객接賓客의 의무가 큰아들에게 있기 때문이었다. 그러나 실제로는 재산이 많은 집의 경우 그 아들들은 비교적 균등하게 재산을 분배받았다. 즉 5 : 3.5 : 3.5로 준다든지 하는 식이었다. 그러나 재산이 충분하지 않은 집에서의 재산 분배는 대체로 큰아들에 집중하는 식이었다.

중국은 절대 공평하게 준다. 철저한 균분주의다. 만약 나누기 어려운 것이 있을 때에는 가치 균분을 한다. 그러므로 재산을 나누어 갖는 과정이 오래 걸리는 경우가 있었다. 다른 예로 우리는 큰아들이 이민을 가게 되면 위패를 가지고 가기 때문에 둘째, 셋째아들은 제사를 지내지 않지만 중국은 자녀수만큼 위패가 많은 경우도 있다. 중국은 부모가 죽기 전까지는 다 같이 사는 확대 가족이다. 그리고 우리처럼 큰아들에게 모든 것이 집중되는 것을 직계가족이라고 한다.

일본은 단독 상속이다. 모든 재산은 큰아들에게 집중된다. 그래서 일본도 직계가족이다. 그러나 일본의 가족 제도는 대나무같이 한 가닥, 한 가닥으로 내려가고 우리는 소나무같이 줄기와 가지가 있다.

상속 제도에서 일본과 우리는 큰 차이가 있다. 일본은 아들들이 시원치 않으면 아들 이외에 '아토토리'를 결정한다. 사위나 조카 혹은 친인척이 아니더라도 누구나 아토토리가 될 수 있기 때문에 재산을 상속받기 위해서 엄청난 경쟁을 하게 되는 것이다. 그것이 바로 일본의 근대화를 빠르게 진척시킨 동인이다.

근대 사회와 봉건 사회의 차이점은 봉건 사회하에서는 주어진 신분에 따라 신분이 결정되는, 즉 생득 지위였지만 근대 사회에서는 자신의 출생 배경이 어떠하든 노력 여하에 따라 지위를 성취할 수 있는, 즉 성취 지위라는 점이다. 우리 사회는 아직도 생득 지위가 우세하고 그 대표적인 예가 바로 재벌들이다.

러시아의 남하 정책을 막기 위해서 아시아에서 파트너를 찾던 영국은 청일전쟁의 승리국을 파트너로 삼기로 하였다. 그런 영국은 당연히 중국이 승리할 것이라고 생각하였지만, 뜻밖에 청일전쟁의 승리국은 일본이었다. 청일전쟁에서 일본이 이길 수 있었던 가장 큰 이유를 성취 지위 때문으로 본다. 중국은 생득 지위였던 것이다. 그래서 청일전쟁을 성취 지위가 생득 지위를 이긴 전쟁이라고도 한다. 일본은 계속해서 이것을 연습해 왔으나 우리는 아직도 못하고 있으며 중국도 마찬가지다. 바로 이것이 우리 근대화의 문제다.

그리고 일본은 전통적으로 여자도 두 번 결혼할 수 있지만 여자는 남자가 싫다고 하면 집을 나가야만 했다. 따라서 남자가 '아토토리'가 되기 위해서 경쟁하듯이 여자도 경쟁을 한다. 우리와의 차이점은 일본 여성은 남편이 능력이 없어지면 남편을 버리지만 한국 여성은 그렇지 않다는 것이다.

또 다른 예로 우리에게는 오복 제도라는 것이 있어 상을 당했을 때 3년복, 1년복, 9개월복, 3개월복을 한다. 만약 우리나라에서 한 남성이 입양되어 그 양부모가 죽었을 때에는 3년복을 하고 친부모가 죽었을 때에는 1년복을 하는 등 입양되더라도 친부모와의 관계는 끊지 않았다. 이에 비해 일본은 일단 '아토토리'가 되면 자신의 본가와는 관계를 끊어 버린다. 우리 사회 일각에 근대 이후의 많은 문제를 치료하기 위해서는 공사를 구별해야 한다는 주장이 있는 것을 보면, 일본의 '아토토리' 제도를 관심 깊게 고찰할 필요가 있다.

우리는 일본과 숙명적인 관계다. 따라서 일본을 정확히 알아야 한다. 우리가 일본의 지배를 받았기 때문에 일본어를 많이 알고 있다고 하지만, 일본 말을 아는 것과 일본 문화를 아는 것은 별개의 문제다. 우리는 일본 문화에 대해 많이 알고 또한 정확히 알아야 한다. 이런 면에서 베네딕트의 『국화와 칼』은 우리가 일본을 바로 이해할 수 있는 좋은 계기가 된 저작임에 분명하다.